Testament und Erbschaft

Th. Drewes · R. Hollender

Testament und Erbschaft

Erbfolge

Rechte der Erben

Pflichten der Erben

Erbschaftsteuer

Schenkungsteuer

Mustertestamente

Völlig überarbeitete Auflage

FALKEN

Im FALKEN Verlag sind auch weitere kompetente Werke zu Rechtsfragen erschienen, die ständig auf dem neuesten Stand der Gesetze gehalten werden:
»Erbrecht und Testament« (Nr. 46)
»Erziehungsgeld, Mutterschutz, Erziehungsurlaub« (Nr. 835)
»Mietrecht« (Nr. 479)
»Scheidung und Unterhalt« (Nr. 403)
»Der letzte Wille« (Nr. 939)

ISBN 3 8068 4139 X

Satz: Uhl + Massopust GmbH, 7080 Aalen
Druck: Freiburger Graf. Betriebe, Freiburg i. Br.

08413983 X 161 514 131 2

Inhalt

Einleitung

Der Mensch stirbt, seine Habe bleibt.
Was mit der Habe eines Menschen bei seinem Tode zu geschehen hat, ist im Erbrecht geregelt. Dadurch wird dem privaten Eigentum über den Tod des Eigentümers hinaus Beständigkeit verliehen.
Das Erbrecht besteht aus einer großen Zahl gesetzlicher Bestimmungen, die meisten dieser Bestimmungen finden sich im Bürgerlichen Gesetzbuch vom 1. 1. 1900. Die Paragraphen 1922 bis 2385 des Bürgerlichen Gesetzbuches regeln die privatrechtliche Nachfolge des oder der Erben in die Rechte und Pflichten eines Verstorbenen. Beim Tode eines Menschen bleibt nämlich sein Vermögen privates Eigentum seiner Erben. Es fällt nicht an den Staat.
Es scheint ein tief verwurzeltes Bedürfnis des Menschen zu sein, das, was er von seinen Vätern ererbt oder selbst geschaffen hat, an seine Kinder weitergeben zu dürfen. Für viele Menschen ist dies eine der wichtigsten Triebfedern ihres Handelns. Sie wollen etwas schaffen, damit es ihre Kinder hier auf Erden besser haben sollen. Diese Triebfeder menschlichen Erwerbsstrebens läßt man auch in den sozialistischen Staaten gelten. In Rußland hatte man nach der Oktoberrevolution zunächst das Erbrecht abgeschafft, aber nach kurzer Zeit aus den ebengenannten Gründen wieder eingeführt.
Wer keine Kinder hat oder sein Vermögen aus irgendeinem Grunde seinen Kindern nicht zukommen lassen will, der möchte jedenfalls frei bestimmen können, was nach seinem Tode mit seinem Vermögen zu geschehen hat. Er muß auch die Gewißheit haben, daß dieser letzte Wunsch nach seinem Tode respektiert wird und daß notfalls der Staat mit seinen Gerichten dafür sorgt, daß dieser letzte Wunsch erfüllt wird.
Die Verfassung der Bundesrepublik Deutschland garantiert im Artikel 14 des Grundgesetzes das Privateigentum und im Zusammenhang damit auch das private Erbrecht.
Jeder Erblasser hat das Recht, frei zu testieren, das heißt, nach seinem freien Willen ein Testament zu verfassen; jeder Erbe hat das Recht, die Erbschaft anzunehmen oder auszuschlagen. Inhalt und Schranken dieses Grundrechtes werden durch die Gesetze bestimmt, denn die Verfassung sieht ausdrücklich vor, daß dieses Grundrecht auch beschränkt werden kann.
Die bedeutsamste Beschränkung ist die staatliche Erbschaftssteuer. Der Erblasser kann nämlich sein Vermögen seinen Erben nicht unbeschränkt zukommen lassen, vielmehr müssen die Erben unter Umständen einen Teil des Erbes in Form von Steuern an den Staat abführen. In der Bundesrepublik Deutschland ist die Erb-

schaftssteuer – im Gegensatz zu den angelsächsischen Staaten – relativ niedrig; es gibt große Freibeträge, und der Steuersatz beginnt bei kleinen Vermögen bei 3 %, er steigt aber immerhin im Extremfall bis zu 70 %. Dieser hohe Steuersatz gilt, wenn ein Vermögen von über 100 Millionen DM von einem entfernten Verwandten oder Fremden geerbt wird.
Dies ist rechtspolitisch eine höchst bedeutsame Regelung, denn das Erbrecht birgt die Möglichkeit, durch Anhäufung großer Vermögen eine private Macht zu bilden, und dieser privaten Machtbildung kann durch das Erbrecht über Generationen hinweg Dauer verliehen werden. So hat es im deutschen Mittelalter und zu Zeiten der Vorherrschaft des Adels in Europa die führende soziale Stellung dieser Schicht gesichert. Dies wurde insbesondere dadurch erreicht, daß bei einem Erbfall das Vermögen nicht auf mehrere Erben verteilt wurde, sondern daß es möglichst geschlossen nur auf jeweils einen Erben überging. Diese »aristokratische« Gestaltung des Erbrechts ist von dem aufsteigenden Bürgertum erfolgreich bekämpft worden.
Wir haben deshalb heute in der Bundesrepublik ein Erbrecht, welches durch Gleichberechtigung der Kinder die Erbteilung begünstigt und dadurch – in Verbindung mit der Erbschaftssteuer – die Anhäufung großer Vermögen zu verhindern versucht, oder doch zumindest nicht begünstigt.
Eine Ausnahme bildet die Hoferbfolge. Der bäuerliche Hof soll nicht auf mehrere Erben verteilt werden, sondern als wirtschaftliche Einheit erhalten bleiben.

Die gesetzlichen Grundlagen

Das Erbrecht ist in einer Reihe von Gesetzen geregelt. Die wichtigsten Bestimmungen finden sich im 5. Buch des Bürgerlichen Gesetzbuches, nämlich in den §§ 1922 bis 2385.

Das Bürgerliche Gesetzbuch gilt im wesentlichen unverändert seit dem 1. 1. 1900.

Allerdings trat 1957 ein Gesetz in Kraft, durch das das Erbrecht des überlebenden Ehegatten wesentlich verbessert wurde. Eigentlich handelt es sich bei dieser Gesetzesänderung um eine familienrechtliche, nicht um eine erbrechtliche Bestimmung, doch wirkt sie sich im Erbfall günstig für den überlebenden Ehegatten aus. Nach den erbrechtlichen Bestimmungen nämlich erbt der überlebende Ehegatte als gesetzlicher Erbe ein Viertel des Nachlasses. An dieser Bestimmung hat sich auch nichts geändert. Durch die neu eingeführte familienrechtliche Bestimmung erhöht sich aber der gesetzliche Erbteil des Ehegatten um ein weiteres Viertel, so daß ihm

nun die Hälfte des Nachlasses zukommt. Voraussetzung ist allerdings, daß die Ehegatten im gesetzlichen Güterstand der Zugewinngemeinschaft gelebt haben. Das ist allerdings bei den meisten Ehepaaren der Fall, denn dieser Güterstand besteht, wenn kein anderer Güterstand vertraglich ausgemacht ist, und die wenigsten Ehepaare schließen einen Vertrag über ihren rechtlichen Güterstand.
1969 führte dann eine weitere Änderung des Erbrechts zu einer Besserstellung des nichtehelichen Kindes. Durch dieses Gesetz ist das Erbrecht dieser Kinder zu ihren Gunsten geändert worden. Nichteheliche Kinder sind jetzt erbrechtlich grundsätzlich ehelichen Kindern gleichgestellt, es gibt aber eine Besonderheit, die besagt, daß nichteheliche Kinder statt eines Erbanspruchs nur einen Erbersatzanspruch haben.
Im übrigen ist das Erbrecht des BGB unverändert geblieben. Allerdings sollen aufgrund einer Entschließung des Bundestages vom 14. 5. 1969 die gesetzliche Erbfolge und das Pflichtteilsrecht neu geregelt werden. Zu diesen Gesetzesänderungen ist es aber noch nicht gekommen.
Eine abweichende Regelung sieht das BGB für die Erbfolge in bäuerlichen Höfen vor. Diese Hoferbfolge ist in den meisten Ländern der Bundesrepublik Deutschland durch besondere Gesetze geregelt. Das gewöhnliche Erbrecht sieht vor, daß möglichst alle Kinder gleich behandelt werden. Der Hof dagegen soll als Familiengut beim Tode des Bauern nur auf einen Abkömmling, den Hoferben, ungeschmälert übergehen. Seit dem Inkrafttreten des Einigungsvertrages zwischen der Bundesrepublik Deutschland und der früheren Deutschen Demokratischen Republik (DDR) gilt auch in den fünf neuen Ländern fast ausnahmslos das Erbrecht der Bundesrepublik (siehe S. 252).
Die erbrechtliche Regelung des Bürgerlichen Gesetzbuches der Bundesrepublik Deutschland zeigt eine weitgehende Übereinstimmung mit den Regelungen in der Schweiz und Österreich, aber auch mit Frankreich und Italien. Diese erbrechtlichen Regelungen stammen nämlich aus der gleichen römischen Rechtstradition. Ganz anders ist das Erbrecht im englischen und im amerikanischen Rechtskreis gestaltet. Auf die ausländischen erbrechtlichen Regelungen kann im Rahmen dieses Buches nicht eingegangen werden. Sollte ein Erbfall im Ausland eintreten, dann gilt gewöhnlich für diesen Erbfall das ausländische Recht, soweit der Erblasser ein Ausländer ist. Wenn ein Deutscher im Ausland stirbt, auch wenn er dort seinen Wohnsitz hatte, dann wird er nach deutschen Gesetzen beerbt.
Ein Ausländer hingegen, der zum Zeitpunkt seines Todes seinen Wohnsitz in der Bundesrepublik Deutschland hatte, wird nach den Gesetzen des Staates beerbt, dem er zum Zeitpunkt des Todes angehörte. In diesem Falle kann aber unter Umständen ein Deutscher als Erbe auch nach deutschem Recht seine Ansprüche geltend machen. Das muß von Fall zu Fall geprüft werden, unter Berücksichtigung der zwischen den beiden beteiligten Staaten getroffenen Vereinbarungen für derartige Erbfälle.

Der Erbfall

Der Tod eines jeden Menschen löst einen Erbfall aus. Das Vermögen des Verstorbenen nennt man Erbschaft oder Nachlaß. Es geht mit dem Erbfall als Ganzes auf eine oder mehrere Personen, nämlich die Erben, über.
Ein Erbfall wird nur durch den Tod eines Menschen ausgelöst. Sogenannte juristische Personen – wie Gesellschaften mit beschränkter Haftung (GmbH), Aktiengesellschaften (AG) und eingetragene Vereine (e.V.) – sterben nicht, sie erlöschen oder werden liquidiert. Die bei solchen Auflösungen anfallenden Vermögenswerte oder Schulden werden nicht nach dem Erbrecht verteilt oder beglichen. Allerdings können juristische Personen sehr wohl eine Erbschaft antreten. Es kommt sogar häufig vor, daß eingetragene gemeinnützige Vereine oder Stiftungen etwas testamentarisch zugewandt erhalten und somit eine Erbschaft machen.
Jeder Mensch, der stirbt, hinterläßt einen oder mehrere Erben. Es ist nach unserer Rechtsauffassung nicht denkbar, daß jemand ohne einen Erben stirbt. Allerdings kommt es vor, daß ein Erblasser nichts oder fast nichts hinterläßt, so daß dem Erben nichts oder fast nichts zufällt. Der Erbe tritt mit allen Rechten und Pflichten an die Stelle des Erblassers; wenn es mehrere Erben sind, dann tritt die Erbengemeinschaft an seine Stelle.
Es kommt auch vor, daß der Erblasser nur Schulden hinterläßt. Dann übernimmt der Erbe aufgrund des Erbfalls die Schulden des Erblassers. Er kann sich von der Schuldübernahme jedoch befreien, denn er kann die Erbschaft ausschlagen. Dies gilt dann freilich für die gesamte Erbschaft, nur den verschuldeten Teil ausschlagen und den schuldfreien Teil annehmen, kann der Erbe nicht.
Erbe kann jeder Mensch werden und – wie bereits erwähnt – auch eine juristische Person. Es spielt keine Rolle, ob der Erbe ein Deutscher oder ein Ausländer ist, lediglich bei juristischen Personen kann die Erbfähigkeit in gewissem Umfang durch Landesgesetze beschränkt oder von einer staatlichen Genehmigung abhängig gemacht werden.
Erbe kann aber nur werden, wer zur Zeit des Erbfalls lebt. Es genügt jedoch, daß der Erbe im Zeitpunkt des Erbfalls gezeugt ist, selbst das noch ungeborene Kind kann also schon Erbe sein.
Tiere können nicht Erbe werden. Sie können auch keine Erbschaft hinterlassen. Wer seinem Lieblingshund oder einem Pferd etwas zukommen lassen will, kann das nur auf die Weise tun, daß er den menschlichen Erben mit einer Auflage beschwert. Er kann zum Beispiel dem Erben auferlegen, den Hund weiterhin in angemessener Weise zu versorgen.

Gesetzliche und testamentarische Erben

Erbe wird man, weil man entweder mit dem Erblasser verheiratet oder verwandt war, oder weil man vom Erblasser durch eine letztwillige Verfügung, ein Testament, zum Erben bestimmt worden ist.
Wird beim Tode eines Menschen ein Testament oder eine andere letztwillige Verfügung aufgefunden, dann hat sich die Erbfolge nach dieser testamentarischen Bestimmung zu richten. Der im Testament niedergelegte Wille des Erblassers hat den Vorrang vor der gesetzlichen Erbfolgebestimmung. Man nennt die durch Testament bestimmten Erben die testamentarischen Erben.
Ist kein wirksames Testament und keine andere letztwillige Verfügung beim Tode eines Menschen vorhanden, dann kommen die sogenannten gesetzlichen Erben zum Zuge. Gesetzliche Erben sind die blutsverwandten Angehörigen des Erblassers und der überlebende Ehegatte, niemals aber die angeheirateten Verwandten.
Ist man Erbe geworden, dann spielt es keine Rolle mehr, ob man gesetzlicher oder testamentarischer Erbe ist; die Rechte und Pflichten sind in beiden Fällen gleich. Der überlebende Ehegatte, die Kinder und Eltern des Erblassers haben die Möglichkeit, den Pflichtteil zu fordern, falls sie aufgrund des vorliegenden Testaments übergangen worden sind. Auf diese Weise können sie sich wenigstens den halben Wert des ihnen sonst zustehenden gesetzlichen Erbes holen.
Gelegentlich kommt es vor, daß in einem Testament nur über einen Teil der Erbschaft verfügt worden ist und daß für den übrigen Nachlaß die gesetzliche Erbfolge eintritt. Wenn zum Beispiel der Erblasser in seinem Testament bestimmt hat, daß der Neffe nur das eine bestimmte Haus bekommen soll, dann tritt für die übrige Erbschaft die gesetzliche Erbfolge ein. Besteht allerdings die Erbschaft in diesem Falle praktisch nur aus diesem einen bestimmten Haus, dann wird man das Testament so auslegen müssen, daß der Neffe Alleinerbe werden sollte.
Zusammenfassend bleibt festzuhalten, daß der Wille des Erblassers ausschlaggebend ist. Hat er ein Testament hinterlassen, dann werden die Personen Erben, die er in seinem Testament zu Erben bestimmt hat. Falls er aber kein Testament und keine andere letztwillige Verfügung hinterlassen hat, werden die durch das Gesetz bestimmten nahen Angehörigen seine Erben.

Umfang der Erbschaft

Mit dem Tode eines Menschen geht dessen Vermögen als Ganzes auf eine oder mehrere Personen über.
Vor dem Erbfall stehen dem oder den Erben keine Rechte an dem Nachlaß zu. Es bestehen nur Erwartungen und Hoffnungen, aber keine Rechte. Zum Beispiel kann der Sohn nicht schon zu Lebzeiten des Vaters über dessen Vermögen verfügen, noch kann er dem Vater vorschreiben, wie dieser über seinen späteren Nachlaß verfügen soll. Der Vater ist bis zur letzten Minute – soweit er nicht entmündigt ist – völlig frei in seiner Testierfähigkeit. Gerade aber Testamente, die in der letzten Minute gemacht werden, bringen oft die großen Auseinandersetzungen zwischen den Erben und Enterbten.
Mit dem Tode des Erblassers gehen kraft Gesetzes alle seine Rechtsbeziehungen auf den Erben über. Es bedarf im einzelnen keiner Übertragung der Rechte und keiner Übernahme der Verpflichtungen. Der Erbe wird vielmehr automatisch mit dem Erbfall Gesamtnachfolger des Erblassers. Der Jurist spricht vom Prinzip der Universalsukzession, und dies bedeutet nichts anderes, als daß der oder die Erben nicht nur das Vermögen des Erblassers übernehmen, sondern auch für die Nachlaßverbindlichkeiten haften. Zu den Nachlaßverbindlichkeiten gehören die vom Erblasser herrührenden Schulden und die Verpflichtung des Erben, Pflichtteilsansprüche, Vermächtnisse und Auflagen des Erblassers zu erfüllen.
Unter dem Vermögen des Erblassers versteht man den Inbegriff aller seiner geldwerten Güter. Dazu gehören alle Gegenstände aus dem Besitz des Erblassers und alle vermögensbezogenen Rechte, auch aus werdenden und schwebenden Rechtsbeziehungen, alle bedingten und künftigen Rechte, der Besitz und andere Vermögenswerte, der Geschäfts- und Firmenwert eines Unternehmens usw.
Es gibt allerdings Grenzfälle. So können gewisse vermögensrechtliche Beziehungen, zum Beispiel Mitgliedschaftsrechte in wirtschaftlich ausgerichteten Vereinen, mit dem Tod erlöschen. Andererseits gibt es persönlichkeitsbezogene Rechtsbeziehungen, die den Tod überdauern können, wie zum Beispiel das Recht, einen Adoptionsvertrag anzufechten.
Das sind aber seltene Ausnahmefälle. Es soll hier nur darauf hingewiesen werden, daß es streitig sein kann, ob eine Rechtsbeziehung mit dem Tode erloschen oder auf den Erben übergegangen ist. Die grundsätzliche Regelung ist die, daß vermögensbezogene Rechte und Pflichten dem Nachlaß zugerechnet werden müssen und damit auf den (oder die) Erben übergehen. Dagegen sind ausschließlich persönlichkeitsbezogene Rechte und Pflichten in der Regel unvererblich. Sie erlöschen also mit dem Tod des Erblassers.
Die körperlichen Reste, Leichnam, Skelett oder Asche des Verstorbenen sind unvererblich. Nach Herkommen und Sitte sind sie Sinnbilder der Totenverehrung und somit dem Rechtsverkehr entzogen. Die Totenfürsorge obliegt im wesentlichen

den nächsten Angehörigen und nicht den Erben. Nur wenn der Verstorbene keine näheren Angehörigen mehr hatte, haben die Erben das Recht und die Pflicht zur Totenfürsorge. Außerdem sind die Erben gesetzlich verpflichtet, die Beerdigungskosten zu tragen. Bei der Art und Weise der Bestattung sind der niedergelegte oder der mutmaßliche Wille des Verstorbenen zu berücksichtigen.

Die einzelnen Organe des Verstorbenen dürfen ohne dessen Einwilligung oder der von Personen, die zur Totenfürsorge berufen sind, grundsätzlich nicht für Transplantationen verwendet werden. Das Eigentum an künstlichen Körperteilen, die mit dem Körper fest verbunden sind, Goldzähne etwa, geht mit dem Tode nicht auf die Erben über. Die Erben dürfen sich diese Dinge nur aneignen, wenn die nächsten Angehörigen zustimmen.

Die gesetzliche Erbfolge

§ 1922 bis § 1930

Die gesetzliche Erbfolge tritt ein, wenn der Erblasser keine letztwillige Verfügung hinterlassen hat oder wenn der vom Erblasser eingesetzte Erbe das Erbe nicht antreten kann, weil er selbst vorher verstorben ist, oder wenn er die Erbschaft ausschlägt.
Kommt also kein testamentarischer Erbe zum Zuge, dann sind die gesetzlichen Erben berufen. Dies sind die blutsverwandten Angehörigen des Erblassers und sein Ehegatte. Wenn kein Verwandter und kein Ehegatte mehr am Leben ist, der als gesetzlicher Erbe in Frage kommt, wird der Staat, hier Fiskus genannt, gesetzlicher Erbe.
Es entspricht unserer natürlichen Rechtsauffassung, daß die näheren Verwandten des Erblassers Anspruch auf einen größeren Erbteil haben als die ferneren Verwandten. So hat das Gesetz die Verwandtschaft in verschiedene Gruppen aufgeteilt, die auch in erbrechtlicher Hinsicht verschieden gestellt sind. Es ergibt sich dann das Problem, wie diese Gruppen im einzelnen abzugrenzen sind und in welcher Reihenfolge sie erben.
Im deutschen Recht hat man sich von alters her für das sogenannte Parentelsystem entschieden. Parentel ist die Gesamtheit derer, die von gemeinsamen Stammeltern abstammen. Der Ausdruck Parentel ist aber nur noch unter Juristen gebräuchlich. Im allgemeinen spricht man statt dessen von Ordnungen oder auch von Erbklassen.

Erbklassen

Zur 1. Ordnung gehören die Abkömmlinge des Erblassers, also seine Kinder und Kindeskinder. Zur 2. Ordnung gehören die Eltern des Erblassers und deren Abkömmlinge, zur 3. Ordnung die Großeltern und deren Abkömmlinge und so fort.
Die Verwandten einer näheren Ordnung schließen die Verwandten einer entfernteren Ordnung aus. Der Sohn des Erblassers (1. Ordnung) schließt die Eltern des Erblassers (2. Ordnung) aus.
Die Abkömmlinge innerhalb der Ordnungen werden jeweils durch ihre noch lebenden Vorfahren ausgeschlossen. Das bedeutet: Der Sohn des Erblassers schließt seinerseits seinen Sohn, den Enkel des Erblassers, aus. Der Enkel geht zunächst leer aus, er erbt erst nach dem Tod seines Vaters.
Die Abkömmlinge treten aber, wenn ihre Vorfahren gestorben sind oder die Erbschaft ausgeschlagen haben, an deren Stelle und erhalten deren Anteil. Diese

Regelung heißt Eintrittsrecht. Wenn also – entsprechend dem vorausgegangenen Beispiel – der Sohn des Erblassers beim Erbfall bereits verstorben ist, oder das Erbe ausschlägt, dann tritt sein Sohn, also der Enkel des Erblassers, an die Stelle seines Vaters.
Hat der vorverstorbene Erbe zwei Söhne, dann müssen diese sich das Erbe teilen; bei drei Kindern dritteln und so fort, denn es gilt gleiche Erbberechtigung der Kinder.

Erben der 1. Ordnung

Erben der 1. Ordnung sind die Abkömmlinge des Erblassers. Zur 1. Ordnung gehören also die Kinder, Enkel, Urenkel usw. Da Kinder gleich nahe Verwandte des Erblassers sind, erben sie alle zu gleichen Teilen.
Aus dem Grundsatz der gleichen Erbberechtigung der Kinder leitet sich auch die Verpflichtung zur Ausgleichung ab. Hat eines der Kinder bereits zu Lebzeiten des Erblassers für eine Spezialausbildung oder für andere Zwecke eine größere Zuwendung erhalten, so muß dieser sogenannte Vorempfang bei der späteren Erbteilung unter Umständen ausgeglichen werden.
Ist ein Abkömmling ohne eigene Abkömmlinge vorverstorben, dann wächst sein Anteil den übrigen Abkömmlingen zu. Hatte ein Erblasser zwei Kinder, eines der Kinder ist aber bereits vor dem Erblasser kinderlos verstorben, so fällt beim Tod des Erblassers dem überlebenden Kind auch der Anteil seines verstorbenen Geschwisters zu. Sein Anteil wird also entsprechend größer.

Beispiel für die 1. Ordnung, schematisch dargestellt.

Zeichenerklärung

●	Erblasser	†	verstorben
○	männliche Person	1/2	Erbteil
□	weibliche Person	(† 1/2)	Erbteil, den ein Verstorbener im Erlebensfall geerbt hätte.

Beispiel: *Der verwitwete Vater ist gestorben und hinterläßt einen Sohn. Seine Tochter war bereits vor ihm verstorben, an ihre Stelle treten ihre beiden Söhne, die Enkel des Erblassers. Der Vater der Söhne ist als Ehegatte der Tochter nicht erbberechtigt.*

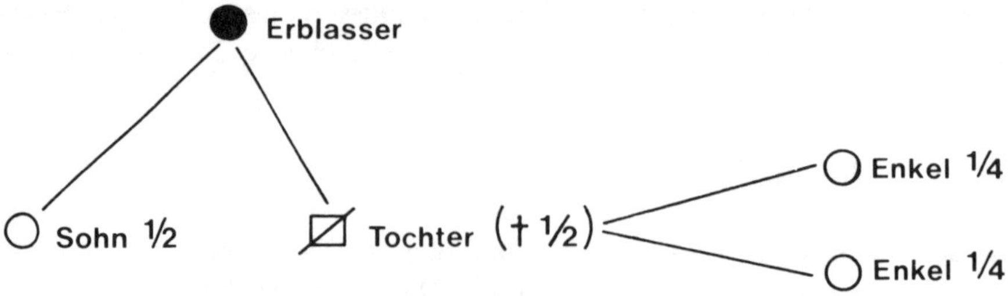

Beispiel: *Der verwitwete Vater ist gestorben; er hatte drei Kinder.*

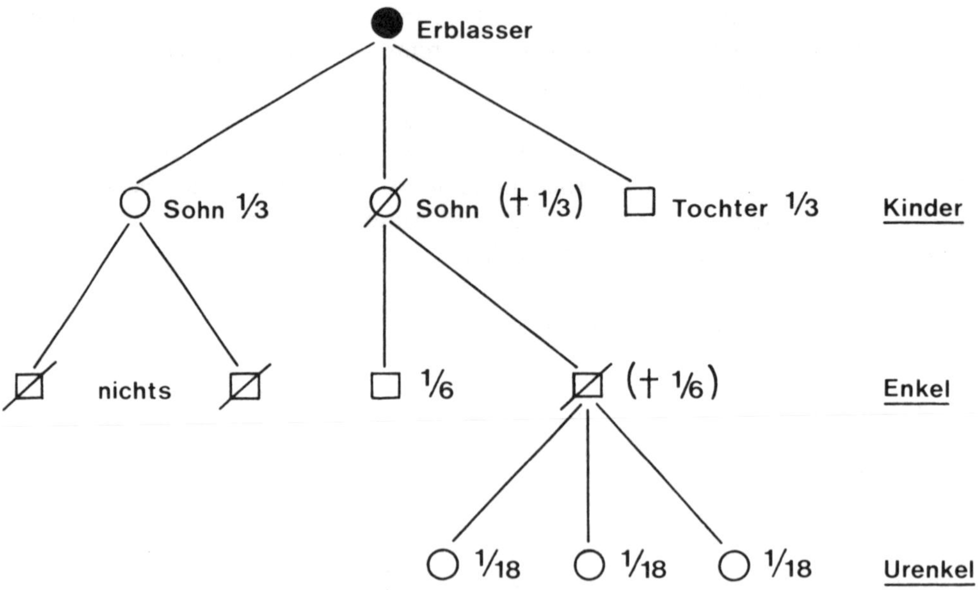

Der Nachlaß des Verstorbenen verteilt sich wie folgt:

Sohn	*1/3*	*= 6/18*
Enkel	*1/6*	*= 3/18*
Urenkel	*1/18*	*= 1/18*
Urenkel	*1/18*	*= 1/18*
Urenkel	*1/18*	*= 1/18*
Tochter	*1/3*	*= 6/18*
		18/18 = der ganze Nachlaß

Sind aber alle Kinder, Enkel, Urenkel etc. eines Erblassers bereits verstorben, oder sind Angehörige der 1. Ordnung niemals vorhanden gewesen, dann kommen die Angehörigen der 2. Ordnung zum Zuge.

Erben der 2. Ordnung

Die Erben der 2. Ordnung sind die Eltern des Erblassers und deren Abkömmlinge, also die Geschwister des Erblassers und deren Kinder und Kindeskinder.
Leben beide Eltern zur Zeit des Erbfalls, so erben sie allein und zu gleichen Teilen. Sie sind gegenüber den Geschwistern des Erblassers und deren Abkömmlingen bevorzugt.
Wenn das Erbe an die Eltern zurückfällt, dann fällt es in den Schoß der Familie zurück. Das nannte man früher Schoßfallrecht.
Es ist ohne Bedeutung, ob die Eltern geschieden sind und ob einem Elternteil das alleinige Sorgerecht übertragen worden ist. Wenn beide Eltern leben, dann beerben sie auch das Kind zu gleichen Teilen.
Ist ein Elternteil zur Zeit des Erbfalls verstorben oder schlägt er sein Erbteil aus, so treten seine Abkömmlinge an seine Stelle, und zwar nach den Grundsätzen der 1. Ordnung.

Beispiel: *Der selbst kinderlose Sohn (Erblasser) stirbt. Zum Zeitpunkt seines Todes lebt nur noch sein Vater; seine Mutter war zum Zeitpunkt des Erbfalls bereits gestorben. Somit fällt die Stammportion der Mutter an die Geschwister des Erblassers, und zwar erhalten mehrere Geschwister diese Stammportion jeweils zu gleichen Teilen. An die Stelle vorverstorbener Geschwister treten wiederum deren Abkömmlinge.*

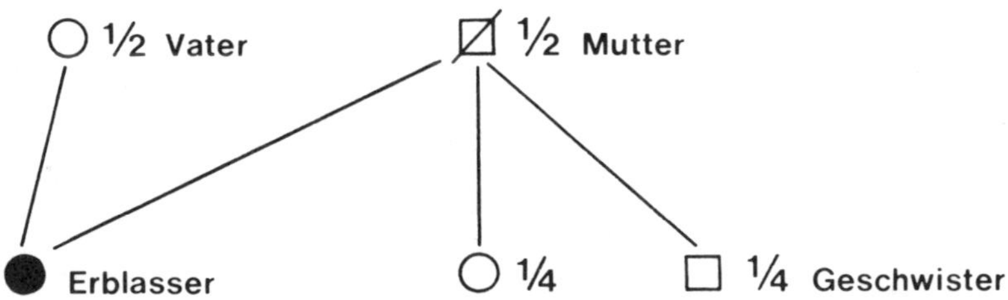

Beispiel: *Beide Eltern des Erblassers leben zur Zeit des Erbfalls. Der Vater und die Mutter des Erblassers erben jeder die Hälfte; die Schwester des Erblassers geht leer aus.*

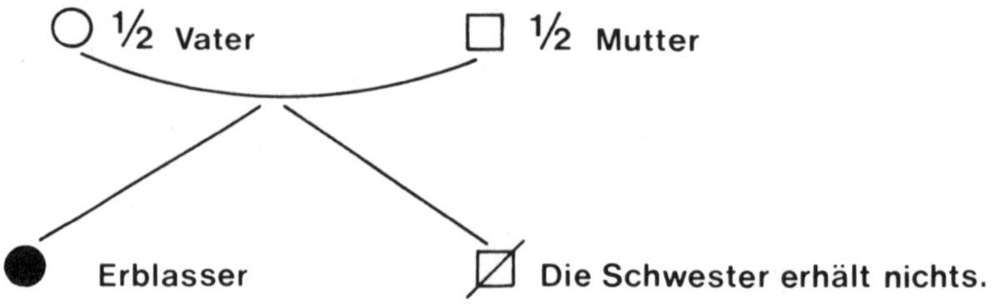

Beispiel: *Der kinderlos gebliebene Sohn stirbt. Sein Vater lebt noch, die Mutter ist vorverstorben. Ein Bruder lebt, ein zweiter Bruder ist vorverstorben, hinterläßt aber zwei Kinder. Der Vater erbt die Hälfte. Da die Mutter vorverstorben ist, treten an ihre Stelle die anderen Söhne mit je ¼. Da aber auch der zweite Sohn bereits vorverstorben ist, kommen dessen beide Söhne mit je ⅛ zum Zuge.*

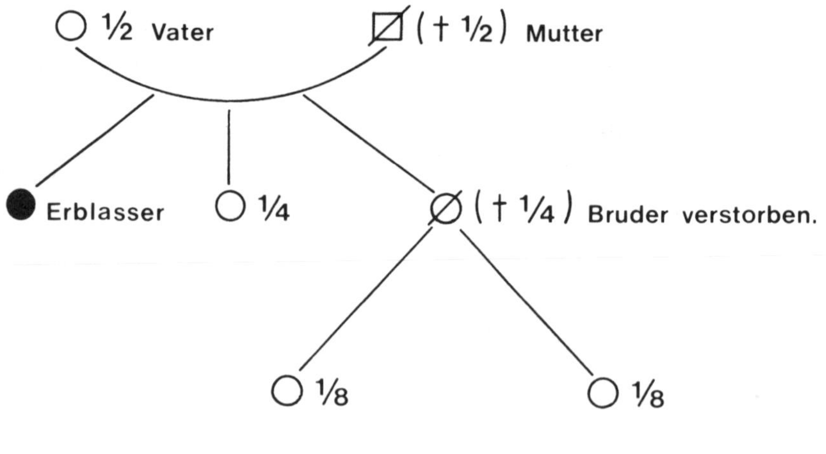

Neben den vollbürtigen Geschwistern des Erblassers und deren Abkömmlingen erben aber auch die Halbgeschwister des Erblassers, diejenigen Geschwister also, die nur durch einen Elternteil mit ihm verwandt sind, und deren Abkömmlinge. Die im Sprachgebrauch der Juristen halbbürtig genannten Brüder und Schwestern des Erblassers sind aber hinter den vollbürtigen insofern benachteiligt, als sie nur die Aussicht haben, entweder in den Erbteil des Vaters oder in den Erbteil der Mutter

einzurücken; die vollbürtigen Geschwister haben dagegen Aussicht auf das Einrükken in den Erbteil des Vaters und in den Erbteil der Mutter.
Sind beide Eltern weggefallen und nur vollbürtige Geschwister vorhanden, so erben diese allein. Sind voll- und halbbürtige Geschwister vorhanden, so erhalten die vollbürtigen Geschwister die eine Hälfte der Erbschaft, die andere Hälfte der Erbschaft teilen sich die vollbürtigen und halbbürtigen Geschwister zu gleichen Teilen. Sind jedoch nur halbbürtige Geschwister vorhanden, so erben diese allein. Auf diese Weise kann Vermögen von einem Familienstamm in einen anderen Stamm übergehen.

Beispiel: *Die Mutter des Erblassers war zweimal verheiratet, sie hatte aus jeder der beiden Ehen je zwei Kinder. Der Vater des Erblassers erbt die Hälfte. Die Mutter hätte die andere Hälfte bekommen müssen, da sie aber auch bereits verstorben ist, vererbt sich ihr Anteil an ihre drei Kinder zu gleichen Teilen, also dem Kind aus 1. Ehe, dem vollbürtigen Bruder des Erblassers, kommt 1/6 zu, und den beiden Kindern aus 2. Ehe, den beiden Halbbrüdern des Erblassers, ebenfalls je 1/6.*

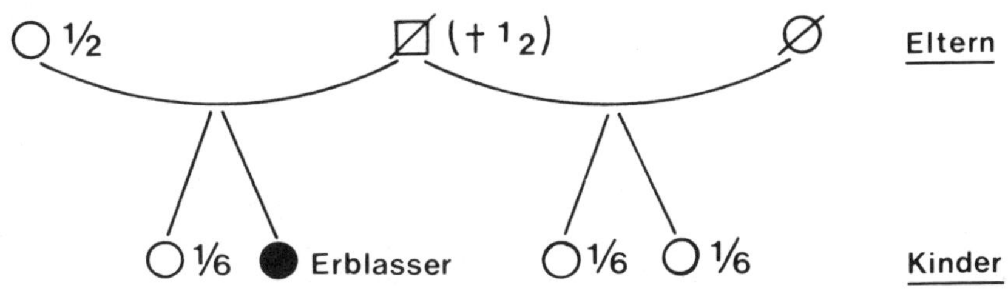

Beispiel: *Die Mutter des Erblassers war zweimal verheiratet und hatte wiederum aus jeder Ehe jeweils zwei Kinder; beide Eltern des Erblassers sind bereits verstorben. Es erbt also der vollbürtige Bruder des Erblassers die Hälfte nach dem Vater. Der Hälfteanteil der Mutter muß dagegen gedrittelt werden, so daß jeder Sohn 1/6 bekommt. Der Sohn aus 1. Ehe der Mutter bekommt also nach dem Vater 1/2 und nach der Mutter 1/6. Die Söhne aus der 2. Ehe der Mutter erhalten jeder nur 1/6.*

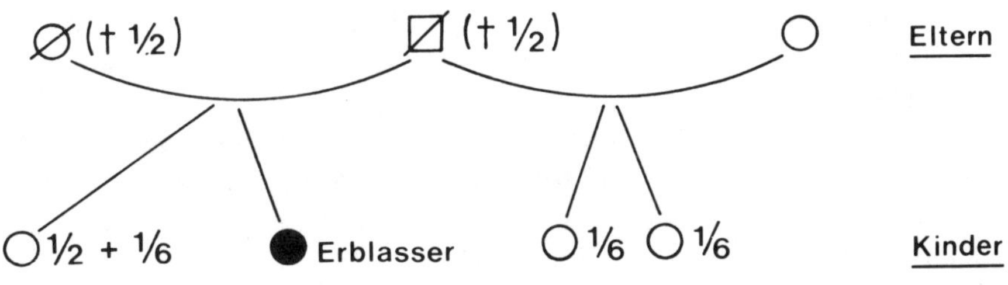

Beispiel: *Beide Eltern des Erblassers sowie sein Bruder sind bereits verstorben, es erbt der Halbbruder allein; der eigentlich auf den Vater, beziehungsweise Bruder entfallende Teil, bleibt diesem Familienstamm nicht erhalten, denn es wäre ja denkbar, daß die Großeltern des Erblassers noch leben, doch sind sie in diesem Fall nicht erbberechtigt.*

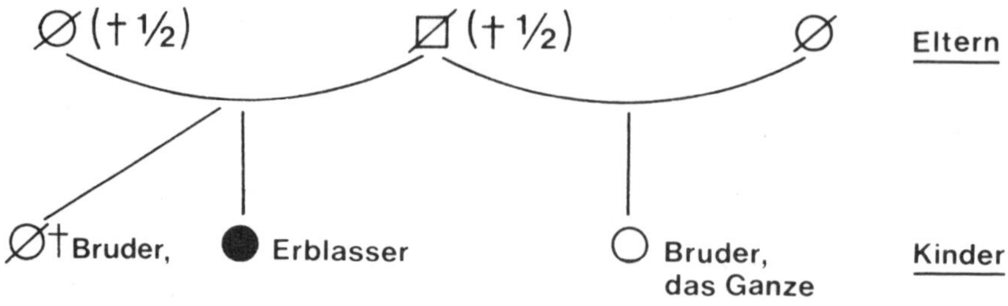

Erben der 3. Ordnung

Erben der 3. Ordnung sind die Großeltern des Erblassers und deren Abkömmlinge. Sie kommen zum Zuge, wenn weder testamentarische Erben benannt, noch Erben der vorausgegangenen Ordnungen am Leben sind.
Leben sämtliche Großeltern zur Zeit des Erbfalls, so erben sie allein, und zwar zu gleichen Teilen. Jeder Großelternteil erhält also ein Viertel der Erbschaft und schließt seinerseits seine Abkömmlinge aus: Onkel, Tanten, Vettern und Kusinen des Erblassers erhalten also, wenn die Großeltern noch sämtlich leben, keinen Erbteil. Daß zum Zeitpunkt des Erbfalls alle Großeltern leben, ist relativ selten. Sind die Großeltern verstorben oder schlagen sie das Erbe aus, so treten ihre Abkömmlinge ein, und zwar die halbbürtigen und die vollbürtigen nach den Grundsätzen der 1. Ordnung. Sie erhalten jeweils ihre Stammportionen.
Ist von der väterlichen oder mütterlichen Linie der Großvater oder die Großmutter weggefallen, dann bleibt der Anteil des Weggefallenen in dieser Linie und fällt dem anderen Großelternteil oder seinen Abkömmlingen zu. Man nennt dies Erbfolge nach Linien.
Sind die väterlichen Großeltern beide weggefallen und Abkömmlinge nicht vorhanden oder sind andererseits die mütterlichen Großeltern und ihre Abkömmlinge weggefallen, dann geht der Anteil der verstorbenen Linie auf die andere Linie über. Diese andere Linie erbt alles.

Beispiel: *Die Eltern des Erblassers sind vorverstorben. Ein Großvater und zwei Großmütter leben noch, sie erhalten jeder ¼. Anstelle des bereits verstorbenen Großvaters väterlicherseits müßte dessen Sohn erben. Da dieser auch vorverstorben ist, treten seine beiden Töchter mit je ⅛ an seine Stelle.*

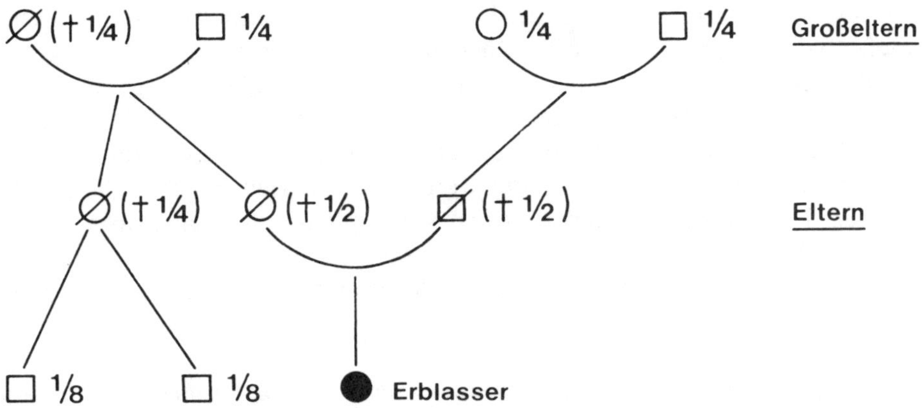

Beispiel: *Nur ein Großelternpaar lebt noch. Da beide Eltern und beide Großeltern väterlicherseits weggefallen sind, erben die Großeltern mütterlicherseits je ½.*

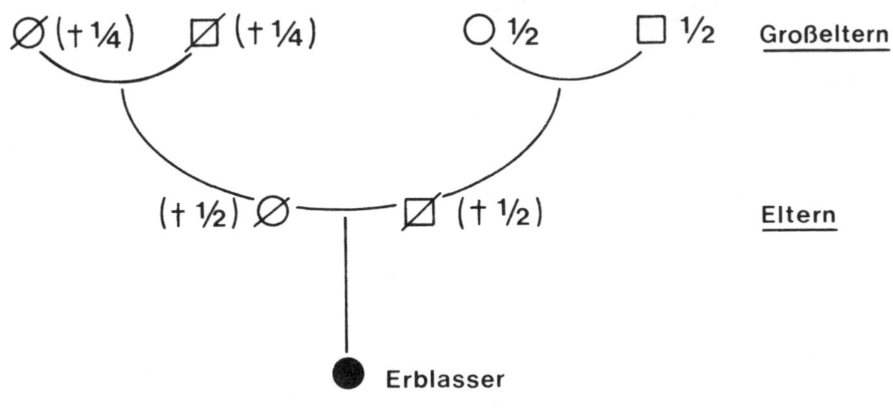

Erben der 4. Ordnung

Erben der 4. Ordnung sind Urgroßeltern des Erblassers und deren Abkömmlinge. Von der 4. Ordnung an befolgt das BGB ein wesentlich einfacheres System. Leben zur Zeit des Erbfalls noch Urgroßeltern und sind keine Erben der vorangegangenen

Ordnung mehr vorhanden, so erben sie allein und zu gleichen Teilen, ohne Unterschied, ob sie derselben oder verschiedenen Linien angehören.
Das System der Stammportionen gilt nicht mehr. Die Urgroßeltern erhalten ihren Anteil entsprechend ihrer Kopfzahl.
Es gibt insgesamt acht Urgroßeltern. Leben zum Zeitpunkt des Erbfalls beispielsweise noch zwei Urgroßeltern, so erhält jeder von ihnen die Hälfte, ohne Rücksicht darauf, ob diese derselben oder verschiedenen Linien angehören. Jeder Urgroßelternteil schließt sämtliche in allen Linien vorhandenen Abkömmlinge aus.
Es wird eine ganz seltene Ausnahme sein, daß zum Zeitpunkt des Erbfalls nur noch ein lebender Urgroßelternteil erbberechtigt ist. Lebt kein Urgroßelternteil mehr, dann erbt von den Abkömmlingen der Urgroßeltern derjenige allein, der mit dem Erblasser dem Grade nach am nächsten verwandt ist. Sind allerdings mehrere gleichnahe Verwandte des Erblassers vorhanden, so erben sie zu gleichen Teilen. Zwischen halbbürtigen und vollbürtigen Verwandten wird nicht mehr unterschieden.

Beispiel: *Der Erblasser hatte keine Kinder. Seine Eltern, Großeltern und sieben Urgroßeltern sind vorverstorben. Erben der ersten drei Ordnungen sind ebenfalls nicht vorhanden. Folglich ist der eine noch lebende Urgroßvater der Alleinerbe.*

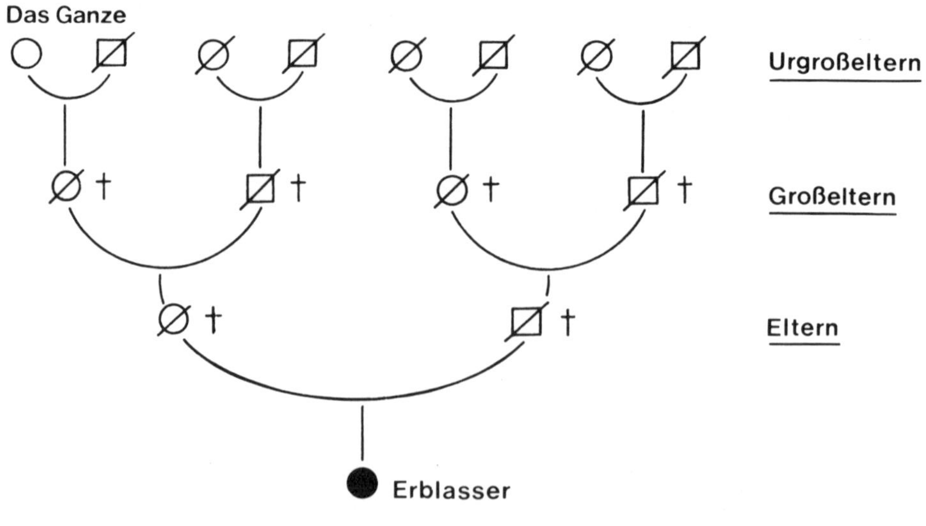

Beispiel: *Zur Zeit des Erbfalls leben keine Erben der ersten drei Ordnungen mehr, und auch kein Urgroßelternteil ist mehr am Leben. Folglich erbt derjenige Verwandte, der mit dem Erblasser am nächsten verwandt ist; sind es mehrere gleichnahe, so erben sie zu gleichen Teilen. Hier sind es der Bruder des Großvaters und der Bruder der*

Großmutter väterlicherseits zu je ½, da sie gleichnah verwandt sind. Wäre der eine Großonkel vorverstorben, hätte aber einen Sohn hinterlassen, dann wäre der andere Großonkel näher verwandt, und ihm fiele die Erbschaft allein zu. Wäre der eine der beiden ein Großonkel mütterlicherseits gewesen, wäre ihm natürlich genauso die Hälfte des Erbes zugekommen.

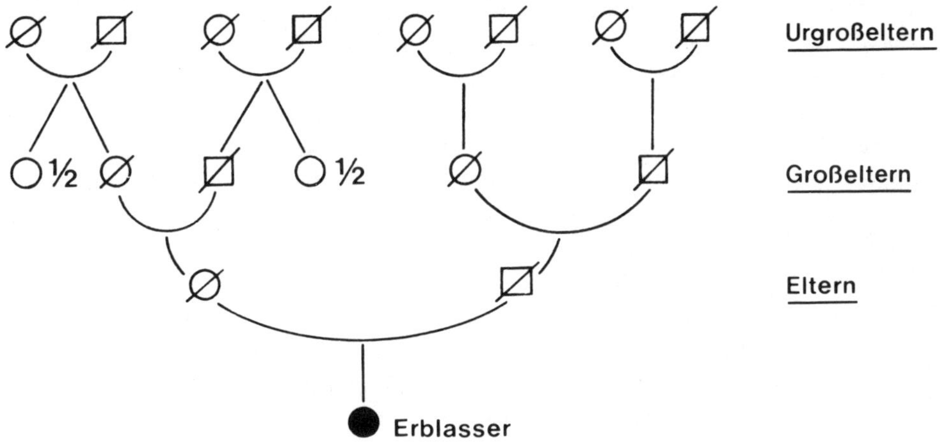

Erben der 5. und fernerer Ordnungen

Erben der 5. Ordnung (Ururgroßeltern) und der ferneren Ordnungen sind die entfernteren Voreltern des Erblassers und ihre Abkömmlinge.
Für die 5. und die folgenden Ordnungen gelten die gleichen Regeln wie für die 4. Ordnung. Das bedeutet: Sollte ausnahmsweise als Erbberechtigter nur noch ein Ururgroßelternteil leben, so erbt dieser allein; sollten gar noch mehrere leben, so erben sie zu gleichen Teilen. Sind die Ururgroßeltern verstorben, dann erbt derjenige Abkömmling, der mit dem Erblasser dem Grade nach am nächsten verwandt ist; mehrere gleichnahe Verwandte erben zu gleichen Teilen.
Die Zahl der Ordnungen ist nach dem BGB nicht beschränkt, deswegen macht es oft große Mühe, die gesetzlichen Erben zu ermitteln, wenn jemand scheinbar ohne Angehörige verstorben ist. In der Praxis sind diese Fälle erbrechtlich dann ohne Interesse, wenn der Erblasser ohne nennenswertes Vermögen verstorben ist. Wenn also ein mittelloser, alleinstehender Mensch verstirbt, dann wird man sich um die Ermittlung seiner Erben nicht allzuviel Mühe machen. Wenn aber ein alleinstehender Mensch verstorben ist, der ein Millionenvermögen, aber kein Testament hinterlassen hat, dann ist die Suche nach dem Erben schon von großer Bedeutung.

Das gesetzliche Erbrecht des Ehegatten

§ 1931 bis § 1934

Unser Erbrecht ist grundsätzlich so geregelt, daß das Vermögen beim Tode des Erblassers in seinem blutsverwandten Familienstamm bleiben soll. Daher war es ein besonders schwieriges Problem, dem überlebenden Ehegatten, der ja einem anderen Familienstamm angehört, einen angemessenen Erbteil zuzubilligen. Die Witwe oder der Witwer paßten als Erben nicht in dieses System. Andererseits sahen die Schöpfer des Bürgerlichen Gesetzbuches am Ende des vorigen Jahrhunderts die Notwendigkeit, dem überlebenden Ehegatten ein gewisses Erbrecht zuzubilligen und haben sich folglich dazu durchgerungen, ihm oder ihr wenigstens ein Viertel als gesetzlichen Erbteil zukommen zu lassen. Sie sahen darin eine angemessene, dem Wesen der Ehe entsprechende Regelung.

Diese Regelung wurde später als unzureichend empfunden. Es hatte sich deshalb eingebürgert, daß sich die Ehegatten – bei intakter Ehe – gegenseitig testamentarisch zu Alleinerben einsetzten und die Kinder erst nach dem Tode des überlebenden Ehegatten erben ließen. Für diese Erbregelung war und ist aber ein Testament notwendig.

Hatten die Ehegatten kein Testament gemacht, dann blieb es bei der gesetzlichen Erbregelung, wonach der überlebende Ehegatte nur ein Viertel bekam.

Ehegattenerbrecht neben Verwandten der 1. Ordnung

Das Gleichberechtigungsgesetz von 1957 brachte dann eine Änderung zugunsten des überlebenden Ehegatten, sofern die Eheleute im gesetzlichen Güterstand der Zugewinngemeinschaft lebten. Dieser Güterstand bedeutet, daß zwar während der Ehe jeder Ehegatte für sich erwirbt, daß aber im Fall der Scheidung das erworbene »Mehr«, der Zugewinn also, zwischen den Ehegatten hälftig geteilt wird.

Im Todesfall nun wird dem überlebenden Ehegatten zum Ausgleich des Zugewinns ein weiteres Viertel des Nachlasses zugebilligt. Auf diese Weise erhält jetzt der überlebende Ehegatte die Hälfte des Nachlasses, die andere Hälfte erhalten die Kinder.

Es wird allerdings oft übersehen, daß es immer nur um den Nachlaß des verstorbenen Ehegatten geht – nicht um die Vermögenswerte beider Ehegatten. Wenn zum Beispiel der Vater stirbt, dann geht es auch nur darum, was der Vater hinterlassen hat, und nicht darum, was beiden Ehegatten gemeinsam gehört hat. Da dem Vater in der Regel nur die Hälfte des ehelichen Vermögens gehört, geht es bei der Erbschaft eben auch nur um diese Hälfte. Die Hälfte, die der Mutter gehört, verbleibt ihr uneingeschränkt.

Wer die jetzige gesetzliche Regelung – eine Hälfte an den überlebenden Ehegatten, eine Hälfte an die Kinder – nicht für richtig hält, kann durch Testament oder Erbvertrag eine andere Regelung herbeiführen.

Ist in einer Ehe Gütertrennung vereinbart, so gibt es keinen Zugewinn, jeder der Ehegatten erwirbt nur für sich, ohne – im Falle der Scheidung – mit dem anderen Ehegatten sein erworbenes, oder bereits in die Ehe eingebrachtes Vermögen teilen zu müssen. Für den Erbfall gilt dann folgende Regelung: Sind als gesetzliche Erben neben dem überlebenden Ehegatten ein oder mehrere Kinder des Erblassers berufen, so erben der überlebende Ehegatte und jedes Kind zu gleichen Teilen. An die Stelle vorverstorbener Kinder treten deren Kinder und Kindeskinder, sofern vorhanden. Ansonsten vergrößert sich der Anteil der übrigen Erbberechtigten.

Nach dieser Regelung erhält also der überlebende Ehegatte neben einem Kind die Hälfte, neben zwei Kindern ein Drittel, neben drei Kindern ein Viertel. Dieses Viertel verbleibt ihm auf jeden Fall, auch wenn vier oder mehr Kinder vorhanden sind. Eine weitere Teilung des Erbteils des überlebenden Ehegatten gibt es nicht.

Neben dem gesetzlichen Güterstand der Zugewinngemeinschaft und der vertraglich vereinbarten Gütertrennung gibt es noch die sogenannte Gütergemeinschaft. Dieser Güterstand muß durch einen Ehevertrag vereinbart werden. Das Vermögen des Mannes und das der Frau werden dann gemeinschaftliches Eigentum – man nennt es Gesamtgut – der beiden Ehegatten. Zu diesem Gesamtgut gehört dann auch das Vermögen, das einer von beiden während der Gütergemeinschaft erworben hat. Es kann nun weiterhin vertraglich vereinbart werden, daß die Gütergemeinschaft nach dem Tode eines Ehegatten zwischen dem überlebenden Ehegatten und den gemeinschaftlichen Kindern fortgesetzt wird. Sind neben den gemeinschaftlichen Kindern andere Kinder – etwa aus einer anderen Ehe – vorhanden, so bestimmen sich ihr Erbrecht und ihre Erbteile so, als gäbe es keine fortgesetzte Gütergemeinschaft.

Der überlebende Ehegatte kann die Fortsetzung der Gütergemeinschaft ablehnen. Der Anteil des verstorbenen Ehegatten gehört dann zum Nachlaß, und der verstorbene Ehegatte wird nach den allgemeinen Vorschriften beerbt.

Wird die Gütergemeinschaft mit den Kindern fortgesetzt, so behält der überlebende Ehegatte seine rechtliche Stellung uneingeschränkt; die anteilsberechtigten Kinder nehmen die rechtliche Stellung des verstorbenen Ehegatten ein.

Das Vermögen, das eines der Kinder zur Zeit des Eintritts der fortgesetzten Gütergemeinschaft hat oder später erwirbt, gehört nicht zum Gesamtgut. Ein anteilsberechtigtes Kind kann auf seinen Anteil am Gesamtgut verzichten. Der Verzicht hat die gleiche Wirkung, als sei der Verzichtende zur Zeit des Verzichts gestorben, ohne Kinder oder Kindeskinder hinterlassen zu haben.

Im übrigen endigt die fortgesetzte Gütergemeinschaft mit dem Tod des überlebenden Ehegatten. Sie endet auch, wenn der überlebende Ehegatte sich wieder verheiratet.

Für alle drei Güterstände gilt folgendes:

1. Der überlebende Ehegatte erhält neben seinem gesetzlichen Erbteil den sogenannten Voraus. Zum Voraus zählen die zum ehelichen Hausrat gehörenden Gegenstände, soweit sie nicht Zubehör eines Grundstückes sind, und die Hochzeitsgeschenke. Diesen Voraus bekommt der überlebende Ehegatte neben den Verwandten der 1. Ordnung, also neben Kindern und Enkeln, nur insoweit, als er sie zur Führung eines angemessenen Haushaltes benötigt.
2. Das Erbrecht des überlebenden Ehegatten sowie das Recht aus dem Voraus ist ausgeschlossen, wenn zur Zeit des Todes des Erblassers die Voraussetzungen für die Scheidung der Ehe gegeben waren und der Erblasser die Scheidung beantragt oder ihr zugestimmt hatte. Dies gilt sinngemäß auch bei einer Klage auf Aufhebung der Ehe.

Ehegattenerbrecht neben Verwandten der 2. Ordnung

Haben die Ehegatten keine Kinder oder Enkel, dann erbt der überlebende Ehegatte zunächst die Hälfte des Nachlasses. Darüber hinaus erhält er – falls in der Ehe Zugewinngemeinschaft gegolten hat – ein weiteres Viertel zum Ausgleich des Zugewinnes, so daß der überlebende Ehegatte insgesamt drei Viertel erhält. Das restliche Viertel geht an die Eltern beziehungsweise an die Geschwister des Erblassers nach den Regeln der 2. Ordnung. Zusätzlich erhält der überlebende Ehegatte die Hochzeitsgeschenke und den Voraus in vollem Umfang. Das bedeutet, daß der überlebende Ehegatte in diesem Fall nicht beschränkt ist auf die Hausratsgegenstände, die er zur Führung eines angemessenen Haushaltes benötigt. Er bekommt alle Hausratsgegenstände. Die Einschränkung auf die notwendigen Hausratsgegenstände gilt nur gegenüber Kindern und Enkeln.

Ehegattenerbrecht neben Verwandten der 3. Ordnung

Der überlebende Ehegatte erhält, wenn keine Verwandten der 1. und 2. Ordnung vorhanden sind, sondern nur noch Großeltern:

1. Die Hälfte des Nachlasses und – bei Zugewinngemeinschaft – ein weiteres Viertel des Nachlasses, insgesamt also drei Viertel des Nachlasses.
2. Vom restlichen Teil des Nachlasses alles, was sonst an die Abkömmlinge vorverstorbener Großeltern fallen würde. Das bedeutet, daß die Geschwister der Eltern des Erblassers und deren Abkömmlinge – seine Onkel und Tanten, Vettern und Kusinen also – leer ausgehen.

3. Letztlich erhält der überlebende Ehegatte den Voraus in vollem Umfang und die Hochzeitsgeschenke.

Leben also weder Großeltern noch Erben der 1. und 2. Ordnung, dann erhält der überlebende Ehegatte den ganzen Nachlaß als Alleinerbe. Selbstverständlich erbt der überlebende Ehegatte auch neben den Verwandten der 4. und allen folgenden Ordnungen den ganzen Nachlaß allein.

Der sogenannte Verwandtenerbteil

Ist der überlebende Ehegatte zugleich ein erbberechtigter Verwandter, dann bedeutet sein Erbteil als Verwandter einen besonderen Erbteil. Hatte zum Beispiel der Erblasser seine Nichte geheiratet und die Ehegatten hatten keine Kinder, dann erhält diese als Witwe zunächst drei Viertel des Nachlasses. Außerdem erhält sie noch nach den erbrechtlichen Vorschriften der 2. Ordnung zusätzlich ihren Erbteil als Nichte. Zu beachten ist dabei, daß die Erbin also zwei Erbteile erhält, die sie gesondert annehmen und ausschlagen kann. Das ist sehr wichtig, denn auf einem dieser beiden Erbteile könnten Vermächtnisse oder Auflagen ruhen, die die Erbin nicht erfüllen will.

Das gesetzliche Erbrecht der nichtehelichen Kinder

§ 1934a bis § 1934e

Durch das Gesetz über die rechtliche Stellung der nichtehelichen Kinder vom 19. 8. 1969 wurde festgelegt, daß nichteheliche Kinder mit ihrem Vater und den väterlichen Verwandten nicht nur im natürlichen, sondern auch im rechtlichen Sinne verwandt sind. Dadurch änderte und verbesserte sich die Stellung des nichtehelichen Kindes gegenüber seinem Vater nicht nur familienrechtlich, sondern auch erbrechtlich. Durch dieses Gesetz entstanden beiderseitige erbrechtliche Beziehungen, die es früher nicht gab.

Im Verhältnis zur Mutter und den mütterlichen Verwandten war das nichteheliche Kind schon immer einem ehelichen Kind in erbrechtlicher Hinsicht völlig gleichgestellt. Es hatte stets das volle gesetzliche Erbrecht wie das eheliche Kind. Ebenso konnte auch die Mutter das nichteheliche Kind voll beerben.

Durch die Neuregelung hat das nichteheliche Kind gegenüber seinem Vater einen Erbanspruch erhalten, der wertmäßig (anteilmäßig) dem Erbanspruch eines ehelichen Kindes entspricht. Dennoch sind seine Ansprüche anders gestaltet als die der ehelichen Kinder des Vaters. Sind nämlich neben dem nichtehelichen Kind noch andere Personen, insbesondere eheliche Halbgeschwister, Erben nach dem Vater, dann hat das nichteheliche Kind lediglich Anspruch auf eine Geldforderung an den Nachlaß, die wertmäßig allerdings dem gesetzlichen Erbteil eines ehelichen Kindes entspricht. Diese Geldforderung heißt Erbersatzanspruch.

Der Sinn dieser Beschränkung liegt darin, daß das nichteheliche Kind mit den ehelichen Kindern keine Erbengemeinschaft bilden soll. Der Gesetzgeber ist davon ausgegangen, daß eine Erbengemeinschaft zwischen ehelichen und nichtehelichen Kindern eines Vaters zu unnötigen Streitigkeiten führen könnte. Das nichteheliche Kind muß deshalb seinen Anteil als Geldforderung gegenüber den übrigen Erben geltend machen.

Das nichteheliche Kind wird, wenn es den ihm zustehenden Erbersatzanspruch erhält, nicht Erbe, das heißt, es hat weder die Rechte noch die Pflichten des Erben. Ist das nichteheliche Kind der einzige gesetzliche Erbe, dann wird es Alleinerbe, sofern keine anderslautende Verfügung des Erblasses vorliegt. Von dem Fall der Alleinerbschaft abgesehen, hat das nichteheliche Kind gegenüber seinem Vater also nur einen Erbersatzanspruch, gegenüber seiner Mutter aber ist es voll erbberechtigt und gehört gegebenenfalls auch der Erbengemeinschaft an. Das nichteheliche Kind ist also noch immer schlechter gestellt als das eheliche Kind.

Der Erbersatzanspruch

Das nichteheliche Kind hatte bis Ende 1986 nur dann das Recht, Erbersatzanspruch zu stellen, wenn beim Tode des Vaters dessen Vaterschaft entweder anerkannt oder rechtskräftig festgestellt war. Nach einer Entscheidung des Bundesverfassungsgerichtes vom 18. 11. 1986 ist diese Regelung in § 1934 c BGB verfassungswidrig und damit nichtig. Nunmehr kann der Erbersatzanspruch auch dann noch geltend gemacht werden, wenn die Vaterschaft erst wesentlich später nach dem Tod des Vaters festgestellt wird.

Es wurde bereits erwähnt, daß das nichteheliche Kind die volle Erbenstellung erlangt, wenn es nach seinem Vater Alleinerbe wird. Der Vater darf also weder eine Ehefrau noch eheliche Kinder hinterlassen haben. – Hinterläßt in einem solchen Falle der Vater nur zwei oder mehrere nichteheliche Kinder, dann werden diese ebenfalls volle Erben, aber selbstverständlich nur entsprechend ihren Anteilen. An die Stelle eines vorverstorbenen nichtehelichen Kindes treten dessen Abkömmlinge, und diese rücken gegebenenfalls in die volle Erbenstellung ein.

Entsprechend ist der Vater – oder seine Verwandten – beim Tode seines nichtehelichen Kindes nur dann Vollerbe, wenn das nichteheliche Kind seinerseits keine andere Person als Erben hinterläßt.

Der Erbersatzanspruch ist ein schuldrechtlicher Anspruch gegen den Erben beziehungsweise gegen die Erbengemeinschaft. Der Berechtigte wird nicht Erbe, sondern hat nur einen Geldanspruch in Höhe seines gesetzlichen Erbes.

Dies ist sehr bedeutsam, insbesondere wenn der Verstorbene Erinnerungsstücke hinterlassen hat. Die Erben können sich diese Erinnerungsstücke untereinander teilen, zum Beispiel Bilder, Schmuckstücke usw. Diese Gegenstände haben oft nur einen geringen Sachwert, so daß insoweit nur ein geringer oder kein Erbersatzanspruch in Betracht kommt.

Der Erbersatzanspruch wird berechnet nach dem Bestand und dem Wert des Nachlasses zur Zeit des Erbfalles. Dieser Wert ist, soweit erforderlich, durch Schätzung zu ermitteln.

Der Erbersatzanspruch kann angenommen und ausgeschlagen werden. Er unterliegt auch den Vorschriften über die Ausgleichungspflicht unter Abkömmlingen. Für den Erbersatzanspruch gelten die Vorschriften über Erbverzicht und Erbunwürdigkeit.

Wird dem nichtehelichen Kind durch das Testament des Vaters weniger zugewendet, als sein Erbersatzanspruch ausmachen würde oder wird es im Testament ganz übergangen, dann kann das nichteheliche Kind unter den gleichen Voraussetzungen wie ein eheliches Kind den Pflichtteil verlangen. Dieser Pflichtteil beläuft sich auf die Hälfte des Erbersatzanspruchs. Der Vater kann also sein nichteheliches Kind nicht grundlos enterben. Dem nichtehelichen Kind bleibt zumindest der Pflichtteilsanspruch.

Der Erbersatzanspruch verjährt, wie der Pflichtteilsanspruch, 3 Jahre nach Kenntnis des Erbfalls, spätestens aber 30 Jahre nach dem Erbfall. Erhält also jemand erst 27 Jahre nach dem Tod des Erblassers Kenntnis von dessen Tod, so hat er weitere 3 Jahre Zeit, einen Antrag auf Erbersatzanspruch zu stellen.

Vorzeitiger Erbausgleich

Ein nichteheliches Kind im Alter von 21 bis 26 Jahren ist berechtigt, von seinem Vater einen vorzeitigen Erbausgleich zu verlangen.
Der gesetzgeberische Grund für diese Ausnahmeregelung liegt darin, daß das nichteheliche Kind – anders als das eheliche Kind – meist nicht in die Familie seines Vaters eingegliedert ist. Es kann daher nicht – wie das bei ehelichen Kindern oft der Fall ist – mit größeren Zuwendungen zur Existenzgründung bei Lebzeiten des Vaters rechnen.
Gerade eine solche Starthilfe zu Beginn des Berufslebens oder der Ehe ist für den jungen Menschen oft wesentlich bedeutsamer als ein größeres Erbe zu späteren Zeit. Der Gesetzgeber meint deshalb, die Startbedingungen eines nichtehelichen Kindes denen eines ehelichen in der Form anpassen zu können, daß er dem nichtehelichen Kind einen vorzeitigen Erbausgleich zubilligt. Ehelichen Kindern steht ein solcher vorzeitiger Erbausgleich nicht zu.
Durch den vorzeitigen Erbausgleich werden die erbrechtlichen Verhältnisse des nichtehelichen Kindes zu seinem Vater und dessen Verwandten schon zu Lebzeiten des Vaters endgültig erledigt. Spätere, unliebsame Auseinandersetzungen mit den Erben sollen auf diese Weise vermieden werden. Allerdings kann umgekehrt der Vater seinem nichtehelichen Kind gegen dessen Willen einen solchen vorzeitigen Erbausgleich nicht aufdrängen; das Kind braucht sich nicht vorzeitig abfinden zu lassen.
Der Ausgleichsbetrag beläuft sich auf das Dreifache des Jahresunterhalts, den der Vater in den letzten 5 Jahren seiner Unterhaltspflicht durchschnittlich zu leisten hatte. Wenn sich die Parteien nicht untereinander einigen können und eine gerichtliche Entscheidung getroffen werden muß, so kann das Gericht nach den Umständen des Falles den Abfindungsbetrag bis zum Zwölffachen des Jahresbetrages heraufsetzen, es kann ihn aber auch bis zum einfachen Jahresbetrag herabsetzen.
Dem Vater kann gegebenenfalls Stundung gewährt werden, wenn er dem Kind noch laufenden Unterhalt zahlen muß und ihm beide Zahlungen zusammen nicht zuzumuten sind oder wenn ihn die sofortige Zahlung besonders hart treffen würde.
Eine außergerichtliche Vereinbarung über den Erbausgleich muß vor einem Notar beurkundet werden. – Der Ausgleichsanspruch verjährt 3 Jahre nach Vollendung

des 27. Lebensjahres des Kindes. Wird der Anspruch nicht geltend gemacht, bleibt es also bei dem Erb- beziehungsweise Erbersatzanspruch des nichtehelichen Kindes nach dem Tode des Vaters.

Das gesetzliche Erbrecht des Staates (Fiskus)

§ 1936

Ist zur Zeit des Erbfalls weder ein Verwandter noch ein Ehegatte des Erblassers vorhanden und ist auch kein Erbe durch ein Testament bestimmt, dann erbt der Staat. Der Staat wird in diesem Zusammenhang und im Gesetz als Fiskus bezeichnet.

Der Sinn dieser Vorschrift liegt darin, daß der Staat sogenannte herrenlose Erbschaften vermeiden will. Reichtümer wird der Staat auf diesem Wege nur in seltenen Ausnahmefällen erwerben. Das liegt daran, daß das Nachlaßgericht zunächst sehr gewissenhaft zu prüfen hat, ob nicht doch irgendein, wenn auch noch so weit entfernter Verwandter des Erblassers vorhanden ist.

Erst nach fruchtloser öffentlicher Aufforderung, eventuell bestehende Erbrechte anzumelden, hat das Nachlaßgericht durch Beschluß festzustellen, daß kein anderer Erbe vorhanden ist. Berufen ist dann als gesetzlicher Erbe der Fiskus desjenigen Landes der Bundesrepublik Deutschland, dem der Erblasser zur Zeit seines Todes angehört hat.

Der Fiskus kann die Erbschaft weder ausschlagen noch auf sie verzichten. Er haftet aber für die Nachlaßverbindlichkeiten nur beschränkt. Das bedeutet, daß der Fiskus im Falle der Überschuldung des Nachlasses nicht mehr an die Nachlaßgläubiger zu zahlen hat, als er aus der Erbschaft erlösen kann.

Unbeschränkbare Testierfreiheit

§ 2302

Niemand kann verpflichtet werden, eine Verfügung von Todes wegen zu errichten oder nicht zu errichten, sie aufzuheben oder nicht aufzuheben.
Wird dennoch ein Vertrag geschlossen, der jemanden beispielsweise verpflichtet, ein Testament zu widerrufen oder gar nicht erst ein Testament aufzusetzen, so ist ein solcher Vertrag nichtig.
Allerdings ist es unter Umständen möglich, eine Zuwendung von einer bestimmten letztwilligen Verfügung abhängig zu machen. Man kann sich auch dazu verpflichten, auf eine Erbschaft zu verzichten. Hierbei handelt es sich dann um ein besonderes Rechtsgeschäft, nämlich den Erbverzichtsvertrag. Ein solcher Vertrag muß ganz genau festgelegten Regeln entsprechen, und er muß von einem Notar beurkundet werden.
Die Testierfreiheit ist zwar unbeschränkbar, das heißt, sie kann von niemandem eingeschränkt werden, aber sie ist nicht unbeschränkt, das heißt, nicht jede Verfügung ist rechtsgültig. Die Unwirksamkeit von Verfügungen ist insofern von Bedeutung, als dem Bedachten keinerlei Schadensansprüche erwachsen.

Beispiel: *In einem Erbvertrag ist die Verpflichtung des Überlebenden begründet worden, die Kinder zu Erben einzusetzen. Durch diesen Vertrag wird die Testierfreiheit des Überlebenden beschränkt. Setzt der Überlebende nun ein Testament auf, in dem er einen anderen als die Kinder zum Erben einsetzt, so ist das Testament nichtig, weil der Erbvertrag andere Verfügungen ausschließt. Der im Testament Bedachte hat keinen Anspruch auf Schadenersatz.*
Hätte der Überlebende im Sinne des Erbvertrages seine Kinder zu Erben eingesetzt, so wäre das Testament gleichfalls nichtig, für die Kinder hätte es nur keine Auswirkungen, da sie ja laut Erbvertrag Erben sind.

Die testamentarische Erbfolge

§ 2229 bis § 2273

Beim Tode eines Menschen tritt die gesetzliche Erbfolge nur dann ein, wenn keine anderslautende letztwillige Verfügung vorhanden ist. Das bedeutet: Liegt weder ein Testament noch ein Erbvertrag vor, dann wird derjenige Erbe, den das Gesetz vorsieht.

Wenn der Erblasser diese gesetzliche Erbfolge aus irgendeinem Grund nicht haben will, dann muß er ein Testament oder einen Erbvertrag machen. Es tritt dann die sogenannte gewillkürte Erbfolge ein. Die gewillkürte Erbfolge beruht immer auf einer letztwilligen Verfügung und hat gegenüber der gesetzlichen Erbfolge Vorrang.

»Verfügung von Todes wegen« ist die Sammelbezeichnung für Testament und Erbvertrag. Das Testament wird auch »letztwillige Verfügung« genannt. Es ist eine einseitige Erklärung des Erblassers, die er bis zu seinem Tode jederzeit widerrufen und ändern kann.

Der Erbvertrag ist ein Vertrag zwischen dem Erblasser – für den Fall seines Todes – und einer zweiten Person; dieser Vertrag hat bindende Wirkungen und kann nicht ohne weiteres widerrufen werden.

Der Erbvertrag ist relativ selten, weil sich niemand gern vor seinem Tode bindet; außerdem muß er von einem Notar beurkundet werden, wodurch zusätzliche Kosten entstehen.

Die Verfügung von Todes wegen ist deshalb in den meisten Fällen ein Testament, und die durch sie bestimmte Erbfolge ist die sogenannte testamentarische Erbfolge. Der Ausdruck »gewillkürte Erbfolge« findet sich praktisch nur in juristischen Lehrbüchern.

Neben dem einseitigen Testament gibt es noch das gemeinschaftliche Testament der Ehegatten. Ein solches Testament kann nur von Ehegatten errichtet werden. Ein gemeinschaftliches Testament kann widerrufen werden, doch gelten bestimmte Einschränkungen, auf die im einzelnen noch eingegangen wird.

Nach der Art und Weise wie das Testament errichtet wird, unterscheidet man zwischen ordentlichen und außerordentlichen Testamenten.

Zu den ordentlichen Testamenten gehören die sogenannten öffentlichen Testamente, die vor einem Notar errichtet werden müssen, und die privaten Testamente, die vom Erblasser eigenhändig geschrieben und unterschrieben sein müssen.

Außerordentliche Testamente sind Nottestamente. Sie sind in ruhigen Friedenszeiten äußerst selten, aber bei Unglücksfällen oder Naturkatastrophen wie Erdbeben und Lawinenunglücken immerhin nicht gänzlich ausgeschlossen. Der Inhalt eines Testamentes oder Erbvertrages kann sehr verschiedenartig sein. Erbrechtlich

interessieren praktisch nur die vermögensrechtlichen Anordnungen des Erblassers, eventuell noch einige familienrechtliche Bestimmungen, wie zum Beispiel die Beschränkung der Vermögensverwaltung der Eltern, falls ihr minderjähriges Kind ein Vermögen geerbt hat.
Sittliche Ermahnungen des Erblassers sind erbrechtlich ohne Bedeutung und auch ohne Einfluß auf die Wirksamkeit eines Testamentes. Sie finden sich sehr häufig in privaten Testamenten. Da werden beispielsweise Geschwister ermahnt, sich in guten und schlechten Zeiten gegenseitig Hilfe zu leisten, sich eines geordneten Lebenswandels zu befleißigen und das Andenken des Verstorbenen hochzuhalten. Soweit es sich um bloße Ermahnungen handelt, sind sie für den Erben unverbindlich. Der Erblasser kann den Erben aber auch mit verbindlichen Auflagen beschweren. Darauf wird im Kapitel »Die Auflage« noch eingegangen.

Testierfähigkeit

Die Fähigkeit, ein Testament errichten zu können, bezeichnet der Jurist als Testierfähigkeit. Wer geschäftsfähig ist, der ist auch testierfähig, besagt die grundsätzliche Regel. Das heißt: Wer das 18. Lebensjahr vollendet hat und im Vollbesitz seiner geistigen Kräfte ist, der kann ein gültiges Testament aufsetzen. Von dieser grundsätzlichen Regelung gibt es allerdings einige Abweichungen:

a) Ein Minderjähriger, der das 16. Lebensjahr vollendet hat, ist bereits testierfähig, allerdings mit einer gewissen Einschränkung. Er kann nämlich kein privatschriftliches Testament errichten. Bei der Errichtung des Testamentes muß ihm eine Amtsperson beratend zur Seite stehen. Er kann deshalb ein Testament nur in der Form machen, daß er eine mündliche Erklärung vor einem Notar abgibt oder ihm eine offene Schrift mit seiner letztwilligen Verfügung aushändigt. Der Zustimmung seiner Eltern bedarf er dabei nicht; die Eltern brauchen von dem Testament überhaupt nichts zu wissen. Daraus ergibt sich, daß ein 16jähriger ein Nottestament vor dem Bürgermeister errichten kann, nicht dagegen ein Dreizeugentestament, weil es im letzteren Fall an der beratenden Person fehlt.
   Hat ein Minderjähriger ein eigenhändiges Testament verfaßt, das ja keine Gültigkeit hat, wenn es nicht unter Anleitung und Beratung einer Amtsperson niedergelegt wurde, und läßt er dieses Testament bei Eintritt seiner Volljährigkeit bestehen, dann wird es dadurch nicht gültig; der nunmehr Volljährige muß sein Testament vielmehr bei Eintritt der Volljährigkeit, selbst wenn der Inhalt völlig gleich bleibt, neu verfassen.
b) Ein Entmündigter ist testierunfähig.
   Die nachfolgenden Ausführungen sind von großer praktischer Bedeutung, weil es häufig vorkommt, daß Erben versuchen, den Erblasser in seinen letzten

Lebenstagen entmündigen zu lassen, um etwaige Änderungen des Testaments zu verhindern.

Erst wenn ein Entmündigungsbeschluß Rechtskraft erlangt hat, tritt auch die Testierunfähigkeit ein. Stirbt der Erblasser also, bevor er rechtskräftig entmündigt wurde, so ist das von ihm errichtete Testament gültig. Führt der Entmündigungsantrag zu Lebzeiten des Erblassers zur rechtskräftigen Entmündigung, tritt die Testierunfähigkeit schon mit dem Zeitpunkt der Antragstellung ein. Hat also der später Entmündigte in der Zeit zwischen der Antragstellung auf Entmündigung und der rechtskräftigen Feststellung, daß er testierunfähig ist, ein Testament errichtet, so ist dieses Testament ungültig.

Wird die Entmündigung eines Volljährigen beantragt, so wird er meist sofort unter vorläufige Vormundschaft gestellt. Die vorläufige Vormundschaft bewirkt zwar eine beschränkte Geschäftsunfähigkeit, führt aber nicht zur Testierunfähigkeit. Testierunfähig wird erst der rechtskräftig Entmündigte.

Wird die Entmündigung aufgehoben, tritt die Testierfähigkeit wieder ein. Das Gesetz verlegt den Zeitpunkt des Beginns der Testierfähigkeit auf den Zeitpunkt des Antrages auf Wiederbemündigung.

c) Ein Geistes- und Bewußtseinsgestörter ist ebenfalls testierunfähig.

Es kommt nicht darauf an, ob er entmündigt ist oder nicht. Wenn er allerdings rechtskräftig entmündigt ist, dann ist er immer testierunfähig, selbst wenn er das Testament in einem »lichten Augenblick« errichtet hat.

Nach Ansicht des Gesetzgebers setzt die Fähigkeit, ein gültiges Testament zu verfassen, voraus, daß der Erblasser in der Lage ist, sich über die Tragweite seiner Anordnungen ein klares Urteil zu bilden und seine letztwillige Verfügung frei von Einflüssen etwaiger Interessierter aufsetzen kann. Es genügt nicht, daß er nur eine allgemeine Vorstellung von der Tatsache der Errichtung eines Testamentes und von dem Inhalt seiner letztwilligen Anordnungen hat.

In der Praxis ergeben sich bei der Beurteilung der Gültigkeit eines Testamentes schwierige Grenzfälle, die oft nur nach Beweislastregeln entschieden werden können. Wer sich nämlich auf die Ungültigkeit eines Testamentes beruft, muß die Gründe für die Ungültigkeit nachweisen. Dies ist nach dem Tode des Erblassers oft sehr schwierig. Doch selbst wenn der Notar in einem öffentlichen Testament bescheinigt, daß er sich von der Testierfähigkeit des Erblassers überzeugt hat, ist dies noch keine Garantie für die Gültigkeit dieses Testaments.

Wer in der Praxis mit diesen Fragen zu tun hat, wundert sich manchmal, wieviel anerkannte Geisteskranke es zu geben scheint. Es wäre der Rechtssicherheit sicherlich dienlich, wenn man nur bei Minderjährigen und rechtskräftig Entmündigten die Ungültigkeit ihrer Testamente annehmen würde. Aber wie soll man es zum Beispiel mit dem Testament eines hochgradig Betrunkenen halten? Gerade Betrunkene machen gern ein Testament. Es muß also bei der derzeitigen gesetzlichen Regelung bleiben.

Der höchstpersönliche Charakter von Testament und Erbvertrag

Der Erblasser kann ein Testament nur persönlich errichten. Das gilt auch für den Erbvertrag.
Während bei Rechtsgeschäften unter Lebenden eine Stellvertretung grundsätzlich möglich ist, liegen die Verhältnisse bei den Verfügungen von Todes wegen anders. Hierbei gibt es keine Stellvertretung, der Erblasser kann nur höchstpersönlich handeln. Dieser Grundsatz der Höchstpersönlichkeit ergibt sich aus der großen Bedeutung, den die Verfügungen von Todes wegen für die Erben haben.
Die Gefahr ist zu groß, daß die betroffenen Erben als Vertreter einen zu starken Einfluß – in ihrem Interesse – auf den Willen des Erblassers ausüben könnten.
Der Erblasser soll die sittliche Verantwortung für seine testamentarische Regelung ganz allein tragen und sie nicht auf einen anderen abwälzen. Ein Testament, das gegen diesen Grundsatz verstößt, ist nichtig.
Natürlich kann sich der Erblasser bei der Ausgestaltung seines Testamentes beraten lassen; er kann seine Familienangehörigen, Freunde oder Juristen hinzuziehen. Es ist oft sehr zweckmäßig, wenn der Erblasser mit seinem Ehegatten und seinen Kindern die Abfassung seines Testamentes rechtzeitig erörtert. Er kann so auf die Wünsche seiner Erben eingehen und eventuellen Streitigkeiten vorbeugen.
Überraschende Testamente, die der Erblasser in einer einsamen und vielleicht alkoholisierten Stunde abgefaßt hat, lösen oft Schwierigkeiten unter den Erben aus.
In diesem Zusammenhang gibt es noch eine schwierige Frage zu erörtern. Nach dem Buchstaben des Gesetzes darf der Erblasser eine letztwillige Verfügung nicht in der Weise treffen, daß ein anderer zu bestimmen hat, ob sie gelten soll oder nicht. Der Erblasser kann auch die Bestimmung der Person, die eine Zuwendung erhalten soll, sowie die Bestimmung des Gegenstandes der Zuwendung nicht einem anderen überlassen. Der Erblasser soll seine Verfügungen – wie schon erwähnt – höchstpersönlich treffen. Er soll einen eigenen Entschluß über seine Erbfolge fassen; anstelle seiner Entschlußlosigkeit soll nicht das Ermessen eines anderen treten.
Die Rechtsprechung hat aber diese Regelung ein wenig gelockert. Von Fall zu Fall muß entschieden werden, ob das Testament vollstreckt werden kann. Es wäre zum Beispiel der Fall denkbar, daß ein Erblasser, dessen Sohn nach Australien ausgewandert ist, seine Enkel zu Lebzeiten nie zu Gesicht bekam. Nun möchte er seine Enkel nicht ohne Zuwendung ausgehen lassen, überläßt es aber seinem Sohn zu entscheiden, welchem Enkel welcher Gegenstand zukommen soll.
Im übrigen genügt es für die Gültigkeit einer letztwilligen Verfügung, daß die Person des Bedachten aus dem Testament und in Verbindung mit den außerhalb des Testamentes liegenden Umständen zuverlässig festgestellt werden kann. Der Bedachte muß nicht notwendig mit dem Namen bezeichnet sein. Es reicht aus, daß der Erblasser einen begrenzten Kreis von Personen bezeichnet, aus dem ein vom

Erblasser benannter Dritter den zum Erben bestimmten unzweifelhaft ausfindig machen kann. Es muß lediglich sichergestellt sein, daß für eine Willkür des Dritten kein Raum bleibt.
Im hier aufgeführten Beispiel des Großvaters, der seine Enkel in Australien bedenken will, müssen die Gegenstände oder Sachwerte, die er ihnen zugedacht hat, von vergleichbarem Wert sein. Im übrigen gilt natürlich hier wie überall die Regel, wo kein Kläger ist, da ist auch kein Richter. Wird ein Testament nicht angefochten, sondern werden seine Bedingungen von den Erben anerkannt, so hat es seine Gültigkeit.

Das notarielle (öffentliche) Testament

Das vor einem Notar errichtete Testament heißt in den einschlägigen Lehrbüchern und Kommentaren stets »öffentliches« Testament. Diese Bezeichnung ist irreführend, denn dieses Testament wird nicht öffentlich aufgesetzt und auch nicht öffentlich bekannt gemacht. Vielmehr wird es vor einem Notar errichtet, und der Notar unterliegt – wie Arzt und Rechtsanwalt – der Schweigepflicht. Wenn der Erblasser nicht selbst davon spricht, erfährt niemand etwas von dem Inhalt des »öffentlichen« Testaments, bis es – nach dem Tode des Erblassers – amtlich eröffnet wird. Man spricht deshalb besser vom notariellen Testament.
Der Vorzug des notariellen Testaments liegt darin, daß nur selten Zweifel an der Echtheit des Dokumentes aufkommen. Das eigenhändig geschriebene Testament enthält oft Durchstreichungen und Berichtigungen. Die Handschrift des Erblassers ist zwar eine gewisse Garantie für die Echtheit des Testamentes. Bei Durchstreichungen – die oft zu späterer Zeit gemacht sein können –, läßt sich aber überhaupt nicht feststellen, von wessen Hand sie stammen. Der Erblasser kann nicht mehr gefragt werden, die Gefahr der Fälschung ist also sehr groß.
Der Notar ist verpflichtet, das vor ihm errichtete Testament unverzüglich in die besondere amtliche Verwahrung beim Amtsgericht zu bringen. Somit ist das Testament vor Fälschungen geschützt. Außerdem ist sichergestellt, daß das Testament nach dem Tode des Erblassers aufgefunden wird.
Andererseits sind dem Notar für seine Arbeit Gebühren zu entrichten, die man durch ein eigenhändiges Testament sparen kann. Selbstverständlich kann man auch das eigenhändige Testament selbst in die besondere amtliche Verwahrung zum Amtsgericht bringen und es dadurch gegen Fälschung und Verschwinden schützen.
Das notarielle Testament hat für die Erben einen großen Vorzug. Es erspart ihnen unter Umständen die Kosten und Mühen der Beschaffung eines Erbscheines. Es reicht zum Beispiel – in Verbindung mit der Niederschrift über die Eröffnung des Testamentes – dem Grundbuchamt für die Umschreibung des Eigentumswechsels

auf die Erben aus, ebenso wird es fast immer von den Banken als ausreichend angesehen, so daß die Erben meist keinen Erbschein benötigen.

Errichtung des notariellen Testaments

Das notarielle Testament wird von einem Notar zu Protokoll genommen. Der Erblasser kann zu einem Notar gehen und ihm mündlich seinen letzten Willen erklären oder ihm eine Schrift übergeben, die seinen letzten Willen enthält. Der Erblasser kann die Schrift offen oder verschlossen übergeben, sie braucht nicht handschriftlich und nicht von ihm selbst geschrieben zu sein, muß aber seinen Willen, nicht den des Schreibers, enthalten.

Die übliche Art, ein notarielles Testament aufzusetzen, ist die mündliche Erklärung gegenüber dem Notar. In der Praxis geht das meist so vonstatten, daß der Erblasser einen Termin mit dem Notar ausmacht, mit dem Notar seinen letzten Willen bespricht, der Notar den Erblasser berät und einen entsprechenden Entwurf aufsetzt, der dann in einem weiteren Termin beurkundet wird. Handelt es sich um ein ganz einfaches Testament oder eilt es mit der Abfassung des Testaments wegen des schlechten Gesundheitszustands des Erblassers, dann wird der Notar die Beurkundung des Testaments sofort vornehmen. Falls es erforderlich ist, wird der Notar auch zum Erblasser ins Haus oder Krankenhaus kommen.

Die Rechtsprechung verlangt, daß zur Errichtung des Testaments vor dem Notar eine eindeutige mündliche Erklärung des Erblassers gegenüber dem Notar erfolgt. Der Erblasser muß seinen letzten Willen mündlich erklären. Das kann er nur mit dem verständlich gesprochenen Wort tun. Kopfnicken, Gebärden oder sonstige Zeichen reichen nicht aus.

Es ist aber nicht notwendig, daß der Erblasser seine Erklärung ohne Unterbrechung vorträgt. Es reicht nach der Rechtsprechung sogar aus, daß der Notar dem Erblasser einen zuvor gefertigten Testamentsentwurf abschnittsweise vorliest und der Erblasser jeweils auf Befragen, ob dies so richtig sei, mit »Ja« antwortet.

Dieser Testamentsentwurf kann aufgrund von Angaben einer dritten Person verfaßt sein, es kommt nur darauf an, daß der Erblasser mit einem deutlichen »Ja« bestätigt, daß die Angaben seinem Willen entsprechen.

Die Testamentserrichtung durch Übergabe einer offenen oder verschlossenen Schrift an den Notar ist relativ selten. Diese Schrift braucht – anders als das eigenhändige, notarielle Testament – weder eigenhändig geschrieben noch unterschrieben zu sein, sie kann mit der Hand, mit der Schreibmaschine oder in Kurzschrift gefertigt sein.

Der Notar braucht die Schriftzeichen und die Sprache, in der diese Schrift abgefaßt ist, nicht einmal zu verstehen. Sie muß allerdings in einer entzifferbaren, verständlichen Schrift und Sprache abgefaßt sein, denn anders wäre der Letzte Wille des

Erblassers später nicht zu ermitteln. Der Erblasser kann also diese Schrift in einer beliebigen Fremdsprache abfassen, nicht aber in einer von ihm selbst entwickelten Geheimschrift.
Entscheidend ist bei der Testamentserrichtung durch Übergabe einer offenen oder verschlossenen Schrift lediglich, daß der Erblasser sie mit der Erklärung übergibt, daß diese Schrift seinen Letzten Willen enthalte. Der Erblasser muß also zum Notar sagen: »Das ist mein Testament«, oder er muß auf eine entsprechende Frage des Notars mit »Ja« antworten. Dagegen würde ein Kopfnicken nicht genügen, da ein solches Nicken keine mündliche Erklärung ist.
Es mag dem Leser verwunderlich erscheinen, daß sich die Rechtsprechung so ausführlich mit der Frage beschäftigt, ob der Erblasser ein deutliches »Ja« gesprochen oder nur mit dem Kopf genickt hat. Es ist Anliegen der Rechtsprechung, sicherzustellen, daß der Letzte Wille des Erblassers zuverlässig erfaßt wurde. Dem Erblasser soll nichts unterschoben werden, er selbst soll klar und deutlich seinen Willen äußern.
Da Testamente oft erst in der letzten Stunde gemacht werden, und da der Erblasser zu diesem Zeitpunkt oft unter Einfluß starker Medikamente, wie etwa Morphium, oder unter dem Druck von Personen steht, die gern erben möchten, ist es schwer, den wirklichen Willen des Erblassers zu ergründen. Deshalb stellt die Rechtsprechung gewisse Mindesterfordernisse an die eigene Willensbekundung des Erblassers.

Der Beurkundungsvorgang

Die Einzelheiten des Beurkundungsvorganges sind im Beurkundungsgesetz geregelt. Demnach ist die Beurkundung allein Aufgabe der Notare. Ausnahmsweise kann bei einem Auslandsaufenthalt, nach § 16a Konsulargesetz, ein solches Testament eines Deutschen vor einem Berufskonsul errichtet werden.
Der Notar muß über die Errichtung des Testamentes eine Niederschrift aufnehmen. Diese Niederschrift muß den Namen des Notars und des Erblassers enthalten und die mündliche Erklärung des Letzten Willens des Erblassers. Wird das Testament nicht durch mündliche Erklärung, sondern durch Übergabe einer offenen oder verschlossenen Schrift errichtet, dann muß dies in der Niederschrift festgestellt werden. Die Niederschrift muß sodann in Gegenwart des Notars dem Erblasser vorgelesen, von diesem genehmigt und eigenhändig unterschrieben werden. Sodann muß auch der Notar die Niederschrift eigenhändig unterschreiben.
Wird eine der wenigen hier erwähnten Vorschriften verletzt oder nicht beachtet, macht dies das Testament nichtig. Nach dem Beurkundungsvorgang soll der Notar die Niederschrift in einen Umschlag stecken, diesen mit dem Prägesiegel verschließen, auf dem Umschlag das Testament näher bezeichnen und diese Aufschrift selbst

noch einmal unterschreiben. Danach soll der Notar den verschlossenen Umschlag mit dem Testament unverzüglich in die besondere amtliche Verwahrung beim Amtsgericht bringen lassen.
Die wichtigste Aufgabe des Notars bei der Beurkundung eines Testaments liegt darin, den Willen des Erblassers festzustellen, ihn über die rechtliche Tragweite seiner Verfügung zu belehren und dann die Erklärungen des Erblassers klar und zweifelsfrei in der Niederschrift wiederzugeben.
Man kann davon ausgehen, daß jeder deutsche Notar die Formvorschriften für die Errichtung eines Testamentes beherrscht und daß dabei nur relativ selten Fehler vorkommen.

Sonderfälle

Es gibt noch einige Sonderfälle, die bei der Errichtung eines notariellen Testamentes beachtet werden müssen:

1. Der Notar soll bis zu zwei Zeugen oder einen zweiten Notar zuziehen, wenn der Erblasser dies verlangt. Als Zeugen dürfen keine an der Erbschaft irgendwie interessierten oder sonstwie ungeeigneten Personen hinzugezogen werden. Und selbstverständlich darf auch der Notar selbst nicht an der Erbschaft beteiligt sein.
2. Ist der Erblasser nach seinen Angaben oder nach der Überzeugung des Notars nicht imstande, Geschriebenes zu lesen, so kann er das Testament nur durch mündliche Erklärung errichten. Vermag der Erblasser nicht zu sprechen, kann er sein Testament nur durch Übergabe einer Schrift errichten. In diesem Fall muß es die eigenhändige Schrift des Erblassers sein, da er die mündliche Erklärung nicht abgeben kann, daß diese Schrift seinen Letzten Willen enthält.
3. Vermag der Erblasser nach seinen Angaben oder der Überzeugung des Notars nicht hinreichend zu hören, zu sprechen oder zu sehen, soll zur Beurkundung ein Zeuge oder ein zweiter Notar zugezogen werden, falls der Erblasser nicht ausdrücklich darauf verzichtet.
4. Vermag der Erblasser seinen Namen nicht zu schreiben, muß beim Vorlesen und der Genehmigung ein Zeuge oder ein zweiter Notar hinzugezogen werden.
5. Ist der Erblasser der Sprache, in der die Niederschrift aufgenommen wird, nicht hinreichend kundig, muß ihm die Niederschrift übersetzt werden. Falls der Notar die Übersetzung nicht selbst vornehmen kann, muß ein Dolmetscher hinzugezogen werden.

Beispiel für ein notarielles Testament

Verhandelt zu Mönchengladbach am 31. Januar 1985. Vor mir, dem Notar Dr. jur. Franz Müller, erschien in meinen Amtsräumen in Mönchengladbach Frau Amanda Schulze, geb. Meier, wohnhaft Brucknerallee 104 in Mönchengladbach 2,
ausgewiesen zu meiner Gewißheit durch Vorlage ihres Bundespersonalausweises vom 1. 7. 1983, ausgestellt vom Oberstadtdirektor der Stadt Mönchengladbach unter der Kennummer: J 921765,
und nach meiner Überzeugung aufgrund der eingehenden Unterhaltung und nach meinem persönlichen Eindruck voll geschäfts- und testierfähig.
Die Hinzuziehung von Zeugen wurde von der Erblasserin nicht verlangt. Auf Ansuchen beurkunde ich die mündlichen und persönlich abgegebenen Erklärungen der Erblasserin wie folgt:

1. Ich, Amanda Schulze, bin am 27. 7. 1910 in Berlin geboren. Ich bin verwitwet und habe keine Kinder. Ich bin in meiner freien Verfügung über mein Vermögen in keiner Weise beschränkt. Vorsorglich widerrufe ich alle früheren Verfügungen von Todes wegen.
2. Hiermit setze ich meinen Neffen Oskar Müller, wohnhaft Niddastr. 1 in Frankfurt am Main, zu meinem alleinigen Erben ein.
   Sollte der genannte Erbe nicht zur Erbfolge gelangen, bestimme ich als Ersatzerben seine ehelichen Abkömmlinge nach den Regeln der gesetzlichen Erbfolge.
3. Kommt hiernach niemand zur Erbfolge, dann nenne ich als weiteren Ersatzerben die Abkömmlinge meines im Jahre 1980 in Frankfurt am Main verstorbenen Bruders Otto Meier.
4. Weitere Bestimmungen treffe ich nicht.
   Den Wert meines gegenwärtigen Vermögens gebe ich mit DM 100 000,– an.
   Vorstehendes Protokoll wurde vorgelesen, genehmigt und eigenhändig unterschrieben.

Amanda Schulze

Dr. jur. Franz Müller, Notar

Das eigenhändige Testament

Jeder volljährige, geschäftsfähige Mensch kann sein Testament auch durch eine eigenhändig geschriebene und unterschriebene Erklärung errichten, es bedarf nicht der Mitwirkung eines Notars.
Doch ist in den vorstehenden Kapiteln auf die Vorzüge eines notariellen Testamentes hingewiesen worden. Bei der Errichtung eines notariellen Testamentes kann man die rechtskundige Hilfe und Beratung des Notars in Anspruch nehmen. Man kann sich auch darauf verlassen, daß ein Notar ein Testament formgültig zu Protokoll nimmt und daß dieses Testament in die besondere amtliche Verwahrung gelangt. Dadurch wird es fälschungssicher und nach dem Tode des Erblassers aufgefunden. Diesen Vorzügen eines notariellen Testamentes stehen die Kosten gegenüber, die das notarielle Testament verursacht, denn die Arbeit des Notars muß natürlich bezahlt werden.
Es gibt auch viele Leute, die ein Testament aufsetzen, es sich nach einiger Zeit anders überlegen und wiederum ein neues Testament verfassen. Diese Änderungen bringen beim notariellen Testament immer wieder neue Gebühren mit sich. Das kann auf die Dauer teuer werden. Wer diese Gebühren sparen will und selbst schreiben und lesen kann, der kann sein Testament eigenhändig niederlegen.

Eigenhändige Niederschrift

Das Gesetz verlangt beim eigenhändigen Testament die vollständige handschriftliche Niederschrift, weil dadurch die Echtheit des Testamentes sichergestellt wird. Die Handschrift eines jeden Menschen weist persönliche Züge auf. An diesen charakteristischen Merkmalen der Schrift kann man später – im Vergleich mit anderen Schriftstücken des Erblassers – feststellen, ob der Erblasser dies wirklich selbst so niedergeschrieben hat. Man kann unter Umständen an den Schriftzügen auch feststellen, ob der Erblasser bei der Verfassung des Testamentes im Vollbesitz seiner geistigen Kräfte gewesen ist, zumindest liefert die Schrift häufig gewisse Anhaltspunkte dafür.
Ein Testament, das vom Erblasser mit Schreibmaschine geschrieben und lediglich von ihm per Hand unterschrieben wurde, ist ebenso ungültig wie ein Testament, das von einer anderen Person nach Diktat des Erblassers niedergeschrieben wurde. Der Erblasser muß das Testament selbst schreiben. Er darf es auch nicht von einer Vorlage, die jemand anders geschrieben hat, durchpausen oder sich von einem anderen die Hand führen lassen. Es muß ein vom Erblasser individuell verfaßtes Schriftstück sein, denn durch die äußere Form soll sichergestellt werden, daß dieses Testament nicht durch eine andere Person verfaßt worden ist.

Allerdings braucht der Erblasser nicht mit der Hand zu schreiben; er kann mit dem Munde, oder mit dem Fuß schreiben, was er freilich nur tun wird, wenn eine entsprechende Behinderung vorliegt. Er kann in Stenographie oder Sütterlin, in deutscher oder in fremder Sprache schreiben; er kann auch Abkürzungen benutzen, doch sollte er darauf achten, daß diese Abkürzungen unmißverständlich sind.
Es genügt aber nicht, auf andere Schriftstücke Bezug zu nehmen. Das Testament muß den Willen des Erblassers umfassend und vollständig wiedergeben. Schließlich steht es dem Erblasser auch frei, sein Testament auf Papier oder auf eine Tafel oder auf eine sonstige Unterlage zu schreiben. Er kann Tinte, Kugelschreiber, Bleistift oder Tusche verwenden, selbst Kreide ist von der Rechtsprechung als genügend angesehen worden.

Unterschrift

Der Erblasser muß das von ihm eigenhändig verfaßte Testament natürlich auch selbst unterschreiben. Durch die Unterschrift bestätigt der Erblasser, daß er der Urheber des Testaments ist, und er bringt zum Ausdruck, daß damit die Erklärung abgeschlossen ist.
Es ist üblich – früher wurde es vom Gesetz sogar ausdrücklich verlangt –, mit Vor- und Zunamen zu unterschreiben. Jetzt ist die Unterschrift mit Vor- und Familiennamen nur noch eine gesetzliche Sollvorschrift. Das heißt, das Testament wird nicht ungültig, wenn die Unterschrift nicht vollständig ist. Der Erblasser kann beispielsweise mit seinem Künstlernamen oder mit einem Pseudonym unterschreiben. Es genügt sogar der Vorname, wenn an der Identität des Erblassers kein Zweifel besteht. Selbst eine Verwandtschaftsbezeichnung, wie zum Beispiel »Euer Vater«, ja sogar ein Kosename sind zulässig. Das kommt bei den sogenannten Brieftestamenten häufig vor. Es ist nämlich ausreichend, an einen Angehörigen oder an einen Freund einen Brief zu schreiben und diesen als Testament zu verfassen; etwa so:

»Mönchengladbach, den 27. 6. 1982,
Lieber Kurt-Heinrich,
da ich keine Angehörigen mehr habe, setze ich Dich hiermit zu meinem alleinigen Erben ein.
Dein Karl.«

Dieser Brief muß handschriftlich verfaßt sein. Wenn der Brief mit der Schreibmaschine geschrieben ist, stellt er kein gültiges Testament dar.

Ort und Datum

Der Erblasser soll in der Erklärung angeben, zu welcher Zeit – Tag, Monat und Jahr – und an welchem Ort er sie niedergeschrieben hat.
Das Datum der Niederschrift des Testamentes ist vor allem deshalb von Bedeutung, weil der Erblasser mehrere letztwillige Verfügungen hinterlassen haben kann, doch nur die letzte dieser Verfügungen ist wirksam.
Die letzte Erklärung kann die vorausgehenden Erklärungen, soweit sie anderes bestimmen, ganz oder teilweise aufheben. Wenn beispielsweise mit einer Erklärung aus dem Jahre 1979 der Neffe Karl zum Alleinerben eingesetzt ist, und in einer letztwilligen Verfügung aus dem Jahre 1980 der Neffe Otto zum Alleinerben eingesetzt worden ist, dann wird – wenn keine späteren letztwilligen Verfügungen aufgefunden werden – der Neffe Otto Alleinerbe. Der Neffe Karl geht leer aus.
Gibt der Erblasser in seinem Testament Ort und Zeitpunkt nicht an, so wird das Testament dadurch nicht ohne weiteres ungültig. Es bleibt ohne Einfluß, wenn diese Angaben fehlen, solange nur ein einziges Testament aufgefunden wird. Werden aber mehrere Testamente aufgefunden, dann kommt es entscheidend auf das Datum an. Sind alle aufgefundenen Testamente undatiert, wird man anhand von Indizien herauszufinden versuchen, welches das neueste Testament ist. Ein undatiertes muß hinter einem datierten Testament zurücktreten, es sei denn, es könnte eindeutig nachgewiesen werden, daß das undatierte das neuere Testament ist.

Nachträgliche Änderungen

Nachträgliche Änderungen eines eigenhändigen Testamentes bedürfen eigentlich einer erneuten Unterschrift. Man geht aber davon aus, daß die Änderungen im Text durch die bereits vorhandene Unterschrift gedeckt sind. Insbesondere verlangt die Rechtsprechung bei bloßen Streichungen keine erneute Unterschrift. Es muß aber in diesem Zusammenhang noch einmal ausdrücklich darauf hingewiesen werden, daß durch solche Streichungen – die möglicherweise von fremder Hand vorgenommen worden sind – ein Testament in wichtigen Bestimmungen verfälscht werden kann. Man sollte deshalb eigentlich jedem Erblasser empfehlen, als letzten Satz in seinem Testament zu vermerken: »Dieses vorstehend von mir selbst niedergeschriebene Testament enthält keine Streichungen und Änderungen.« Erst dann sollte der Erblasser seine Unterschrift folgen lassen.
Wenn der Erblasser dann das Testament in einzelnen Punkten ändern will, müßte er es noch einmal ganz neu schreiben, oder er müßte unter dieses Testament einen Nachtrag setzen und diesen Nachtrag mit Ort und Datum und erneuter Unterschrift versehen. Mit diesem Nachtrag kann der Erblasser zweifelsfrei die Änderungen herbeiführen, die er für erforderlich hält.

Mönchengladbach, den 17. Oktober 1983

Mein letzter Wille

Mit diesem Testament setze ich zu meinen Erben zu gleichen Teilen, nämlich zu je 1/2,

1. Frau Edeltraut Brahms
   Bergstraße 111, 8000 München-30

2. Herrn Franz Josef Schumann
   Deichgrafenallee 212, 6000 Frankfurt

ein.

Herrn Franz Josef Schumann mache ich zur Auflage, das Grab meiner Ehefrau Wilhelmine Bach auf dem Zentralfriedhof Frankfurt-Main bis zum Jahre 1995 zu pflegen.

Das von mir selbst niedergeschriebene Testament enthält keinerlei Streichungen und Änderungen.

Johann S. Bach

Änderung:

In Abänderung meines obigen Testaments vom 17. Oktober 1983 setze ich zusätzlich

Frau Katharina Schubert,
Lessingstr. 121, 4050 Mönchengladbach 1-1

zu meiner Miterbin ein. Damit sollen alle drei Erben zu je einem Drittel zur Erbschaft berufen sein.

Diese von mir selbst niedergeschriebene Änderung enthält keinerlei Streichung und Änderung.

Johann S. Bach
Mönchengladbach, den 1. Sept. 1984

Verwahrung

Das eigenhändige Testament kann vom Erblasser bei einem Amtsgericht in Verwahrung gegeben werden. Gerade bei eigenhändigen Testamenten empfiehlt es sich, diese Möglichkeit zu nutzen, denn das Testament ist so vor Fälschungen oder Verlust geschützt.
Der Erblasser kann jederzeit zu dem Amtsgericht gehen, bei dem er das Testament hinterlegt hat, und es zurückverlangen. Selbstverständlich darf das Amtsgericht das Testament nur dem Erblasser persönlich aushändigen. Nimmt man ein eigenhändiges Testament aus der Aufbewahrung des Amtsgerichtes zurück, behält es trotzdem seine Gültigkeit. Wenn es beim Tode des Erblassers in seinem Hause noch vorgefunden wird, sind seine Bestimmungen auszuführen. Dagegen wird ein notarielles Testament durch Rücknahme aus der amtlichen Verwahrung ungültig, das heißt, es gilt durch die Rücknahme als widerrufen.
Für die Verwahrung der letztwilligen Verfügungen erheben die Nachlaßgerichte geringfügige Gebühren.

Die außerordentlichen Testamentsformen

Unser bürgerliches Recht kennt neben dem notariellen und neben dem eigenhändigen Testament drei außerordentliche Testamentsarten für besondere Notlagen: das Nottestament vor dem Bürgermeister, das Dreizeugentestament und das Seetestament.

Nottestament vor dem Bürgermeister

Wenn zu befürchten ist, daß der Erblasser, etwa nach einem schweren Unfall, sterben wird, bevor die Errichtung eines Testamentes vor einem Notar möglich ist, kann ein Testament vor dem Bürgermeister errichtet werden, in dessen Bezirk sich der Erblasser aufhält. Ein solches Testament vor dem Bürgermeister nennt man auch Dorftestament oder Gemeindetestament.
Praktisch besteht für ein solches Testament nur dann ein Bedürfnis, wenn der Erblasser nicht schreiben kann, weil er zum Beispiel durch einen Unfall schwer verletzt worden ist. Kann der Erblasser das fertig aufgenommene Testament nicht einmal unterschreiben, so muß der Bürgermeister dies in seiner Niederschrift festhalten. Der Bürgermeister muß allerdings zwei Zeugen hinzuziehen.
Ein solches Nottestament kann auch dann errichtet werden, wenn der Erblasser sich

an einem Ort aufhält, der infolge außerordentlicher Umstände abgesperrt ist, so daß man einen Notar nicht oder nur unter großen Schwierigkeiten herbeirufen kann. Ein solcher Fall kann eintreten, wenn ein Gebirgsort durch eine Lawine abgeschnitten ist. Die Geltungsdauer dieser außerordentlichen Testamente ist durch das Gesetz eingeschränkt, um jeden Mißbrauch auszuschalten.
Wenn nach der Errichtung des Testamentes 3 Monate verstrichen sind und der Erblasser noch lebt, wird das Testament ungültig. Der Erblasser hätte zwischenzeitlich ein ordentliches Testament errichten müssen. Der Bürgermeister soll den Erblasser darauf hinweisen, daß das Testament seine Gültigkeit verliert, wenn der Erblasser nach Ablauf der Dreimonatsfrist noch lebt. Die Frist beginnt allerdings nicht mit dem Moment, in dem das Testament zu Protokoll genommen wird, sondern erst ab dem Zeitpunkt, zu dem der Erblasser ein Testament vor einem Notar hätte errichten können; also etwa nachdem der durch die Lawine abgeschnittene Ort wieder zugänglich war.

Dreizeugentestament

Wenn infolge außerordentlicher Umstände der Ort, in dem sich der Erblasser aufhält, abgesperrt ist, so daß weder ein Notar noch der Bürgermeister herbeigeholt werden können, hat der Erblasser die Möglichkeit, ein Testament vor drei Zeugen durch mündliche Erklärung abzulegen. Man nennt dies ein Dreizeugentestament. Bei naher Todesgefahr kommt das Dreizeugentestament dann in Betracht, wenn der Bürgermeister nicht mehr rechtzeitig herbeigeholt werden kann. Auch dieses Testament wird, 3 Monate nachdem der Erblasser ein notarielles Testament hätte aufsetzen können, ungültig, wenn der Erblasser dann noch lebt.

Seetestament

Wer sich während einer Seereise auf einem deutschen Schiff außerhalb eines inländischen Hafens befindet, kann ebenfalls ein Testament durch mündliche Erklärung vor drei Zeugen errichten. Eine besondere Notlage oder Todesbesorgnis ist in diesem Falle nicht erforderlich, aber auch das Seetestament wird nach 3 Monaten ungültig.

Das gemeinschaftliche Testament

Ein gemeinschaftliches Testament kann nach unserem Recht nur von Ehegatten errichtet werden. Es enthält die letztwilligen Verfügungen des Ehemannes und der Ehefrau. Sehr häufig werden gemeinschaftliche Testamente in der Form abgefaßt, daß sich die Ehegatten wechselseitig zu Erben einsetzen und darüber hinaus bestimmen, was mit dem Nachlaß nach dem Tode des Letztversterbenden zu geschehen hat.

Ein gemeinschaftliches Testament muß aber keineswegs derartige wechselseitige Verfügungen beinhalten. Es ist durchaus denkbar, daß der Ehemann seinen Neffen Anton zu seinem Alleinerben bestimmt, während die Ehefrau ihre Nichte Berta als Alleinerbin einsetzt.

Die Besonderheit des gemeinschaftlichen Testamentes liegt allein darin, daß die Ehegatten in einer einzigen Urkunde ihr Testament aufsetzen können und damit gemeinschaftlich ihren Willen bekunden, ihre Vermögensverhältnisse für den Fall ihres Todes zu regeln.

Verlobte können kein gemeinschaftliches Testament errichten. Die Ehe muß zur Zeit der Errichtung des Testamentes gültig geschlossen sein. Das gemeinsame Testament ist in seinem ganzen Inhalt unwirksam, wenn die Ehe für nichtig erklärt, oder vor dem Tode einer der beiden Ehegatten geschieden wurde. Selbst wenn zum Zeitpunkt des Todes einer der Erblasser einer der Ehegatten die Scheidung beantragt oder ihr zugestimmt hatte, ist das gemeinsame Testament bereits unwirksam. Das gleiche gilt, wenn einer der beiden Erblasser zur Zeit seines Todes auf Aufhebung der Ehe zu klagen berechtigt war und die Klage erhoben hatte.

Die Verfügungen des gemeinsamen Testamentes bleiben jedoch insoweit wirksam, wie anzunehmen ist, daß sie auch trotz der genannten Fälle getroffen worden wären.

Form des gemeinschaftlichen Testamentes

Das gemeinschaftliche Testament kann ebenso wie das Einzeltestament als notarielles (öffentliches) Testament oder als eigenhändiges (privates) Testament errichtet werden.

Das notarielle gemeinschaftliche Testament wird genauso wie das Einzeltestament beim Notar errichtet. Das Testament unterscheidet sich nur dadurch, daß zwei Erblasser vorhanden sind, die in einer gemeinsamen Urkunde ihren Letzten Willen beurkunden lassen.

Für das gemeinschaftliche eigenhändige Testament gilt eine Formerleichterung, es braucht nämlich nur von einem der beiden Ehegatten geschrieben zu werden. Allerdings müssen beide Ehegatten diese gemeinschaftliche Erklärung eigenhändig

unterschreiben. Es ist also nicht nötig, daß der andere Ehegatte noch einmal den ganzen Wortlaut des Testamentes wiederholt.
Es sollte allerdings bei der Mitunterschrift angegeben sein, zu welcher Zeit – Tag, Monat und Jahr – und an welchem Ort die Unterschrift beigefügt wurde. Die Angabe von Zeit und Ort ist aber nicht zwingend. Es ist gleichgültig, ob das Testament vom Ehemann oder von der Ehefrau niedergeschrieben wurde, zwingend notwendig ist nur, daß beide Ehegatten unterschreiben.
Es ist vielfach üblich, aber nicht erforderlich, daß der andere Ehegatte bei der Mitunterzeichnung einen Satz schreibt wie: Das vorstehende Testament soll auch mein Testament sein.
Nach der Rechtsprechung liegt jedoch kein gemeinschaftliches Testament vor, wenn zunächst der Ehemann seine letztwillige Verfügung schreibt und unterschreibt und dann auch für seine Frau deren letztwillige Verfügung schreibt, die diese dann nur noch unterschreibt. Das Testament der Frau entspräche dann einem nicht eigenhändig geschriebenen Einzeltestament – es wäre ungültig; das Testament des Ehemannes wäre – wie ein handschriftlich von ihm selbst niedergelegtes Testament – gültig.
Auch ein gemeinschaftliches Testament kann als Nottestament errichtet werden. Die Voraussetzungen sind schon dann gegeben, wenn nur bei einem Ehegatten die nahe Todesgefahr vorliegt. Es wird ein seltener Ausnahmefall sein, daß ein gemeinschaftliches Testament als Nottestament errichtet wird.

Inhalt des gemeinschaftlichen Testamentes

Das gemeinschaftliche Testament kann den gleichen Inhalt haben, wie jedes Einzeltestament. Meist enthält das gemeinschaftliche Testament jedoch voneinander abhängige Verfügungen, etwa der Art, daß sich die Ehegatten gegenseitig zu Erben einsetzen und daß der Nachlaß nach dem Tode des Überlebenden an Dritte, meist die Kinder, fallen soll. Man nennt diese Art der Verfügungen auch wechselbezügliche Verfügungen.

Berliner Testament

Ein gemeinschaftliches Testament könnte folgenden Inhalt haben:

> »Wir setzen uns gegenseitig zu Erben ein. Nach dem Tode des Überlebenden soll unser Nachlaß an unsere Kinder zu gleichen Teilen fallen.«

Ein solches Testament läßt eine doppelte Auslegung zu:
Die eine Auslegung ginge dahin, daß der überlebende Ehegatte zunächst Vorerbe des Verstorbenen werden soll. Stirbt später der andere Ehegatte, werden die Kinder Erben für den Nachlaß des zuletzt Verstorbenen und Nacherben für den Nachlaß des zuvor Verstorbenen. Damit erhalten die Kinder die Erbschaft in zwei getrennten Nachlässen.
Das vorstehende gemeinschaftliche Testament könnte aber auch so ausgelegt werden, daß der Nachlaß des einen Ehegatten zunächst an den anderen als Vollerbe fällt. Das Vermögen des Verstorbenen verschmilzt mit dem Vermögen des Überlebenden zu einer Einheit und geht nach dessen Tod als Einheit auf die Kinder über. Die Kinder könnten nur die »ganze« Erbschaft annehmen oder ausschlagen; der Jurist spricht hier vom Einheitsprinzip.
Liegt ein Testament der beschriebenen Art vor, dann geht das Gesetz davon aus, daß die Ehegatten die Regelung nach dem Einheitsprinzip wünschten. Man nennt diese Regelung auch Berliner Testament.
Wenn im konkreten Fall der Vater zuerst stirbt, so bedeutet das, daß die Mutter nach dem Tode ihres Mannes Vollerbin seines Nachlasses wird. Die Kinder haben vorerst kein Anwartschaftsrecht in Form der Nacherbschaft. Erst nach dem Tode der Mutter erhalten die Kinder das ganze Vermögen beider Eltern.
Dieses sogenannte Berliner Testament ist die häufigste Form eines gemeinschaftlichen Testamentes. Um aber jeden Zweifel bezüglich der späteren Auslegung eines solchen Testamentes von vornherein auszuräumen, empfiehlt es sich, im Testament zu bestimmen, daß sich die Ehegatten gegenseitig zu Vollerben einsetzen.
Das hat große praktische Bedeutung. Wird nämlich der überlebende Ehegatte Vollerbe (zum Beispiel der Vater), dann sind die Kinder nach dem Vater zunächst enterbt. Sie könnten nach dem Vater Pflichtteil fordern. Andererseits hätten die Kinder bei dieser Regelung die berechtigte Hoffnung, nach der Mutter unbeschränkt alles von Vater und Mutter zu bekommen.
Die Zeit zwischen dem Tod des einen und dem Tod des anderen Elternteils ist aber für die Kinder – vermögensrechtlich gesehen – nicht unwichtig. In dieser Zeit kann nämlich viel geschehen. Der überlebende Ehegatte kann wieder heiraten, weitere Kinder bekommen, das Geld verschwenden oder sonst in Vermögensverfall geraten, so daß der Nachlaß verbraucht wird und die Kinder später leer ausgehen.
Die Kinder müßten also, wenn sie eine solche Entwicklung befürchten, den Pflichtteil fordern. Die Pflichtteilsforderung müßte jedes Kind für sich an den überlebenden Elternteil richten, und dieser müßte den Pflichtteil bar auszahlen, wozu er oft, ohne Verkauf von Erbschaftsgegenständen, nicht in der Lage ist. Außerdem treten bei der Bewertung des Pflichtteils sehr häufig Unstimmigkeiten auf, zumal die Zuordnung der einzelnen Nachlaßgegenstände zum Vermögen des Vaters oder der Mutter recht schwierig ist. Eine Pflichtteilsforderung bringt fast immer Erbstreitigkeiten mit sich.

Im Hinblick auf diese Pflichtteilsforderungen setzen sich die Ehegatten manchmal gegenseitig nur zu Vorerben ein und bestimmen darüber hinaus, daß im Falle der Wiederverheiratung des Überlebenden der Nacherbfall eintreten soll. Wenn die Mutter also nach dem Tode des Vaters wieder heiratet, dann bekommen die Kinder den Nachlaß des Vaters sofort voll ausgehändigt.

Bei Vor- und Nacherbschaft gibt es noch ein weiteres Problem. Der Vorerbe hat nämlich nur eine sehr beschränkte Verfügungsmacht über das ererbte Vermögen und muß ständig die Kinder fragen.

Um also späteren Streitigkeiten so weit wie möglich vorzubeugen, empfiehlt es sich, alle Möglichkeiten rechtzeitig mit den Kindern durchzusprechen.

Es gibt freilich eine Testamentsform, die auch beim Berliner Testament in gewissem Umfang hilft, die aufgezeigten Probleme zu umgehen: Der Text müßte etwa so lauten:

»Wir setzen uns gegenseitig zu Vollerben ein. Erben des Überlebenden sollen unsere Kinder zu gleichen Teilen sein. Sollte eines unserer Kinder nach dem Tode des Erstversterbenden den Pflichtteil fordern, soll es auch nach dem Überlebenden auf den Pflichtteil beschränkt sein.«

Durch diese Regelung kann man erreichen, daß der überlebende Ehegatte Vollerbe wird, ohne eine Pflichtteilsforderung eines Kindes befürchten zu müssen. Das Kind würde sich sonst zu schlecht stehen. Diese Regelung funktioniert aber praktisch nur, wenn mehrere Kinder vorhanden sind. Bei einem Kind fällt nämlich der Nachlaß in vollem Umfang nach dem Letztversterbenden an das eine Kind, wenn nicht eine dritte Person als Erbe eingesetzt wird.

Wechselbezügliche Verfügung

In dem vorher erwähnten Berliner Testament hatten sich die Ehegatten gegenseitig zu Erben eingesetzt. Man nennt derartige Verfügungen wechselbezüglich. Wechselbezügliche Verfügungen liegen dann in gemeinschaftlichen Testamenten vor, wenn anzunehmen ist, daß die Verfügung des einen Ehegatten nicht ohne die Verfügung des anderen Ehegatten getroffen sein würde. Wird aufgrund der Nichtigkeit einer Verfügung oder durch Widerruf ein Teil der Verfügung unwirksam, so wird auch die andere Verfügung ungültig.

Hat also beispielsweise beim gegenseitigen Testament der eine Ehegatte eine unwirksame Verfügung getroffen, weil er geisteskrank ist, dann ist auch die Verfügung des anderen Ehegatten nichtig. Ist folglich die Erbeinsetzung der Frau als

Erbin des Mannes hinfällig, dann ist auch umgekehrt die Einsetzung des Mannes als Erbe der Frau unwirksam. Derartige Fälle sind aber in der Praxis relativ selten. Häufiger dagegen kommt es vor, daß eine der wechselbezüglichen Verfügungen widerrufen werden soll. Während Einzeltestamente jederzeit widerrufen werden können, ist die Widerrufbarkeit von wechselbezüglichen Verfügungen beschränkt. Solange beide Ehegatten leben, können die wechselbezüglichen Verfügungen widerrufen werden, indem beide Ehegatten ein neues gemeinschaftliches Testament oder auch einen Erbvertrag errichten. Wenn also die Ehegatten das gemeinschaftliche Testament ändern wollen, dann können sie beide gemeinsam jederzeit ein neues gemeinschaftliches Testament errichten.

Will aber nur einer der Ehegatten einseitig eine wechselbezügliche Verfügung widerrufen, gar noch gegen den Willen des anderen Ehegatten, dann kann er dies nur durch eine notariell beurkundete Erklärung tun. Diese vom Notar beurkundete Erklärung des einseitigen Widerrufs muß dem anderen Ehegatten zugestellt werden. Damit der Widerruf gültig ist, müssen beide Ehegatten am Leben sein, mit dem Tode eines Ehegatten erlischt grundsätzlich das Widerrufsrecht des anderen Ehegatten.

Vom Zeitpunkt des Todes eines Ehegatten an tritt eine Bindungswirkung für den Überlebenden ein. Die Bindung des überlebenden Ehegatten bewirkt, daß er keine Verfügung mehr treffen kann, durch die das Recht der durch wechselbezügliche Verfügungen Bedachten beeinträchtigt würde.

Der überlebende Ehegatte kann zu seinen Lebzeiten über das Erbe frei verfügen, die im Testament festgelegten Bestimmungen kann er dagegen nicht ändern; der überlebende Ehegatte kann also, soweit er Vollerbe ist, das ihm zugefallene Erbe verschenken oder sonstwie verwenden, er darf aber nicht testamentarisch anders über sein Vermögen verfügen, als es die wechselseitigen Verfügungen bestimmten. Der überlebende Ehegatte kann sich von dieser Bindungswirkung nur befreien, indem er das ihm zugefallene Erbe ausschlägt. Damit entfällt der Zweck der Bindung. Der überlebende Ehegatte ist selbstverständlich dann nicht gebunden, wenn sich die Ehegatten in dem gemeinschaftlichen Testament den Widerruf der wechselbezüglichen Verfügung ausdrücklich vorbehalten haben.

Schließt der überlebende Ehegatte eine neue Ehe, so können sowohl er selbst wie auch sein neuer Ehegatte und die Kinder aus der neuen Ehe die wechselbezüglichen Verfügungen anfechten, wenn durch diese wechselbezüglichen Verfügungen das gesetzliche Erbrecht des neuen Ehegatten und der Kinder aus der neuen Ehe beeinträchtigt wird.

Eröffnung des gemeinschaftlichen Testamentes

Das gemeinschaftliche Testament wird nach dem Tode des erstversterbenden Ehegatten eröffnet, doch werden nur die Verfügungen verkündet, die im Zusammenhang mit dem Tode des einen Ehegatten stehen. Was nach dem Tod des überlebenden Ehegatten laut Testament zu geschehen hat, wird nicht bekannt gegeben, solange dieser Ehegatte noch lebt.

Ein gemeinschaftliches Testament sieht beispielsweise vor, daß sich die Ehegatten gegenseitig zu Erben einsetzen; die Ehefrau möchte aber, abgesehen davon, ihren Schmuck ihrer Nichte vermachen, während der Ehemann seine Briefmarkensammlung seinem Neffen hinterlassen will. Desweiteren ist im gemeinschaftlichen Testament festgelegt, daß nach dem Tod des letztversterbenden Ehegatten der einzige Sohn zum Erbe eingesetzt sein soll. Stirbt nun die Ehefrau, wird nur der Teil des Testaments verkündet, der besagt, daß sich die Ehegatten gegenseitig zu Erben einsetzen und daß die Nichte den Schmuck erhalten soll. Der Rest des Testamentes bleibt zunächst unverkündet, das Testament wird wieder verschlossen und in die besondere amtliche Verwahrung zurückgebracht, bis es in vollem Umfang nach dem Tode des letztversterbenden der beiden Ehegatten eröffnet wird.

Erbvertrag

§ 2274 bis § 2300a

Ein Testament kann jederzeit widerrufen werden. Bei einem gemeinschaftlichen Testament ist das Widerrufsrecht schon eingeschränkt. Eine noch stärkere Bindung besteht beim Erbvertrag. Hier sind die Vertragsparteien bereits zu Lebzeiten an ihre Verfügungen von Todes wegen fest gebunden. Sie können sie nur noch anfechten oder von ihnen zurückreten, wenn die Möglichkeit dazu bereits im Vertrag vereinbart ist, ansonsten ist der Erbvertrag unwiderruflich. Der unwiderrufliche Erbvertrag soll in erster Linie den anderen Vertragspartner sichern.
Die Sicherung ist allerdings nicht so vollständig, wie man allgemein annimmt. Geschützt wird der Vertragspartner nur gegen andere Verfügungen von Todes wegen. Soweit der künftige Erblasser bereits unter Lebenden verfügt, also beispielsweise Schenkungen vornimmt, berührt dies den Erbvertrag nicht.
Der Erbvertrag wird häufig in Verbindung mit anderen Vereinbarungen unter Lebenden geschlossen. Nicht selten ist die Verbindung von Erbvertrag und Ehevertrag.

Arten des Erbvertrages

Man unterscheidet vier Arten von Erbverträgen:

1. Im einseitigen Erbvertrag trifft nur ein Teil vertragsmäßige Verfügungen – nämlich der Erblasser. Der andere Teil nimmt die Erklärungen an.
   Der andere Teil kann sogar in dieser Urkunde auch selbst einseitige Verfügungen treffen oder sonstige Rechtsgeschäfte unter Lebenden tätigen. Es bleibt bei der Einseitigkeit des Erbvertrages, wenn nicht beide Vertragspartner verbindlich letztwillige Verfügungen treffen.
2. Im zweiseitigen Erbvertrag treffen demzufolge beide Teile vertragsmäßige Verfügungen, an die sie gebunden sind.
3. Erbverzichtsvertrag; er ist ein Sonderfall des Erbvertrages und unterliegt besonderen Regeln.
4. Der Erbvertrag kann auch eine vorweggenommene Erbfolge beinhalten. Es werden dann Rechtsgeschäfte unter Lebenden geschlossen, die eine Schenkung enthalten.

Auch eine Teilkombination dieser Verträge ist möglich. Dies geschieht zuweilen in Hofübergabe- und Altenteilsverträgen.
Die Zuwendungen, die durch einen Erbvertrag erfolgen, unterliegen der Erb-

schaftssteuer. Dies gilt auch dann, wenn überhaupt keine Bereicherung des Erwerbers eingetreten ist. Für die Bemessung der Erbschaftssteuer ist demzufolge unerheblich, ob sich der Vertragserbe gegenüber dem Erblasser zu einer Gegenleistung verpflichtet oder nicht. Sie gilt jedenfalls im Steuerrecht als nicht abzugsfähig. Einzelheiten des Erbschaftssteuerrechtes werden jedoch noch an späterer Stelle dargestellt werden.

Persönlicher Abschluß des Erbvertrages

Der Erblasser kann einen Erbvertrag nur persönlich schließen, er darf sich bei diesem Rechtsgeschäft nicht durch jemand anders vertreten lassen. Bei zweiseitigen Erbverträgen, in denen also beide Teile vertragsmäßige Verfügungen treffen, ist demzufolge die persönliche Anwesenheit beider bei der Beurkundung des Vertrages erforderlich.

Voraussetzung des Erbvertrages

Wer einen Erbvertrag schließen will, muß unbeschränkt geschäftsfähig sein, das heißt, er muß dafür volljährig – mindestens 18 Jahre alt – sein und darf nicht unter Vormundschaft stehen. Ein Ehegatte kann als Erblasser mit seinem Ehegatten einen Erbvertrag schließen, auch wenn er in seiner Geschäftsfähigkeit beschränkt ist. Er bedarf in diesem Falle der Zustimmung seines gesetzlichen Vertreters. Das gleiche Recht haben auch Verlobte.
Daraus folgt, daß Erbverträge beschränkt geschäftsfähiger oder geschäftsunfähiger Erblasser ansonsten nichtig sind. Selbst die Mitwirkung des gesetzlichen Vertreters hilft über die Nichtigkeit einer solchen Vereinbarung nicht hinweg.

Beispiel: *Schließt eine 17jährige einen Erbvertrag mit ihrer besten Freundin, so ist dieser Vertrag auch dann nichtig, wenn die Eltern als gesetzliche Vertreter ihre Zustimmung zu diesem Rechtsgeschäft geben.*
Würde hingegen die 17jährige mit ihrem Ehegatten einen solchen Erbvertrag schließen, entfaltet er Wirksamkeit, wenn der gesetzliche Vertreter zugestimmt hat.

Form des Erbvertrages

Ein Erbvertrag kann nur zur Niederschrift eines Notars bei gleichzeitiger Anwesenheit beider Teile geschlossen werden. Der Erblasser muß also persönlich anwesend sein. Ist der Erblasser noch minderjährig, brauchen seine gesetzlichen Vertreter

nicht anwesend zu sein, es genügt, wenn der Erblasser anwesend ist und die gesetzlichen Vertreter später ihre Zustimmung geben. Es sei nochmals darauf hingewiesen, daß nur Ehegatten und Verlobte die Möglichkeit haben, einen Erbvertrag zu schließen, wenn der Verfügende noch minderjährig ist.
Ansonsten gelten dieselben Vorschriften wie für die Errichtung eines notariellen Testaments. Von Bedeutung ist allerdings, daß diese Formvorschriften nicht nur für den Erblasser selbst gelten, sondern für jeden der Vertragschließenden.
Soweit ein Erbvertrag mit einem Ehevertrag zwischen Ehegatten oder zwischen Verlobten in derselben Urkunde verbunden wird, ist die Form, die für den Ehevertrag vorgeschrieben ist, ausreichend. Diese Formerleichterung bietet nach neuem Recht jedoch kaum Vorteile. Sie ist deshalb praktisch bedeutungslos.

Amtliche Verwahrung

Sofern die Vertragschließenden es nicht anders bestimmen, werden Erbverträge wie öffentliche Testamente in besondere amtliche Verwahrung beim Amtsgericht genommen. Die besondere amtliche Verwahrung unterscheidet sich von der einfachen Urkundenverwahrung durch ein größeres Maß von Sicherheit. Annahme, Aufbewahrung und Rückgabe sind mit besonderen Sicherungen gegen Verlust oder Beschädigung ausgestattet.
Wird ein Erbvertrag in besondere amtliche Verwahrung genommen, so wird jedem der Vertragschließenden ein Hinterlegungsschein erteilt. Wird die besondere amtliche Verwahrung ausgeschlossen, verbleibt das Original beim Notar.

Muster: Zweiseitiger Erbvertrag

Urkundenrolle Nummer 1282 für 1982

Verhandelt in Mönchengladbach-Rheydt am 2. November 1982

Vor mir, dem Notar

Dr. Paul Bremmer

mit dem Amtssitz in Mönchengladbach-Rheydt,
erschienen:

Franz Gauss, Pariser Allee 111,
4050 Mönchengladbach 1,
Gerda Gauss, geb. Einstein, Pariser Allee 111,
4050 Mönchengladbach 1.

Die Erschienenen erklärten bei gleichzeitiger Anwesenheit:

Wir wollen nachstehenden

Erbvertrag

errichten, der verschlossen in amtsgerichtliche Verwahrung gegeben werden soll.
Wir besitzen die deutsche Staatsangehörigkeit und haben keine ausländischem Erbrecht unterliegenden Vermögensgegenstände.
Wir leben im gesetzlichen Güterstand der Zugewinngemeinschaft, bei dem es verbleiben soll.
Keiner von uns ist durch bindende Verfügungen von Todes wegen an der Errichtung dieses Erbvertrages gehindert, auch nicht durch Höfe-, Heimstätten- und Gesellschaftsrecht.
Wir verlangen keine Zuziehung von Zeugen.
Der Notar überzeugte sich durch die Verhandlung von der Testier- und Geschäftsfähigkeit der beiden Erblasser.
Diese erklärten daraufhin dem Notar mündlich, was folgt:

I.
Widerruf

Wir widerrufen alle etwaigen früheren Verfügungen von Todes wegen, soweit dies gesetzlich zulässig ist.

II.
Gegenseitige Erbeinsetzung

Wir setzen uns gegenseitig, der Erstversterbende den Überlebenden, zum alleinigen unbeschränkten Erben ein, ohne Rücksicht darauf, ob und welche Pflichtteilsberechtigte dereinst beim Tode des Erstversterbenden vorhanden sein sollten.

III.
Keine weiteren Verfügungen

Weitere Verfügungen von Todes wegen wollen wir heute nicht treffen, auch nicht für den Tod des Überlebenden oder für unser gleichzeitiges Versterben. Der Notar hat uns die Regeln der gesetzlichen Erbfolge mit dem Pflichtteilsrecht nach einem jeden von uns erläutert.

Muster: Ausführlicher zweiseitiger Erbvertrag

Urkundenrolle Nummer 1304 für 1982

Verhandelt zu Mönchengladbach-Rheydt am 2. November 1982

Vor mir, dem Notar

Dr. Paul Bremmer

mit dem Amtssitz in Mönchengladbach-Rheydt, erschienen:
Peter German, Wicherstr. 279,
4050 Mönchengladbach 6
Paula German, geb. Grün, wohnhaft wie vor.
Die Erschienenen wiesen sich dem Notar gegenüber zur Gewißheit ihrer Person aus durch Vorlage mit Lichtbild versehener amtlicher Ausweispapiere. Der Notar überzeugte sich durch den Gang der Verhandlung von der Geschäftsfähigkeit der Erschienenen.

Die Erschienenen erklärten:
Wir wollen einen

Erbvertrag

errichten und sind durch frühere Verfügungen von Todes wegen hieran nicht gehindert.
Wir sind deutsche Staatsangehörige. Wir verlangen nicht die Zuziehung von Zeugen.
Wir schließen den nachstehenden Erbvertrag, der unverschlossen in der amtlichen Verwahrung des amtierenden Notars verbleiben soll.

§ 1
Widerruf früherer Verfügungen von Todes wegen

Wir widerrufen alle von uns bisher errichteten Verfügungen von Todes wegen und erklären, an diesem Widerruf nicht durch Verfügungen von Todes wegen gehindert zu sein.

§ 2
Erbregelung beim Tod des Erstversterbenden

Wir setzen uns gegenseitig, und zwar der Erstversterbende den Überlebenden, zum alleinigen Erben ein, gleichviel ob und welche Pflichtteilsberechtigten beim Tode des Erstversterbenden von uns vorhanden sind.

§ 3
Erbvertragliche Bindung

Zwecks Herbeiführung einer erbvertraglichen Bindung nehmen wir alles Vorstehende gegenseitig an und behalten uns den einseitigen Rücktritt von diesem Erbvertrag nicht vor.
Über die Bedeutung der erbvertraglichen Bindung hat uns der Notar belehrt.
Jeder von uns behält sich jedoch das Recht vor, über sein bewegliches Vermögen durch einseitige testamentarische Anordnung in anderer Weise als vorstehend zu verfügen.

§ 4
Erbregelung beim Tod des Überlebenden

Nunmehr erklärten die Erschienenen einseitig und ohne erbvertragliche Bindung, so daß die nachfolgenden Anordnungen von jedem der Erschienenen jederzeit abgeändert und widerrufen werden können, folgendes:
Der Überlebende von uns, und falls wir gleichzeitig versterben ein jeder von uns, beruft hiermit zu seinen Erben, und zwar gleichviel, ob und welche Pflichtteilsberechtigte beim Tode des Überlebenden von uns vorhanden sind, unsere gemeinsamen Kinder:
Rita Hüsch, geb. German, geb. 9.1.62
Bernd German, geb. 26.9.64
und zwar zu gleichen Anteilen untereinander, ersatzweise die jeweiligen Abkömmlinge nach den Regeln der gesetzlichen Erbfolge. Sind Abkömmlinge nicht vorhanden, soll der Erbteil den verbleibenden Erben entsprechend ihrer sonstigen Erbbeteiligung zufallen.
Sollte einer der vorstehend zu Erben Berufenen nach dem Tod des Erstversterbenden von uns seinen Pflichtteil geltend machen und auch erhalten, so soll dieser als auch dessen Abkömmlinge von der Erbfolge nach dem Überlebenden von uns ausgeschlossen sein.

§ 5
Schlußbestimmungen

Weitere Bestimmungen wünschen wir heute nicht zu treffen, auch nicht für den Fall, daß sich der Überlebende von uns wiederverheiratet.
Über das gesetzliche Erb- und Pflichtteilsrecht hat uns der Notar belehrt.
Diese Niederschrift wurde den Erschienenen von dem Notar vorgelesen, von den Erschienenen genehmigt und von diesen sowie dem Notar eigenhändig wie folgt unterschrieben.

Vertragsmäßige Verfügungen

In einem Erbvertrag kann jeder der Vertragschließenden Verfügungen von Todes wegen treffen. Absolut bindend sind jedoch nur diejenigen Verfügungen, die sich auf Erbeinsetzungen, Vermächtnisse und Auflagen beziehen. Nicht absolut bindend sind Verfügungen, die beispielsweise Teilungsanordnungen betreffen, oder die sich auf den Ausschluß der Erbauseinandersetzung, auf Enterbungen, auf die Einsetzung eines Testamentsvollstreckers oder auf die Erteilung von Vollmachten sowie Pflichtteilsentziehungen beziehen. Gleichwohl können derartige einseitige, widerrufliche Verfügungen mit in den Erbvertrag aufgenommen werden. Dem Erblasser verbleibt allerdings das Recht, diese letztgenannten Verfügungen später zu widerrufen.
Es ist auch zulässig, die im Erbvertrag getroffenen Verfügungen mit einem Vorbehalt zu versehen, das heißt, der Erblasser behält sich vor, irgendwann anderweitig zu verfügen. Allerdings muß stets mindestens eine endgültig bindende Verfügung verbleiben, weil sonst überhaupt kein Erbvertrag mehr vorliegt. Zum Beispiel kann sich der Erblasser vorbehalten, den Vertragserben später mit einem Vermächtnis oder einer Auflage zu belasten oder einen namentlich bestimmten Testamentsvollstrecker einzusetzen.

Vertragsmäßige Zuwendungen und Auflagen

Erbverträge zwischen Ehegatten oder Verlobten – auch wenn darin ein Dritter bedacht ist – unterliegen bestimmten rechtlichen Vorschriften. Hiernach steht und fällt der Erbvertrag zwischen Ehegatten beziehungsweise Verlobten mit der Gültigkeit und dem Bestand der Ehe respektive des Verlöbnisses. Soweit nicht der Tod der Lösungsgrund der Ehe ist oder man davon ausgehen kann, daß der Erblasser die Verfügung auch für den Fall der Ungültigkeit oder Auflösung der Ehe getroffen habe, ist der Erbvertrag unwirksam, wenn die Ehe oder das Verlöbnis nichtig sind oder aufgelöst werden. Eventuelle etwaige Zuwendungen an Dritte werden von dieser Unwirksamkeit miterfaßt.
Diese Regelung bezieht sich nicht nur auf zweiseitige Erbverträge, von ihr werden auch einseitige Verträge erfaßt, bei denen nur ein Ehegatte als Erblasser und der andere als Erklärungsempfänger auftritt. Selbst Verfügungen zugunsten eines Dritten werden unwirksam, wenn der Vertrag aus den genannten Gründen ungültig ist.

Anfechtung des Erbvertrages

Anfechtung durch den Erblasser

Ein Testament, egal ob es sich um ein eigenhändiges oder ein notarielles Testament handelt, kann der Erblasser jederzeit widerrufen. Er kann es nicht anfechten, und hierzu besteht auch keine Notwendigkeit, denn ein Testament kann man vernichten und damit ist es ungültig. Ein Erbvertrag dagegen ist eine vertragsmäßig bindende Verfügung, die man nicht einfach vernichten und damit ungültig machen kann. Doch räumt das Gesetz dem Erblasser in bestimmten Fällen die Möglichkeit ein, den Erbvertrag anzufechten.
Solche Anfechtungsrechte bestehen, wenn der Erblasser beim Abschluß des Erbvertrages einem beachtlichen Irrtum unterlegen ist oder wenn er durch Drohungen zum Abschluß des Vertrages gezwungen wurde. Ein weiteres Anfechtungsrecht steht dem Erblasser zu, wenn ein Pflichtteilsberechtigter übergangen wurde, der dem Erblasser zu der Zeit, als er den Erbvertrag schloß, noch nicht bekannt war. Zum Beispiel wäre es denkbar, daß der Erblasser erst nach Abschluß des Vertrages erfährt, daß er ein nichteheliches Kind hat, das pflichtteilsberechtigt ist, das aber durch den Vertrag ohne Willen und Wissen des Erblassers übergangen wurde.
Die erfolgreiche Anfechtung bewirkt jedoch nicht, daß sogleich der gesamte Erbvertrag nichtig ist. Die Anfechtung betrifft lediglich die Verfügung, hinsichtlich derer, der Erblasser sich geirrt hat oder zu der er gezwungen wurde. Darüber hinaus kann ein Erbvertrag aber auch Verfügungen enthalten, die keine vertraglich bindenden Verfügungen sind, sondern Verfügungen, wie man sie in einem Testament findet. Diese Verfügungen bleiben auch bei Anfechtung des Erbvertrages gültig, wenn sie unabhängig von der angefochtenen vertraglichen Verfügung stehen. Ist jedoch deutlich zu sehen, daß diese Verfügungen sich unmittelbar aus der unwirksamen Verfügung ergeben, so sind auch sie unwirksam. Soweit in einem zweiseitigen Erbvertrag weitere vertragsmäßige Verfügungen enthalten sind, die nicht angefochten werden, wird doch der gesamte Vertrag – auch die Verfügungen des anderen Teils – nichtig.

Form der Anfechtung

Auch die Anfechtungserklärung unterliegt, wie die meisten Dinge im Erbrecht, einer besonderen Form. So kann die Anfechtung nicht durch einen Vertreter des Erblassers erfolgen. Er muß sie persönlich erklären. Doch selbst wenn der Erblasser nur beschränkt geschäftsfähig ist, bedarf er zur Anfechtung nicht der Zustimmung seines gesetzlichen Vertreters; er kann die Anfechtung allein vornehmen.

Zu unterscheiden ist der beschränkt geschäftsfähige Erblasser von dem geschäftsunfähigen Erblasser. Für ihn kann sein gesetzlicher Vertreter mit Genehmigung des Vormundschaftsgerichtes den Erbvertrag anfechten.
Die Anfechtungserklärung als solche muß notariell beurkundet werden, wenn der Erblasser selbst die Anfechtung vornimmt. Soweit Dritte – denen die Aufhebung der letztwilligen Verfügung zustatten käme – die Anfechtung erklären, ist keine notarielle Beurkundung erforderlich.

Anfechtungsfrist

Das Anfechtungsrecht des Erblassers ist befristet. Er kann von seinem Recht innerhalb eines Jahres Gebrauch machen, doch beginnt diese Frist natürlich nicht mit dem Tag des Vertragsabschlusses. Die Frist richtet sich vielmehr nach dem Grund der Anfechtbarkeit.

a) Im Falle der Anfechtbarkeit wegen Drohung beginnt die Frist mit dem Zeitpunkt, in welchem die Zwangslage aufhört.
b) In allen übrigen Fällen mit dem Zeitpunkt, in welchem der Erblasser von dem Anfechtungsgrund Kenntnis erlangt. »Kenntnis des Anfechtungsgrundes« bedeutet Gewißheit über alle für die Anfechtung wesentlichen Tatbestände.

Der Ablauf der Anfechtungsfrist ist gehemmt, solange der Anfechtungswillige durch höhere Gewalt gehindert ist, die Anfechtung zu betreiben.

Bestätigung eines anfechtbaren Erbvertrages

Das Anfechtungsrecht kann dadurch entfallen, daß der Erblasser den an sich anfechtbaren Erbvertrag dennoch bestätigt.
Diese Bestätigung ist an keine Formvorschrift gebunden und kann daher mündlich oder stillschweigend erfolgen.
Eine stillschweigende Bestätigung kann zum Beispiel darin bestehen, daß der Erblasser in Kenntnis des Anfechtungsgrundes eindeutig durch sein Verhalten zu erkennen gibt, daß er es bei den getroffenen Anordnungen belassen will.
Die Bestätigung selbst ist wiederum eine einseitige Willenserklärung. Hat der Erblasser sich bei der Bestätigung des anfechtbaren Erbvertrages erneut über wesentliche Umstände geirrt, die ihn zu der Bestätigung veranlaßten, kann er diese Willenserklärung – Bestätigung – wieder nach den allgemeinen Vorschriften anfechten.
Nur bei einem nicht voll geschäftsfähigen Erblasser hat die Bestätigung keine Wirkung. Sie ist ausgeschlossen.

Anfechtung des Erbvertrages durch Dritte

Derjenige, dem die Aufhebung des Erbvertrages unmittelbar zustatten käme, kann den Erbvertrag anfechten. Dieses Recht auf Anfechtung ist allerdings beschränkt. Wenn zur Zeit des Erbfalls das Anfechtungsrecht des Erblassers bereits erloschen war, kann auch ein anderer den Erbvertrag nicht mehr anfechten.
Das Anfechtungsrecht des Erblassers kann, wie zuvor erläutert, dadurch erloschen sein, daß die Anfechtungsfrist versäumt oder der anfechtbare Erbvertrag bestätigt wurde. Hieraus folgt, daß das Anfechtungsrecht, sei es des Vertragspartners oder eines Dritten, direkt davon abhängig ist, ob der Erblasser selbst noch zur Anfechtung berechtigt gewesen wäre.

Beispiel: *Der Erblasser hatte ein nichteheliches Kind, von dem er zeitlebens nichts wußte. Der mit seiner Ehefrau geschlossene Erbvertrag schloß dieses pflichtteilsberechtigte Kind demzufolge aus. Dieses Kind kann auch nach dem Tod des Erblassers den Erbvertrag noch anfechten, da das Anfechtungsrecht des Erblassers nicht erloschen war.*
Hätte der Erblasser zu seinen Lebzeiten von diesem Kind erfahren, aber dennoch keine entsprechende Änderung des Erbvertrages vorgenommen, so kann man davon ausgehen, daß er trotz Kenntnis des Anfechtungsgrundes keine Anfechtung wünschte – die Frist ist ungenutzt verstrichen. Das nichteheliche Kind könnte den Vertrag nicht mehr anfechten.

Schutz des Vertragserben

Durch den Erbvertrag wird lediglich das Recht des Erblassers beschränkt, andere letztwillige Verfügungen zu treffen. Sein Recht, zu Lebzeiten frei über sein Vermögen zu verfügen, wird durch den Erbvertrag grundsätzlich nicht eingeschränkt.
Aus diesem Recht des Erblassers könnte sich für den Vertragserben natürliche eine nicht unerhebliche Konsequenz ergeben, denn der Erblasser könnte ja sein ganzes Vermögen verschwenden, um so den nicht mehr rückgängig zu machenden Vertrag zu unterlaufen. Dies ginge, da der Erbvertrag selbst keinerlei schuldrechtliche Ansprüche beinhaltet, die der Vertragserbe durch entsprechende dingliche Vormerkungen oder ähnliches sichern könnte.
Deshalb versucht man, dieser freien Verfügungsbefugnis im Interesse des Vertragserben gewisse Grenzen zu ziehen.

Beeinträchtigende Schenkungen

Hat der Erblasser in der Absicht, den Vertragserben zu beeinträchtigen, eine Schenkung gemacht, so kann der Vertragserbe nach dem Tod des Erblassers von dem Beschenkten die Herausgabe des Geschenkes fordern. Dieser Anspruch verjährt allerdings 3 Jahre nach dem Erbfall.
Die Absicht, den Vertragserben zu beeinträchtigen, braucht nicht der eigentlich leitende Beweggrund der Schenkung zu sein. In aller Regel wird jedoch die Absicht, den Beschenkten zu begünstigen und den Vertragserben zu benachteiligen, untrennbar miteinander im Zusammenhang stehen.
Da der Anspruch auf Herausgabe der Schenkung erst mit dem Tod des Erblassers entsteht, ist deutlich, daß sich der Anspruch ausschließlich gegen den Beschenkten, nicht gegen den Erblasser oder andere Miterben richtet.
Wenn der Beschenkte von den Umständen, unter denen er die Schenkung erhielt, Kenntnis hatte, dann unterliegt er der verschärften Haftung. Wenn ihm der geschädigte Vertragserbe also mitteilt, daß er die Schenkung dereinst zurückfordern wird, dann haftet der Beschenkte. Kann der Beschenkte aber nachweisen, daß er in Unkenntnis der Umstände war, dann kann er sich, wenn die Schenkung von ihm zurückgefordert wird, das Zugewandte aber weder gegenständlich noch wertmäßig in seinem Vermögen vorhanden ist, auf den Wegfall der Bereicherung berufen. Er ist dann nicht verpflichtet, einen Ersatz zu leisten.

Beeinträchtigung des Vermächtnisnehmers

Etwas komplizierter ist die Rechtslage, wenn ein Vermächtnisnehmer beeinträchtigt wurde. Hat der Erblasser den Vermächtnisgegenstand in der Absicht, den Bedachten zu beeinträchtigen, zerstört, beiseite geschafft oder beschädigt, so kann der Vermächtnisnehmer Wertersatz verlangen, wenn der Erbe zur Herausgabe des Vermächtnisgegenstandes wegen der Handlungen des Erblassers nicht mehr in der Lage ist.

Beispiel: *Im Erbvertrag hat der Erblasser dem Vermächtnisnehmer eine chinesische Porzellanvase zugedacht. Nachdem er sich mit dem Vermächtnisnehmer zerstritten hat, hat er diese Vase beiseite geschafft, um den Vermächtnisnehmer nicht in den Besitz der Vase kommen zu lassen. Kann der Erbe die Vase aus diesen Umständen nicht an den Vermächtnisnehmer herausgeben, so kann der Vermächtnisnehmer vom Erben Wertersatz in Form von Geld verlangen.*

Hat der Erblasser in der gleichen Absicht den Gegenstand veräußert oder belastet, so ist der Erbe verpflichtet, dem Bedachten den Gegenstand zu verschaffen oder

diesen zu entlasten. Ist ihm das nicht möglich, muß er dem Vermächtnisnehmer den Wert des Gegenstandes entrichten. Hat der Gegenstand eine Wertminderung erfahren, ist der Erbe verpflichtet, die Minderung auszugleichen.
Ist es dem Erben nur unter unverhältnismäßig hohem Kostenaufwand möglich, den Gegenstand zu verschaffen oder zu entlasten, so darf er sich mit Entrichtung des Wertes oder des Betrages der Wertminderung lösen.

Beispiel: *Der Erblasser hat dem Vermächtnisnehmer ein Hausgrundstück vermacht. Um den Vermächtnisnehmer zu beeinträchtigen, hat er das Grundstück mit einem dinglichen Wohnrecht belastet. Der Erbe ist nach dem Tode des Erblassers verpflichtet, diese Belastung zu beseitigen. Hat das Grundstück mit dieser Belastung einen Minderwert von DM 30 000,–, so muß der Erbe diese Wertminderung an den Vermächtnisnehmer bezahlen, wenn er die Belastung nicht beseitigen kann.*

Soweit diese Handlungen gleichzeitig eine Schenkung beinhalten, hat der Vermächtnisnehmer auch das Recht, von dem Beschenkten die Herausgabe zu verlangen. Dieses Recht hat er dann, wenn der Erbe beschränkt haftet oder zahlungsunfähig ist. Dieses Herausgaberecht besteht jedoch nur insoweit, als der Erbe dem Vermächtnisnehmer nicht bereits Entschädigung oder Ersatz geleistet hat.

Wirkung auf letztwillige Verfügungen

Sinn des Erbvertrages ist es, eine Bindung hinsichtlich der vertragsmäßigen Verfügungen zwischen den Vertragsparteien herbeizuführen. Durch den Erbvertrag wird demnach eine anderweitige letztwillige Verfügung des Erblassers aufgehoben, wenn sie das Recht des vertragsmäßig Bedachten beeinträchtigt.
Solche Beeinträchtigungen des Rechts des vertragsmäßig Bedachten liegen vor, wenn zwischen den Verfügungen des Erbvertrags und den anderweitigen letztwilligen Verfügungen ein Widerspruch besteht, auch dann, wenn die anderweitige Verfügung den Bedachten wirtschaftlich besserstellen würde.
Es ist aber auch dann eine Beeinträchtigung anzunehmen, wenn der Bedachte wirtschaftlich schlechter gestellt wird, selbst wenn kein Widerspruch zwischen den Verfügungen vorliegt. Eine solche wirtschaftliche Schlechterstellung kann zum Beispiel durch das Anordnen einer Testamentsvollstreckung zu Lasten eines Vertragserben erfolgen. Auch eine spätere Verfügung von Todes wegen, die das Recht des vertragsmäßig Bedachten beeinträchtigen würde, ist insoweit unwirksam.
Da die vom Erbvertrag abweichende letztwillige Verfügung, sei es eine frühere oder eine spätere, nur insoweit aufgehoben wird, als sie das Recht des vertragsmäßig Bedachten beeinträchtigen würde, erhält sie wieder Gültigkeit, wenn der Erbvertrag aus einem triftigen Grunde aufgehoben oder für nichtig erklärt wird.

Aufhebung des Erbvertrages

Aufhebung durch Vertrag

Der Erbvertrag kann, solange die Personen leben, die den Vertrag miteinander geschlossen haben, durch ihren gemeinschaftlichen Willen aufgehoben werden. Sie können aber auch lediglich einzelne vertragsmäßige Verfügungen aufheben und den restlichen Erbvertrag bestehen lassen. Die Aufhebung ist nur gültig, wenn darüber ein Vertrag abgeschlossen wird. Dieser Vertrag muß in der gleichen Form geschlossen werden wie zuvor der Erbvertrag. Es gelten auch die gleichen Bestimmungen und Vorschriften bezüglich der persönlichen Anwesenheit, der Geschäftsfähigkeit etc. der Vertragspartner wie beim Erbvertrag.

Aufhebung durch Testament

Wenn eine vertragsmäßige Verfügung aufgehoben werden soll, deren Gegenstand eine Auflage oder ein Vermächtnis ist, so sind die Formvorschriften für diese Aufhebung nicht ganz so streng. Eine solche Aufhebung kann durch ein Testament geschehen. Die Wirksamkeit der Aufhebung ist allerdings von der Zustimmung des anderen Vertragsschließenden abhängig.
Während diese testamentarische Aufhebung durch den Erblasser sogar durch privatschriftliches Testament möglich ist und daher eine gleichzeitige persönliche Anwesenheit der Vertragsparteien nicht erforderlich ist, knüpft das Gesetz an die Zustimmungserklärung des anderen Vertragsschließenden Formvorschriften. Er muß seine Zustimmungserklärung nämlich notariell beurkunden lassen. Ganz ohne Notar geht es also auch hier nicht. Hat der andere Vertragsschließende erst einmal seine rechtswirksame Zustimmung gegeben, kann er sie nicht mehr widerrufen.

Aufhebung durch gemeinschaftliches Testament

Ein zwischen Ehegatten geschlossener Erbvertrag kann durch gemeinschaftliches Testament ganz oder teilweise aufgehoben werden. Dieses gemeinschaftliche Testament kann ein privatschriftliches Testament der Eheleute sein, es muß weder ein notarielles Testament sein, noch bedarf es einer notariellen Beurkundung irgendeiner Form.

Rücktritt vom Erbvertrag

Rücktritt bei Vorbehalt

Der Erblasser kann von dem Erbvertrag zurücktreten, wenn er sich diese Möglichkeit im Vertrag ausdrücklich vorbehalten hat. Ein solcher Rücktrittsvorbehalt kann verschiedenartig ausgestaltet sein. So kann das Recht des Erblassers unbeschränkt oder beschränkt, bedingt oder befristet sein. Dem Erblasser steht es auch anheim, einen umfassenden Rücktrittsvorbehalt nur teilweise geltend zu machen. Von praktischer Bedeutung ist der Rücktrittsvorbehalt, wenn die Gegenleistung durch den Vertragserben nicht oder schlecht erfüllt wird. Bevor der Erblasser allerdings wegen Nicht- oder Schlechterfüllung der Gegenleistung vom Erbvertrag zurücktreten kann, muß er den Vertragspartner zunächst einmal abmahnen, am besten schriftlich per Einschreiben mit Rückschein.

Beispiel: *Der Erblasser Ernst hat seinen Vertragspartner Paul zu seinem Erben eingesetzt. Als Gegenleistung dafür muß Paul den Erblasser Ernst bis an sein Lebensende pflegen und versorgen.*
Kommt Paul dieser Pflege- und Versorgungspflicht nicht nach, kann Ernst ihn zur ordnungsgemäßen Erfüllung abmahnen und, wenn dies keinen Erfolg hat, von dem Vertrag zurücktreten, wenn er sich dies im Erbvertrag vorbehalten hat. Hat er sich den Rücktritt nicht vorbehalten, bleibt er an den Vertrag gebunden.

Bedingte Zuwendung

Ein Vertrag kann so gestaltet sein, daß die Erbeinsetzung überhaupt erst dann zum Tragen kommt, wenn die geforderte Gegenleistung erbracht ist. Wird die Gegenleistung nicht in der praktisch vereinbarten Weise erbracht, fehlt es an der Bedingung für den Eintritt des Erbrechtes, der Vertrag ist hinfällig.

Beispiel: *Der Erblasser Ernst setzt den Richard-Wagner-Verein e.V. vertraglich zum Universalerben ein. Er macht dies jedoch davon abhängig, daß er bis zu seinem Tode jährlich mindestens 3 Eintrittskarten zu den Bayreuther Festspielen erhält. Wird diese Bedingung nicht erfüllt, so bedarf es keines ausdrücklichen Rücktrittes, weil in diesem Falle die Einsetzung zum Vertragserben von der Erfüllung der Bedingung abhängig ist.*

Rücktritt bei Verfehlungen des Bedachten

Ein Rücktrittsrecht von einer vertragsmäßigen Verfügung steht dem Erblasser auch dann zu, wenn sich der Bedachte einer Verfehlung schuldig macht.
Hier kommen jedoch nicht irgendwelche Verfehlungen in Betracht, sondern nur solche, wie sie den Erblasser auch zur Entziehung des Pflichtteils berechtigen würden, ungeachtet dessen, ob es sich bei dem Bedachten um einen Abkömmling des Erblassers handelt oder nicht. Dieser gesetzliche Rücktrittsgrund wird in diesem Buch im Rahmen des Pflichtteilsrechtes dargestellt.

Rücktritt bei Aufhebung der Gegenverpflichtung

In einigen Fällen kann der Erblasser auch dann von einer vertragsmäßigen Verfügung zurücktreten, wenn die Gegenleistung des Bedachten unmöglich, nichtig oder durch Vertrag aufgehoben wird. Von dieser Vorschrift sind jedoch nicht alle Gegenleistungen erfaßt, sondern nur solche, die wiederkehrende Leistungen beinhalten, die dem Erblasser zeitlebens zu erbringen sind.
Die Aufhebung dieser Verpflichtung muß vor dem Tode des Erblassers eingetreten sein.

Beispiel: *Der Vertragserbe, ein Winzer, hatte sich verpflichtet, dem Erblasser von jeder Weinernte 60 Flaschen eines hervorragenden Weines eines bestimmten Weinberges zu liefern. Aufgrund behördlicher Anordnung ist wegen Grundwasserverseuchung dieser spezielle Weinberg geschlossen worden. Dem Winzer ist nunmehr die Erbringung seiner vertraglichen Verpflichtung unmöglich geworden. In einem solchen Fall kann der Erblasser von seiner vertragsmäßigen Verfügung zurücktreten.*

Der Vertragserbe kann die bereits erbrachten Leistungen vom Erblasser zurückverlangen.

Rücktritt durch Testament

Bei einseitigen Erbverträgen erlischt der Rücktrittsvorbehalt mit dem Tod des Erblassers. Der andere Vertragschließende kann nach dem Tod des Erblassers nicht mehr von dem Erbvertrag zurücktreten. Stirbt jedoch der Vertragserbe, so kann der Erblasser, sofern er sich im Erbvertrag den Rücktritt vorbehalten hatte, den Vertrag durch ein Testament aufheben. Hatte er sich den Rücktritt nicht vorbehalten, ist auch er weiterhin an den Erbvertrag gebunden.

Ein Rücktritt durch aufhebendes Testament – immer vorausgesetzt, der Rücktritt war im Erbvertrag vorbehalten – ist auch dann möglich, wenn der andere Vertragspartner noch lebt, sich aber einer schwerwiegenden Verfehlung schuldig macht. Die Verfehlung muß zur Zeit der Errichtung des Testaments andauern und sie muß genau bezeichnet werden. Im Zweifel muß der entziehende Erblasser beweisen, daß der Grund zum Rücktritt tatsächlich vorliegt.
Bei zweiseitigen Erbverträgen erlischt der Rücktrittsvorbehalt mit dem Tod des einen Vertragspartners. Möchte der Überlebende sich von den Verpflichtungen des Vertrages lösen, muß er die Erbschaft ausschlagen. Hat er dies getan, steht es ihm wieder frei, seine vertraglichen Verfügungen durch Testament aufzuheben, und dann den Nachlaß wieder nach seinem Wunsch zu regeln.

Form des Rücktritts

Der Rücktritt ist wiederum ein höchstpersönliches Rechtsgeschäft, das der Erblasser selbst vornehmen muß. Er kann sich nicht durch jemand anderen hierbei vertreten lassen. Ist der Erblasser in der Geschäftsfähigkeit beschränkt, so bedarf er nicht der Zustimmung seines gesetzlichen Vertreters.
Der Erblasser muß den Rücktritt gegenüber dem anderen Vertragspartner erklären. Diese Erklärung bedarf der notariellen Beurkundung.

Gegenseitiger Erbvertrag

Bei gegenseitigen Erbverträgen gilt die Grundregel, daß die Nichtigkeit einer einzigen vertragsmäßigen Verfügung zur Nichtigkeit des Gesamtvertrages führt. Diese Grundregel ist allerdings eine sogenannte gesetzliche Vermutung, die widerlegt werden kann, wenn anzunehmen ist, daß die Vertragsschließenden selbst anders entschieden hätten. Kann man darlegen und im Zweifelsfalle auch beweisen, daß der eine Vertragsschließende trotz eingetretener Nichtigkeit der Verfügung seines Vertragspartners gleichwohl an seinen eigenen Verfügungen festhalten wollte, so entfällt die Grundregel, daß sämtliche Verfügungen nichtig sind.

Beispiel: *Beim Vertragsschluß befand sich die Ehefrau in einem Zustand vorübergehender Störung der Geistesfähigkeit, so daß ihre Willenserklärungen nichtig sind. Erfährt der Ehemann (Vertragspartner) von dieser Nichtigkeit der Erklärung seiner Ehefrau und bringt zum Ausdruck, daß er gleichwohl an seiner Erklärung festhalten will, so ist nicht der gesamte Vertrag nichtig, sondern nur die von der geistesgestörten Ehefrau getroffenen Verfügungen sind nichtig.*

Ist in einem solchen gegenseitigen Erbvertrag der Rücktritt vorbehalten, so wird durch den Rücktritt eines der Vertragsschließenden der ganze Vertrag aufgehoben. Doch auch hier gilt die Widerlegbarkeit der gesetzlichen Vermutung, wenn ein anderer Wille der Vertragsschließenden anzunehmen ist.

Einseitige Verfügungen

Die bisherigen Erläuterungen im Rahmen des Erbvertrages befaßten sich vor allem mit Fragen der vertragsmäßigen Verfügung. Jeder der Vertragsschließenden kann in dem Erbvertrag aber auch einseitig Verfügungen einbringen, die er auch durch Testament hätte treffen können. Für eine Verfügung dieser Art gilt das gleiche, wie wenn sie durch Testament getroffen wäre, das heißt vor allem, daß eine solche Verfügung widerrufen werden kann.
Der in einem Erbvertrag einseitige Verfügungen treffende Vertragsschließende hat daher die Möglichkeit,
a) nach den Vorschriften über den Widerruf von Testamenten
b) durch Vertrag
c) durch Rücktritt
einseitige letztwillige Verfügungen aufzuheben.
Wird der Erbvertrag durch Ausübung des Rücktrittsrechtes oder durch Vertrag aufgehoben, so treten auch die einseitig letztwilligen Verfügungen außer Kraft. Nur wenn angenommen werden kann, daß der Erblasser einen anderen Willen hatte, bleiben sie bestehen.

Amtliche Verwahrung und Eröffnung

Das Gesetz behandelt Erbverträge hinsichtlich der amtlichen Verwahrung und ihrer Eröffnung wie Testamente. Es gelten folglich dieselben Vorschriften. Die besonderen Vorschriften bei der Eröffnung von gemeinschaftlichen Testamenten finden jedoch nur dann Anwendung, wenn sich der Erbvertrag in besonderer amtlicher Verwahrung befindet.

Eröffnungsfrist

Befindet sich ein Erbvertrag seit mehr als 50 Jahren in amtlicher Verwahrung, so hat die verwahrende Stelle von Amts wegen Ermittlungen darüber anzustellen, ob der Erblasser noch lebt.
Ergeben diese Ermittlungen, daß der Erblasser verstorben ist, so ist der Erbvertrag zu eröffnen. Dann sind die Bestimmungen über die Eröffnung des Testamentes durch das Nachlaßgericht, Eröffnung durch ein anderes Gericht und die Benachrichtigung der Beteiligten entsprechend anzuwenden.

Erbverzicht

§ 2346 bis § 2352

Verwandte sowie der Ehegatte des Erblassers können durch Vertrag mit dem Erblasser auf ihr gesetzliches Erbrecht verzichten. Der Verzichtende ist dann von der gesetzlichen Erbfolge ausgeschlossen, wie wenn er zur Zeit des Erbfalls nicht mehr gelebt hätte. Obwohl der Gesetzeswortlaut nur von Verwandten und Ehegatten spricht, werden von dieser Vorschrift aber auch Verlobte sowie Adoptivkinder beziehungsweise Adoptiveltern erfaßt. Grundsätzlich umfaßt der Erbverzicht nur den gesetzlichen Erbteil und den Pflichtteil, doch kann der Verzicht auch lediglich auf das Pflichtteilsrecht beschränkt werden. Es ist aber auch möglich, daß sich der Verzichtende sein Pflichtteilsrecht vertraglich vorbehält. In einem solchen Vertrag würde der Betreffende also zwar auf sein gesetzliches Erbrecht, allerdings nicht auf sein Pflichtteilsrecht verzichten.

Der Vertrag über den Erbverzicht muß nicht notwendigerweise das gesamte gesetzliche Erbrecht und den Pflichtteil umfassen, er kann sich auch nur auf Teile des Nachlasses beziehungsweise des Pflichtteils beschränken. Gegenstand des Verzichtes kann auch die Befugnis zu Beschränkungen und Beschwerungen sein.

Für Ehegatten, die im gesetzlichen Güterstand der Zugewinngemeinschaft leben, ergeben sich besondere Konsequenzen. Verzichtet ein Ehegatte auf sein Erbrecht und wird er demzufolge auch letztwillig nicht bedacht, bleibt ihm nur der Ausgleichsanspruch bezüglich des Zugewinns. Wird in einem solchen Erbverzichtsvertrag unter Ehegatten ein Pflichtteilsvorbehalt vereinbart – was soviel bedeutet, daß der Pflichtteil nicht vom Verzicht erfaßt ist –, so hat der bedachte Ehegatte Rest- beziehungsweise Ergänzungsansprüche auf den großen Pflichtteil. Er kann allerdings auch eine andere Lösung wählen: nämlich den Zugewinnausgleich und den kleinen Pflichtteil verlangen.

Der Verzichtende hat die Möglichkeit, seinen erklärten Erbverzicht unter gewissen Umständen anzufechten. Dem Erblasser hingegen steht kein Anfechtungsrecht zu.

Form und Voraussetzungen für den Erbverzicht

Der Erbverzichtsvertrag muß notariell beurkundet werden. Stehen der Verzichtende oder der Erblasser unter Vormundschaft, so ist die Zustimmung des Vormundschaftsgerichtes zu diesem Vertrag einzuholen. Steht einer der Vertragspartner noch unter elterlicher Sorge, so muß ebenfalls die Genehmigung des Vormundschaftsgerichtes erwirkt werden.
Nur für den Fall, daß ein solcher Vertrag zwischen Ehegatten oder unter Verlobten geschlossen wird, bedarf es keiner vormundschaftsgerichtlichen Genehmigung.
Für den Erblasser gilt, daß er den Vertrag nur persönlich schließen kann. Ein in seiner Geschäftsfähigkeit beschränkter Erblasser bedarf nicht der Zustimmung seines gesetzlichen Vertreters. Nur wenn der Erblasser geschäftsunfähig ist, muß der Vertrag durch den gesetzlichen Vertreter geschlossen werden.
In aller Regel liegt dem Erbverzicht ein anderes Geschäft zugrunde, in welchem der Verzichtende einen gewissen Ausgleich für seinen Verzicht erhält. Dieses Ausgleichsgeschäft bedarf grundsätzlich ebenfalls der notariellen Beurkundung. Ist dieser erste Vertrag jedoch nicht notariell beurkundet worden, so wird dieser Formfehler in aller Regel durch die ordnungsgemäße Beurkundung des Erbverzichtsvertrages aufgehoben.
Es stehen sich also zwei Verträge gegenüber: auf der einen Seite die Verpflichtung, auf das Erbrecht zu verzichten, auf der anderen Seite die Verpflichtung, eine Abfindung oder ähnliches zu zahlen. Bei einem solchen gegenseitigen Vertrag gelten nun bestimmte Vorschriften, die die sogenannten Leistungsstörungen regeln. Das heißt, kommt einer der beiden Vertragspartner seiner Verpflichtung nicht nach, so ist auch der andere von seiner Verpflichtung entbunden. Zahlt also zum Beispiel der Erblasser die vereinbarte Abfindung nicht, so kann der auf sein Erbe Verzichtende nach den Vorschriften über die Leistungsstörung verlangen, daß sein abgegebener Verzicht aufgehoben wird.
Es ist dabei unerheblich, ob die Leistung aus Böswilligkeit nicht erbracht wird, oder ob sie aus bestimmten Umständen heraus nicht erbracht werden kann.
Wegen der schwerwiegenden Folgen, die solche Verträge unter Umständen haben können, sollte auch der Vertrag, der erst zum Erbverzichtsvertrag hinführt, unbedingt vor einem Notar geschlossen werden.

Muster: Erbverzicht

Urkundenrolle Nummer 783 für 1982

Verhandelt zu Mönchengladbach-Rheydt am 1. 12. 1982

Vor mir, dem Notar
Dr. Paul Bremmer

mit dem Amtssitz in Mönchengladbach-Rheydt, erschienen:
Herr Adam Pütz, Wegberger Str. 112,
4050 Mönchengladbach 1,
Herr Johann Pütz, Eickener Str. 15,
4050 Mönchengladbach 1.

Die Erschienenen wiesen sich dem Notar gegenüber zur Gewißheit ihrer Person aus durch Vorlage mit Lichtbild versehener amtlicher Ausweispapiere.
Der Notar überzeugte sich durch den Gang der Verhandlungen von der Geschäftsfähigkeit der Erschienenen.
Die Erschienenen erklärten:
Herr Adam Pütz hat seinem Sohn Johann Pütz für die Einrichtung eines Möbelhauses 100000,– DM – i. W. einhunderttausend Deutsche Mark – zwecks Vorwegnahme der Erbfolge zur Verfügung gestellt.
Mit Rücksicht darauf verzichtet Herr Johann Pütz seinem dies annehmenden Vater Adam Pütz gegenüber für sich und seine Abkömmlinge und zugunsten seiner Schwester Ida Pütz auf alle Erb- und Pflichtteilsrechte.

Wirkung auf Abkömmlinge

Der Erbverzicht bewirkt, daß nicht nur der direkte gesetzliche Erbe vom Erbrecht ausgeschlossen ist, sondern der ganze Stamm. Ansonsten hätte es in vielen Fällen mit einer letztwilligen Verfügung sein Bewenden. Darum bestimmt das Gesetz, daß sich die Wirkung des Verzichts auch auf die Abkömmlinge erstreckt, wenn es sich bei der verzichtenden Person um einen Abkömmling oder einen Seitenverwandten des Erblassers handelt. Seitenverwandte des Erblassers sind zum Beispiel die Geschwister, Nichten und Neffen, aber auch Onkel und Tante des Erblassers. Verzichten die Vorfahren (Eltern oder Großeltern) oder der Ehegatte auf ihr Erbe, so sind deren Abkömmlinge davon nicht betroffen.
Es spielt letztlich keine Rolle, ob eine Abfindung gezahlt wird oder nicht. Die Wirkung des Erbverzichtes erstreckt sich immer auf die vorbezeichneten Abkömmlinge. Allerdings steht es dem Erblasser frei, etwas anderes zu bestimmen.

Verzicht zugunsten eines anderen

In den Fällen, in denen keine Abfindung erfolgt, wird häufig ein Verzicht zugunsten eines anderen vereinbart sein. Liegt ein Erbverzicht vor, der zugunsten eines anderen erklärt wird, so legt das Gesetz fest, daß der Verzicht nur für den Fall gelten soll, daß derjenige, zu dessen Gunsten verzichtet wurde, auch tatsächlich Erbe wird.

Beispiel: *Wenn der Sohn des Erblassers zugunsten seiner Ehefrau auf das ihm zustehende gesetzliche Erbrecht verzichtet, gilt dieser Verzicht nur, wenn die Ehefrau des Sohnes auch tatsächlich Erbin wird. Wird die Ehefrau dann doch nicht Erbin, so tritt die Bedingung, die dem Verzicht zugrunde lag, nicht ein, so daß das Erbrecht des Sohnes wieder auflebt.*

Ist nicht ausdrücklich erwähnt, zu wessen Gunsten der Erbverzicht geleistet wird, so ist im Zweifel anzunehmen, daß der Verzicht nur zugunsten der anderen Abkömmlinge und des Ehegatten des Erblassers gelten soll. Kann diese Vermutung nicht widerlegt werden und kommt eine andere Person zum Erbrecht, so ist der Verzicht hinfällig.

Beispiel: *Der Sohn des Erblassers hat mit ihm einen Erbverzichtsvertrag geschlossen. In diesem ist nicht erwähnt, zu wessen Gunsten der Erbverzicht erklärt wird, weshalb das Gesetz davon ausgeht, daß der Erbverzicht zugunsten der Geschwister oder des anderen Elternteils geleistet wurde. Der Erblasser hat dann aber eine fremde Person zum Erben eingesetzt.*

Der Erbverzicht des Abkömmlings ist damit wirkungslos, es sei denn, es kann bewiesen werden, daß der Verzichtende nicht die Absicht hatte, lediglich zugunsten seiner Geschwister oder des anderen Elternteils zu verzichten.

Aufhebung des Erbverzichts

Der Erbverzicht kann nur durch einen anderen Vertrag wieder aufgehoben werden. Dieser Aufhebungsvertrag kann nicht durch eine aufhebende einseitige letztwillige Verfügung des Erblassers ersetzt werden. Da sich der Erbverzicht jedoch nur auf das gesetzliche Erbrecht erstreckt, ist es durchaus denkbar, daß der auf seinen gesetzlichen Erbteil Verzichtende gleichwohl testamentarischer Erbe wird.
Auch ein Aufhebungsvertrag bedarf der notariellen Beurkundung.

Verzicht auf Zuwendungen

Man kann nicht nur auf das Erbrecht verzichten, sondern auch auf jedwede Zuwendungen. Dies gilt nicht nur für Zuwendungen aus einem Erbteil, sondern auch aus einem Vermächtnis. Ein Verzicht ist auch möglich hinsichtlich solcher Zuwendungen, die in einem Erbvertrag einem Dritten gemacht sind. Die Bedeutung dieser Verzichtsmöglichkeiten liegt darin, daß bei testamentarischen Zuwendungen zwar normalerweise freie Widerrufmöglichkeit des Testaments besteht, allerdings durch eingetretene Bindung bei wechselbezüglichen Verfügungen oder bei nachträglicher Geschäftsunfähigkeit des Erblassers der gewünschte Erfolg nicht anders als durch Verzichtsvertrag bewirkt werden könnte.
Durch den Verzicht auf die Zuwendungen wird vor allen Dingen vermieden, daß sich dies auch auf die Abkömmlinge auswirkt, die ja bei Erbverzicht auch mit ausgeschlossen wären.

Muster: Zuwendungsverzicht

Urkundenrolle Nummer 784 für 1982

Verhandelt zu Mönchengladbach-Rheydt am 1. 12. 1982

Vor mir, dem Notar

Dr. Paul Bremmer

mit dem Amtssitz in Mönchengladbach-Rheydt, erschienen:
Herr Karl Pütz, Wegberger Str. 112,
4050 Mönchengladbach 1,
Herr Peter Schmitz, Wiener Str. 12,
4050 Mönchengladbach 2.

Die Erschienenen wiesen sich dem Notar gegenüber zur Gewißheit ihrer Person aus durch Vorlage mit Lichtbild versehener amtlicher Ausweispapiere. Der Notar überzeugte sich durch den Gang der Verhandlungen von der Geschäftsfähigkeit der Erschienenen.
Die Erschienenen erklärten:
Herr Pütz hat seinen Neffen Peter Schmitz im Erbvertrag mit seiner verstorbenen Ehefrau Agnes vom 10. 1. 1970 vor dem amtierenden Notar – UR-Nr. 55/1970 – zum Alleinerben berufen. Herr Schmitz verzichtet hiermit seinem dies annehmenden Onkel Karl Pütz gegenüber auf diese Erbeinsetzung. Herr Pütz hat Herrn Schmitz dafür 100000,– DM – i. W. einhunderttausend Deutsche Mark – gezahlt.

Schenkungsversprechen von Todes wegen

§ 2301

Schenkungsversprechen von Todes wegen sind in der Praxis ein sehr schwieriges Kapitel unserer Rechtsordnung. Es gibt so viele Verfügungs- und Schenkungsmöglichkeiten, daß es zuweilen fraglich sein kann, um was es sich eigentlich handelt, ob um ein Schenkungsversprechen von Todes wegen, um einen Vertrag zugunsten Dritter, bezogen auf den Todeszeitpunkt, oder um eine Schenkung unter Lebenden mit aufgeschobener Bedingung. Die verschiedenen Rechtsauffassungen und Differenzierungen sind auch für einen Juristen nur schwer auseinanderzuhalten. Im Rahmen dieses Buches soll nur grob dargestellt werden, was sich hinter diesem Schenkungsversprechen von Todes wegen verbirgt.

Das Bürgerliche Gesetzbuch unterstellt ein Rechtsgeschäft, das sich seiner äußeren Form nach als Schenkungsversprechen darstellt, den Vorschriften des Erbrechts. Dies bedeutet, daß die Formvorschriften des Erbrechts eingehalten werden müssen, weil das getroffene Rechtsgeschäft sonst möglicherweise nichtig oder umgedeutet werden kann. Damit es sich bei dem Schenkungsversprechen also um ein gültiges Rechtsgeschäft handelt, müssen folgende Voraussetzungen erfüllt sein:

a) Es muß ein Schenkungsversprechen im Sinne des Schuldrechtes vorliegen. Das Schuldrecht fordert für die Schenkung aber einen Vertrag zwischen dem Schenkgeber und dem Beschenkten. In dem Vertrag muß festgehalten werden, daß der Schenkgeber eine Leistung erbringen wird, und daß diese Leistung unentgeltlich ist.
b) Die Schenkung muß unter der Bedingung stehen, daß der Beschenkte den Schenkgeber überlebt. Dies braucht nicht ausdrücklich festgelegt zu sein, doch muß sich aus dem gesamten Charakter des Geschäftes und seinen Umständen diese Bedingung zweifelsfrei ergeben. Verpflichtet sich der Schenkgeber zur Leistung des Geschenks unabhängig davon, ob der Beschenkte selbst oder nach dessen Tod seine Erben das Geschenk von ihm erhalten sollen, so ist die Bedingung nicht erfüllt, daß der Beschenkte den Schenkgeber überlebt. In einem solchen Fall liegt keine Schenkung von Todes wegen vor.
c) Die Schenkung darf nicht zu Lebzeiten des Schenkgebers von ihm vollzogen sein.

   Gerade die Frage des Vollzuges der Schenkung zu Lebzeiten ist ein Problem in der Praxis. Eine Schenkung gilt dann als vollzogen, wenn der Schenkgeber sein Vermögen sofort und unmittelbar ändert. Diese Definition stellt den entscheidenden Punkt klar, nämlich, daß noch der Schenkende selbst und nicht erst sein Erbe das Vermögensopfer – die Leistung – erbringt.

Allein die Verpflichtung, einen Vermögensgegenstand zu schenken, beinhaltet noch keinen Vollzug, weil die Vermögensminderung nicht unmittelbar eingetreten ist. Eine unmittelbare Vermögensminderung ergibt sich erst durch direkte Übereignung von Sachen, durch Abtretung von Forderungen und Rechten oder durch den Erlaß von Schulden. In diesen Fällen macht sich das sofort im Vermögen des Schenkgebers bemerkbar. Liegt einer dieser Fälle vor, gilt die Schenkung als vollzogen.

Form

Treffen die genannten Voraussetzungen a bis c zu, so handelt es sich um ein Schenkungsversprechen von Todes wegen, das wiederum den erbrechtlichen Vorschriften, insbesondere den erbrechtlichen Formvorschriften, unterliegt.
Ein Schenkungsversprechen von Todes wegen kann nur durch einen Vertrag festgelegt werden; das kann ein Erbvertrag sein oder ein Vermächtnisvertrag. Durch ein Testament kann kein Schenkungsversprechen von Todes wegen verfügt werden. Das Testament ist nämlich ein einseitiges Rechtsgeschäft und kein Vertrag (siehe Voraussetzung a). Wenn diese Formvorschriften nicht beachtet werden, so kann die gewollte Verfügung nur dann aufrechterhalten bleiben, wenn man das Dokument als privatschriftliches Testament umdeuten kann und es die dafür erforderlichen Formvorschriften erfüllt.
Rechtlich tritt dann aber ein Unterschied ein. Ist die Formvorschrift erfüllt, liegt ein Vertrag vor, so handelt es sich um eine Schenkung von Todes wegen. Ist die Formvorschrift nicht erfüllt, ist der Beschenkte lediglich durch ein Testament benannt, so kann die Verfügung so umgedeutet werden, daß der Beschenkte als Vermächtnisnehmer oder eventuell auch als Erbe anzusehen ist. Je nach Art der Rechtsgeschäfte von Todes wegen hat der Bedachte eine unterschiedliche Rechtsstellung (Beschenkter, Erbe oder Vermächtnisnehmer).
Ist die Zuwendung gültig, so wird sie in die Rangordnung der gegen den Nachlaß bestehenden Forderung eingeordnet. In aller Regel ist sie wie ein Vermächtnis zu behandeln.
Der Gegenstand der Schenkung gehört dann mit zum Nachlaß und unterliegt dem Zugriff der Nachlaßgläubiger. Er kann also vom Beschenkten nicht zuvor herausverlangt werden. Bei der Berechnung des Pflichtteils ist die Schenkung zu berücksichtigen.

Vollzug der Schenkung zu Lebzeiten des Schenkers

Vollzieht der Schenker die Schenkung bereits zu Lebzeiten, so finden die Vorschriften über Schenkung unter Lebenden Anwendung.

Grundsätzlich bedarf ein Schenkungsversprechen der notariellen Beurkundung. Liegt eine solche Beurkundung nicht vor, wird dadurch, daß der Schenker die versprochene Leistung an den Beschenkten erbringt, der Formmangel – die fehlende notarielle Beurkundung – behoben; die erfolgte Schenkung ist gültig. Sowohl für das Schenkungsversprechen unter Lebenden als auch für das Schenkungsversprechen von Todes wegen bedeutet dies, daß die Zuwendung der Leistung zu Lebzeiten des Erblassers, den an sich wegen mangelnder Form unwirksamen Vertrag wirksam werden läßt.
Ein Erbe des Erblassers kann demzufolge nicht hingehen und den zugewendeten Gegenstand zurückverlangen mit dem Hinweis, bereits das Schenkungsversprechen sei formnichtig gewesen. Er muß die vollzogene Schenkung akzeptieren.

Beispiel: *Der bereits todkranke Erblasser bespricht 14 Tage vor seinem Tod mit seinem Pfarrer, daß er dem Bonifatiusverein Wertpapiere im Wert von DM 70 000,– schenken wolle. Der Pfarrer solle wiederkommen, um die Papiere in Empfang zu nehmen und sie dann dem Weihbischof für den Bonifatiusverein übergeben.*
Drei Tage später übergab der Erblasser dem Pfarrer die Papiere und betonte dabei nochmals, daß es sich um eine Schenkung an den Bonifatiusverein handele, ihm gehörten nun die Papiere. Der Pfarrer brachte noch vor dem Tod des Erblassers dem Weihbischof die Wertpapiere, die Schenkung war also noch zu Lebzeiten des Schenkers vollzogen.

Bei dem Versprechen, das der Erblasser gegeben hat, handelt es sich um ein Schenkungsversprechen von Todes wegen, das an sich an die erbrechtlichen Formen gebunden ist. Die mündliche Form war unwirksam. Dadurch aber, daß der Erblasser dem Pfarrer die Wertpapiere aushändigte und dieser noch vor dem Tode des Erblassers dem zuständigen Weihbischof die Papiere übergeben hat, war die Schenkung bereits unter Lebenden vollzogen. Damit war der Formmangel der versprochenen Leistung aufgehoben, die Schenkung war gültig.
Es gibt in diesem Zusammenhang noch eine Reihe von Problemen, insbesondere inwieweit Geschäfte unter Lebenden nur verschleierte Schenkungsversprechen von Todes wegen sind und daher den erbrechtlichen Vorschriften, insbesondere den Formvorschriften unterliegen. Diese Probleme können hier nicht näher erläutert werden. Es kann nur jedem angeraten werden, der ein Schenkungsversprechen von Todes wegen, eine Schenkung unter Lebenden bezogen auf den Todesfall oder einen Vertrag zugunsten Dritter auf den Todesfall schließen will, den Rat eines Rechtsanwaltes oder eines Notars einzuholen. Am sichersten dürfte es immer noch sein, wenn eine notarielle Beurkundung erfolgt, weil der Notar zu überwachen hat, daß alle Formvorschriften und sonstigen Voraussetzungen eingehalten werden, wenn der Erblasser sicherstellen will, daß alles in seinem Sinne geschieht.

Die Testamentsvollstreckung

§ 2197 bis § 2228

Grundsätzlich obliegt es den Erben, den Nachlaß zu verwalten, also die letztwilligen Verfügungen des Erblassers auszuführen, die Schulden des Verstorbenen zu begleichen und die Teilung des Nachlasses vorzunehmen.
Diese Aufgabe kann der Erblasser aber in seinem Testament einem sogenannten Testamentsvollstrecker übertragen. Als Testamentsvollstrecker kann jeder erwachsene, voll geschäftsfähige Mensch eingesetzt werden. Es kann ein Miterbe oder ein Vermächtnisnehmer beauftragt werden, aber auch eine Person, die nicht im Testament bedacht ist. Der Testamentsvollstrecker ist Inhaber eines Amtes, das ihm der Erblasser übertragen hat. Kraft dieses Amtes hat der Testamentsvollstrecker den Nachlaß in eigenem Namen zu verwalten, das heißt, er übt kein öffentliches Amt aus, er ist also keine Amtsperson. Vielmehr übt er ein privates Amt aus; insofern ist er auch nicht gesetzlicher Vertreter der Erben oder des Erblassers. Bei der Verwaltung und Auseinandersetzung des Nachlasses unterliegt er nicht der Aufsicht des Nachlaßgerichtes, allerdings kann das Nachlaßgericht in bestimmten Fällen eingreifen.

Ernennung des Testamentsvollstreckers, Annahme und Ende seines Amtes

Allein der Erblasser kann einen Testamentsvollstrecker ernennen, er ist aber nicht dazu verpflichtet. Von Amts wegen wird ein Testamentsvollstrecker nicht ernannt; wird eine amtliche Person beauftragt, sich um die Nachlaßangelegenheiten zu kümmern, so ist das ein Nachlaßpfleger oder ein Nachlaßverwalter.
Der Erblasser kann auch mehrere Testamentsvollstrecker ernennen, die das Amt gemeinschaftlich ausüben. Sollte es unter ihnen zu Meinungsverschiedenheiten kommen, greift unter Umständen das Nachlaßgericht ein.
Dem Erblasser steht es auch frei, nur für bestimmte Vermögensmassen die Testamentsvollstreckung anzuordnen. Für den Fall, daß der ernannte Testamentsvollstrecker das Amt nicht annimmt, kann er einen Ersatztestamentsvollstrecker bestimmen. Schließlich kann der Erblasser die Ernennung des Testamentsvollstreckers auch dem Nachlaßgericht oder irgendeiner anderen Person übertragen.
Das Amt des Testamentsvollstreckers beginnt erst mit der Annahme des Amtes, denn dem vom Erblasser ernannten Testamentsvollstrecker steht es selbstverständlich frei, das Amt anzunehmen oder abzulehnen.

Der ernannte Testamentsvollstrecker muß beim Nachlaßgericht eine formlose Erklärung abgeben, ob er das Amt angenommen oder abgelehnt hat. Hat er angenommen, erteilt ihm das Nachlaßgericht auf Antrag ein sogenanntes Testamentsvollstreckerzeugnis. Dieses Zeugnis dient ihm wie ein Erbschein als Zeugnis gegenüber all jenen Personen, mit denen er bei der Abwicklung seiner Arbeit zu tun hat.
Das Amt des Testamentsvollstreckers endet, wenn er den Nachlaß unter den Erben verteilt und alle anderen mit dem Nachlaß in Zusammenhang stehenden Aufgaben erfüllt hat. Sollte er geschäftsunfähig werden oder sterben, so endet sein Amt natürlich vorzeitig. Es kann aber auch durch Kündigung des Testamentsvollstreckers enden. Der Testamentsvollstrecker ist jederzeit berechtigt, gegenüber dem Nachlaßgericht die Kündigung seines Amtes zu erklären. Er hat dann das Testamentsvollstreckungszeugnis zurückzugeben. Umgekehrt kann aber auch ein Erbe oder Vermächtnisnehmer die Entlassung des Testamentsvollstreckers verlangen, wenn dieser seine Pflichten verletzt oder sich als unfähig erweist. Das Nachlaßgericht hat darüber zu befinden, ob die vorgetragenen Gründe für eine Kündigung ausreichen.

Die Aufgaben des Testamentsvollstreckers

Der Erblasser kann festlegen, welche Aufgaben der Testamentsvollstrecker ausführen soll. Hat der Erblasser keine besonderen Bestimmungen getroffen, dann hat der Testamentsvollstrecker in erster Linie alle Verfügungen des Erblassers auszuführen und die Auseinandersetzung unter mehreren Miterben zu bewirken.
Diese Auseinandersetzung ist die Hauptaufgabe des Testamentsvollstreckers. Er hat die Teilungsanordnung des Erblassers zu beachten und im übrigen nach seinem pflichtgemäßen Ermessen die Erbschaft so zu teilen, daß jedem der Erben sein ihm zustehender Anteil übertragen wird. Bis zur Erledigung aller übrigen Aufgaben hat der Testamentsvollstrecker den Nachlaß zu verwalten.
Der Erblasser kann den Wirkungskreis des Testamentsvollstreckers beschränken, er kann insbesondere die Verwaltung durch den Testamentsvollstrecker lediglich auf einzelne Nachlaßgegenstände einschränken, beispielsweise auf eine zum Nachlaß gehörende Fabrik. Der Erblasser kann auch bestimmen, daß der Testamentsvollstrecker die Verwaltung des Nachlasses nur für einen bestimmten Zeitraum, höchstens jedoch bis zum Ablauf von 30 Jahren zu führen hat.
Der Erblasser kann den Wirkungskreis des Testamentsvollstreckers aber auch erweitern. Er kann ihn insbesondere beauftragen, einzelne Nachlaßgegenstände auch nach der Erledigung seiner sonstigen Aufgaben weiterhin zu verwalten, doch gilt auch hier die Beschränkung auf eine Frist von 30 Jahren.

Einen Testamentsvollstrecker zu ernennen, empfiehlt sich immer dann, wenn es sich um umfangreiche oder aus sonstigen Gründen schwierige Nachlaßverhältnisse handelt, an denen mehrere Erben beteiligt sind.

Die einzelnen Befugnisse des Testamentsvollstreckers

Der Testamentsvollstrecker hat den Nachlaß in Besitz zu nehmen. Er kann von den Erben oder anderen Personen, die schon Nachlaßgegenstände in Besitz haben, die Herausgabe verlangen, und zwar notfalls auf dem Klageweg.
Der Testamentsvollstrecker ist berechtigt, über die einzelnen Nachlaßgegenstände, soweit sie seiner Verfügung unterliegen, ohne Zustimmung der Erben zu verfügen; allerdings sind ihm unentgeltliche Verfügungen, also Schenkungen, untersagt, mit Ausnahme von Pflicht- und Anstandsschenkungen.
Der Erbe hat kein Verfügungsrecht über die Gegenstände, die der Verwaltung der Testamentsvollstreckung unterliegen, demzufolge kann auch ein Gläubiger des Erben sich nicht an die Nachlaßgegenstände halten, solange sie der Verwaltung des Testamentsvollstreckers unterliegen.
Der Testamentsvollstrecker kann auch Verbindlichkeiten für den Nachlaß eingehen, soweit dies zur ordnungsgemäßen Verwaltung des Nachlasses erforderlich ist. Der Testamentsvollstrecker hat auch das Recht, Prozesse zu führen, soweit dies im Rahmen seines Amtes nötig ist. Er hat die Aktivprozesse für die Erben zu führen. Er hat Passivprozesse, die gegen die Erben gerichtet sind, zu vertreten, soweit es sich um Gegenstände handelt, die der Verwaltung des Testamentsvollstreckers unterliegen.

Die Vergütung des Testamentsvollstreckers

Der Testamentsvollstrecker kann für seine Tätigkeit eine angemessene Vergütung verlangen. Diese Vergütung entfällt nur dann, wenn sie der Erblasser laut Testament ausgeschlossen hat. In allen anderen Fällen hat der Testamentsvollstrecker einen Rechtsanspruch auf eine Vergütung.
Wie hoch die Vergütung sein soll, kann vom Erblasser in seinem Testament festgesetzt worden sein, es kann aber auch durch Vereinbarung mit den Erben oder durch eine Entscheidung des Gerichtes die Höhe der Vergütung festgelegt werden, falls es über die Höhe der angemessenen Vergütung zu einem Rechtsstreit kommen sollte.
Wie hoch die Vergütung des Testamentsvollstreckers ausfällt, hängt von dem ihm testamentarisch oder durch Gesetz auferlegten Pflichtenkreis und der damit verbundenen Arbeit ab. Dabei kommt es auf die Schwierigkeit der zu leistenden Arbeit und

auf die Dauer der Abwicklung der Verwaltung an und schließlich auch darauf, ob der Testamentsvollstrecker sein Amt erfolgreich ausgeübt hat.
Hat der Erblasser durch Verfügung von Todes wegen die Höhe der Vergütung des Testamentsvollstreckers festgelegt, und ist der Testamentsvollstrecker mit dieser Vergütung nicht einverstanden, dann muß er sein Amt ablehnen. Es ist aber auch denkbar, daß der Erblasser eine unangemessen hohe Vergütung für den Testamentsvollstrecker festlegt. Dann kann man diese hohe Vergütung als ein verschleiertes Vermächtnis beurteilen, weshalb es von den Erben nicht gekürzt werden kann.
Üblicherweise wird die Vergütung durch Vereinbarung mit den Erben festgelegt. Hat der Erblasser keine Anordnung getroffen und kann zwischen dem Testamentsvollstrecker und den Erben keine Einigung über die Höhe der Vergütung erzielt werden, so muß der Testamentsvollstrecker im Wege der Klage gegen die Erben vor dem Prozeßgericht vorgehen.
Im Rahmen dieser Klage muß der Testamentsvollstrecker grundsätzlich einen bestimmten Klageantrag erheben. Er kann gegebenenfalls auch Klage auf einen Betrag erheben, den er in das Ermessen des Gerichtes stellt. Aber auch in diesem Falle muß er angeben, welchen Betrag er sich vorstellt.
Die Vergütung des Testamentsvollstreckers wird erst bei Beendigung seines Amtes fällig. Bei Dauerverwaltung oder langwieriger Abwicklung kann die Vergütung eventuell früher, im allgemeinen jährlich, gefordert werden. Der Testamentsvollstrecker kann aber seine Schlußvergütung auf jeden Fall erst beanspruchen, nachdem er eine Abrechnung vorgelegt hat.
Über die Höhe der Vergütung gibt es keine festen Sätze. Der Gesetzgeber spricht lediglich von einer angemessenen Vergütung. In der Praxis ist es üblich, die Vergütung des Testamentsvollstreckers in gewissen Hundertsätzen vom Bruttowert des verwalteten Aktivnachlasses zu bemessen.
Im Laufe der Zeit haben sich gewisse Regelsätze herausgebildet. Dabei muß man davon ausgehen, daß unter Berücksichtigung der vielen gesetzlichen Bestimmungen, die heutzutage gelten, an den Testamentsvollstrecker höhere Anforderungen gestellt werden als früher. Deshalb muß man die früheren Regelsätze etwas anheben und im übrigen die Höhe der Vergütung der Dauer und Schwierigkeit des Verfahrens entsprechend anpassen.
Bei einer glatten Abwicklung sind folgende Gebühren angemessen:

Bei einem Nachlaßwert bis DM 20 000,–	4–5 %
darüber hinaus bis DM 100 000,–	3–4 %
darüber hinaus bis DM 1 000 000,–	2–2,5 %
darüber hinaus	1 % des Nachlaßwertes

Bei sehr kleinen Nachlässen können die Vergütungen gegebenenfalls bis zu 10 % des Nachlasses betragen. Zu beachten ist im übrigen, daß die genannten Vergütungs-

sätze nur für die sogenannten Grundtätigkeiten der Testamentsvollstreckung gelten. Wenn der Testamentsvollstrecker über längere Zeit mit der Verwaltung des Nachlasses beschäftigt ist, so ist ihm eine laufende Verwaltungsgebühr von mindestens ⅓ bis ½ % des Nachlaßwertes jährlich oder von 3–5 % des jährlichen Gewinns zuzubilligen.
Diese Vergütung kann der Testamentsvollstrecker auch dann beanspruchen, wenn er selbst Miterbe ist.
Neben der Vergütung steht dem Testamentsvollstrecker auch Ersatz für seine baren Auslagen zu, die ihm bei der Ausübung seiner Tätigkeit entstanden sind, zum Beispiel für Postgebühren oder Reisekosten. Sind mehrere Testamentsvollstrecker gleichzeitig oder nacheinander tätig, so steht jedem von ihnen eine angemessene Vergütung zu.

Vor- und Nacherbschaft

§ 2100 bis § 2146

Der Erblasser hat die Möglichkeit, sein Vermögen zunächst einem Vorerben testamentarisch zu vermachen und gleichzeitig anzuordnen, daß bei einem späteren Ereignis – etwa beim Tod des Vorerben oder seiner Wiederheirat – die Erbschaft einem zweiten Erben als Nacherben zufallen soll.
Der Vorerbe und auch der Nacherbe sind echte Erben des Erblassers. Da sie den Erblasser aber hintereinander und nicht gleichzeitig beerben, sind sie miteinander keine Miterben, bilden also keine Erbengemeinschaft.

Vorerbschaft

Der Vorerbe ist zunächst Herr des Nachlasses. Mit Rücksicht auf den Nacherben unterliegt er aber Verfügungsbeschränkungen und darf nur die »Früchte« des Nachlasses für sich behalten, etwa die Zinsen aus angelegtem Kapital.
Der Nacherbe gilt als Gesamtnachfolger des Erblassers und nicht des Vorerben; denn der Nacherbe erbt aufgrund einer letztwilligen Verfügung des Erblassers und nicht aufgrund einer letztwilligen Verfügung des Vorerben.
Sinn und Zweck der Aufteilung in Vor- und Nacherbschaft ist es, das Vermögen eines Erblassers in seiner Familie zu erhalten. Der Erblasser kann beispielsweise seinen Ehegatten zunächst als Vorerben einsetzen, und ihm so eine finanziell gesicherte Position verschaffen. Zugleich aber kann er bestimmen, daß nach dem Tode oder nach der eventuellen Wiederheirat des Ehegatten das Vermögen als Ganzes auf die Kinder übergehen soll. Der überlebende Ehegatte, der zunächst alles geerbt hat, darf aber, wie gesagt, über seine Vorerbschaft nicht frei verfügen, er muß sie in der Substanz dem oder den Nacherben erhalten. Auch ein wertvolles Möbelstück kann beispielsweise zunächst der Ehefrau vererbt werden, die aber nur Vorerbin ist. Nach ihrem Tod soll es an den Neffen des Ehemannes gehen, damit es dieser Familienlinie erhalten bleibt und nicht der Familie der Frau zufällt.
Ist jemandem als Vorerben ein Haus zugefallen, so kann er es also nicht ohne weiteres verkaufen. Es ergibt sich ja sehr häufig, daß zum Beispiel der überlebende Ehegatte das große Einfamilienhaus nicht mehr allein bewohnen und statt dessen lieber verkaufen will; die Kinder als Nacherben müssen dem Verkauf zustimmen. Sind sie mit dem Verkauf nicht einverstanden, darf das Haus nicht verkauft werden. Aber auch die Kinder können zu Lebzeiten des Elternteils, der als Vorerbe im Besitz des Hauses ist, das Haus nicht verkaufen.

In der Praxis wird deshalb statt Vor- und Nacherbschaft oft ein Nießbrauch zugunsten des überlebenden Ehegatten an dem Haus- und Grundbesitz eingetragen. Das ist zweckmäßiger und zudem steuerlich meist vorteilhafter.
Im übrigen ist die Vor- und Nacherbschaft nicht auf Ehegatten, Eltern und Kinder beschränkt. Jede andere Person kann als Vorerbe beziehungsweise Nacherbe eingesetzt werden. Vor- und Nacherbe brauchen auch nicht miteinander verwandt zu sein, der Onkel kann seine unverheiratete Nichte als Vorerbin einsetzen und als Nacherben den Tierschutzverein.

Nacherbschaft

Der Nacherbe muß stets durch Testament oder Erbvertrag eingesetzt werden. Niemand kann aufgrund gesetzlicher Erbfolge Nacherbe werden. Durch die Einsetzung eines Nacherben kann aber der gesetzliche Erbe zum Vorerben werden.
Es können mehrere Nacherben als Mitnacherben eingesetzt werden, es können aber auch mehrere Vorerben einen gemeinsamen Nacherben haben. Es kann auch so geregelt sein, daß nur für einen Teil der Erbschaft, beispielsweise ein Einfamilienhaus, Vor- und Nacherbschaft angeordnet wird, während das übrige Vermögen anderweitig verteilt wird.
Schließlich ist es sogar möglich, daß die Nacherbschaft mehrfach hintereinander gestaffelt wird, also eine sogenannte weitere Nacherbfolge angeordnet wird, so daß der erste Nacherbe mit dem ersten Nacherbfall Vorerbe des zweiten Nacherben wird. Dies ist aber eine seltene Ausnahme.
Die Nacherbschaft muß immer durch letztwillige Verfügung angeordnet werden. Dabei kommt es nicht entscheidend darauf an, daß der Erblasser die Worte »Vorerbe« und »Nacherbe« gebraucht. Es muß nur aus dem Gesamtzusammenhang unmißverständlich hervorgehen, daß der Erblasser die Anordnung von Vor- und Nacherbschaft gewollt hat. Hat der Erblasser angeordnet, daß der Erbe mit dem Eintritt eines bestimmten Zeitpunktes oder Ereignisses die Erbschaft an einen anderen herausgeben muß, dann ist nach der gesetzlichen Auslegungsregel anzunehmen, daß der andere als Nacherbe eingesetzt ist.
Auch ohne eine besondere Anordnung ist entsprechend dem mutmaßlichen Willen des Erblassers eine Nacherbfolge als angeordnet anzusehen, wenn eine zur Zeit des Erbfalls noch nicht erzeugte Person als Erbe eingesetzt wird. Dann gilt diese Person von ihrer Geburt an als Nacherbe.
Ist jemand als Erbe unter einer auflösenden Bedingung oder einer Zeitbestimmung eingesetzt und nicht gleichzeitig angeordnet, wer nach Eintritt dieser Bedingung oder Zeitbestimmung die Erbschaft erhalten soll, dann sind im Zweifel die gesetzlichen Erben von diesem Zeitpunkt an als Nacherben eingesetzt. Der eingesetzte Erbe ist bis zu diesem Zeitpunkt Vorerbe.

Es ist auch der umgekehrte Fall denkbar, daß jemand zum Erben unter einer aufschiebenden Bedingung oder Zeitbestimmung eingesetzt wird, also zum Beispiel erst zu einem bestimmten späteren Zeitpunkt oder einem späteren Ereignis, ohne daß bestimmt wird, wer zunächst Erbe sein soll. Dann ist im Zweifel anzunehmen, daß die gesetzlichen Erben zunächst Vorerben sein sollen und der eingesetzte Erbe von dem bestimmten Zeitpunkt oder Ereignis an Nacherbe wird.

Der Anfall der Nacherbschaft

Bei der Nacherbschaft sind zu unterscheiden der Vorerbfall (Voranfall) und der Nacherbfall.

Der Vorerbfall tritt mit dem Tode des Erblassers ein und bewirkt, daß der Vorerbe zunächst die Erbschaft erhält. Der Vorerbe kann die Erbschaft ausschlagen; dann fällt im Zweifel sofort die Nacherbschaft an. Ansonsten erhält der Nacherbe zunächst eine seinerseits vererbliche und übertragbare Anwartschaft auf die Erbschaft. Ist der Nacherbe zur Zeit des Erbfalls aber bereits verstorben, so fällt die Nacherbschaft weg. Die Erben des vorgesehenen Nacherben erhalten keine Anwartschaft.

Ist zur Zeit des Voranfalls der Nacherbe noch nicht geboren, so erlangt er die Anwartschaft erst mit seiner Geburt. Ein Erblasser kann also seinen noch nicht gezeugten Enkel zum Nacherben seines Sohnes einsetzen. Der Nacherbe muß aber beim Eintritt des Nacherbfalles – also zum Zeitpunkt des Todes des Vorerben – mindestens als Leibesfrucht vorhanden sein. Die Rechte eines noch nicht erzeugten Nacherben können vor dem Nacherbfall durch einen Pfleger wahrgenommen werden, wenn eine solche Pflegschaft beantragt wird.

Der Nacherbfall tritt mit dem vom Erblasser bestimmten Zeitpunkt und Ereignis ein. Hat der Erblasser darüber nichts bestimmt, so tritt der Nacherbfall mit dem Tode des Vorerben ein.

Mit dem Nacherbfall erlischt das Recht des Vorerben. Der Vorerbe bleibt, sofern er noch lebt, nur dann im Besitz der Erbschaft wie ein Vollerbe, wenn der Nacherbe die Nacherbschaft ausschlägt. Ist der Nacherbe zum Zeitpunkt des Nacherbfalles bereits verstorben, so fällt die Erbschaft den Erben des Nacherben zu, vorausgesetzt, der Nacherbe hatte bereits eine Anwartschaft auf die Erbschaft erworben.

Gesetzliche Beschränkungen der Nacherbfolge

Nach dem Gesetz ist es möglich, mehrere Nacherben hintereinander zu benennen. Das könnte theoretisch dazu führen, daß ein Vermögen bis in fernste Zukunft hinein gebunden und dem freien Rechtsverkehr entzogen würde.

Das will der Gesetzgeber verhindern. Deshalb wird eine Einsetzung als Nacherbe nach 30 Jahren hinfällig. Lebt also der Vorerbe 30 Jahre nach dem Erbfall noch, wird der Nachlaß freies Vermögen des Vorerben.
Ausnahmsweise bleibt die Einsetzung des Nacherben auch nach Ablauf von 30 Jahren wirksam, wenn die Nacherbfolge für den Fall angeordnet ist, daß die Person des Vorerben oder Nacherben an ein bestimmtes Ereignis gebunden ist und derjenige, in dessen Person das Ereignis eintreten soll, zur Zeit des Erbfalls lebt. Hat zum Beispiel der Erblasser seine Frau zur Vorerbin und seine Kinder bei deren Tod zu Nacherben eingesetzt, so bleibt die Nacherbfolge auch dann wirksam, wenn die Witwe erst nach 33 Jahren stirbt; erst dann tritt der Nacherbfall ein.

Die Rechtslage bis zum Eintritt des Nacherbfalls

Der Vorerbe ist ein wirklicher Erbe. Er hat alle Rechte und Pflichten eines Erben, und er kann grundsätzlich auch über die Gegenstände der Erbschaft verfügen. Dieser Grundsatz ist lediglich zugunsten des Nacherben, dem die Substanz der Erbschaft erhalten bleiben soll, stark eingeschränkt.
Praktisch läuft es darauf hinaus, daß der Vorerbe nur die Stellung eines Nießbrauchers, also nur das Nutzungsrecht hat. Die Verfügungsbeschränkungen und Verpflichtungen des Vorerben beziehen sich nicht nur auf die Gegenstände, die der Vorerbe unmittelbar geerbt hat. Die Verfügungsbeschränkungen beziehen sich auch auf alle Gegenstände, die als Ersatz für die ererbten Gegenstände angeschafft werden.
Lediglich die Nutzungen aus einer Erbschaft werden freies Vermögen des Vorerben. Wenn der Nacherbe befürchten muß, daß der Vorerbe durch seine Verwaltung die Rechte des Nacherben erheblich verletzen könnte, so kann er vom Vorerben Auskunft über den Bestand der Erbschaft und eventuell auch Sicherheitsleistung und im äußersten Fall sogar gerichtliche Verwaltung verlangen.
Der Vorerbe haftet bis zum Nacherbfall für die Nachlaßverbindlichkeiten. Deshalb ist er auch berechtigt, aus den Mitteln der Erbschaft die Nachlaßgläubiger zu befriedigen. Wenn der Nacherbe damit nicht einverstanden ist, kann der Vorerbe dessen Einwilligung verlangen und notfalls erzwingen.

Die Verfügungsbeschränkungen des Vorerben

Will der Vorerbe über Grundstücke und Grundstücksrechte, also auch über Hypotheken und Grundschulden verfügen, so muß er zuvor die Einwilligung des Nacherben einholen. Der Nacherbe kann seine Einwilligung verweigern.
Ohne eine solche Einwilligung sind vom Vorerben vorgenommene Verfügungen

unwirksam, weil sie das Recht des Nacherben beeinträchtigen oder vereiteln würden.
Der Vorerbe bedarf auch zu allen unentgeltlichen Verfügungen der Zustimmung des Nacherben, beispielsweise, wenn er Gegenstände aus dem Nachlaß verschenken will. Eine Ausnahme bilden hier lediglich die sogenannten Pflicht- und Anstandsschenkungen. Der Vorerbe kann also aus Mitteln der Erbschaft die üblichen Weihnachts- und Geburtstagsgeschenke machen, soweit sie eine angemessene Wertgrenze nicht überschreiten. Schließlich kann der Nacherbe verlangen, daß zum Nachlaß gehörende Wertpapiere und Forderungen gesperrt werden, so daß nur noch mit seiner Zustimmung über die Wertpapiere und Forderungen verfügt werden kann.
Sollten gegen den Vorerben Zwangsvollstreckungsmaßnahmen durchgeführt werden müssen, so muß das der Nacherbschaft unterliegende Vermögen hiervon ausgeschlossen bleiben.
Dank dieser Vorschrift ergibt sich für einen Erblasser die Möglichkeit, einer verschuldeten Person eine Erbschaft – allerdings nur das Vorerbe – zukommen zu lassen, ohne daß das Vermögen zur Deckung von Schulden dienen muß.
Der Nacherbe soll jedenfalls geschützt werden. Dazu gehört auch, daß der Vorerbe den Nachlaß ordnungsgemäß zu verwalten hat. Er hat das zum Nachlaß gehörende Geld sicher anzulegen. Er muß, falls er Vorerbe eines Hauses ist, für die Instandhaltung des Hauses sorgen und die gewöhnlichen Erhaltungskosten tragen. Er muß auch für regelmäßig wiederkehrende Lasten aufkommen, insoweit sie den Nachlaß betreffen.
Falls es jedoch erforderlich ist, daß ein Nachlaßgegenstand veräußert wird, um Nachlaßverbindlichkeiten zu berichtigen, dann muß der Nacherbe dem Verkauf des Gegenstandes zustimmen; er kann notfalls auf Einwilligung verklagt werden.

Die Rechtslage nach Eintritt des Nacherbfalls

Tritt der Nacherbfall ein, dann muß der Vorerbe – wenn er noch lebt – dem Nacherben die Erbschaft in dem Zustand herausgeben, in dem sie sich bei ordnungsgemäßer Verwaltung befinden würde. Auf Verlangen muß der Vorerbe dem Nacherben Rechenschaft ablegen.
Der Vorerbe haftet für eine ordnungsgemäße Verwaltung. Er hat das Vorerbe mit derjenigen Sorgfalt zu behandeln, mit der er auch seine Angelegenheiten erledigt.
Der Nacherbe tritt in laufende Miet- und Pachtverträge für Grundstücke ein; auch in andere Verträge, die zum Zeitpunkt des Nacherbfalles noch wirksam sind und die sich auf Erbschaftsgegenstände beziehen. Gegebenenfalls kann aber der Nacherbe diese Verträge kündigen.

Der Vorerbe wird mit dem Eintritt des Nacherbfalls grundsätzlich von der Haftung für die Nachlaßverbindlichkeiten befreit. Diese Haftung trifft von diesem Zeitpunkt an den Nacherben.

Die befreite Vorerbschaft

Der Vorerbe ist in seiner Handlungsbefugnis sehr stark eingeschränkt. Es gibt allerdings die Möglichkeit, ihm eine stärkere Stellung einzuräumen. Dies ist der Fall bei der sogenannten befreiten Vorerbschaft.

Der Erblasser kann durch letztwillige Verfügung den Vorerben in gewissem Umfang von den gesetzlichen Beschränkungen befreien, insbesondere von Verfügungsbeschränkungen über Grundstücke und Grundstücksrechte. Bei befreiter Vorerbschaft darf beispielsweise die Witwe als Vorerbin das Einfamilienhaus verkaufen, sie muß aber das Geld für die Kinder als Nacherben sicher anlegen. Das Haus verkaufen und das Geld ausgeben, darf sie nicht.

Dem Vorerben ist allerdings auch bei befreiter Vorerbschaft nicht erlaubt, unentgeltliche Verfügungen über den Nachlaß zu treffen. Der Vorerbe darf also die Erbschaft – zum Nachteil des Nacherben – nicht verschenken oder verschleudern. Sonst wäre es ja möglich, daß der überlebende Ehegatte zum Nachteil des ungeliebten, als Nacherben eingesetzten Kindes das ganze ererbte Vermögen seinem neuen Lebensgefährten als Schenkung zukommen ließe.

Der Vorerbe kann auch nicht von der Verpflichtung befreit werden, die gewöhnlichen Erhaltungskosten zu tragen, doch kann der Erblasser bestimmen, daß der Nacherbe nur auf das eingesetzt wird, was von der Erbschaft beim Eintritt des Nacherbfalls übrigbleibt. Das ist die sogenannte Einsetzung auf den Überrest. Eine solche Einsetzung auf den Überrest ist im Zweifel auch dann anzunehmen, wenn der Erblasser bestimmt hat, daß der Vorerbe zur freien Verfügung über die Erbschaft berechtigt sein soll.

In diesem Falle ist der Vorerbe von allen Beschränkungen und Verpflichtungen befreit, von denen eine Befreiung überhaupt zulässig ist. Er braucht im Falle des Eintritts der Nacherbfolge nur noch das vorhandene Vermögen herauszugeben. Der Vorerbe könnte also den Nachlaß ganz für sich verbrauchen. Er muß auch Gegenstände, die er für sich verwendet hat, nicht ersetzen. Er kann praktisch mit der Erbschaft machen, was er will. Er darf lediglich keine unentgeltlichen Verfügungen treffen, also die Erbschaft nicht verschenken. Und er darf keine solchen Verfügungen treffen, mit denen er den Nacherben absichtlich benachteiligt, etwa indem er das Vermögen in ein Unternehmen investiert, von dem bekannt ist, daß es bankrott machen wird.

Beispiele für die Einsetzung von Vor- und Nacherben

»Hiermit setze ich meine Ehefrau zur – nicht befreiten – Vorerbin ein und meine Kinder zu Nacherben. Der Nacherbfall soll auch eintreten, wenn meine Frau wieder heiratet.«

Der Hinweis, daß die Ehefrau nicht befreite Vorerbin ist, schränkt sie in ihrer Verfügungsgewalt über das Erbrecht ein.
Sollte die Frau wieder heiraten, muß sie das Vorerbe an die Kinder übergeben. Es steht ihr allerdings frei, ein eheähnliches Verhältnis einzugehen.

»Hiermit setzen wir uns gegenseitig zu befreiten Vorerben ein. Unsere Kinder sollen Erben auf den Überrest sein.«

Mit diesem Testament ist dem Vorerben größtmögliche Verfügungsgewalt über das Erbe eingeräumt.

Das Vermächtnis

§ 2147 bis § 2191

Ein Vermächtnis ist eine testamentarische oder erbvertragliche Verfügung von Todes wegen, die einem Bedachten einen Anspruch auf einen Vermögensvorteil zuwendet, ohne ihn zum Erben zu machen.
Der Vermächtnisnehmer ist also nicht Erbe, er hat aber einen schuldrechtlichen Anspruch auf die ihm zugedachten Nachlaßgegenstände. Diesen Anspruch hat er bei demjenigen Erben einzulösen, dem im Testament die Erfüllung des Vermächtnisses zur Auflage gemacht wurde, unter Umständen auch bei einem anderen Vermächtnisnehmer.

Vermächtnisnehmer

Im Testament oder Erbvertrag muß bestimmt sein, wer mit einem Vermächtnis bedacht werden soll. Der Erblasser bestimmt zum Beispiel in seinem Testament, daß sein Neffe Karl die Briefmarkensammlung erhalten soll. Es ist davon auszugehen, daß der Erblasser sein ganzes übriges Vermögen seinen Erben zukommen lassen will. Der Neffe wird also nicht Erbe, sondern Vermächtnisnehmer. Eine andere Auslegungsregel kann nur dann gelten, wenn die Erbschaft praktisch nur aus einer wertvollen Briefmarkensammlung besteht. Wenn der Erblasser in diesem Falle keine anderen Erben bestimmt, kann die Einsetzung bezüglich der Briefmarkensammlung bedeuten, daß dieser Neffe Alleinerbe werden soll. Eine solche Auslegung hängt jedoch vom Einzelfall ab.
Der Erblasser kann mehrere Vermächtnisnehmer bestimmen. Er kann auch die Auswahl der Vermächtnisnehmer – aus einem übersehbaren Personenkreis – dem mit der Erfüllung des Vermächtnisses Beschwerten oder einem Dritten überlassen.
Vermächtnisnehmer kann jede rechtsfähige Person sein; ebenso eine juristische Person oder auch – wie bei der Erbeinsetzung – das noch ungeborene Kind. Da der Vermächtnisnehmer nicht Erbe und damit nicht Rechtsnachfolger des Erblassers wird, braucht er beim Erbfall nicht vorhanden zu sein. Er braucht nicht einmal erzeugt zu sein. Wird ein Nichterzeugter als Vermächtnisnehmer bestimmt, so fällt ihm das Vermächtnis mit der Geburt zu. Ist der Vermächtnisnehmer aber bereits vor dem Erblasser verstorben, so wird das Vermächtnis unwirksam.
Wenn mehrere Vermächtnisnehmer bedacht werden, so gelten grundsätzlich die gleichen Vorschriften wie dann, wenn mehrere Erben zum Zuge kommen: Die Vermächtnisnehmer werden gleichermaßen nach Bruchteilen bedacht.

Es können aber auch mehrere Vermächtnisnehmer ersatzweise bedacht werden, und zwar so, daß in erster Linie der eine bedacht wird und der zweite nur dann, wenn der zunächst Bedachte das Vermächtnis nicht erhält (Ersatzvermächtnis). Mehrere Vermächtnisnehmer können auch nacheinander bedacht werden. Der erste Vermächtnisnehmer hat dann bei Eintritt eines bestimmten Ereignisses, zum Beispiel Heirat, oder eines bestimmten Zeitpunktes den vermachten Gegenstand an einen zweiten Vermächtnisnehmer herauszugeben (Nachvermächtnis).
Es gelten hier die gleichen Vorschriften wie bei der Einsetzung eines Nacherben.

Der Beschwerte

Mit einem Vermächtnis kann der Erbe, aber auch ein Vermächtnisnehmer beschwert werden. Im Zweifel gilt der Erbe als Beschwerter.
Hat der Erblasser seine drei Söhne als Erben zu gleichen Teilen eingesetzt und einem Freund ein Vermächtnis von DM 10 000,– zugewandt, dann müssen die drei Söhne nach dem Verhältnis ihrer Erbteile das Vermächtnis erfüllen. Sie sind also in diesem Beispielsfall die Beschwerten. Die beschwerten Erben haften dem Bedachten, da es sich um eine Nachlaßverbindlichkeit handelt, grundsätzlich als Gesamtschuldner. Alle drei Söhne haften gemeinsam zu gleichen Teilen, der Bedachte kann sich mit seiner Forderung nicht an einen der drei Brüder alleine halten.
Stirbt der Beschwerte, bevor er das Vermächtnis erfüllt hat, oder schlägt er die Erbschaft aus, so bleibt der Anspruch des Bedachten trotzdem bestehen, es sei denn, der Erblasser hätte in seinem Testament etwas anderes bestimmt.
Wenn der Vater seine drei Söhne mit einem Vermächtnis zugunsten seines Freundes in Höhe von DM 10 000,– beschwert hat und beim Tode des Vaters ein Sohn ersatzlos wegfällt – sei es, daß er verstorben ist, sei es, daß er das Erbe ausgeschlagen hat –, dann trifft dieses Vermächtnis die beiden übriggebliebenen Söhne. Diesen beiden Söhnen ist nämlich der Wegfall des dritten Sohnes unmittelbar zustatten gekommen. Ihr Erbteil ist von einem Drittel auf die Hälfte angewachsen. Sie müssen jetzt beide, im Innenverhältnis hälftig, als Gesamtschuldner das Vermächtnis erfüllen.

Inhalt des Vermächtnisses

Jeder Vermögensteil, eine Zuwendung in Geld ebenso wie in Sachwerten, kann Gegenstand eines Vermächtnisses sein. In Betracht kommen insbesondere das Eigentum und die Nutzung von Sachen; auch Forderungen oder sonstige Rechte wie Patent- und Urheberrechte. Sogar Arbeitsleistungen können als Vermächtnisse in Betracht kommen. Es gilt lediglich die Einschränkung, daß Vermächtnisse nicht gegen die guten Sitten verstoßen dürfen. Solche Vermächtnisse sind nichtig.

Eine pikante Streitfrage ist es, ob Zuwendungen eines verheirateten Mannes an seine Geliebte in Form eines Vermächtnisses als sittenwidriger Liebeslohn nichtig sind. Heutzutage betrachtet man das großzügiger als früher, aber die benachteiligten Angehörigen sind meist sehr verbittert über solche Vermächtnisse, so daß es dann häufig zum Streit kommt.

Vorausvermächtnis und Teilungsanordnung

Ein Vorausvermächtnis liegt dann vor, wenn einem Erben ein Vermächtnis zugewendet wird. Der beschwerte Erbe kann Alleinerbe oder Miterbe sein.
Das Vorausvermächtnis des Alleinerben ist unabhängig von seiner Erbenstellung. Das heißt, der Bedachte kann die Erbschaft ausschlagen, das Vermächtnis aber annehmen. Er kann aber auch umgekehrt das Vermächtnis ausschlagen und die Erbschaft annehmen.
Im Falle der Nachlaßverwaltung und des Nachlaßkonkurses kann der Bedachte seinen Vermächtnisanspruch gegen den Verwalter geltend machen, im Falle der Testamentsvollstreckung gegen den Testamentsvollstrecker.
Eine besonders schwierige Aufgabe ist es, ein Vorausvermächtnis von einer Teilungsanordnung abzugrenzen. Eine Teilungsanordnung liegt vor, wenn der Erbschaftsgegenstand, den der Erblasser einem bestimmten Miterben zugewandt hat, voll auf dessen Miterbenanteil angerechnet werden soll. Wenn zum Beispiel der Erblasser seinen drei Kindern ein größeres Vermögen hinterläßt und bestimmt, daß das eine Haus der Sohn Stephan bekommen soll, dann erhebt sich die Frage, ob sich Stephan bei der Teilung mit seinen Geschwistern den Wert des Hauses anrechnen lassen muß oder nicht. Wenn er sich das Haus anrechnen lassen muß, dann muß eine entsprechende Teilungs- oder Auseinandersetzungsanordnung des Erblassers vorliegen etwa der Art, daß der Sohn Stephan das Haus bekommen soll, daß ihm wertmäßig aber nur soviel zukommen soll, wie sein Erbteil ausmacht.
Handelte es sich jedoch um ein Vorausvermächtnis, so bleibt der Wert des zugewiesenen Gegenstandes bei der Verteilung des übrigen Nachlasses unberücksichtigt. Es soll unter den Geschwistern so geteilt werden, als sei dieses eine Haus überhaupt nicht mehr im Nachlaß vorhanden oder einem anderen Erben zugefallen. Stephan würde also das ihm zugedachte Haus vorweg erhalten und unabhängig davon noch seinen Erbteil in voller Höhe.
Leider drücken sich die Erblasser bei der Abfassung ihres Testamentes in diesem entscheidenden Punkt oft nicht klar aus, so daß Zweifel bestehen, ob die Zuwendung eines Gegenstandes als Vorausvermächtnis und damit als eine zusätzliche Begünstigung dieses Miterben beabsichtigt ist, oder ob es sich lediglich um eine Teilungsanordnung mit vollem Wertausgleich handelt.
Es gibt auch Grenzfälle zwischen Vorausvermächtnis und Teilungsanordnung. Zum

Beispiel, wenn der Erblasser festlegt, daß der eine Sohn dieses bestimmte Haus bekommen soll, aber seine Miterben auszahlen muß.

Erwerb des Vermächtnisses

Das Vermächtnis fällt dem Bedachten grundsätzlich im Zeitpunkt des Todes des Erblassers zu, ohne daß es auf den Zeitpunkt der Annahme der Erbschaft ankommt. Ist jedoch der Vermächtnisnehmer zum Zeitpunkt des Erbfalles bereits verstorben, so ist das Vermächtnis unwirksam. Es fällt nicht – soweit nichts anderes bestimmt ist – den Erben des vorverstorbenen Vermächtnisnehmers zu.
Ausnahmsweise kann ein Vermächtnis auch zu einem späteren Zeitpunkt anfallen, es kann nämlich aufschiebend bedingt oder befristet sein oder einer noch nicht erzeugten Person zugewandt werden.
Im Falle des bedingten oder befristeten Vermächtnisses erlangt der Vermächtnisnehmer mit dem Erbfall zunächst eine Anwartschaft. Der Beschwerte macht sich ersatzpflichtig, wenn im Zeitpunkt des Anfalls des Vermächtnisses der Gegenstand durch Verschulden des Beschwerten verlorengegangen oder zerstört worden ist.
Der Beschwerte hat den Vermögensgegenstand dem Bedachten unaufgefordert zu übertragen. Allerdings kann der Vermächtnisnehmer das angefallene Vermächtnis ausschlagen. Die Ausschlagung ist – anders bei der Erbschaftsausschlagung – an keine Form oder Frist gebunden. Es genügt eine formlose Erklärung gegenüber dem Beschwerten.

Besondere Arten des Vermächtnisses

a) Das Vermächtnis eines bestimmten Gegenstandes ist nur dann gültig, wenn der vermachte Gegenstand zur Zeit des Erbfalles auch noch zur Erbschaft gehört. Wenn der Gegenstand vom Erblasser vor seinem Tod verkauft worden ist, dann ist das Vermächtnis unwirksam. Den oder die Erben trifft keine Verpflichtung, dem Vermächtnisnehmer Wertersatz zu leisten.
   Außer beweglichen Gegenständen und Grundstücken können auch Forderungen Gegenstand eines Vermächtnisses sein.
b) Es gibt auch Vermächtnisse, die dem Bedachten unter mehreren Gegenständen die Wahl lassen. Der Bedachte hat zum Beispiel die Möglichkeit, zwischen mehreren Schmuckstücken oder Bildern oder anderen Erinnerungsstücken zu wählen.

c) Schließlich gibt es auch das sogenannte Gattungsvermächtnis. Es liegt dann vor, wenn der vermachte Gegenstand nur der Gattung nach bestimmt ist, zum Beispiel wenn der Erblasser in seinem Testament bestimmt, daß er seinem Neffen Karl ein – noch nicht vorhandenes – Auto vermacht. Dann hat, falls zum Zeitpunkt des Erbfalls noch immer kein Auto vorhanden ist, der Bedachte Anspruch auf den Kauf eines Autos, welches den Erwerbs- und Vermögensverhältnissen der Beschwerten entspricht.

Beispiele für Vermächtnisse

Erbeinsetzung und Vermächtnis

»Ich setze meine Kinder zu meinen Erben ein. Meine Nichte Elfriede soll meine goldene Halskette mit den drei Brillanten erhalten.«

Erbeinsetzung und Teilungsanordnung

»Ich setze meine drei Söhne zu meinen Erben ein. Mein Sohn Kurt soll unser Einfamilienhaus in der Sandstraße bekommen, aber mit der Verpflichtung, seine beiden Brüder so auszuzahlen, daß jeder Erbteil wertmäßig gleich ist. – Erforderlichenfalls soll das Einfamilienhaus in der Sandstraße durch einen von der Industrie- und Handelskammer zu benennenden Sachverständigen geschätzt werden.«

Erbeinsetzung und Vorausvermächtnis

»Ich setze meine drei Söhne zu meinen Erben ein. Mein Sohn Kurt soll unser Einfamilienhaus in der Sandstraße als Vorausvermächtnis zusätzlich bekommen. Er ist nicht verpflichtet, sich den Wert des Hauses auf seinen Erbteil anrechnen zu lassen.«

Die Auflage

§ 2192 bis § 2196

Die Auflage ist eine Verfügung von Todes wegen, die den Erben oder den Vermächtnisnehmer zu einer Leistung verpflichtet, ohne daß einem anderen ein Recht auf diese Leistung zusteht. Die Auflage ist also eine echte Verpflichtung des Beschwerten, doch gibt sie dem Begünstigten keinen Anspruch auf Leistung. Eine Auflage kann zum Beispiel die Grabpflege betreffen, die Errichtung eines Grabmales oder die Zahlung einer Geldsumme an eine Wohlfahrtseinrichtung. Die Begünstigung einer Person oder eines Personenkreises kann derart angeordnet werden, daß der Erbe zugunsten der Armen eine bestimmte Geldsumme zu zahlen hat oder die hinterlassene Kunstsammlung der Öffentlichkeit zugänglich machen muß usw. Die Erfüllung der Auflage kann von bestimmten dritten Personen verlangt werden, nämlich vom Testamentsvollstrecker oder von der zuständigen Behörde, wenn die Vollziehung der Auflage im öffentlichen Interesse liegt.
Im übrigen sind für die Auflage im großen und ganzen die entsprechenden Vorschriften über das Vermächtnis anwendbar.

Beispiele für Auflagen
In Testamenten und Erbverträgen kommen üblicherweise nach Erbeinsetzung und Vermächtnissen die Auflagen an letzter Stelle – hier ein Beispiel:

»Ich bestimme, daß mein Erbe für meine standesgemäße Beerdigung – nach Möglichkeit auf dem evangelischen Friedhof Mönchengladbach-Rheydt – zu sorgen und einen Grabstein aus schwarzem Granit aufzustellen hat.
Ich bestimme weiterhin, daß mein Erbe meinen Hund Ajax bis an dessen Lebensende in meinem Haus weiterhin zu versorgen hat. Sollte das Haus verkauft werden, so hat er den Hund in eigene gute Pflege zu nehmen und darf ihn nicht in ein Tierheim geben.«

Annahme und Ausschlagung der Erbschaft

§ 1942 bis § 1966

Erbschaftsanfall

Mit dem Tod des Erblassers geht auf den berufenen Erben die Erbschaft über. Diesen Vorgang nennt man Erbschaftsanfall. Der Erbfall und der Erbschaftsanfall treten also gleichzeitig ein. Der Erbschaftsanfall beinhaltet zwingendes Recht, was bedeutet, daß der Erblasser in seinem Testament nicht bestimmen kann, daß die Erbschaft erst zu einem späteren Zeitpunkt auf den berufenen Erben übergeht. Er hat lediglich die Möglichkeit, Vor- und Nacherben einzusetzen.
Obwohl gleichzeitig mit dem Erbfall dem Erben die Erbschaft zufällt, bleibt sein Recht bestehen, innerhalb einer bestimmten Zeit und in einer bestimmten Form die Erbschaft auszuschlagen.

Der Staat als Erbe

Nur der Staat (Fiskus) kann die ihm als gesetzlichen Erben angefallene Erbschaft nicht ausschlagen. Diese Vorschrift soll sicherstellen, daß eine Erbschaft nicht herrenlos wird. Der Staat als letzter gesetzlicher Erbe hat dafür Sorge zu tragen, daß nach dem Tode eines Mitbürgers seine Hinterlassenschaft zumindest ordnungsgemäß abgewickelt wird.

Arten der Annahme

Wie eine Erbschaft angenommen werden kann, beschreibt das Gesetz nicht. Es sagt lediglich, daß ein Erbe die Erbschaft nicht mehr ausschlagen kann, wenn er sie angenommen hat, es sei denn, es liegen besondere Gründe für eine Ausnahmeregelung vor. Wenn die Frist zur Ausschlagung der Erbschaft verstrichen ist, gilt mit dem Ablauf der Frist die Erbschaft als angenommen.
Als Annahme gilt die formlose Willenserklärung, Erbe sein zu wollen. Diese Annahmeerklärung kann dadurch erfolgen, daß man ausdrücklich zum Beispiel gegenüber einem Gläubiger oder dem Nachlaßgericht erklärt, daß man die Erbschaft annimmt.

Zum anderen kann man jedoch auch durch sein Verhalten dokumentieren, daß man sich als Erbe betrachtet. Dies kann dadurch geschehen, daß man einen Erbschein beantragt, etwas aus dem Nachlaß verkauft oder Ansprüche stellt, die nur einem Erben zustehen.
Allerdings ist nicht jede Besorgung erbschaftlicher Geschäfte notwendigerweise als Annahme der Erbschaft anzusehen. Fürsorgehandlungen, wie etwa der Verkauf verderblicher Waren aus einem Nachlaß, sind nicht als Annahme einer Erbschaft aufzufassen. Auch wer einen Antrag auf Nachlaßverwaltung oder Nachlaßkonkurs stellt, hat damit nicht zwangsläufig die Erbschaft angenommen. Selbst eine einstweilige Weiterführung eines Betriebes oder eines Geschäftes kann zunächst lediglich dazu dienen, den Nachlaß zu schützen.
Wer allerdings erhebliche Veränderungen in einem Betrieb oder Geschäft vornimmt, unternimmt mehr als reine Fürsorgehandlungen. Wie man aus den Beispielen sieht, kann eine Abgrenzung zwischen Annahme der Erbschaft einerseits und Fürsorgehandlung andererseits recht schwierig sein.

Annahme/Ausschlagung bei Geschäftsunfähigen und beschränkt Geschäftsfähigen

Bei geschäftsunfähigen und beschränkt geschäftsfähigen Personen bedürfen sowohl Annahme als auch Ausschlagung der Erbschaft grundsätzlich der Einwilligung des gesetzlichen Vertreters. Darüber hinaus ist bei der Ausschlagung im allgemeinen auch noch die Genehmigung des Vormundschaftsgerichtes erforderlich.
Nur wenn ein Elternteil eine Erbschaft oder einen Erbteil ausgeschlagen hat und das ausgeschlagene Erbteil nunmehr bei seinem Kind anfällt, können die Eltern als Inhaber des elterlichen Sorgerechts auch für das Kind ohne Genehmigung des Vormundschaftsgerichtes die Erbschaft ausschlagen.

Sonderrecht des Ehegatten

Die Erklärung, ob man eine Erbschaft annimmt oder ausschlägt, ist zwar prinzipiell vermögensrechtlicher Natur; die Entscheidung über Annahme und Ausschlagung beinhaltet allerdings auch eine stark persönliche Note. Nicht nur die finanziellen Interessen spielen eine Rolle, sondern auch die Beziehungen zu dem Erblasser beziehungsweise zu den ansonsten berufenen Erben.
Aus diesem Grund hat der Gesetzgeber den Ehegatten das Recht eingeräumt, selbständig über die Annahme oder Ausschlagung einer Erbschaft zu entscheiden, ganz gleich in welchem Güterstand sie leben. So kann der Ehemann – auch wenn die Gatten in Gütergemeinschaft leben – nicht für seine Frau eine ihr anfallende

Erbschaft ausschlagen. Sind beide Ehegatten Erben, so kann der eine die Erbschaft annehmen und der andere sie ausschlagen.

Sonderrecht des Gemeinschuldners

Auch ein Gemeinschuldner, eine Person also, die sich im Konkurs befindet, kann alleine über die Annahme oder Ausschlagung der Erbschaft befinden. Kein Konkursverwalter kann den Gemeinschuldner zwingen, eine Erbschaft anzunehmen, damit er seine Schulden begleichen kann. Genauso wenig kann er ihn zwingen, die Erbschaft auszuschlagen.

Ausschlagungsfrist

Die Frist innerhalb derer man die Erbschaft ausschlagen kann, beträgt 6 Wochen. Wird diese Ausschlagungsfrist versäumt, gilt die Erbschaft als angenommen. Entscheidend für den Fristbeginn ist nicht etwa der Todestag des Erblassers, sondern vielmehr der Zeitpunkt, in welchem der Erbe von dem Anfall der Erbschaft und dem Grunde der Berufung Kenntnis erlangt. Der Erbe muß also zwei Dinge wissen: zum einen, daß der Erbfall eingetreten ist und er die Stellung eines Erben eingenommen hat; zum anderen, warum er als Erbe berufen ist, ob aufgrund gesetzlicher Erbfolge, oder weil er durch ein Testament zum Erben bestimmt wurde. Solange er nicht weiß, ob er durch Testament oder aufgrund gesetzlicher Erbfolge Erbe geworden ist, kann man ihm nicht zumuten, zu entscheiden, ob er die Erbschaft annimmt oder ausschlägt.

Wahlrecht bei mehreren Berufungsgründen

Es kann schon einen Unterschied machen, ob man gesetzlicher Erbe ist oder die Stellung als Erbe erst aufgrund letztwilliger Verfügung erlangt hat. Deshalb bietet das Gesetz die Möglichkeit, daß man als testamentarischer Erbe die Erbschaft ausschlägt, sie aber als gesetzlicher Erbe annimmt. Voraussetzung dafür ist natürlich, daß der durch das Testament Berufene ohne Testament gesetzlicher Erbe wäre. Das Gesetz will dem Erben auf diese Weise ermöglichen, sich die unter Umständen günstigere gesetzliche Erbfolge zu sichern. Eine solche günstigere gesetzliche Erbfolge kann zum Beispiel darin liegen, daß die Ehefrau den Voraus geltend machen kann. Dies sind neben dem Erbteil die zum ehelichen Haushalt gehörenden Gegenstände, soweit sie nicht Zubehör eines Grundstückes sind, und die Hochzeitsgeschenke.

Denkbar ist auch, daß sich der Erbe durch die gesetzliche Erbfolge Beschwerungen entziehen kann, die ihn ausschließlich als eingesetzten Erben treffen würden. Von großer praktischer Bedeutung ist dies jedoch nicht, da in der Regel die Beschwerungen auch bei Ausschlagung der Erbschaft und Eintritt gesetzlicher Erbfolge bestehen bleiben.
Ist jemand durch Testament und durch Erbvertrag als Erbe berufen, hat er ebenfalls die Wahlmöglichkeit, ob er die Erbschaft aus dem einen Berufungsgrund annehmen und aus dem anderen ausschlagen will. Er hat somit die Wahl, zu sagen, ich nehme das Erbe nach dem Testament an und schlage im übrigen hinsichtlich des Erbvertrages aus – oder umgekehrt.

Fristbeginn bei Verfügungen von Todes wegen

Wenn jemand durch ein Testament zum Erben berufen ist, beginnt für ihn die Frist zur Annahme oder Ausschlagung der Erbschaft nicht vor Verkündung der letztwilligen Verfügung. Verkündet werden die Testamente bei Eröffnung durch das Nachlaßgericht. Lediglich wenn zu diesem Termin keiner der Beteiligten erscheint, unterbleibt die Verkündung. Erlangt der nicht erschienene Erbe erst durch amtliche Benachrichtigung oder auf andere Weise Kenntnis von der Erbschaft, so beginnt die Ausschlagungsfrist erst mit diesem Zeitpunkt.

Fristbeginn bei Auslandsberührung

Wenn der Erblasser seinen letzten Wohnsitz ausschließlich im Ausland hatte, muß der Erbe im allgemeinen umfangreichere Ermittlungen anstellen, um Klarheit darüber zu erhalten, ob er nun die Erbschaft annimmt oder besser ausschlägt.
Hinzu kommt noch, daß im Inland zunächst einmal das zuständige Nachlaßgericht ermittelt werden muß. Diesen zeitraubenden Umständen trägt das Gesetz dadurch Rechnung, daß es die Frist zur Ausschlagung in diesem Fall auf 6 Monate erhöht. Auf der anderen Seite ist es für den im Ausland lebenden Erben ebenfalls schwierig, sich über den Stand des Nachlasses im Inland zu erkundigen. Deshalb beträgt auch in diesem Fall die Ausschlagungsfrist 6 Monate.
Ist der Erbe geschäftsunfähig oder in der Geschäftsfähigkeit beschränkt, so kommt es auf den Aufenthalt des gesetzlichen Vertreters an. Diese zunächst sehr theoretisch klingende Regelung kann durchaus von praktischer Bedeutung sein. Man denke nur an ein noch minderjähriges Kind, das ein inländisches Internat besucht, weil sich der alleinige gesetzliche Vertreter – Vater – im Ausland auf Montage aufhält.

Form der Ausschlagung

Die Ausschlagung ist nicht nur an eine bestimmte Frist, sondern auch an eine bestimmte Form gebunden. Sie hat durch Erklärung gegenüber dem Nachlaßgericht zu erfolgen.
Mit einem einfachen Brief oder einem Telefonanruf bei dem Nachlaßgericht kann man diese Erklärung jedoch nicht abgeben. Man muß entweder persönlich zum Nachlaßgericht gehen und zu Protokoll geben, daß man die Erbschaft ausschlägt, oder man muß in öffentlich beglaubigter Form die Ausschlagung zum Ausdruck bringen. In aller Regel hat in diesem Fall ein Notar die Unterschrift über die Ausschlagungserklärung zu beurkunden. Allerdings kann nach Landesrecht – je nach Bundesland – eine andere Stelle oder Behörde zur Beurkundung dieser Erklärung berechtigt sein. Mit Ausnahme des Landes Baden-Württemberg, in welchem der Notar auch die Erklärung entgegennehmen kann, muß die Erklärung für die Ausschlagung dem Nachlaßgericht – zumeist dem Amtsgericht – zugehen.

Ausschlagung durch Bevollmächtigten

Will ein Bevollmächtigter stellvertretend für den Erben die Ausschlagung der Erbschaft erklären, bedarf er dazu einer öffentlich beglaubigten Vollmacht, also einer notariellen Beglaubigung. So wie die Ausschlagungserklärung selbst in öffentlich beglaubigter Form abzugeben ist, muß auch bei der Erteilung einer Vollmacht diese Vollmacht öffentlich beglaubigt werden. Liegt diese beglaubigte Vollmacht der Ausschlagungserklärung nicht bei, muß sie innerhalb der Ausschlagungsfrist noch nachgereicht werden.

Frühestmögliche Ausschlagung/Annahme

Bevor eine Erbschaft angefallen ist, kann man sie nicht annehmen oder ausschlagen. Zwar kann man bereits vor dem Erbfall Verträge zwischen Erben schließen oder einen Erbverzicht erklären, doch ist dies rechtlich etwas anderes als die Annahme oder Ausschlagung einer Erbschaft. Eine Besonderheit stellt in diesem Zusammenhang die Regelung dar, daß der Nacherbe bereits dann die Erbschaft ausschlagen kann, wenn der Erbfall eingetreten ist, also erst der Vorerbe zum Zuge kommt, aber noch nicht der Nacherbfall eingetreten ist.
Der Nacherbe muß demzufolge nicht erst abwarten, ob der Vorerbe die Erbschaft annimmt oder ausschlägt, er muß auch nicht warten, bis der Vorerbe verstirbt. Bereits dann, wenn der Erblasser verstorben ist, kann er die Erbschaft ausschlagen. Dies hat die Konsequenz, daß dem Vorerben die Erbschaft verbleibt, er also an

einen Nacherben nichts weiterzugeben hat. Allerdings kann der Erblasser für den Fall, daß der Nacherbe die Erbschaft ausschlägt, eine anderweitige Verfügung treffen.

Hat der Nacherbe nicht schon sofort beim Tode des Erblassers das Erbe ausgeschlagen, so steht ihm beim Nacherbfall die ganz normale Ausschlagungsfrist von 6 Wochen zur Verfügung.

Eindeutigkeit der Annahme-/Ausschlagungserklärung

Die Erklärung, daß man die Erbschaft annehmen will oder sie ausschlägt, muß ohne Wenn und Aber sein. Man kann die Annahme oder Ausschlagung der Erbschaft nicht von Bedingungen abhängig machen. Eine verbindliche Erklärung ist aus Gründen der Rechtsklarheit dringend geboten; ansonsten liefe man Gefahr, daß nicht geklärt ist, wer denn nun jetzt Erbe ist und wer nicht.

Der Erbe kann also nicht sagen, daß er die Erbschaft nicht jetzt, aber vielleicht in zwei Jahren annehmen oder in drei Jahren ausschlagen will.

Irrtum über den Berufungsgrund

Man kann, wie bereits erläutert, aus mehreren Gründen zum Erben berufen sein. Hat sich ein Erbe über den Grund seiner Berufung geirrt, so gilt die erklärte Annahme als nicht erfolgt. Es ist in diesem Fall also nicht erforderlich, daß man seine Annahmeerklärung anficht.

Anders ist dies jedoch, wenn die Annahme durch Ablauf der Ausschlagungsfrist erfolgt ist. In diesem Fall muß in der Tat die Annahmeerklärung angefochten werden. Als Irrtum über einen Berufungsgrund mag nachstehendes Beispiel erwähnt sein:

Jemand meint, er sei als gesetzlicher Erbe des Erblassers berufen. Tatsächlich ist er durch Testament, das er nicht kennt, als Erbe eingesetzt. Nimmt er als vermeintlicher gesetzlicher Erbe die Erbschaft an, so ist diese Annahme wirkungslos, da er sich im Irrtum über den Berufungsgrund befand.

Erklärt jemand die Ausschlagung einer Erbschaft, so erstreckt sich im Zweifel diese Ausschlagung nur auf die Berufungsgründe, die dem Erben zur Zeit der Erklärung bekannt sind. Stellt sich später heraus, daß der Erbe noch aus einem bis dahin nicht bekannten Grunde zum Erben berufen war, etwa weil sich ein Testament findet, von dem bisher niemand etwas wußte, so ist dieser neu bekanntgewordene Berufungsgrund von der früheren Ausschlagung nicht erfaßt. Der Erbe kann nunmehr noch die Erbschaft, sei es durch Erklärung oder durch schlüssiges Verhalten, annehmen.

Teilannahme und Teilausschlagung

Der Erbe kann sich nicht die Rosinen aus dem Kuchen picken, indem er die Erbschaft nur teilweise annimmt oder ausschlägt.
Annahme und Ausschlagung können nicht auf einen Teil der Erbschaft beschränkt werden. Eine solche beschränkte Annahme oder Ausschlagung ist unwirksam. Diese Vorschrift soll den Grundsatz der sogenannten Universalsukzession sicherstellen, was soviel bedeutet, daß immer der gesamte Nachlaß mit allen Vermögensgegenständen einerseits und allen Verbindlichkeiten andererseits übergeht. Von diesem Grundsatz des Verbotes der Teilannahme beziehungsweise Teilausschlagung gibt es jedoch wiederum Ausnahmen.

Sonderrecht des Ehegatten

Die erste Ausnahme betrifft Ehegatten, die im gesetzlichen Güterstand des Zugewinnausgleiches leben. In diesen Fällen wird der Ausgleich des Zugewinns, beim Tod eines Ehegatten, dadurch sichergestellt, daß sich der gesetzliche Erbteil des überlebenden Ehegatten um ein Viertel der Erbschaft erhöht. Der an sich güterrechtliche Anspruch auf Zugewinnausgleich wird erbrechtlich dahingehend eingelöst, daß sich der gesetzliche Erbteil um ein Viertel vergrößert. Wenn der überlebende Ehegatte die Erbschaft ausschlägt, so kann er den Zugewinnausgleich trotzdem verlangen und auch sein Pflichtteilsrecht geltend machen.
Der Sinn dieser Vorschrift liegt darin, daß normalerweise ein zum Erben Berufener nicht die Erbschaft ausschlagen, und dann den Pflichtteilsanspruch geltend machen kann. Die Ausschlagung der Erbschaft bewirkt auch den Wegfall des Pflichtteilsanspruchs.
Diese Korrektur ist jedoch im Fall der Ehegatten erforderlich, weil der gesetzliche Güterstand die Entscheidung des überlebenden Ehegatten erheblich beeinflußt, da nicht nur erbrechtliche Fragen, sondern auch güterrechtliche Fragen mit in die Entscheidung einfließen. Hat der Ehegatte jedoch mit dem Verstorbenen durch Vertrag auf sein Erbrecht oder Pflichtteilsrecht verzichtet, kann er nicht neben dem Ausgleich des Zugewinns den Pflichtteil verlangen.

Sonderfall: mehrere Erbteile

Eine weitere Ausnahme ist dann möglich, wenn der Erbe mehrere Erbteile erhält. Mehrere Erbteile können sich dadurch ergeben, daß mehrfache Verwandtschaft vorliegt oder daß der überlebende Ehegatte gleichzeitig zu den erbberechtigten Verwandten gehört. Bei der Entscheidung, ob hier eine teilweise Annahme

beziehungsweise Ausschlagung möglich ist, kommt es darauf an, ob der Erbanfall aus demselben oder aus verschiedenen Berufungsgründen erfolgte.
Beruht der Anfall der verschiedenen Erbteile auf demselben Grund, so gilt die Annahme oder Ausschlagung des einen Erbteils auch für den anderen, selbst wenn der andere Erbteil erst später anfällt. Einheitlichkeit des Berufungsgrundes liegt dann vor, wenn die verschiedenen Erbteile anfallen:

a) nach einem Testament;
b) nach mehreren Testamenten;
c) nach einem Erbvertrag;
d) nach mehreren Erbverträgen, die der Erblasser mit ein und derselben Person schloß.

Vereinfacht ausgedrückt heißt das, wenn jemand mehrere Erbteile aufgrund einer der Alternativen zu a) bis d) erbt, so kann er nur einheitlich die Erbteile annehmen oder ausschlagen.
Nur bei Verschiedenheit des Berufungsgrundes kann der eine Erbteil angenommen und der andere ausgeschlagen werden. Verschiedenheit der Gründe liegt in folgenden Fällen vor:

a) wenn ein Teil nach Verfügung von Todes wegen, der andere Teil aus gesetzlichem Grunde anfällt;
b) wenn der eine Teil aus Testament, der andere aus Erbvertrag anfällt;
c) wenn beide Teile aus verschiedenen Erbverträgen anfallen, die der Erblasser mit verschiedenen Personen geschlossen hat;
d) wenn einem gesetzlichen Erben zwei Erbteile wegen doppelter Verwandtschaft oder als Gatte und Verwandtem zufallen.

Ferner besteht die Möglichkeit, dann bei mehreren zugeflossenen Erbteilen teilweise vom Recht der Ausschlagung beziehungsweise Annahme Gebrauch zu machen, wenn der Erblasser es bereits durch Verfügung von Todes wegen gestattet.

Vererblichkeit des Ausschlagungsrechts

Das Recht des Erben, die Erbschaft auszuschlagen, ist vererblich. Die Vererblichkeit dieses Ausschlagungsrechtes ist insofern von Bedeutung, als dem Erbeserben zwei Erbschaften anfallen können.

Beispiel: *Der Erblasser Rudolf hat seinen Sohn Paul zu seinem Erben bestimmt. Dieser wiederum hat seine Ehefrau Gertrud als alleinige Erbin eingesetzt. Stirbt nun Paul, bevor er über die Annahme oder Ausschlagung der Erbschaft entschieden hat, so geht dieses Recht auf seine Ehefrau Gertrud über. Diese kann nun entscheiden, ob sie beide Erbschaften annehmen will oder die Erbschaft nach Rudolf ausschlägt und lediglich die nach ihrem Ehemann Paul annimmt.*

Die wirtschaftliche Bedeutung der Vererblichkeit des Ausschlagungsrechtes liegt darin begründet, daß der Erbeserbe – in unserem Beispiel die Ehefrau Gertrud – die völlig überschuldete Erbschaft nach dem Schwiegervater Rudolf ausschlagen, zugleich aber die »gute Erbschaft« nach ihrem Ehemann Paul annehmen kann. Allerdings kann der Erbeserbe – in unserem Beispiel die Ehefrau Gertrud – nicht die Erbschaft nach ihrem Ehemann Paul ausschlagen und die Erbschaft nach dem Schwiegervater annehmen. Dies folgt bereits daraus, daß sie nach dem Schwiegervater Rudolf nur dann erben kann, wenn sie an die Stelle seines Erben, nämlich Paul getreten ist. Schlägt sie die Erbschaft nach ihrem Ehemann Paul aus, wozu sie natürlich berechtigt ist, dann ist damit zugleich auch die Erbschaft nach Rudolf ausgeschlagen.
Stirbt der Erbe vor dem Ablauf der Ausschlagungsfrist, so endet die Frist nicht vor dem Ablauf der für die Erbschaft des Erben vorgeschriebenen Ausschlagungsfrist. Wenn also von der dem Erben zustehenden Ausschlagungsfrist noch 2 Wochen übriggeblieben sind, so muß der Erbeserbe – in unserem Beispiel die Ehefrau Gertrud – nicht innerhalb von 2 Wochen nach dem Tode des Erben – in unserem Beispiel Paul – erklären, ob sie die Erbschaft hinsichtlich des Erblassers Rudolf annimmt oder ausschlägt. Vielmehr endet auch diese Frist zur Ausschlagung erst mit dem Ende der Ausschlagungsfrist, die der Erbeserbin Gertrud im Hinblick auf ihren verstorbenen Ehemann zusteht, also in weiteren 6 Wochen nach Beginn der Frist. Der Grund hierfür liegt darin, daß die Erwägungen über die Annahme der ersten Erbschaft untrennbar von den Erwägungen über die Annahme der Erbeserbschaft sind. Deshalb tritt Ablauf der Frist zur Ausschlagung der ersten Erbschaft niemals vor Ablauf der Ausschlagungsfrist für die Erbeserbschaft ein, und zwar ohne Rücksicht darauf, wann die Frist für die Ausschlagung der ersten Erbschaft begonnen hat und wie lange sie an und für sich ist. Sind mehrere Erbeserben vorhanden, so kann jeder den seinem Erbteil entsprechenden Teil der Erbschaft ausschlagen.

Beispiel: *Wenn in unserem Beispiel neben der Ehefrau Gertrud noch ein gemeinschaftliches Kind Christoph von Paul und Gertrud Erbe geworden ist, so kann durchaus die Ehefrau Gertrud die Erbschaft nach ihrem Schwiegervater Rudolf ausschlagen, wohingegen der Sohn Christoph die Erbschaft nach seinem Großvater für seinen gestorbenen Vater annehmen kann.*

Wirkung der Ausschlagung

Schlägt jemand eine Erbschaft aus, so fällt sie demjenigen zu, der berufen wäre, wenn der Ausschlagende zur Zeit des Erbfalls nicht gelebt hätte. Das Gesetz behandelt also den Ausschlagenden wie einen bei Erbfall nicht Lebenden.

Wichtig ist, daß derjenige, der an die Stelle des Ausschlagenden tritt, nicht erst mit dem Zeitpunkt der Ausschlagung als Erbe gilt. Der Erbschaftsanfall wird vielmehr vom Augenblick des Erbfalls an als erfolgt betrachtet.

Beispiel: *Wenn der Großvater am 11. 2. 1983 gestorben ist und der Sohn Karl als Erbe am 28. 2. 1983 die Erbschaft ausschlägt, so wird der Enkel, auf den die Erbschaft übergeht, nicht erst am 28. 2. 1983 Erbe des Großvaters, sondern rückwirkend zum 11. 2. 1983, sofern er die Erbschaft annimmt.*

Das Nachlaßgericht hat demjenigen, dem die Erbschaft infolge der Ausschlagung angefallen ist, mitzuteilen, daß ein anderer die Erbschaft ausgeschlagen hat. Es hat jedem, der ein rechtliches Interesse glaubhaft machen kann, Einsicht in die Ausschlagungserklärung zu gewähren.

Recht und Frist zur Anfechtung

In den speziellen erbrechtlichen Vorschriften des Bürgerlichen Gesetzbuches sind lediglich Form, Frist und Wirkung einer Anfechtung der Annahme beziehungsweise der Ausschlagung einer Erbschaft geregelt. Spezielle Anfechtungsgründe sind nicht genannt, so daß die Anfechtungsgründe Anwendung finden können, die im allgemeinen Teil des Bürgerlichen Gesetzbuches dargestellt sind. Danach kann der Erbe die Annahme oder Ausschlagung wegen widerrechtlicher Drohung und arglistiger Täuschung sowie wegen Irrtums anfechten.
Von den zuvor genannten Anfechtungsgründen dürfte die Anfechtung wegen Irrtums von praktisch größter Bedeutung sein. In aller Regel wird der Wert der Erbschaft – das, was nach Begleichung der Verbindlichkeiten noch übrigbleibt – das Kriterium sein, von dem der Erbe die Annahme oder Ausschlagung der Erbschaft abhängig macht.

Beispiele beachtlicher und unbeachtlicher Irrtümer

Es gibt Gründe, die zur Anfechtung der Annahme oder Ausschlagung der Erbschaft berechtigen. Zum Beispiel kann der Erbe irrtümlich angenommen haben, der Nachlaß sei völlig überschuldet, weshalb er die Erbschaft ausgeschlagen hat. Wenn sich später herausstellt, daß er sich geirrt hat, kann er die Ausschlagung anfechten. Auch ein Irrtum über eine Erbteilsquote berechtigt zur Anfechtung der Annahme oder Ausschlagung der Erbschaft. Hat sich der Ausschlagende allerdings über die Person des Nächstberufenen geirrt, kann er die Ausschlagung ebensowenig anfechten, wie wenn er irrtümlich angenommen hat, die Überschuldung werde später

wegfallen. Auch Irrtümer über die Höhe der Erbschaftssteuer oder über güterrechtliche Rechtsfolgen berechtigen nicht zu einer Anfechtung der einmal erfolgten Annahme oder Ausschlagung.
Ein Pflichtteilsberechtigter kann die Ausschlagung anfechten, wenn er irrtümlich angenommen hat, es lägen Beschränkungen auf der ausgeschlagenen Erbschaft.

Anfechtungsfrist

Liegt einer der beschriebenen Anfechtungsgründe vor, so muß die Anfechtung der Annahme oder Ausschlagung der Erbschaft innerhalb von 6 Wochen erfolgen. Die Frist beginnt mit dem Zeitpunkt, in welchem der Anfechtungsberechtigte von dem Anfechtungsgrund Kenntnis erlangt.

Beispiel: *Hat der Erbe am Freitag, dem 13. August 1983, erfahren, daß der Nachlaß entgegen seiner Annahme nicht überschuldet ist, so kann er seine Ausschlagungserklärung bis zum 24. September 1983 anfechten.*

Hatte der Erblasser seinen letzten Wohnsitz nur im Ausland oder befindet sich der Erbe bei Fristbeginn im Ausland, so beträgt die Anfechtungsfrist 6 Monate. Die Anfechtung ist jedoch gänzlich ausgeschlossen, wenn seit der Annahme oder der Ausschlagung 30 Jahre verstrichen sind. Diese Vorschrift soll dazu dienen, daß nach einem so langen Zeitablauf, ungeachtet der Frage, ob jemand ein Anfechtungsrecht hat oder nicht, eine Anfechtung auszuschließen ist, damit nach so langer Zeit alles so bleibt, wie es ist.

Beispiel: *Herr Schmitz ist im Jahre 1936 aus Deutschland nach Australien ausgewandert. Dort verstarb er im Jahre 1943. In Deutschland ließ er nicht nur seinen Sohn, sondern auch seine erheblichen Schulden zurück. Als der Sohn von dem Tode seines Vaters im Dezember 1943 erfuhr, schlug er die Erbschaft aus, um nicht für die Schulden seines Vaters aufkommen zu müssen.*
Im Jahre 1975 erfährt der Sohn, daß sein Vater in Australien bei seinem Tode einen großen Besitz hinterlassen hatte, der nicht nur ausgereicht hätte, die Verbindlichkeiten zu tilgen, sondern darüber hinaus wären dem Sohn einige Werte verblieben. Die im Jahre 1943 erklärte Ausschlagung der Erbschaft hätte der Sohn jedoch nur bis 1973 anfechten können. Da er jedoch erst 32 Jahre nach Ausschlagung von dem Vermögen erfahren hat, bleibt es bei der ausgeschlagenen Erbschaft.

Art und Weise der Anfechtung

Die Anfechtung der Annahme oder der Ausschlagung erfolgt wie die Ausschlagung selbst durch Erklärung gegenüber dem Nachlaßgericht. Für die Anfechtungserklärung gelten genau die gleichen Vorschriften wie für die Form der Ausschlagung. Hat jemand die Ausschlagungsfrist versäumt, kann er dieses Versäumnis in gleicher Weise anfechten wie die Annahme der Erbschaft. Diese Vorschrift war erforderlich, da es als schlüssige Annahmeerklärung zu werten ist, wenn der Erbe die Ausschlagungsfrist verstreichen läßt. Deshalb muß auch eine Möglichkeit der Anfechtung bestehen, wenn die Annahme nur deshalb eingetreten ist, weil die Ausschlagungsfrist versäumt wurde.

Wirkung der Anfechtung

Wenn ein anfechtbares Rechtsgeschäft angefochten wird, so hat dies zur Folge, daß dieses Rechtsgeschäft als von Anfang an nichtig anzusehen ist. Für die Anfechtung der Annahme beziehungsweise Ausschlagung wäre diese Bestimmung nicht hinreichend klar gefaßt. Aus diesem Grunde hat der Gesetzgeber genau festgelegt, welche Folge eintritt, wenn Annahme oder Ausschlagung angefochten werden:

a) Die wirksame Anfechtung der Annahme gilt als Ausschlagung.
b) Die wirksame Anfechtung der Ausschlagung gilt als Annahme.

Diese Rechtsfolgen gelten auch für die Nacherbschaft. Hat der Nacherbe die Erbschaft ausgeschlagen und ficht er diese Ausschlagung an, so gilt die Nacherbschaft, soweit sie angefallen ist, als angenommen.

Die Änderung der Rechtslage, die infolge der Anfechtung eingetreten ist, hat für die am Erbfall beteiligten Personen mehr oder weniger Bedeutung. Um diesen Beteiligten Kenntnis über die eingetretene Rechtslage zu vermitteln, soll das Nachlaßgericht die Anfechtung der Ausschlagung demjenigen mitteilen, welchem die Erbschaft infolge der Ausschlagung angefallen war.

Wer dem Nachlaßgericht gegenüber ein rechtliches Interesse glaubhaft macht, hat einen Anspruch darauf, daß ihm die Anfechtungserklärung zur Einsicht vorgelegt wird.

Muster: Anfechtung der Annahme einer Erbschaft

An das
Amtsgericht
– Nachlaßgericht –

4050 Mönchengladbach

Betrifft: Nachlaß meines Vaters Peter Schmitz, Mönchengladbach 1
– 19 IV 154/82

Wie sich erst gestern herausgestellt hat, ist der Nachlaß meines am 2. 8. 1982 verstorbenen Vaters überschuldet. Er hat mich zum alleinigen Erben berufen. Ich fechte hiermit die durch Fristablauf eingetretene Annahme der Erbschaft wegen Irrtums über eine wesentliche Eigenschaft des Nachlasses an und schlage die Erbschaft aus allen Berufungsgründen, also auch als gesetzlicher Erbe, aus.
Aufgrund dieser Ausschlagung fällt der Nachlaß meinem Sohn Hans, wohnhaft bei mir, als gesetzlichem Erben an.

Mönchengladbach, den 15. 12. 1982
(Beglaubigungsvermerk*)

* Diese Beglaubigung muß ein Notar vornehmen.

Muster: Ausschlagung als Testamentserbe und Annahme als gesetzlicher Erbe einer Erbschaft

An das
Amtsgericht
– Nachlaßgericht –

4050 Mönchengladbach

Betrifft: Nachlaß meines Vaters Peter Schmitz, Mönchengladbach 1
– 19 IV 154/82 –

Mein Vater hat mich in seinem Testament vom 18. September 1975 zum Alleinerben berufen. Diese Erbschaft als Testamentserbe schlage ich hiermit aus. Nach dem Gesetz bin ich zu ½ Erbe geworden. Diese Erbschaft nehme ich hiermit an.

Mönchengladbach, den 15. 12. 1982
(Beglaubigungsvermerk*)

* Diese Beglaubigung muß ein Notar vornehmen.

Muster: Ausschlagung für ein Kind, das zum testamentarischen Erben eingesetzt wurde

An das
Amtsgericht
– Nachlaßgericht –

5000 Köln

Betrifft: Nachlaß des am 2. 9. 82 verstorbenen Peter Schmitz aus Köln
– 19 IV 154/82

Aufgrund des Testaments des Erblassers vom 19. September 1975 ist unser minderjähriger Sohn Heinz Pütz Alleinerbe seines Onkels Peter Schmitz geworden. Wir, seine Eltern und gesetzlichen Vertreter, schlagen für ihn diese Erbschaft aus. Dadurch gelangt der Sohn des Erblassers, Herr Kurt Schmitz in Frechen, Adenauer Str. 14, zur Erbfolge.

Mönchengladbach, den 11. 3. 83
(Beglaubigungsvermerk*)

* Diese Beglaubigung muß ein Notar vornehmen.

Muster: Ausschlagung der Eltern zugleich für ein Kind, wenn das Kind erst durch die Ausschlagung des einen Elternteiles Erbe würde

An das
Amtsgericht
– Nachlaßgericht –

4050 Mönchengladbach

Betrifft: Nachlaß des am 2. 9. 82 verstorbenen Peter Schmitz aus Mönchengladbach

Ich bin die alleinige gesetzliche Erbin meines Vaters Peter Schmitz aus Mönchengladbach. Ich schlage hiermit diese Erbschaft aus.
Dadurch würde mein Sohn Heinz Müller, geboren am 5. Mai 1970, alleiniger Erbe meines Vaters werden. Wir, seine Eltern, Eheleute Josef Müller und Klara, geb. Schmitz, handelnd als seine gesetzlichen Vertreter, schlagen auch für unseren Sohn diese Erbschaft aus.
Als weiterer gesetzlicher Erbe kommt der Neffe des Erblassers, Adam Schmitz aus Brühl, Kölner Str. 15, in Betracht.

Mönchengladbach, den
(Beglaubigungsvermerk*)

* Diese Beglaubigung muß ein Notar vornehmen.

Die Rechtsstellung des vorläufigen Erben

Solange der Erbe noch das Recht hat, die Erbschaft auszuschlagen, ist er nur vorläufiger Erbe. Hat ein Erbe die Erbschaft ausgeschlagen, so ändert dies seine Rechtsposition, er ist dann von allen Pflichten des Erben entbunden, hat aber auch nicht länger die Rechte des Erben. Solange die Frist zur Annahme oder Ausschlagung läuft, besteht also ein Rechtszustand, der sich je nach Erklärung des Erben noch ändern kann. Deshalb hat der Gesetzgeber einige Vorschriften erlassen, die während dieses Schwebezustandes von Bedeutung sind. Zunächst wird der vorläufige Erbe davor geschützt, daß er, bevor er die Erbschaft angenommen hat, wegen eines Anspruches verklagt werden kann, der sich gegen den Nachlaß richtet. Bevor er die Erbschaft angenommen hat, kann gegen den vorläufigen Erben ein Anspruch, der sich auf die Erbmasse erstreckt, nicht geltend gemacht werden.
Auch Zwangsvollstreckungsmaßnahmen wegen Nachlaßverbindlichkeiten können vor der Annahme der Erbschaft nur gegen den Nachlaß gerichtet werden, jedoch niemals gegen das Vermögen des Erben. Hat ein Erbe die Erbschaft jedoch unbeschränkt angenommen, so haftet er für die Nachlaßverbindlichkeiten nicht nur mit dem übernommenen Erbe, sondern auch mit seinem eigenen Vermögen.

Beispiel: *Gehört zum Nachlaß ein relativ geringwertiges Waldgrundstück und ist der Erbe hingegen Eigentümer eines wertvollen Baulandgrundstückes, so kann der Nachlaßgläubiger bis zur Annahme der Erbschaft durch den Erben die Zwangsvollstreckung nur in das wertlosere Waldgrundstück betreiben, jedoch noch nicht in das Baugrundstück.*

Von diesen Grundsätzen gibt es wiederum Ausnahmen. Sollte vom Nachlaßgericht ein Nachlaßpfleger bestellt worden sein, kann dieser als Vertreter des Erben verklagt werden und auch klagen, ohne daß es der Annahme der Erbschaft bedarf. Ebenfalls bedarf es der Annahme der Erbschaft nicht, wenn der Testamentsvollstrecker verklagt, das Konkursverfahren eröffnet oder ein Antrag auf Durchführung eines Vergleichsverfahrens gestellt werden soll.

Geschäftsführung vor der Ausschlagung

Jeder Sterbefall bringt dringende Geschäfte mit sich, die nicht lange aufgeschoben werden dürfen. Das Begräbnis muß ausgerichtet werden, das Hauswesen bedarf einer einstweiligen Regelung, und sofern der Erblasser ein Geschäft betrieb, muß dieses fortgeführt werden. Je nach Größe des Unternehmens können innerhalb der Ausschlagungsfrist eine beachtliche Anzahl von Geschäften zur Erledigung anfallen, die keinen Aufschub dulden. Um diese Geschäfte kümmert sich zumeist der zunächst Berufene, auch wenn er noch nicht zur Annahme der Erbschaft entschlossen ist.

Recht zur einstweiligen Verwaltung

Der vorläufige Erbe ist berechtigt, allerdings nicht verpflichtet, zunächst die Verwaltung des Nachlasses zu übernehmen. Besorgt der vorläufige Erbe erbschaftliche Geschäfte, hat er sich demjenigen gegenüber, der letztlich Erbe wird, wie ein Geschäftsführer ohne Auftrag zu rechtfertigen.

Pflicht zur Interessenwahrung des endgültigen Erben

Bei seinen Entscheidungen hat der vorläufige Erbe die Interessen des endgültigen Erben, des Testamentsvollstreckers oder Nachlaßpflegers zu wahren und ihren mutmaßlichen Willen zu berücksichtigen. Kennt der vorläufige Erbe die an seine Stelle tretenden endgültigen Erben, so hat er deren Willen zu berücksichtigen. Sind ihm die endgültigen Erben nicht bekannt, muß er so handeln, wie ein Erbe handeln würde, der mit durchschnittlicher Überlegung und Sorgfalt an die Sache herangeht. Über die geführten Geschäfte hat er den endgültigen Erben Rechenschaft abzulegen. Hat er irgendeinen Gewinn erlangt, ist er verpflichtet, das Erlangte herauszugeben. Er selbst hat wiederum Anspruch auf Ersatz der von ihm gemachten Aufwendungen und Befreiung von eingegangenen Verbindlichkeiten.

Beispiel: *Der vorläufige Erbe hat eine Bestattung in Auftrag gegeben und bereits eine Anzahlung von DM 1000,– auf die gesamten Kosten von DM 3000,– erbracht. Wird der vorläufige Erbe nicht Erbe, kann er verlangen, daß er die Anzahlung von DM 1000,– zurückerhält und die wahren Erben die Restforderung in Höhe von DM 2000,– an seiner Stelle beim Bestattungsunternehmer bezahlen.*

Beispiel: *Der vorläufige Erbe hat im Hause des Erblassers DM 10 000,– Bargeld vorgefunden, das er zu einem günstigen Zinssatz auf einem Festgeldkonto anlegt. Er ist verpflichtet, dem endgültigen Erben das Kapital plus Zinsen herauszugeben.*

Verfügung über Nachlaßgegenstände

Schwieriger ist die Rechtslage jedoch, wenn der vorläufige Erbe über einen Nachlaßgegenstand verfügt hat, also zum Beispiel sich nicht nur verpflichtet hat, einen Gegenstand aus dem Nachlaß jemandem zu verkaufen oder zu schenken, sondern das Eigentum bereits übertragen hat. Schlägt der vorläufige Erbe später die Erbschaft aus, so bleibt der Verkauf oder die Schenkung nur wirksam, wenn es einen Nachteil für den Nachlaß bedeutet hätte, diese Handlung zu verschieben. Andernfalls ist dieses Rechtsgeschäft nichtig, wenn der wahre Erbe die Genehmigung versagt.

Unaufschiebbare Verfügungen

Dem Wesen der vorläufigen Verwaltung entsprechend soll der vorläufige Erbe nur solche Verfügungen treffen, die unaufschiebbar sind. Zu diesen unaufschiebbaren Geschäften zählen Zahlung der Beerdigungskosten aus Nachlaßmitteln, Veräußerung verderblicher Waren, Zahlung von Löhnen und Gehältern an die Angestellten des zur Erbmasse gehörenden Unternehmens.

Der vorläufige Erbe als Adressat von Rechtsgeschäften

Nun gibt es auch Rechtsgeschäfte, die nicht vom Erben, sondern gegenüber dem Erben vorgenommen werden müssen. Der vorläufige Erbe ist in diesen Fällen nur insoweit beteiligt, als er das einseitige Rechtsgeschäft seines Gegenübers entgegennimmt. Wird ein solches Rechtsgeschäft, das gegenüber dem tatsächlichen Erben vorzunehmen wäre, gegenüber dem vorläufigen Erben vorgenommen, so bleibt dieses Rechtsgeschäft auch dann wirksam, wenn der vorläufige Erbe die Erbschaft ausschlägt.

Beispiel: *Der Erblasser hat vor seinem Tode jemandem seine Geige zum Kauf angeboten. Der Angesprochene erklärt nun gegenüber dem vorläufigen Erben, daß er das Angebot annimmt. Damit ist der Kaufvertrag wirksam geschlossen.*

Beispiel: *Ein Angestellter des Betriebes des Verstorbenen kündigt sein Angestelltenverhältnis gegenüber dem vorläufigen Erben.*

Sowohl der Kaufvertrag als auch die Kündigung bleiben wirksam, auch wenn ein neuer Erbe an die Stelle des vorläufigen Erben tritt. Hat der vorläufige Erbe eine Verfügung getroffen, die nach den obigen Vorschriften nicht wirksam ist, so kann der endgültige Erbe dennoch nachträglich seine Genehmigung dazu erteilen, und ihr somit Wirksamkeit verschaffen. Erteilt der Erbe die Genehmigung nicht, so ist die Verfügung unwirksam. Allerdings wird beim Erwerb von beweglichen Sachen derjenige geschützt, der gutgläubig war, der also nicht wissen konnte, daß er sich auf ein unter Umständen unwirksames Rechtsgeschäft eingelassen hat.

Pflichtteil

§ 2303 bis § 2338a

Das Pflichtteilsrecht schafft einen Ausgleich zwischen der gesetzlichen und der testamentarischen Erbfolge, denn weder die unbeschränkte Testierfreiheit einerseits noch die den nächsten Angehörigen unentziehbare Anwartschaft auf das Erbe andererseits entsprechen jeweils für sich allein genommen unserem modernen Rechtsempfinden. Deshalb soll das Pflichtteilsrecht eine Brücke zwischen dem Recht des testamentarischen und dem Recht des gesetzlichen Erben schlagen.

Ursprung des Pflichtteilsrechtes

Es ist kein Verdienst des modernen Rechts, diese Möglichkeit des Ausgleichs geschaffen zu haben. Das Recht auf ein Pflichtteil kannte schon die Rechtsprechung der Römischen Republik; sie ließ Klagen zu, in denen die übergangenen nächsten Verwandten, Abkömmlinge und Aszendenten – das sind Eltern, Großeltern, Urgroßeltern – das Testament, das sie von der Erbfolge grundlos ausschloß, als pflichtwidrig anfechten konnten.

Ursprünglich handelte es sich hierbei um eine Anfechtungsklage, die das Ziel hatte, die gesetzliche Erbfolge wieder eintreten zu lassen. Im Laufe dieser Rechtsprechung bildete sich heraus, daß diese Anfechtungsklage dann nicht mehr zulässig war, wenn die Berechtigten mindestens ein Viertel des gesetzlichen Erbteils erhalten hatten. Dieses Viertel war der Vorläufer des Pflichtteils. Im Verlauf der Kaiserrechtsprechung und der klassischen Rechtsprechung bekam dieses Institut des Pflichtteils festere Formen.

Im Laufe der Jahre wandelte sich der Inhalt des Pflichtteils. Von Bedeutung ist noch die Novellierung des Pflichtteilsrechtes durch Kaiser Justinian, der das Noterbrecht sowohl der Abkömmlinge (Deszendenten) als auch der Voreltern (Aszendenten) neu ordnete.

Hiernach haben die übergangenen Erben nicht nur Anspruch auf einen Pflichtteil, zum Beispiel in Form eines Vermächtnisses, sondern auch Anspruch darauf, daß sie als Erben eingesetzt werden. Dies bedeutet, daß ihnen wenigstens ein Teil des Nachlasses im Wege der Erbeinsetzung zugewandt werden mußte. Der Rest konnte auch auf anderem Wege, insbesondere durch Vermächtnis, erfolgen.

Das Justinianische Recht wurde als gemeines Recht in Deutschland aufgenommen und durch das Allgemeine Preußische Landrecht und das Allgemeine Bürgerliche Gesetzbuch in Österreich unter dem Einfluß des Naturrechtes weiterentwickelt.

Beide Gesetze, sowohl das Allgemeine Preußische Landrecht als auch das Allgemeine Bürgerliche Gesetzbuch von Österreich, wandeln das Pflichtteilsrecht in einen Wertanspruch des Berechtigten gegen die Testamentserben in Höhe eines bestimmten Teils des Wertes des gesetzlichen Erbteils um.
Auf diese Besonderheit »Wertanspruch« und nicht »Einsetzung als Erbe« wird noch im Rahmen des geltenden Pflichtteilsrechts eingegangen werden.
Der Grundsatz »das Gut rinnt wie das Blut« hat sich unter kirchlichem Einfluß in den germanischen Rechten nach der Völkerwanderung entwickelt. Den Erblassern stand ursprünglich keinerlei Testierfreiheit zu. Das Familienvermögen stand vielmehr den nachfolgenden Söhnen zu. Allerdings sollten letztwillige Zuwendungen an die Kirche und die Armen (pro salute anima – zum Heil der Seele) möglich sein. Aus diesem Grunde wurde dem einzelnen ein sogenannter Freiteil eingeräumt, über den er ohne Zustimmung der sonst mitberechtigten Erben verfügen konnte. Je nach Rechtsordnung war die Höhe des Freiteils unterschiedlich.
Im germanischen Recht war daher der Ausgangspunkt aller erbrechtlichen Betrachtung das Recht der gesetzlichen Erben unter Vorbehalt einer Freiquote, über die der Erblasser verfügen konnte. Diese Lösung im germanischen Recht hat jedoch keinen Eingang in das Bürgerliche Gesetzbuch gefunden. Vom rechtspolitischen Standpunkt aus hat das altgermanische System den Vorzug verdient, weil es zwischen unentgeltlichen Zuwendungen unter Lebenden und solchen von Todes wegen nicht zu unterscheiden braucht. Beide Verfügungen sind nur im Rahmen der Freiquote zulässig. Damit ist von vornherein die Frage ausgeschaltet, die in unserem Recht häufig zu schwierigen Abgrenzungen führt, um welche Art von Verfügung es sich nun handelt.

Pflichtteilsberechtigte

Das Pflichtteilsrecht erstreckt sich auf die Abkömmlinge, die Eltern und den Ehegatten des Erblassers. Das Gesetz räumt also nur dem engsten Familienkreis dieses Pflichtteilsrecht ein. Zu den Abkömmlingen gehören nicht nur die leiblichen Kinder, sondern auch solche, die an Kindes Statt angenommen wurden, legitimiert oder nichtehelich sind. Für die nichtehelichen Kinder gibt es jedoch eine Besonderheit, auf die noch eingegangen wird.
Obwohl früher diskutiert wurde, ob den Geschwistern nicht auch ein Pflichtteil zustehen soll, ist dies letztlich nicht mit in das Gesetz aufgenommen worden. Den Geschwistern steht ein Pflichtteilsrecht nicht zu.
Das Pflichtteilsrecht entsteht, wenn eine der vorbenannten Personen von der Erbfolge ausgeschlossen wird.

Höhe des Pflichtteils

In allen Fällen besteht der Pflichtteil einheitlich in der Hälfte des Wertes des gesetzlichen Erbteils. Durch die Formulierung des Gesetzes wird bereits deutlich, daß der übergangene Erbe, auch wenn er ein Pflichtteilsrecht hat, nicht Erbe wird, sondern lediglich einen Anspruch in Höhe der Hälfte des Wertes seines gesetzlichen Erbteils hat.

Beispiel: *Der Erblasser ist zum Zeitpunkt des Erbfalls noch verheiratet und hat zwei Kinder. Er lebte mit seinem Ehegatten im gesetzlichen Güterstand der Zugewinngemeinschaft. Er hat seinen Ehegatten als Universalerben eingesetzt.*
Nach der gesetzlichen Erbfolge steht dem Ehegatten ½ der Erbschaft und den beiden Kindern jeweils ¼ des Nachlasses zu. Der Pflichtteil jedes übergangenen Abkömmlings beträgt somit ½ von ¼ = ⅛. Ist der gesamte Nachlaß DM 80 000,– wert, beträgt der Pflichtteilsanspruch jedes der beiden Kinder in Geld DM 10 000,–.

Dieser Pflichtteilsanspruch, der ausschließlich ein Geldanspruch ist, kann gegenüber dem eingesetzten Erben geltend gemacht werden.

Pflichtteilsrecht des Ehegatten

Wegen der großen praktischen Bedeutung werden die Pflichtteilsprobleme bei Ehegatten, die im Güterstand der Zugewinngemeinschaft leben, etwas näher dargestellt.
Zugewinn im Sinne des Gesetzes ist der Betrag, um den das Endvermögen eines der Ehegatten das Anfangsvermögen übersteigt. Der Zugewinn, den ein Ehegatte während der Ehezeit erwirtschaftet hat, wird also dadurch ermittelt, daß das Vermögen, was der Ehegatte bei Beginn der Ehe beziehungsweise bei Beginn des Güterstandes hatte, dem Vermögen gegenübergestellt wird, das er bei Beendigung des Güterstandes, zum Beispiel bei Scheidung oder Tod, hat.
Wird nun der Güterstand durch den Tod eines Ehegatten beendet, hat der Ehegatte die Wahl, ob er eine güterrechtliche oder eine erbrechtliche Lösung des Zugewinnausgleiches bevorzugt. In der Regel ist es so, daß beim Tod eines Ehegatten der Ausgleich des Zugewinns erbrechtlich verwirklicht wird. Für Ehegatten, die im gesetzlichen Güterstand der Zugewinngemeinschaft leben, erhöht sich der gesetzliche Erbteil dann um ¼ der Erbschaft.
Der als Ehegatte übergangene Pflichtteilsberechtigte wird sich aber genau überlegen, in welcher Weise er seine Pflichtteilsrechte geltend macht. In manchen Fällen

ist die Forderung des Zugewinnausgleichs für den Ehegatten finanziell günstiger als die Geltendmachung des großen Pflichtteils.
Wie der Zugewinnausgleich zu berechnen ist und was von ihm alles erfaßt wird, kann an dieser Stelle nicht dargestellt werden.

Erbrechtliche Lösung

Diese Lösung sieht vor, daß sich der gesetzliche Erbteil des überlebenden Ehegatten um ¼ der Erbschaft erhöht. Dabei ist unerheblich, ob die Ehegatten im einzelnen Fall überhaupt einen Zugewinn erzielt haben.
Nach der Grundregel beträgt der Erbteil des Ehegatten neben den Abkömmlingen des Verstorbenen ¼. In Anwendung der Vorschrift über den Zugewinnausgleich erhöht sich der Erbteil um ein weiteres ¼, so daß dem Ehegatten ein Erbteil von ½ zusteht.
Wenn keine Abkömmlinge vorhanden sind, sondern nur Verwandte der 2. Ordnung – dies sind die Eltern des Erblassers und deren Kinder oder Großeltern des Verstorbenen –, erhöht sich der gesetzliche Erbteil von ½ um ein weiteres ¼ auf ¾.
Dieser erhöhte Erbteil gilt auch als Maßstab für den großen Pflichtteil. Wenn der überlebende Ehegatte nicht Erbe wird, kann er den Pflichtteil beanspruchen, der 50 % vom gesetzlichen Erbteil beträgt. Ob jedoch der große Pflichtteil zum Tragen kommt oder nur der kleine Pflichtteil, hängt von den Umständen des Falles ab. Dabei sei erwähnt, daß der kleine Pflichtteil sich nach dem nicht erhöhten Erbteil bemißt. Erst vor kurzem hat der Bundesgerichtshof entschieden, daß der überlebende Ehegatte kein Wahlrecht hat, zwischen dem großen Pflichtteil einerseits und dem kleinen Pflichtteil zuzüglich Zugewinnausgleich andererseits. Demnach muß ein gänzlich enterbter Ehegatte sich mit dem kleinen Pflichtteil sowie dem Zugewinnausgleich zufrieden geben. Nur der Ehegatte, der Erbe oder Vermächtnisnehmer geworden ist, kann den großen Pflichtteil verlangen, wenn das ihm Zugewandte weniger als die Hälfte des erhöhten gesetzlichen Erbteils darstellt. Man nennt diesen Anspruch auch Pflichtteilsrestanspruch. Dieser Anspruch ist in unserem Beispiel bei der erbrechtlichen Lösung mit Pflichtteilsrecht dargestellt.

Güterrechtliche Lösung

Wenn der überlebende Ehegatte nicht Erbe wird und ihm auch kein Vermächtnis zusteht, hat er Anspruch auf den Ausgleich des Zugewinns nach den güterrechtlichen Vorschriften. Sein Pflichtteilsanspruch wird dann allerdings nur noch nach den erbrechtlichen Bestimmungen berechnet. Es wird dann der nicht erhöhte gesetzliche Erbteil von ¼ (neben Erben 2. Ordnung ½) zugrunde gelegt.

Beispiel: *Angenommen, es sei eine Familie vorhanden mit Ehefrau, Ehemann und einem Kind. Der Güterstand wird dadurch beendet, daß der Ehemann stirbt. Bei den Ehegatten liegen folgende Vermögensverhältnisse vor (in DM):*

	Ehefrau	Ehemann
Anfangsvermögen	30 000,–	30 000,–
Endvermögen	50 000,–	100 000,–
Zugewinn	20 000,–	70 000,–
Zugewinnausgleich	70 000,–	
	./. 20 000,–	
	50 000,–	
davon ½ = Ausgleichsforderung der Ehefrau	25 000,–	

Nachlaßwert DM 100 000,– = Endvermögen

Ausgehend von diesen Vermögensverhältnissen ergeben sich verschiedene Werte, die der Ehefrau zufließen, je nachdem, ob eine erbrechtliche oder eine güterrechtliche Lösung bei Enterbung der Ehefrau zum Tragen kommt.
Aus der vorstehenden Tabelle ergibt sich, daß ein Nachlaßwert = Endvermögen des Ehemannes von 100 000,– DM beim Tode vorhanden ist.

Erbrechtliche Lösung

gesetzliches Erbteil: ¼	(entspricht einem Wert von DM 25 000,–)
erhöhtes Erbteil: ¼ + ¼ = ½	(entspricht einem Wert von DM 50 000,–)

Da der große Pflichtteil der Hälfte des erhöhten gesetzlichen Erbteils entspricht, kämen der Ehefrau bei Geltendmachung des Pflichtteils DM 25 000,– zu.

Güterrechtliche Lösung

Zugewinnausgleich:		25 000,– DM
kleiner Pflichtteil:		
Nachlaßwert	100 000,– DM	
./. Zugewinnausgleich:	– 25 000,– DM	
Restnachlaßwert	75 000,– DM	
hiervon beträgt das nicht erhöhte Erbteil (= ¼ des Restnachlasses):	18 750,– DM	
davon wiederum die Hälfte als Pflichtteilsanspruch		9 375,– DM
		34 375,– DM

Die überlebende Ehefrau erhält nach der güterrechtlichen Lösung einen Wert von 34 375,– DM, nämlich 25 000,– DM Zugewinnausgleich plus 9 375,– DM Pflichtteilsanspruch.

Es sei an dieser Stelle nochmals deutlich hervorgehoben, daß in diesem Beispiel davon ausgegangen wurde, daß neben dem Ehegatten noch Kinder vorhanden sind. Andernfalls bestünden andere Erbteile.

Ausschlagen der Erbschaft

Normalerweise kann ein zum Erbe Berufener die Erbschaft nicht ausschlagen und dann seinen Pflichtteil beanspruchen. Wer die Erbschaft ausschlägt, verliert auch den Anspruch auf den Pflichtteil. Wenn jedoch der überlebende Ehegatte die Erbschaft ausschlägt, so kann er neben dem Ausgleich des Zugewinns auch den kleinen Pflichtteil verlangen. Das Gesetz sieht diese Ausnahmeregelung vor, weil der gesetzliche Güterstand die Entscheidung des überlebenden Ehegatten erheblich beeinflußt, da nicht nur erbrechtliche, sondern auch güterrechtliche Fragen mit in die Entscheidung einfließen. Hat der Ehegatte jedoch mit dem Verstorbenen durch Vertrag auf sein Erbrecht oder Pflichtteilsrecht verzichtet, kann er nicht neben dem Ausgleich des Zugewinns den Pflichtteil verlangen.

Pflichtteilsrestanspruch

Pflichtteilsansprüche entstehen nicht nur dann, wenn der Betroffene völlig enterbt oder völlig übergangen worden ist. Auch wenn das ihm durch letztwillige Verfügung Zugewendete oder Verbliebene geringer als die Hälfte des gesetzlichen Erbteils ist, kann der Pflichtteilsberechtigte von den Miterben den Wert des an der Hälfte fehlenden Teiles verlangen. Dieser Anspruch, der ebenfalls durch Geld in Höhe des Wertunterschiedes zwischen dem halben gesetzlichen und dem zugewandten oder belassenen niedrigeren Erbteil zu berichtigen ist, nennt man Pflichtteilsrestanspruch.

Beispiel: *Der Erblasser hinterläßt eine Ehefrau und einen Sohn. Die Ehegatten lebten im gesetzlichen Güterstand der Zugewinngemeinschaft. Der Nachlaßwert beträgt DM 100 000,–. Durch letztwillige Verfügung erhielt die Ehefrau das gesamte Mobiliar und Schmuck im Werte von DM 80 000,–. Dem Sohn sind Wertpapiere im Werte von DM 20 000,– zugewandt worden.*

Neben der Ehefrau hat der Sohn einen gesetzlichen Erbteil in Höhe von ½. Der Pflichtteil beträgt hiervon die Hälfte = ¼.
Bei einem Nachlaßwert von DM 100 000,– entspricht dies einem Wert von DM 25 000,–. Da dem Sohn jedoch nur Wertpapiere in Höhe von DM 20 000,– zugewandt worden sind, ist der gesetzliche Pflichtteil nicht erreicht. Den fehlenden Wert zum Pflichtteil (DM 25 000,– minus DM 20 000,– = DM 5000,–) kann der Sohn von dem anderen Erben, also seiner Mutter, verlangen.

Beschränkungen und Beschwerungen

Das Erbrecht des Pflichtteilsberechtigten kann auch dadurch eingeschränkt worden sein, daß es mit Beschränkungen oder Beschwerungen belegt worden ist.
Derartige Belastungen oder Beschränkungen können darin bestehen, daß der Berechtigte mit einem Vermächtnis, einer Auflage oder einer Teilungsanordnung beschwert sowie durch Einsetzung eines Nacherben oder Ernennung eines Testamentsvollstreckers beschränkt wird. Der Gesetzgeber hat in derartigen Fällen eine differenzierte Lösung entwickelt, die jeweils berücksichtigt, in welchem Verhältnis der Erbteil zum Pflichtteil steht:

a) Erhält der Pflichtteilsberechtigte einen Erbteil, der dem Pflichtteil gleich ist, gilt die Beschränkung oder Beschwerung als nicht angeordnet.

   Beispiel: *Dem Sohn des Erblassers steht ein Pflichtteilsanspruch über DM 10 000,– zu. Dem Sohn sind Wertpapiere über diesen Wert zugewendet worden, doch hat der Erblasser bestimmt, daß diese Papiere bis zum 30. Lebensjahr des Sohnes von einem Testamentsvollstrecker verwaltet werden sollen. Diese Anordnung gilt aber als nicht erfolgt, weil der dem Sohn zugewendete Erbteil genau seinem Pflichtteil entspricht.*

   Der Berechtigte bleibt Erbe. Weder durch die Annahme des Erbteils noch durch die Ausschlagung würde dem Berechtigten ein Pflichtteilsanspruch erwachsen. Dies ist an sich auch nicht erforderlich, weil ja die Beschränkung oder Beschwerung als nicht angeordnet zu betrachten ist und damit keine zusätzliche Belastung des Pflichtteils darstellt.

b) Auch wenn der Erbteil kleiner als der Pflichtteil ist, gilt die Beschränkung oder Beschwerung als nicht angeordnet. Aber selbst durch den Wegfall der Beschränkung oder Beschwerung erhält der Berechtigte doch nicht den Erbteil, der dem vollen Pflichtteil entspricht, er hat also zusätzlich einen Pflichtteilsrestanspruch.

   Beispiel: *Wenn in unserem obigen Beispiel der Erblasser dem Sohn nur Wertpapiere im Wert von DM 8 000,– hinterlassen hat, aber auch bestimmte, daß die*

Verwaltung der Wertpapiere bis zu dessen 30. Lebensjahr einem Testamentsvollstrecker obliegen soll, so ist zunächst diese angeordnete Testamentsvollstreckung als nicht erfolgt zu betrachten. Aber selbst ohne die in Wegfall geratene Testamentsvollstreckung hat der Sohn noch nicht den Wert des Pflichtteils von DM 10 000,– erreicht, so daß er zusätzlich die DM 2000,– von dem oder den anderen Erben verlangen kann.

Ist der Erbteil kleiner oder gleich dem Pflichtteil, gehen die Vermächtnisnehmer, Nacherben und sonstige Bedachte leer aus. Das Pflichtteilsrecht des Übergangenen beziehungsweise nicht voll bedachten Erben läßt diese Beschränkungen oder Beschwerungen gegenstandslos werden.

c) Ist der zugewandte Erbteil größer als der Pflichtteil, hat der Pflichtteilsberechtigte zwei Möglichkeiten:
Er kann den Erbteil ausschlagen und erwirbt dadurch den vollen Pflichtteilsanspruch. Dies hat den Vorteil, daß er die Belastungen und Beschränkungen nicht zu erfüllen braucht, sondern nur den Wert seines Pflichtteils als Geldanspruch vom Erben beansprucht.
Er kann aber auch den Erbteil annehmen und sämtliche Belastungen und Beschränkungen erfüllen beziehungsweise dulden. Die Ausschlagungsfrist beginnt mit dem Zeitpunkt, in welchem der Pflichtteilsberechtigte von der Beschränkung oder der Beschwerung Kenntnis erlangt hat, und dauert 6 Wochen.

Bei der Prüfung, ob der hinterlassene Erbteil die Hälfte des gesetzlichen Erbteils erreicht, sind die auferlegten Beschränkungen und Beschwerungen außer acht zu lassen. Dies führt dazu, daß nicht wertmäßig geprüft wird, ob der hinterlassene Erbteil die Hälfte des gesetzlichen Erbteils erreicht, sondern lediglich, ob die Bruchteile am gesamten Nachlaß dem Pflichtteil entsprechen. Man nennt diese Art der Ermittlung des Pflichtteils »Quotentheorie«, weil nicht der Wert, sondern der Erbteil (Quote) ausschlaggebend ist. Dies kann natürlich Bedeutung haben, insofern als nach der Werttheorie der zugewandte Erbteil unter Berücksichtigung der Belastungen und Beschwerungen kleiner als der Pflichtteil sein kann, nach der Quotentheorie hingegen der Pflichtteil gewahrt ist.

Beispiel: *Bei einem Nachlaßwert von DM 100 000,– hat die Ehefrau in Form von Mobiliar und Schmuck DM 75 000,– erhalten. Der Sohn erhielt Wertpapiere im Werte von DM 25 000,–. Der Sohn war mit einem Vermächtnis belastet, wonach er an die Haushälterin DM 3000,– in drei monatlichen Raten à DM 1000,– zu zahlen hat. Nach der Quotentheorie bleibt dieses Vermächtnis zunächst unberücksichtigt und man stellt fest, daß die zugewandten Wertpapiere von DM 25 000,– genau dem gesetzlichen Pflichtteil in Höhe von ¼ am Nachlaß entsprechen.*
Nach der Werttheorie, bei der man also die Beschränkung mit hineinrechnen müßte,

sind dem Erben lediglich DM 22 000,– zugewandt, so daß der Pflichtteil nach dieser Auffassung nicht erreicht wäre.
Nach der Quotentheorie erwirbt der Miterbe weder durch die Annahme noch durch die Ausschlagung der Erbschaft einen Pflichtteilsanspruch oder einen Pflichtteilsrestanspruch. Nach der Werttheorie wäre jedoch der Erbteil kleiner als der Pflichtteil, so daß der Betroffene gegenüber dem Miterben einen Pflichtteilsrestanspruch – in unserem Beispiel von DM 3000,– – hätte.

Die Werttheorie wird allerdings dann angewendet, wenn der Pflichtteil durch Anrechnung von Vorempfängen oder Ausgleichspflichten beeinflußt wird. In diesen Fällen kommt es darauf an, ob der hinterlassene Erbteil wertmäßig den Betrag erreicht beziehungsweise überschreitet, welcher dem Pflichtteilsberechtigten tatsächlich unter Berücksichtigung der Anrechnungen und Ausgleichungen noch verbleibt.

Pflichtteilsberechtigter als Nacherbe

Wenn der Pflichtteilsberechtigte nur als Nacherbe eingesetzt ist, gleicht seine Stellung der eines Pflichtteilsberechtigten, der mit Beschränkungen oder Belastungen beschwert ist. Es ergeben sich folgende Alternativen:

a) Die Einsetzung des Vorerben gilt als nicht erfolgt, wenn der Erbteil, zu dem der Pflichtteilsberechtigte als Nacherbe berufen ist, dem Pflichtteil *gleichsteht*. Weder durch die Annahme noch durch die Ausschlagung der Nacherbschaft entsteht ihm ein Pflichtteilsanspruch. Für den Fall, daß er ausschlägt, wird der Erbteil dem Vorerben voll zuzusprechen sein.
b) Ist der dem Nacherben zugewiesene Erbteil *geringer* als der Pflichtteil, so gilt zunächst das gleiche wie bei den Beschränkungen und Belastungen. Der Pflichtteilsberechtigte kann dann die Nacherbschaft annehmen oder ausschlagen. In beiden Fällen erwirbt er den Pflichtteilsrestanspruch.
c) Für den Fall, daß der Erbteil des Nacherben den Pflichtteil *übersteigt*, kann er entweder die Nacherbfolge annehmen oder die Nacherbschaft ausschlagen und den Pflichtteil fordern.
   Auch hier gilt wieder eine Besonderheit für die Ausschlagungsfrist. Sie beginnt erst mit dem Eintritt der Nacherbfolge, also erst nach dem Tod oder Wegfall des Vorerben.

Natürlich hat der Pflichtteilsberechtigte schon sogleich nach dem Erbfall – also beim Eintritt der Vorerbfolge – das Recht, auszuschlagen und den Pflichtteil zu fordern. Zur Abrundung ist darauf hinzuweisen, daß ein Pflichtteilsberechtigter, der testamentarisch nur zum Ersatzerben benannt ist, zunächst als überhaupt nicht eingesetzt zu betrachten ist. Er kann ja zu seinem Erbrecht nur dann kommen, wenn die

Voraussetzungen der Ersatzerbschaft eintreten, also der vorrangig Bedachte verstorben ist oder die Erbschaft ausgeschlagen hat. Der übergangene Pflichtteilsberechtigte kann daher bereits gleich nach dem Erbfall seinen Pflichtteil verlangen.

Zuwendung eines Vermächtnisses

Ist dem Pflichtteilsberechtigten ein Vermächtnis zugewandt, so hat er wiederum zwei Möglichkeiten, sich zu entscheiden:

1. Er kann das Vermächtnis ausschlagen und den Pflichtteil verlangen.
2. Er kann das Vermächtnis annehmen und soweit der Wert des Vermächtnisses den Pflichtteil nicht deckt, seinen Pflichtteilsrestanspruch geltend machen.

Bei der Berechnung des Wertes des Vermächtnisses bleiben Beschränkungen und Beschwerungen außer Betracht. Entscheidet sich der Pflichtteilsberechtigte für die Annahme des Vermächtnisses, bleiben die Belastungen und Beschränkungen natürlich bestehen.

Beispiel: *Der Erblasser setzt seine Ehefrau, mit der er in gesetzlichem Güterstand der Zugewinngemeinschaft lebte, zur Alleinerbin ein. Der Nachlaßwert beträgt DM 100 000,–. Der Erbin ist allerdings aufgegeben, dem Sohn eine Tuschezeichnung von Salvador Dalí im Werte von DM 15 000,– zu übereignen. Der Sohn selbst ist allerdings mit der Auflage belegt worden, dieses Gemälde auf Verlangen des städtischen Museumsvereins auf die Dauer von 10 Jahren mindestens einmal jährlich auf die Dauer von 6 Wochen zur Ausstellung zu überlassen.*
Nimmt er das Vermächtnis an, so hat er noch einen Pflichtteilsrestanspruch bis zur Höhe des Pflichtteils von DM 25 000,–, also DM 10 000,–. Er muß dann auch die Auflage, die der Erblasser im Vermächtnis beigefügt hat, erfüllen.
Schlägt der Sohn jedoch das Vermächtnis aus, kann er den vollen Pflichtteil von seiner Mutter, also DM 25 000,– verlangen, hat aber natürlich kein Anrecht mehr auf den Dalí.
Bei der Berechnung des Wertes des Vermächtnisses wird nicht berücksichtigt, daß dem Sohn auf die Dauer von 10 Jahren mindestens für 6 Wochen jährlich die Nutzung des Bildes nicht zusteht.

Der mit dem Vermächtnis beschwerte Erbe möchte natürlich bald wissen, wozu der Pflichtteilsberechtigte sich entscheidet. Er kann ihn daher unter Setzung einer angemessenen Frist auffordern, ihm gegenüber zu erklären, ob er das Vermächtnis annimmt oder nicht. Läuft die Frist ab, ohne daß der Vermächtnisnehmer sich entschieden hat, gilt das Vermächtnis als ausgeschlagen.

Anfechtung der Ausschlagung durch den Pflichtteilsberechtigten

Bei der Entscheidung, ob er ein hinterlassenes Erbteil oder ein ihm zugewandtes Vermächtnis annehmen oder ausschlagen soll, wird es für den Pflichtteilsberechtigten eine wichtige Rolle spielen, ob diese mit einer Beschränkung oder Beschwerung belastet sind.
Hat der Pflichtteilsberechtigte wegen einer Beschränkung ausgeschlagen, und war diese Beschränkung zur Zeit der Ausschlagung bereits weggefallen, ohne daß der Pflichtteilsberechtigte davon wußte, so kann er die Ausschlagung anfechten.

Beispiel: *Wir knüpfen an das vorige Beispiel an. Der Sohn hat das Vermächtnis hinsichtlich des »Dalí« ausgeschlagen, weil ihm die Auflage nicht zusagte, auf die Dauer von 10 Jahren dem Museumsverein das Bild leihweise zur Verfügung zu stellen. Zum Zeitpunkt der Ausschlagung war jedoch der städtische Museumsverein bereits aufgelöst, so daß die dem Vermächtnis beigefügte Auflage gegenstandslos geworden ist. Dies war dem Vermächtnisnehmer jedoch nicht bekannt. In diesem Fall kann er die Ausschlagung des Vermächtnisses anfechten und versuchen, das Bild vom Erben zu erlangen.*

Für die Anfechtung der Ausschlagung des Vermächtnisses finden die gleichen Vorschriften Anwendung wie für die Anfechtung der Ausschlagung einer Erbschaft. Eine Abweichung besteht jedoch insofern, als die Anfechtung nicht gegenüber dem Nachlaßgericht, sondern gegenüber dem mit dem Vermächtnis beschwerten Erben zu erklären ist.
Obwohl das Gesetz lediglich die Anfechtung der Ausschlagung regelt, ist doch analog auch die Anfechtung der Annahme möglich. Es soll sichergestellt werden, daß dem Berechtigten jedenfalls der Pflichtteil verbleibt.
Unberührt von diesen speziellen erbrechtlichen Anfechtungsregeln sind selbstverständlich die Rechte zur Anfechtung nach den allgemeinen Grundsätzen der Anfechtung der Annahme beziehungsweise Ausschlagung der Erbschaft gültig.

Pflichtteilsrecht der Eltern und entfernteren Abkömmlinge

Das Gesetz stellt zwei wesentliche Grundsätze auf:
1. Demselben Stamm fließen nicht zwei Pflichtteile zu.
2. Ein Pflichtteil kann nicht neben einer Zuwendung gewährt werden.

Daraus folgt, daß die Eltern nicht pflichtteilsberechtigt sind, wenn ein Abkömmling des Erblassers, der sie bei gesetzlicher Erbfolge ausschließen würde, einen Pflichtteil verlangen kann oder das ihm Hinterlassene annimmt. Entferntere Abkömmlinge werden unter den gleichen Voraussetzungen vom Pflichtteilsrecht ausgeschlossen, soweit ein näherer Abkömmling sie verdrängt.

Beispiel: *Der verstorbene Großvater hat seinen Neffen zum alleinigen Erben eingesetzt. Des Erblassers einziger Sohn beansprucht den Pflichtteil. Da der Sohn nicht Erbe geworden ist, würden nach der gesetzlichen Erbfolge die Enkel des Erblassers an die Stelle des Sohnes treten. Diese können jedoch nun nicht neben ihrem Vater den Pflichtteil verlangen, weil sie von dem vorangehenden Sohn des Erblassers – also ihrem Vater – insoweit ausgeschlossen worden sind, als der Vater bereits den Pflichtteil (dieses Stammes) erhält.*
Hätte der Erblasser seinen Sohn jedoch wegen Erbunwürdigkeit von der Erbschaft ausgeschlossen und deshalb seinen Neffen zum Universalerben eingesetzt, würden die Enkel des Erblassers durch den weggefallenen, für erbunwürdig erklärten Sohn des Erblassers nicht mehr ausgeschlossen. Ihnen stünde dann das Pflichtteilsrecht zu.

Die nachstehende Übersicht soll deutlich machen, unter welchen Voraussetzungen entferntere Abkömmlinge ein Pflichtteilsrecht haben:

1. Muß der Erblasser die näheren Abkömmlinge sowohl von der Erbfolge als auch vom Pflichtteil wirksam ausgeschlossen haben, denn erst hierdurch entsteht in der Person des entfernteren Abkömmlings ein eigenes Pflichtteilsrecht.
2. Muß der nähere Abkömmling, der die entfernteren Abkömmlinge vom gesetzlichen Erbrecht ausschließen würde, mit Wirkung auf den Erbfall fortgefallen sein,
   a) weil er die Erbschaft ausgeschlagen hat *oder*
   b) weil er auf die Erbschaft verzichtet hat *oder*
   c) weil er für erbunwürdig erklärt worden ist.

Diese Bestimmungen beziehen sich auch auf einen Pflichtteilsrestanspruch.

Beispiel: *Der Großvater bestimmt in seinem Testament, daß er seinen Sohn von der Erbfolge ausschließt. Außerdem entzieht der Erblasser seinem Sohn auch den Pflichtteil, weil sich der Sohn durch sein Verhalten als erbunwürdig erwiesen hat. Ferner hat der Erblasser verfügt, daß sein gesamtes Vermögen an die Kirche fallen soll. Er hat allerdings seine beiden Enkel – die Kinder seines ausgeschlossenen Sohnes – mit einem Vermächtnis bedacht. Sofern die beiden Enkel eine bischöfliche Schule besuchen, soll ihnen der Aufenthalt bis zur Erlangung des Abiturs kostenfrei gewährt werden.*
In diesem Falle haben die beiden Enkel ein Pflichtteilsrecht, weil der im Regelfall sie ausschließende Vater weder ein Erbrecht noch ein Pflichtteilsrecht erlangt hat. Sie können daher das Vermächtnis annehmen oder es ausschlagen und den Pflichtteil

verlangen. Ihnen steht auch, sofern der Wert des Vermächtnisses dem Pflichtteil nicht entsprechen sollte, der Pflichtteilsrestanspruch zu.

Treten hingegen die entfernteren Abkömmlinge als testamentarisch benannte Ersatzerben oder Ersatzvermächtnisnehmer an die Stelle des testamentarisch bedachten näheren Abkömmlings, weil dieser nach Errichten des Testamentes weggefallen ist, so haben sie kein Pflichtteilsrecht; dies ist folgerichtig, denn mit dem Anfall der Ersatzerbschaft sind sie »echte« Erben geworden. Sie können das Pflichtteilsrecht unter Umständen jedoch durch Ausschlagung erwerben, wenn Beschränkungen beziehungsweise Beschwerungen des Erbteils oder des zugewandten Vermächtnisses vorliegen.
Eltern haben erst dann ein Pflichtteilsrecht, wenn sämtliche Abkömmlinge durch Tod, Erbverzicht oder wirksame Entziehung des Pflichtteils weggefallen sind, so daß die Angehörigen der 2. Ordnung zur gesetzlichen Erbfolge berufen sind. Dies folgt aus der Konstruktion der gesetzlichen Erbfolge. Danach sind Angehörige 2. Ordnung von der Erbfolge so lange ausgeschlossen, als Erben 1. Ordnung vorhanden sind.

Feststellung des Erbteils

Im Rahmen des Pflichtteilsrechtes wird lediglich festgesetzt, daß die Höhe des Pflichtteils in der Hälfte des Wertes des gesetzlichen Erbteils besteht. Wie der Pflichtteil unter Berücksichtigung des gesetzlichen Erbteils des Pflichtteilsberechtigten zu berechnen ist, wird ebenfalls durch das Gesetz geregelt, hier ist genau festgelegt, welche Personen bei der Berechnung der Anteile des Pflichtteilsberechtigten berücksichtigt und welche ausgeschlossen werden.
Zunächst werden zur Feststellung des Erbteils (Quote) folgende Personen gezählt:

1. diejenigen, die gesetzliche Erben wären, durch letztwillige Verfügung jedoch von der Erbfolge ausgeschlossen worden sind;
2. diejenigen, die die Erbschaft ausgeschlagen haben;
3. diejenigen, die für erbunwürdig erklärt worden sind.

Der Fortfall dieser Personen soll nicht dazu führen, daß der Pflichtteil sich erhöht. Die erhöhte Erbschaft infolge des Fortfalls dieser Personen soll allein dem Erben zustatten kommen.
Nicht mitgezählt wird allerdings, wer durch Erbverzicht von der gesetzlichen Erbfolge ausgeschlossen ist.

Beispiel: *Der verwitwete Erblasser hinterläßt vier Söhne, Alfred, Sebastian, Christian und Dagobert. Alfred hatte bereits auf sein Erbrecht wirksam verzichtet. Sebastian ist vom Vater als alleiniger Erbe eingesetzt worden. Macht nun Dagobert sein Pflichtteilsrecht geltend, so wird Alfred bei der Berechnung der Erbteile nicht berücksichtigt (Erbverzicht), wohl aber Christian, der durch die letztwillige Verfügung von der Erbfolge ausgeschlossen wurde. Es ist daher wie folgt zu berechnen:*
Sebastian, Christian und Dagobert sind als gesetzliche Erben zu betrachten. Ihr Erbteil ist gleich groß, so daß jeder ⅓ des Nachlasses als gesetzlicher Erbe zu beanspruchen hätte. Dagoberts Pflichtteilsanspruch beträgt hiervon ½, also ⅙.
Macht der ebenfalls übergangene Christian sein Pflichtteilsrecht nicht geltend, so erhöht dies nicht etwa Dagoberts Pflichtteilsanspruch, vielmehr kommt dies Sebastian (Erbe) voll zugute. Er behält ⅚ des Wertes des Nachlasses und muß nur ⅙ an Dagobert als Pflichtteilsanspruch auszahlen.

Hat ein Erbe jedoch lediglich auf seinen Erbteil, allerdings nicht auf seinen Pflichtteil verzichtet, wird er bei der Feststellung des Bruchteils an der Erbschaft (der Erbquote) nicht mitgezählt. In diesem Falle erhöht er, obwohl er auf den Pflichtteil nicht verzichtet hat, den Pflichtteilsanspruch der übrigen Pflichtteilsberechtigten.

Wert des Nachlasses

Bewertungszeitpunkt

Maßgeblicher Bewertungszeitpunkt für Bestand und Wert des Nachlasses ist der Erbfall. Spätere Veränderungen bleiben unberücksichtigt. Künftige Umstände können ausnahmsweise die Bewertung im Erbfallzeitpunkt beeinflussen. So kann zum Beispiel die Bewertung eines ertraglosen Unternehmens davon abhängen, ob seine Fortführung oder Liquidation geplant ist. Bei der Fortführung wäre der Ertragswert, bei der Liquidation der Veräußerungswert maßgebend.

Berechnungsmethoden

Die Wertermittlung kann im einzelnen recht schwierig sein. Soweit es erforderlich ist, muß der Wert eines Nachlaßgegenstandes oder auch des gesamten Nachlasses durch Schätzung ermittelt werden. Eine vom Erblasser selbst getroffene Wertbestimmung ist dabei nicht maßgebend.

Soll der Pflichtteil eines Abkömmlings oder der Eltern des Erblassers berechnet werden, bleibt der dem überlebenden Ehegatten gebührende Voraus unberücksichtigt.

Für die Wertbestimmung als solche gilt, daß der gemeine Wert eines Nachlaßgegenstandes in Ansatz gebracht wird, so wie er sich allgemein in der Hand eines beliebigen Erben darstellen würde. Ein Liebhaberwert bleibt außer Betracht.

Der gemeine Wert wird in aller Regel dem Verkaufswert entsprechen. Für bestimmte Nachlaßgegenstände, so zum Beispiel Aktien, GmbH-Anteile, gelten besondere Bewertungskriterien. Auch bei Handelsunternehmen, Anteilen an Personengesellschaften usw. sind besondere betriebswirtschaftliche Berechnungsmethoden anzuwenden, die zu einer individuellen Sachwertbestimmung führen. Um derartige Nachlaßgegenstände richtig zu bewerten, wird zumeist fachkundige Hilfe durch einen Steuerberater oder einen Wirtschaftsberater erforderlich sein.

Von dem so ermittelten Aktivbestand sind die Nachlaßpassiva (Verbindlichkeiten) insoweit abzuziehen, als sie auch bei der gesetzlichen Erbfolge angefallen wären. Abzuziehen sind demzufolge nachstehende Verbindlichkeiten:

1. Erblasserschulden, zum Beispiel: Forderungen gegen den Erblasser, Steuern oder andere öffentliche Abgaben zu Lasten des Erblassers, Ansprüche auf Zugewinnausgleich.
2. Erbschaftsverwaltungsschulden zur Sicherung und Feststellung des Nachlasses, zum Beispiel Nachlaßverwaltung, Nachlaßpflegschaft, Inventarerrichtung, Aufgebot, Beerdigungskosten, gegebenenfalls auch Kosten der Testamentsvollstreckung.
3. Der Ehegattenvoraus wird abgezogen, wenn der Ehegatte nicht Alleinerbe war. Bei der Berechnung des Ehegattenpflichtteils wird der Voraus nicht in Abzug gebracht.

Soweit wiederkehrende Verbindlichkeiten zu den oben benannten Nachlaßverbindlichkeiten gehören, so sind sie nach dem Kapitalwert in Anrechnung zu bringen. Die testamentsspezifischen Sonderkosten werden bei der Wertbestimmung des Nachlasses nicht berücksichtigt. Hierzu gehören zum Beispiel Kosten für die Testamentsvollstreckung und Kosten der letztwilligen Verfügung; ferner alle gleich- oder nachrangigen Verbindlichkeiten, also Pflichtteilsansprüche, Vermächtnisse, Auflagen und der Erbersatzanspruch, sofern er nicht bereits vor dem Tode entstanden ist; Verbindlichkeiten, die in der Person der Erben stehen, wie Erbschaftssteuer oder Nachlaßteilungskosten.

Bedingte, ungewisse oder unsichere Rechte

Bei der Feststellung des Wertes des Nachlasses können Rechte und Verbindlichkeiten zu bewerten sein, von denen man nicht genau weiß, ob sie bestehen, wegfallen oder noch entstehen können. Das Gesetz gibt daher Bewertungsrichtlinien für solche Rechte und Verbindlichkeiten. Die Bewertungsrichtlinien lassen sich wie folgt einteilen:

1. Rechte und Verbindlichkeiten, die von einer aufschiebenden Bedingung abhängig sind, bleiben bei der Wertberechnung außer Betracht.

   Beispiel: *Der Erblasser hatte sich 1975 durch einen Vertrag verpflichtet, dem Nachbarn einen jährlichen Schadensersatz in Höhe von DM 20000,– zu zahlen, sollte er – der Erblasser – vor dem 1.1.1985 auf seinem Grundstück eine Schweinezucht beginnen.*

2. Rechte und Verbindlichkeiten, die von einer auflösenden Bedingung abhängig sind, werden mitbewertet.

   Beispiel: *Der Nachbar, der auf seinem Grundstück einen Heizöllager- und Umfüllplatz errichtet hatte, hat sich dem Erblasser gegenüber verpflichtet, ihm, solange er dieses Geschäft auf seinem Grundstück betreibt, die zur Beheizung seiner Gebäulichkeiten notwendige Menge Heizöl bis zu maximal 10000 Liter pro Jahr als Entschädigung für die mit dem Betrieb des Geschäftes verbundenen Belästigungen zu liefern. Dieses Bezugsrecht wird mitbewertet.*

3. Ungewisse oder unsichere Rechte sowie zweifelhafte Verbindlichkeiten werden genauso behandelt wie Rechte und Verbindlichkeiten, die von einer aufschiebenden Bedingung abhängig sind; sie bleiben unberücksichtigt.
   Tritt die Bedingung ein, das heißt, werden ungewisse oder unsichere Rechte sowie zweifelhafte Verbindlichkeiten sicher, so muß eine Ausgleichung erfolgen, die der veränderten Rechtslage entspricht.
   Im Rahmen einer ordnungsgemäßen Verwaltung ist der Erbe dem Pflichtteilsberechtigten gegenüber verpflichtet, für die Feststellung eines ungewissen und für die Verfolgung eines unsicheren Rechtes zu sorgen.

Durch diese Bestimmung soll vermieden werden, daß bei der Berechnung des Pflichtteilsanspruches der Pflichtteilsberechtigte dadurch zu kurz kommt, daß sich der Erbe nicht genug um die ungewissen und unsicheren Rechte kümmert. Es soll nicht zu Lasten des Pflichtteilsberechtigten gehen, wenn der Erbe seine eigenen Vermögensinteressen vernachlässigt.
Von den bedingten, ungewissen oder unsicheren Rechten sowie zweifelhaften Verbindlichkeiten sind befristete Rechte und Verbindlichkeiten zu unterscheiden. Bei ihnen steht fest, wann sie wegfallen werden, so daß sie geschätzt werden können; hierzu gehören beispielsweise Nießbrauch, Deputate, Patente oder Lizenzen, die zu einem bestimmten Termin – Fristende – entfallen.

Auskunftspflicht des Erben

Damit der Pflichtteilsberechtigte seinen Anspruch beziffern kann, hat ihn der Erbe auf Verlangen über den Bestand des Nachlasses zu informieren. Der Pflichtteilsberechtigte kann sogar beanspruchen, daß er zugezogen wird, wenn ein Verzeichnis der Nachlaßgegenstände aufgenommen wird. Ferner hat er ein Recht darauf, daß der Wert der Nachlaßgegenstände ermittelt wird.
Er kann sogar verlangen, daß ein Nachlaßverzeichnis durch die zuständige Behörde oder durch einen zuständigen Beamten oder Notar aufgenommen wird. Die Kosten, die hierdurch entstehen, fallen dem Nachlaß zur Last.
In aller Regel wird der Erbe seiner Auskunftspflicht dadurch hinreichend nachkommen, daß er ein schriftliches Bestandsverzeichnis vorlegt, dessen Richtigkeit er auf Verlangen des Pflichtteilsberechtigten auch an Eides Statt zu versichern hat. Urkunden und Belege braucht der Erbe im allgemeinen nicht vorzulegen.
Eine solche Vorlagepflicht kann dann notwendig sein, wenn ein Unternehmen zum Nachlaß gehört, das nur aufgrund der Geschäftsunterlagen (Bilanzen, Gewinn- und Verlustrechnungen, Geschäftsbücher usw.) geschätzt werden kann. Zwar kann der Pflichtteilsberechtigte verlangen, daß auf Kosten des Nachlasses eine Wertermittlung durch einen Sachverständigen erfolgt, insbesondere dann, wenn die erteilten Informationen und Unterlagen eine Schätzung ansonsten nicht ermöglichen. Allerdings müssen Schätzgutachten, die der Erbe zu seiner eigenen Information hat herstellen lassen, nicht herausgegeben werden.

Auskunftsrecht anderer Personen

Während die frühere Rechtsprechung die Auskunftspflicht des Erben in Fällen, die gesetzlich gesondert geregelt sind, abgelehnt hat, wird nach der neueren Rechtsprechung allen Personen ein Auskunftsrecht eingeräumt, die ein berechtigtes Interesse an einer solchen Auskunft nachweisen können. Hierzu gehören insbesondere der Auskunftsanspruch des pflichtteilsberechtigten Miterben gegen den Beschenkten; des Nacherben gegen den vom Vorerben Beschenkten; des pflichtteilsberechtigten Erben gegen den Beschenkten.

Anrechnung von Zuwendungen auf den Pflichtteil

Der Pflichtteilsberechtigte hat sich auf seinen Pflichtteil das anrechnen zu lassen, was ihm von dem Erblasser durch Rechtsgeschäfte unter Lebenden zugewendet worden ist, wenn der Erblasser dies bei der Zuwendung angeordnet hat.

Beispiel: *Hat der Erblasser bereits zu Lebzeiten dem Pflichtteilsberechtigten ein Aktienpaket im Werte von DM 10 000,– übereignet, mit der Bestimmung, daß es auf den Pflichtteil angerechnet werden soll, muß der Pflichtteilsberechtigte, wenn er dann den Pflichtteil geltend macht, diesen Vorempfang auch in Anrechnung bringen.*

Für die Berechnung des Wertes ist der Zeitpunkt maßgebend, zu welchem die Zuwendung erfolgt ist. Lediglich der Kaufkraftschwund ist entsprechend zu berücksichtigen. Bei der Bestimmung des Pflichtteils wird der Wert der Zuwendung dem Gesamtnachlaß hinzugerechnet.

Beispiel: *Der Erblasser hat seine Ehefrau, mit der er im gesetzlichen Güterstand der Zugewinngemeinschaft lebte, als Alleinerbin eingesetzt. Der Nachlaßwert beträgt DM 10 000,–. Zu Lebzeiten hat der einzige Sohn bereits ein Sparbuch im Werte von DM 2000,– erhalten mit der Maßgabe, daß er sich dies auf seinen Pflichtteilsanspruch anrechnen lassen müsse. Unter Berücksichtigung eines Pflichtteilsrechtes in Höhe von ¼ vom Nachlaß ergibt sich nachstehende Berechnung:*

Dem Nachlaßwert in Höhe von	*DM 10000,–*
ist der Vorempfang in Höhe von	*DM 2000,–*
zuzurechnen, so daß ein erhöhter Nachlaßwert von anzunehmen ist. Von diesem erhöhten Nachlaßwert	*DM 12000,–*
in Höhe von DM 12 000,– erhält der Sohn ¼ =	*DM 3000,–*
Hierauf muß er sich den Vorempfang von	*DM 2000,–*
anrechnen lassen, so daß sein restlicher Pflichtteilsanspruch beträgt.	*DM 1000,–*

Die zwischenzeitlich angefallenen Zinsen werden nicht berücksichtigt.

Allenfalls kann der Kaufkraftschwund des Geldes Berücksichtigung finden, was sich allerdings nicht zugunsten des Pflichtteilsberechtigten auswirken würde.
Bei mehreren pflichtteilsberechtigten Empfängern, die verschieden hohe Zuwendungen erhalten haben, wird die Berechnung für jeden Empfänger völlig unabhängig durchgeführt. Für jeden pflichtteilsberechtigten Empfänger ist ein anderer erhöhter Nachlaßwert maßgebend. Zu dem tatsächlichen Nachlaßwert wird immer nur der Vorempfang hinzugerechnet, der gerade dem Pflichtteilsberechtigten gemacht wurde, dessen Pflichtteilsanspruch berechnet wird.

Ausgleichungspflicht

Recht kompliziert wird die Bestimmung des Pflichtteils eines Abkömmlings, wenn mehrere Abkömmlinge vorhanden sind und unter ihnen Ausgleichungen vorzunehmen sind.

Der Pflichtteil eines Abkömmlings bestimmt sich in diesen Fällen danach, was auf den gesetzlichen Erbteil unter Berücksichtigung der Ausgangspflichten bei der Teilung entfallen würde. In den Fällen, in denen eine Ausgleichspflicht besteht, ist zunächst der gesetzliche Erbteil und dann der rechnerische Erbteil zu ermitteln. Nach diesem errechneten, die Ausgleichungen berücksichtigenden Erbteil ist sodann der Pflichtteil zu ermitteln, indem der gefundene Wert halbiert wird. Bei der Berechnung bleibt wieder ein Abkömmling, der durch Erbverzicht von der gesetzlichen Erbfolge ausgeschlossen ist, außer Betracht.
Der Pflichtteilsberechtigte ist nicht verpflichtet, etwas herauszugeben, wenn er zu Lebzeiten des Erblassers mehr zugewendet bekommen hat, als sein späterer Pflichtteil ausmacht. Allerdings ist er verpflichtet, seinen Miterben gegenüber darüber Auskunft zu erteilen, was ihm an ausgleichspflichtigen Zuwendungen zugekommen ist.

Beispiel: *Zwei Brüdern wäre gemeinschaftlich ein Erbe von DM 15 000,– zugefallen, doch muß sich der eine einen Vorempfang von DM 5000,– anrechnen lassen, so daß ihm ein Restanspruch von DM 5000,– verbleibt. Dies entspricht seinem gesetzlichen Erbteil.*
Wäre dieser Bruder nun durch letztwillige Verfügung von der Erbfolge ausgeschlossen, so bildeten die DM 5000,– die Berechnungsgrundlage für den Pflichtteilsanspruch. Da der gesetzliche Erbteil zu halbieren ist, verblieben dem Pflichtteilsberechtigten noch DM 2500,– als Pflichtteilsanspruch.

Hat der Erblasser den Pflichtteilsberechtigten auf einen Erbteil eingesetzt, der ohne Berücksichtigung von Ausgleichungsrechten und -pflichten die Hälfte des gesetzlichen Erbteils erreicht, so hätte er an sich weder einen Pflichtteilsanspruch noch einen Pflichtteilsrestanspruch.
Dies würde jedoch den auf den Pflichtteil gesetzten Erben, der keinen Vorempfang erhalten hat, gegenüber einem Miterben, der einen Vorempfang bekam, benachteiligen. Demzufolge billigt das Gesetz dem Pflichtteilsberechtigten, der auch Erbe ist, einen Pflichtteilsrestanspruch zu, der sich durch die Hinzurechnung der ausgleichspflichtigen Zuwendungen ergibt.

Beispiel: *Der Erblasser hat nur zwei Söhne, Alfred und Christian. Von dem Nachlaß in Höhe von DM 10 000,– hat er Alfred ¾ = DM 7500,– zugewandt, dem Sohn Christian ¼ = DM 2500,–. Alfred hat aber bereits eine ausgleichspflichtige Zuwendung in Höhe von DM 2000,– erhalten.*
Grundsätzlich könnte Christian weder den Pflichtteil noch den Pflichtteilsrestanspruch geltend machen, weil ihm genau der Pflichtteil, nämlich ¼ = DM 2500,– zugewiesen worden ist.

Hinsichtlich der erfolgten Zuwendungen ist jedoch wie folgt zu rechnen:

Wert des tatsächlich vorhandenen Nachlasses	*DM 10000,–*
zuzüglich erfolgte Zuwendung von	*DM 2000,–*
	DM 12000,–
Pflichtteil des Sohnes Christian = ¼ von DM 12 000,– =	*DM 3000,–*
Da dem Sohn Christian auf den ihm zustehenden Pflichtteil von	*DM 3000,–*
nur ein Erbteil von	*DM 2500,–*
zugewandt wurde, hat er einen Pflichtteilsrestanspruch gegenüber seinem Bruder Alfred in Höhe von	*DM 500,–*

Wenn ein Erblasser einem Abkömmling zu Lebzeiten etwas zuwendet, so kann er bestimmen, daß diese Zuwendung bei der Auseinandersetzung zwischen den Miterben nicht zum Ausgleich zu bringen ist. Für die Berechnung des Pflichtteils kann der Erblasser diese Bestimmung jedoch nicht treffen. Der Erblasser kann nicht ausschließen, daß zugunsten des Pflichtteilsberechtigten bei der Berechnung des Pflichtteils von dem erhöhten Nachlaßwert – also von dem Nachlaß unter Hinzurechnung der Zuwendung – ausgegangen wird.

Die Anrechnungspflicht auf den Pflichtteil ist streng von der Ausgleichungspflicht unter Miterben beziehungsweise Pflichtteilsberechtigten zu trennen. Während nämlich die Anrechnungspflicht jeden Pflichtteilsberechtigten (Abkömmling, Eltern und Ehegatten) treffen kann, erstreckt sich die Ausgleichungspflicht nur auf Abkömmlinge. Darüber hinaus ist die Ausgleichungspflicht entscheidend für die Höhe des *gesetzlichen Erbteils*, wohingegen die Anrechnungspflicht sich unmittelbar auf den *Pflichtteil* bezieht. Die Zuwendung wird direkt vom Pflichtteil abgezogen. Trifft eine ausgleichspflichtige Zuwendung mit einer Zuwendung zusammen, die auf den Pflichtteil anzurechnen ist, weil der Erblasser dies so bestimmt hat, wird sie nur zur Hälfte auf den Pflichtteil angerechnet, damit eine Doppelbelastung vermieden wird.

Beispiel: *Der Nachlaß hat einen Wert von DM 20 000,–. Die beiden einzigen gesetzlichen Erben sind die Söhne Alfred und Sebastian. Der Erblasser hat Alfred DM 19 000,–, Sebastian DM 1000,– durch letztwillige Verfügung vermacht. Bereits zu Lebzeiten des Erblassers hatte Sebastian einen ausgleichungspflichtigen Vorempfang in Höhe von DM 2000,– erlangt, von welchem der Erblasser angeordnet hat, daß er sowohl unter Erben auszugleichen als auch auf den Pflichtteil anzurechnen sei.*
Hiernach ergibt sich folgende Berechnung:
Zunächst einmal ist der Pflichtteil zu berechnen.

Infolge des Vorempfangs ist von dem erhöhten Nachlaß auszugehen,	
so daß zu dem tatsächlich vorhandenen Nachlaß in Höhe von	*DM 20000,–*
der ausgleichspflichtige Vorempfang von	*DM 2000,–*
hinzuzurechnen ist, so daß sich ein erhöhter Nachlaß	

in Höhe von	*DM 22000,–*
ergibt.	
Der gesetzliche Erbteil beträgt für beide Söhne je ½,	
so daß für Sebastian ein gesetzlicher Erbteil in Höhe von	*DM 11000,–*
besteht.	
Von diesem gesetzlichen Erbteil in Höhe von	*DM 11000,–*
ist der ausgleichspflichtige Vorempfang in Höhe von	*DM 2000,–*
in Abzug zu bringen, so daß ein bereinigter gesetzlicher	
Erbteil von	*DM 9000,–*
folgt.	
Hiervon hat der pflichtteilsberechtigte Sebastian ½ zu beanspruchen,	
so daß sein Pflichtteilsanspruch	*DM 4500,–*
beträgt.	
Von diesen	*DM 4500,–*
muß Sebastian zunächst das ihm letztwillig Zugewandte	
in Höhe von	*DM 1000,–*
in Anrechnung bringen,	
so daß noch ein Restpflichtteilsanspruch von	*DM 3500,–*
besteht.	
Auf diesen so berechneten Restanspruch	
muß er von den zugewendeten DM 2000,–	
die Hälfte, also	*DM 1000,–*
in Anrechnung bringen, weil dies der Erblasser	
so bestimmt hat. Somit kann Sebastian von	
seinem Bruder Alfred noch	*DM 2500,–*
verlangen.	

Dadurch, daß bei der Berechnung des Pflichtteils einerseits und bei der Anrechnung auf den Pflichtteil andererseits der Vorausempfang jeweils nur zur Hälfte berücksichtigt wurde, ergibt sich durch Zusammenrechnung wieder ein Abzug von DM 2000,–, der dem Vorempfang entspricht.

Übertragbarkeit des Pflichtteilsanspruchs

Der Anspruch auf den Pflichtteil entsteht mit dem Erbfall. Er ist vererblich und übertragbar. Solange der Pflichtteilsberechtigte auf den Anspruch nicht verzichtet hat beziehungsweise keine Verjährung eingetreten ist, kann der Erbe des Pflichtteilsberechtigten somit den Anspruch geltend machen, den der Pflichtteilsberechtigte selbst zuvor nicht gefordert hat.

Pflichtteilslast

Pflichtteilslast bei Vermächtnissen

Ist ein Erbe mit einem Vermächtnis belastet, hat aber zugleich auch die Ansprüche eines Pflichtteilsberechtigten zu erfüllen, so kann der Erbe dem Vermächtnisnehmer gegenüber die Leistung in gewissem Umfang verweigern. Dadurch wird die Erfüllung des Pflichtteilsanspruchs auf den Erben und den Vermächtnisnehmer verteilt. Maßstab für diese Verteilung ist das Verhältnis zwischen Nachlaßwert und Vermächtniswert.

Beispiel: *Hat der Nachlaß einen Wert von DM 10 000,– und ist der Erbe mit einem Vermächtnis von DM 2000,– belegt, so beträgt das Verhältnis 4/5 (= DM 8000,– zu DM 10 000,–/Erbe) zu 1/5 (= DM 2000,– zu DM 10 000,–/Vermächtnisnehmer). Ist nun zusätzlich ein Pflichtteilsanspruch in Höhe von DM 2500,– zu befriedigen, so braucht der Erbe nur 4/5 davon zu tragen, nämlich DM 2000,–. Für das letzte Fünftel, DM 500,– muß der Vermächtnisnehmer aufkommen.*

Das gleiche gilt für Auflagen.
Ist der Pflichtteilsberechtigte zugleich auch Vermächtnisnehmer, so ist die Kürzung seines Vermächtnisrechtes nur insoweit zulässig, als dadurch der Pflichtteil nicht unterschritten wird.

Beispiel: *Wäre im obigen Beispiel der Vermächtnisnehmer gleichzeitig Pflichtteilsberechtigter, und betrüge sein Pflichtteil DM 1800,–, so könnte der Erbe von seinem Leistungsverweigerungsrecht nur bis zu einer Höhe von DM 200,– Gebrauch machen, weil der dem Vermächtnisnehmer zustehende Pflichtteil von DM 1800,– nicht unterschritten werden darf.*

Ist der Erbe selbst pflichtteilsberechtigt, so kann er wegen der Pflichtteilslast Vermächtnisse und Auflagen soweit kürzen, daß ihm sein eigener Pflichtteil verbleibt. Aus dieser Vorschrift geht hervor, daß der Erbe Vermächtnisse und Auflagen nur insoweit erfüllen muß, als über seinen eigenen Pflichtteilsanspruch hinaus ein Überschuß bleibt.

Beispiel: *Der Wert des Nachlasses beträgt DM 10 000,–. Die Tochter Andrea ist zur Alleinerbin eingesetzt worden, allerdings mit einem Vermächtnis in Höhe von DM 7000,– zugunsten ihres Vetters Christian.*
Sie hat ferner den Pflichtteilsanspruch ihres einzigen Bruders Sebastian in Höhe von DM 2500,– zu befriedigen. Nach dem Grundsatz, daß der Erbe vom Vermächtnis-

nehmer verlangen kann, den Pflichtteilsanspruch im Verhältnis mit zu tragen, müssen Andrea und ihr Vetter Christian den Pflichtteilsanspruch im Verhältnis $^{7}/_{10}$ zu $^{3}/_{10}$ begleichen. Somit hat Christian von dem Pflichtteil, das DM 2500,– beträgt, DM 1750,– zu tragen, Andrea nur DM 750,–. Bei der Auszahlung des Vermächtnisses an ihren Vetter kann sie die DM 1750,– zurückbehalten. Andreas Aufwendungen beliefen sich damit auf:

Pflichtteilsanspruch Sebastian	*DM 2500,–*
Vermächtnis an Christian (DM 7000,– – DM 1750,–)	*DM 5250,–*
	DM 7750,–
Von dem ererbten Nachlaß in Höhe von	*DM 10000,–*
würde Andrea nun nur noch	*DM 2250,–*
zurückbehalten. Da ihr eigener Pflichtteil	
neben ihrem einzigen Bruder Sebastian	*DM 2500,–*
beträgt, wird ihr Pflichtteil bei Erfüllung des Pflichtteilsanspruches des Sebastian und des Vermächtnisses des Christian um DM 250,– unterschritten. Aus diesem Grunde kann sie das Vermächtnis des Christian nochmals um DM 250,– kürzen, um ihren Pflichtteil zu wahren. Sie zahlt damit	
an Sebastian	*DM 2500,–*
an Christian	*DM 5000,–*
	DM 7500,–
Rechnet man ihren eigenen Pflichtteil in Höhe von	*DM 2500,–*
hinzu, ergibt sich wieder der volle Nachlaß	
in Höhe von	*DM 10000,–*

In Anwendung der entsprechenden gesetzlichen Vorschriften ist somit das Vermächtnis des Christian von DM 7000,– auf DM 5000,– zusammengeschrumpft.

Pflichtteilsberechtigter Miterbe

Ist einer von mehreren Erben selbst pflichtteilsberechtigt, so kann er *nach* der Teilung die Befriedigung eines anderen Pflichtteilsberechtigten, der aber nicht Erbe geworden ist, soweit verweigern, daß ihm sein eigener Pflichtteil verbleibt. Für den entstehenden Ausfall haften die übrigen Erben. Solange die Erbengemeinschaft noch nicht auseinandergesetzt ist, haften die Miterben für den Pflichtteil als Gesamtschuldner. Wird nach der Teilung einer von mehreren Erben von einem Pflichtteilsberechtigten in Anspruch genommen, braucht er nur so viel an ihn zu leisten, daß sein eigener Pflichtteil nicht überschritten wird. Er kann den Pflichtteilsberechtigten an die übrigen Miterben verweisen.

Pflichtteilslast des Ersatzmannes

Wird jemand anstelle eines Pflichtteilsberechtigten gesetzlicher Erbe, so haftet er im Außenverhältnis zusammen mit den anderen Miterben als Gesamtschuldner. Im Innenverhältnis, also im Verhältnis zu den früheren Miterben, trägt der neu hinzugekommene Miterbe die Pflichtteilslast in Höhe des erlangten Vorteils.

Beispiel: *Wird ein Sohn durch Testament von der Erbschaft ausgeschlossen und gelangen an seiner Stelle seine Kinder zur gesetzlichen Erbfolge, so ist der Sohn des Erblassers Pflichtteilsberechtigter. Den Pflichtteil des enterbten Sohnes haben aber allein dessen Kinder zu tragen und nicht etwa die miterbenden Brüder des enterbten Sohnes. Es wird deutlich, daß die Last des Pflichtteils im Innenverhältnis nur diejenigen trifft, die einen unmittelbaren Vorteil aus dem Wegfall des Erbrechtes des vorrangig Erbberechtigten erlangt haben.*
Ungeachtet dessen kann der enterbte Sohn seinen Pflichtteil von allen Miterben gesamtschuldnerisch verlangen, sofern der Nachlaß noch nicht geteilt ist.

Pflichtteilslast bei Vermächtnisausschlagung

Schlägt der Pflichtteilsberechtigte ein ihm zugewendetes Vermächtnis aus, so hat derjenige, dem die Ausschlagung zustatten kommt, die Pflichtteilslast in Höhe des erlangten Vorteils zu tragen. Auch diese Vorschrift dient dem internen Ausgleich der Pflichtteilslast. Es gilt der Grundsatz, daß die Pflichtteilslast denjenigen trifft, der durch die Ausschlagung des Vermächtnisses einen Vorteil erlangt hat.

Beispiel: *Sebastian steht ein Pflichtteilsanspruch von DM 3000,– zu. Der Erblasser hat aber verfügt, daß der Miterbe Alfons Sebastian ein Vermächtnis in Höhe von DM 4000,– zuwenden soll. Schlägt nun Sebastian dieses Vermächtnis aus, so muß Alfons den vollen Pflichtteil allein bestreiten, weil ihm zunächst durch die Ausschlagung des Vermächtnisses ein Vorteil in Höhe von DM 4000,– entstanden ist. Selbst wenn er den Pflichtteil befriedigt, bleiben ihm noch immer DM 1000,– mehr als bei Erfüllung des Vermächtnisses. Es wäre unbillig, wenn die übrigen Miterben in diesem Fall mit zur Begleichung des Pflichtteiles beitragen müßten; denn hierdurch würde der vom Vermächtnis entlastete Erbe doppelt begünstigt.*

Ist hingegen das ausgeschlagene Vermächtnis geringer als der Pflichtteilsbetrag, so ist die Höhe des Vorteils durch Vergleich der Rechtslage vor und nach der Ausschlagung zu ermitteln. Der Wert des Vermächtnisses wird wiederum berechnet nach dem Zeitpunkt des Erbfalls, gegebenenfalls mit Zinsen plus Zinseszinsen einerseits und Kaufkraftschwund andererseits.

Abweichende Anordnung des Erblassers

Grundsätzlich ist das Pflichtteilsrecht zwingendes Recht, auch soweit es den eigenen Pflichtteil des Erben oder Vermächtnisnehmers betrifft. Dem Erblasser ist jedoch das Recht eingeräumt, die Umverteilung der Pflichtteilslasten unter den Erben testamentarisch zu regeln: demzufolge kann der Erblasser durch Verfügung von Todes wegen die Pflichtteilslast einzelnen Erben auferlegen und andere davon befreien.

Ergänzung des Pflichtteils wegen Schenkungen

Schenkungen, die der Erblasser zu Lebzeiten einem Dritten zuwendet, sollen das Pflichtteilsrecht nicht aushöhlen. Der Pflichtteilsberechtigte kann daher von dem Erben die Ergänzung seines Pflichtteils beanspruchen. Daher heißt dieser besondere Anspruch »Pflichtteilsergänzungsanspruch«. Hat der Erblasser einem Dritten eine Schenkung gemacht, so kann der Pflichtteilsberechtigte als Ergänzung des Pflichtteils von dem Erben den Betrag verlangen, um den sich der Pflichtteil erhöht, wenn der verschenkte Gegenstand dem Nachlaß hinzugerechnet wird.

Beispiel: *Ist ein Nachlaß von DM 18 000,– vorhanden und ist dem Dritten eine Schenkung von DM 4000,– zugeflossen, so hat der Berechtigte bei einer Pflichtteilsquote von ¼ einen Ergänzungsanspruch in Höhe von DM 1000,–. Dies ergibt sich aus folgender Berechnung:*
Pflichtteil ohne Schenkung:
¼ von DM 18 000,– = DM 4500,–.
Pflichtteil mit Schenkung:
DM 18 000,– + DM 4000,– = DM 22 000,–.
Hiervon ¼ = DM 5500,–.

Erhöhter Pflichtteil	*DM 5500,–*
./. »Alter« Pflichtteilsanspruch	*DM 4500,–*
	DM 1000,–

In unserem Beispiel kann dann der Berechtigte von dem Erben einen Pflichtteilsergänzungsanspruch in Höhe von DM 1000,– geltend machen. Dieser Pflichtteilsergänzungsanspruch steht dem Pflichtteilsberechtigten zu, unabhängig davon, ob ihm ein ordentlicher Pflichtteilsanspruch zusteht.
Also auch bei der Ausschlagung der gesetzlichen Erbfolge kann der Pflichtteilsergänzungsanspruch geltend gemacht werden, ohne daß ein ordentlicher Pflichtteilsanspruch besteht oder geltend gemacht wird. Der Pflichtteilsergänzungsanspruch richtet sich nicht etwa gegen den Dritten, sondern gegen den Erben.

Anspruch gegen den Beschenkten

Ergibt sich, daß der Erbe zur Ergänzung des Pflichtteils nicht verpflichtet ist, weil er selbst pflichtteilsberechtigter Erbe ist, dessen eigener Pflichtteil durch die Zahlung unterschritten würde, so soll der Pflichtteilsberechtigte dennoch nicht leer ausgehen. Er kann dann von dem Beschenkten die Herausgabe des Geschenkes verlangen, um den fehlenden Betrag, den er vom Erben nicht erhalten konnte, beizutreiben. Der Pflichtteilsberechtigte, der Alleinerbe ist, kann das gleiche Recht bei dem Beschenkten geltend machen.
Will oder kann der Beschenkte die Sache selbst nicht herausgeben, so kann er den entsprechenden Betrag in Geld zahlen. Sofern mehrere Personen beschenkt worden sind, haftet grundsätzlich zunächst derjenige, der zuletzt beschenkt worden ist. Erst wenn von diesem keine volle Befriedigung zu erlangen ist, haftet der zuvor Beschenkte. Anstandsschenkungen sind von dieser Regelung jedoch ausgenommen, also solche Schenkungen, die aus einer sittlichen Pflicht heraus erfolgten. In Ausnahmefällen kann auch die Zuwendung höherwertiger Güter eine Anstandsschenkung sein. So kann etwa bei fehlender Altersversorgung des Ehegatten die Zuwendung eines Hauses oder einer Lebensversicherung durchaus als Anstandsschenkung gelten. Erst wenn eine solche Schenkung das durch den Anstand gebotene Maß übersteigt, unterliegt der Mehrbetrag dem Pflichtteilsergänzungsanspruch. Der Pflichtteilsergänzungsanspruch kann nicht auf Schenkungen gestützt werden, die zur Zeit des Erbfalles bereits länger als 10 Jahre zurückliegen. Ist die Schenkung an den Ehegatten des Erblassers erfolgt, so beginnt die Frist nicht vor der Auflösung der Ehe.

Beispiel: *Der Ehemann schenkte am 13. 6. 1967 seiner Ehefrau ein Schmuckstück von hohem Wert. Am 11. 12. 1971 wurde die Ehe rechtskräftig geschieden. Der Ehemann verstarb am 12. 1. 1979. Obwohl die Schenkung mehr als 10 Jahre vor dem Erbfall erfolgte, muß sie gleichwohl beim Pflichtteilsergänzungsanspruch berücksichtigt werden, weil nach der Ehescheidung weniger als 10 Jahre bis zum Erbfall verstrichen sind.*

Wertberechnung der Schenkung

Eine verbrauchbare Sache kommt mit dem Wert in Ansatz, den sie zur Zeit der Schenkung hatte. Es wäre widersinnig, eine Sache, die ja gerade zum Verbrauch geeignet ist, mit dem Wert in Ansatz zu bringen, den sie zur Zeit des Erbfalls gehabt hätte. Zu diesem Zeitpunkt konnte die Sache bereits geringwertig oder ohne Wert geworden sein. Andere Gegenstände werden mit dem Wert in Ansatz gebracht, den sie zur Zeit des Erbfalls hatten. Zugunsten des zur Zahlung des Pflichtteilsergänzungsanspruchs verpflichteten Erben wird davon ausgegangen, daß für den Fall, daß die Sache zum Zeitpunkt der Schenkung einen geringeren Wert hatte, der geringere Wert zu berücksichtigen ist.

Beispiel: *Hat der Erblasser einem Dritten ein Bild eines bis dahin unbekannten Malers geschenkt, das zur Zeit der Schenkung einen Wert von DM 1000,– hatte, so ist dieser Wert maßgebend, selbst wenn der Maler inzwischen berühmt geworden ist, und das Bild deshalb zum Zeitpunkt des Erbfalles bereits das 10fache, also DM 10 000,– wert ist.*

Ergänzung über die Hälfte des gesetzlichen Erbteils

Der Pflichtteilsberechtigte kann die Ergänzung des Pflichtteils auch dann verlangen, wenn ihm genau der Pflichtteil, der sich aus dem Nachlaß ohne Hinzurechnung der bereits früher erfolgten Schenkung ergibt, hinterlassen ist. Ist dem Pflichtteilsberechtigten mehr als sein Pflichtteil hinterlassen, so ist der Anspruch ausgeschlossen, soweit der Wert des mehr Hinterlassenen reicht.
Diese Vorschrift dient der Klarstellung, daß der Pflichtteilsergänzungsanspruch auch dann eingreift, wenn der Pflichtteilsberechtigte sein ordentliches Pflichtteil erhalten hat.

Beispiel: *Der Pflichtteilsanspruch eines Berechtigten beträgt DM 5000,–. Sein Pflichtteilsergänzungsanspruch, der sich ergibt, nachdem der Wert einer schon früher an einen Dritten erfolgten Schenkung hinzugerechnet wird, beläuft sich auf DM 2000,–. Es sind ihm vom Erblasser DM 6000,– zugewendet worden, also DM 1000,– mehr als sein Pflichtteilsanspruch allein ausmacht, jedoch DM 1000,– weniger als ihm mit voller Pflichtteilsergänzung zustünden. Er hat also noch Anrecht auf DM 1000,–.*

Beschenkter Pflichtteilsberechtigter

Hat der Pflichtteilsberechtigte selbst ein Geschenk von dem Erblasser erhalten, so wird das Geschenk zunächst in gleicher Weise dem Nachlaß hinzugerechnet, wie es bei einer Schenkung an einen Dritten geschehen würde.
Allerdings ist zugleich dem Pflichtteilsberechtigten das Geschenk auf die eventuell geforderte Ergänzung anzurechnen. Die Vorschrift beschränkt sich als Billigkeitsvorschrift auf Fälle, in denen nicht nur der beanspruchende Pflichtteilsberechtigte, sondern auch Dritte beschenkt sind, die auch Miterben oder andere Pflichtteilsberechtigte sein können.

Beispiel: *Wenn ein Nachlaß in Höhe von DM 100 000,– vorhanden ist und der Pflichtteilsberechtigte einen Pflichtteilsanspruch in Höhe von ¼ hat und sowohl an einen Dritten ein Geschenk in Höhe von DM 9000,– als auch an ihn selbst in Höhe von DM 1000,– geflossen ist, berechnet sich der Ergänzungsanspruch des beschenkten Pflichtteilsberechtigten wie folgt:*

Vorhandener Nachlaß	*DM 100000,–*
+ Geschenk an den Dritten	*DM 9000,–*
+ Geschenk an den Pflichtteilsberechtigten selbst	*DM 1000,–*
	DM 110000,–
Pflichtteilsanspruch hiervon ¼	*DM 27500,–*
./. Pflichtteil	*DM 25 000,–*
Pflichtteilsergänzung	*DM 2500,–*
Hierauf muß sich der beschenkte Pflichtteilsberechtigte sein Geschenk in Höhe von	*DM 1000,–*
anrechnen lassen, so daß der tatsächliche Pflichtteilsergänzungsanspruch nur	*DM 1500,–*
beträgt.	

Ergänzungsanspruch und Anrechnungspflicht

Handelt es sich gleichzeitig um ein Geschenk, das auf den Pflichtteil anzurechnen ist, so erfolgt die Anrechnung nicht nur auf die Ergänzung sondern auch auf den Pflichtteil selbst. Ist das Geschenk höherwertig als der Pflichtteilsergänzungsanspruch, muß der Pflichtteilsberechtigte sich das Geschenk auch auf den Pflichtteil anrechnen lassen.

Beispiel: *Der Erblasser ordnet Anrechnung auf den Pflichtteil an:*

Nachlaßwert	*DM 10000,–*
Schenkung an Pflichtteilsberechtigten	*DM 4000,–*
Erhöhter Nachlaß	*DM 14000,–*
Erhöhter Pflichtteil (¼)	*DM 3500,–*
Pflichtteil von DM 10 000,– (¼)	*DM 2500,–*
Pflichtteilsergänzung	*DM 1000,–*

Da die Schenkung höherwertiger als der Pflichtteilsergänzungsanspruch ist, muß der Pflichtteilsberechtigte die Schenkung auch auf den Pflichtteil anrechnen. Selbst der erhöhte Pflichtteil von DM 3500,– ist kleiner als die Schenkung, so daß der Pflichtteilsberechtigte nichts mehr erhält.

Selbst pflichtteilsberechtigter Erbe

Ist der Erbe selbst pflichtteilsberechtigt, so kann er die Ergänzung des Pflichtteils eines anderen Berechtigten soweit verweigern, daß ihm sein eigener Pflichtteil mit Einschluß dessen verbleibt, was ihm zur Ergänzung des Pflichtteils gebühren würde. Diese Vorschrift begründet ein Leistungsverweigerungsrecht des Erben – auch des Alleinerben – gegenüber dem Pflichtteilsergänzungsanspruch. Soweit dem pflichtteilsberechtigten Erben nicht sein eigener Pflichtteil einschließlich der Pflichtteilsergänzung verbleibt, braucht er den Pflichtteilsergänzungsanspruch eines anderen Pflichtteilsberechtigten nicht zu erfüllen.

Beispiel: *Nachlaßwert:*	*DM 10000,–*
Bruder A: DM 7000,–	
Bruder B: DM 3000,–	
Schenkung an Dritten:	*DM 12000,–*
erhöhter Nachlaß:	*DM 22000,–*
Erhöhter Pflichtteil (¼)	*DM 5500,–*
Bruder B hat erhalten	*./. DM 3000,–*
Ergänzungsanspruch Bruder B	*DM 2500,–*
Zahlt Bruder A von seinen	*DM 7000,–*
an Bruder B die Ergänzung von	*DM 2500,–*
verbleiben ihm nur	*DM 4500,–*
Da sein erhöhter Pflichtteil	*DM 5500,–*
beträgt, würde die Ergänzung den Pflichtteil um verkürzen.	*DM 1000,–*
Daher braucht der Bruder A an B nur	*DM 2500,–*
	./. DM 1000,–
	DM 1500,–
zu zahlen.	

Stundung des Pflichtteilsanspruchs

Ist der Erbe selbst pflichtteilsberechtigt, so kann er verlangen, daß ihm der Pflichtteil, den er einem anderen oder mehreren anderen Pflichtteilsberechtigten zu zahlen hätte, gestundet wird, wenn ihn die sofortige Erfüllung des Gesamtanspruchs ungewöhnlich hart treffen würde.
Solch harte Umstände lägen vor, wenn der Erbe beispielsweise seine Familienwohnung aufgeben oder ein Wirtschaftsgut verkaufen müßte, das die wirtschaftliche

Lebensgrundlage seiner eigenen Familie bildet, um die Ansprüche der Pflichtteilsberechtigten erfüllen zu können.
Doch selbst wenn derartige Härten vorliegen, müssen die Interessen von Schuldner und Gläubiger genau abgewägt werden. Dem Pflichtteilsberechtigten kann nur dann zugemutet werden, die Stundung zu dulden, wenn er selbst besser gestellt ist als der zur Zahlung verpflichtete Erbe.
Für die Entscheidung, ob eine Stundung zu gewähren ist oder nicht, ist das Nachlaßgericht zuständig. Es regelt auch alle Modalitäten der Stundung.
Sind mehrere Erben vorhanden, kommt es darauf an, ob die Erbauseinandersetzung bereits stattgefunden hat oder nicht. Vor der Auseinandersetzung haften in aller Regel alle Erben gesamthänderisch, so daß unter Umständen die Stundung gewährt wird, wenn auf nur einen Miterben die Voraussetzungen zur Gewährung der Stundung zutreffen. Das Recht auf Stundung dieses einen Miterben wird auf diese Weise gesichert, solange der Nachlaß noch nicht geteilt ist. Die gesamthänderische Haftung soll das Stundungsrecht des einzelnen nicht untergraben.
Ist der Nachlaß bereits geteilt, kann nur derjenige pflichtteilsberechtigte Miterbe allein um Stundung bitten, der in seiner Person die Voraussetzungen dafür erfüllt.

Verjährung des Pflichtteilsanspruchs

Ein Pflichtteilsanspruch unterliegt der relativ kurzen Verjährung von 3 Jahren. Die Frist beginnt mit dem Zeitpunkt, in welchem der Pflichtteilsberechtigte von dem Eintritt des Erbfalls und der ihn beeinträchtigenden Verfügung Kenntnis erlangt. In jedem Fall verjährt der Pflichtteilsanspruch in 30 Jahren nach dem Eintritt des Erbfalls.
Der Betroffene muß also nicht nur von dem Erbfall Kenntnis haben, sondern auch von der Verfügung, die ihm das Recht, den Pflichtteil zu verlangen, überhaupt erst einräumt. Das heißt, er muß wissen, daß er übergangen worden, oder auf einen Erbteil eingesetzt worden ist, der geringer ist als das, was ihm als Pflichtteil zustehen würde.

Verjährung bei Schenkung

Der Anspruch des Pflichtteilsberechtigten gegen einen Beschenkten, der zur Ergänzung des Pflichtteils verpflichtet wäre, verjährt in 3 Jahren nach dem Eintritt des Erbfalls.
Der Fristbeginn mit dem Erbfall ist unabhängig davon, ob der Berechtigte von der Schenkung oder dem Beschenkten Kenntnis erlangt hat.

Verjährung bei Vor- und Nacherbschaft

Von Bedeutung ist, daß bei Vor- und Nacherbschaft die Verjährung des Pflichtteilsanspruchs nicht etwa mit dem Vorerbfall beginnt, sondern mit dem Zeitpunkt, in dem der Berechtigte vom Eintritt des Vorerbfalls und von der ihn beeinträchtigenden Verfügung Kenntnis erlangt hat.

Entziehung des Pflichtteils

Entziehung des Pflichtteils eines Abkömmlings

An sich stellt der Pflichtteil das mindeste dar, was einem Abkömmling von Todes wegen zufließen soll. In gravierenden Fällen kann der Erblasser jedoch einem Abkömmling den Pflichtteil entziehen. Dies sind nachstehende Fälle:

1. wenn der Abkömmling dem Erblasser, dem Ehegatten oder einem anderen Abkömmling des Erblassers nach dem Leben trachtet;
2. wenn der Abkömmling sich einer vorsätzlichen körperlichen Mißhandlung des Erblassers oder des Ehegatten des Erblassers, also seines anderen leiblichen Elternteils, schuldig macht. Ist der Ehegatte des Erblassers kein leiblicher Elternteil des Abkömmlings – etwa weil der Ehegatte eine zweite Ehe einging –, so ist die vorsätzliche körperliche Mißhandlung dieser Person kein hinreichender Grund, dem Abkömmling den Pflichtteil zu entziehen. Auch wenn es sich um eine seelische Mißhandlung des Erblassers oder seines Ehegatten handelt, hat der Erblasser kein Recht, den Pflichtteil zu entziehen, es sei denn, die seelische Mißhandlung hätte Auswirkungen auf das körperliche Wohlbefinden der Mißhandelten gehabt;
3. wenn der Abkömmling sich eines Verbrechens oder eines schweren vorsätzlichen Vergehens gegen den Erblasser oder dessen Ehegatten schuldig macht.
   Diese schweren vorsätzlichen Vergehen müssen sich nicht nur gegen die *Person* des Erblassers oder dessen Ehegatten richten. Die Voraussetzungen sind auch dann erfüllt, wenn es sich um Verfehlungen gegen *Eigentum* und *Vermögen* des Erblassers handelt und ihrer Natur und Begehungsweise nach eine grobe Mißachtung des Eltern-Kind-Verhältnisses und damit eine besondere Kränkung des Erblassers bedeuten.
4. wenn der Abkömmling die ihm dem Erblasser gegenüber gesetzlich obliegende Unterhaltspflicht böswillig verletzt;
5. wenn der Abkömmling einen ehrlosen oder unsittlichen Lebenswandel wider den Willen des Erblassers führt. Solch ein ehrloser unsittlicher Lebenswandel kann in

fortgesetzten Ehebrüchen beziehungsweise Eheverfehlungen zu erblicken sein. Bei einer vorehelichen Geschlechtsgemeinschaft, vor allen Dingen wenn die Eltern trotz der Geburt eines Kindes die Heiratsgenehmigung aus Standesgründen verweigern, kann nicht von einem ehrlosen oder unsittlichen Lebenswandel gesprochen werden.

Umstritten ist, ob bei dem ehrlosen Lebenswandel ein Verschulden des Abkömmlings hinzutreten muß, um die Entziehung zu rechtfertigen. Wenngleich Alkoholabhängigkeit beispielsweise einen unsittlichen Lebenswandel mit sich bringen kann, ist im Einzelfall denkbar, daß ein Verschulden für das Entstehen beziehungsweise Fortbestehen des Alkoholismus fehlen kann.

Entziehung des Elternpflichtteils

Umgekehrt kann natürlich auch ein Abkömmling den Eltern den Pflichtteil entziehen, wenn sie sich unter den genannten Verfehlungen die Nummern 1, 3 oder 4 zuschulden kommen lassen. Wenn die Eltern den Abkömmling vorsätzlich körperlich mißhandeln, so ist dies genausowenig ein hinreichender Grund, den Eltern den Pflichtteil zu entziehen, wie ein ehrloser oder unsittlicher Lebenswandel der Eltern. Andererseits ist ein Verstoß gegen die gesetzlich obliegende Unterhaltspflicht schon darin zu erblicken, daß die Eltern die Schul- und Berufsausbildung des Kindes schwer vernachlässigt haben.

Entziehung des Ehegattenpflichtteils

Auch dem Ehegatten kann der Pflichtteil entzogen werden. Dafür kommen folgende Fälle in Betracht:

1. wenn der Ehegatte dem Erblasser oder einem Abkömmling des Erblassers nach dem Leben trachtet;
2. wenn der Ehegatte sich einer vorsätzlichen körperlichen Mißhandlung des Erblassers schuldig macht;
3. wenn der Ehegatte sich eines Verbrechens oder eines schweren vorsätzlichen Vergehens gegen den Erblasser schuldig macht;
4. wenn der Ehegatte die ihm dem Erblasser gegenüber gesetzlich obliegende Unterhaltspflicht böswillig verletzt.

Trotz Entziehung des Pflichtteils kann bei Ehegatten, die in Zugewinngemeinschaft leben, der überlebende Ehegatte den Ausgleich des Zugewinns beanspruchen. Die Erfüllung dieser Ausgleichsforderung kann allerdings dann verweigert werden, wenn der Ausgleich des Zugewinns nach den Umständen des Falles grob unbillig wäre.

Form und Grund der Entziehung

Die Entziehung des Pflichtteils geschieht durch letztwillige Verfügung. Sie kann daher durch Testament, gemeinschaftliches Testament oder Erbvertrag erfolgen. Sie ist stets eine einseitige Verfügung und kann nicht Gegenstand einer vertragsmäßigen Verfügung sein.
In der Verfügung müssen der Grund der Entziehung und die betroffene Person genannt sein. Die Darstellung muß nur den Kern des Sachverhalts treffen. Einzelheiten sind bedeutungslos, sofern nicht gerade sie den Grund dafür darstellen, daß der Erblasser den Pflichtteil entzogen hat.
Zum Zeitpunkt der Errichtung dieser letztwilligen Verfügung muß der Grund für die Entziehung noch vorhanden sein. Ist er zwischenzeitlich weggefallen, kann der Erblasser die Entziehung des Pflichtteils hierauf nicht mehr stützen. Demjenigen, dem die Pflichtteilsentziehung zugute kommt – das ist in der Regel der Erbe oder der Beschenkte –, obliegt es, zu beweisen, daß die Pflichtteilsentziehung zu Recht erfolgte.
Hat der Abkömmling zur Zeit des Erbfalls den ehrlosen oder unsittlichen Lebenswandel, auf den sich die Entziehung stützte, endgültig aufgegeben, so ist die hierauf gestützte vorherige Entziehung unwirksam.

Verzeihung

Das Recht zur Entziehung des Pflichtteils erlischt durch Verzeihung. Eine Verfügung, durch die der Erblasser bereits die Entziehung angeordnet hat, wird durch die Verzeihung unwirksam. Die Verzeihung ist keine Willenserklärung, die dem Betroffenen oder einem anderen gegenüber abzugeben ist. Vielmehr stellt sie eine tatsächliche Handlung dar, die den Entschluß des Erblassers zum Ausdruck bringt, aus den erfahrenen Kränkungen nichts mehr herleiten und darüber hinweggehen zu wollen. Dieses Verhalten ist ausreichend, eine Verzeihung anzunehmen. Darüber hinaus ist nicht erforderlich, daß eine dem Eltern-Kind-Verhältnis entsprechende liebevolle Beziehung wiederhergestellt wird.

Pflichtteilsbeschränkung in guter Absicht

Wäre der Wert des Erbes oder des Pflichtteils erheblich gefährdet, weil der Abkömmling unverhältnismäßig verschwenderisch lebt oder überschuldet ist, kann der Erblasser das Pflichtteilsrecht des Abkömmlings beschränken. Er kann dann zum Beispiel anordnen, daß der Abkömmling nur Vorerbe sein soll. Die Nacherbeneinsetzung bewirkt nämlich, daß der Abkömmling in seiner Verfügungsgewalt über

den Nachlaß erheblich eingeschränkt ist. Vor allen Dingen aber ist die Vorerbschaft dem Zugriff der Gläubiger entzogen.
Die Substanz der Erbschaft, die der Abkömmling als Vorerbe erhalten hat, muß er nahezu ganz dem Nacherben wieder zur Verfügung bringen.
Der Erblasser kann auch bestimmen, daß die Verwaltung des Erbes solange der Abkömmling lebt, einem Testamentsvollstrecker übertragen wird. Der Abkömmling hat dann nur einen Anspruch darauf, daß ihm der jährliche Reinertrag des Vermögens zur Verfügung gestellt wird. Auch diese Einsetzung eines Testamentsvollstreckers dient dazu, daß der Nachlaß in seiner Substanz dem gesetzlichen Erben des verfügungsbeschränkten Abkömmlings ungeschmälert zufließt.
Für die Form der Anordnung der Pflichtteilsbeschränkung gelten die gleichen Bestimmungen wie für die Entziehung des Pflichtteils. Die getroffenen Anordnungen sind dann unwirksam, wenn zur Zeit des Erbfalls der Abkömmling sich dauernd von dem verschwenderischen Leben abgewendet hat oder die den Grund der Anordnung bildende Überschuldung nicht mehr besteht. Diese Unwirksamkeitsklausel ist ein notwendiges Korrektiv insofern, als dann kein Grund zur Beschränkung mehr besteht, wenn der Abkömmling nicht mehr überschuldet ist oder kein verschwenderisches Leben mehr führt. Ob eine Überschuldung zum Zeitpunkt des Erbfalles nicht mehr vorliegt, ist an sich noch recht einfach festzustellen.
Es dürfte jedoch nur sehr schwierig festzustellen sein, ob der Abkömmling sich tatsächlich auf Dauer von seinem verschwenderischen Lebenswandel gelöst hat oder ob dies nur eine vorübergehende Phase gewesen ist, um sich doch noch den Erwerb der Hinterlassenschaft zu sichern.

Pflichtteilsrecht des nichtehelichen Kindes

Einem nichtehelichen Kind steht, wie bereits erwähnt, beim Tode seines Vaters neben den ehelichen Abkömmlingen des Erblassers nur ein Erbersatzanspruch in der Höhe des Wertes seines Erbteils zu. Das Gesetz bestimmt aber auch, daß selbst wenn dieser Erbersatzanspruch durch Testament dem nichtehelichen Kind entzogen ist, dem Abkömmling doch ein Pflichtteilsrecht verbleibt. Wie auch beim normalen Erbanspruch beträgt der Pflichtteil des Erbersatzberechtigten die Hälfte des gesetzlichen Erbteils.

Erbunwürdigkeit

§ 2339 bis § 2345

Bereits der Sachsenspiegel kannte den Grundsatz »Blutige Hand nimmt kein Erbe«. Der Gedanke der Unwürdigkeit geht noch auf das römische Recht der Kaiserzeit zurück. Die Rechtsfindung dieser Zeit kannte eine Reihe von Tatbeständen, bei deren Vorliegen der Empfänger einer letztwilligen Zuwendung für unwürdig erklärt wurde, sie zu erhalten. In solchen Unwürdigkeitsfällen konnte der Staat das dem Unwürdigen zugedachte Gut an sich ziehen. Im frühen deutschen Recht wurde diese Unwürdigkeit übernommen, allerdings dahingehend abgeändert, daß nicht der Staat das Zugedachte erhielt, sondern dies auf den nächsten Erbberechtigten überging.
Im neueren Recht bedeutet Erbunwürdigkeit, daß das Gesetz einzelnen Personen ein Erbrecht, das ihnen kraft Gesetzes oder durch Verfügung von Todes wegen angefallen ist, mit Rückwirkung entzieht, weil diese Personen bestimmte schwere Vergehen begangen haben. Es ist also nicht erforderlich, daß der Erblasser eine entsprechende Verfügung getroffen hat. Allerdings tritt die Rechtsfolge einer Erbunwürdigkeit nicht bereits von Gesetzes wegen ein. Die Erbunwürdigkeit muß durch Gerichtsurteil auf Anfechtungsklage hin ausgesprochen werden.

Erbunwürdigkeitsgründe

Folgende Tatbestände begründen die Erbunwürdigkeit:

1. Wer den Erblasser vorsätzlich und widerrechtlich getötet, zu töten versucht, oder in einen Zustand versetzt hat, infolge dessen er bis zu seinem Tod unfähig war, eine Verfügung von Todes wegen zu errichten oder aufzuheben;
2. wer den Erblasser vorsätzlich und widerrechtlich gehindert hat, eine Verfügung von Todes wegen zu errichten oder aufzuheben;
3. wer den Erblasser durch arglistige Täuschung oder widerrechtlich durch Drohung bestimmt hat, eine Verfügung von Todes wegen zu errichten oder aufzuheben;
4. wer sich in bezug auf die testamentarische Verfügung des Erblassers einer Urkundenfälschung oder ähnlicher Straftaten schuldig gemacht hat. Wer also beispielsweise ein Testament gefälscht, ein falsches Testament unterschoben oder ein Testament vernichtet hat, ist erbunwürdig im Sinne dieses Punktes.

Allen Erbunwürdigkeitsgründen liegt die tragende Überlegung zugrunde, daß eine durch die Handlung des Unwürdigen ermöglichte Verdunklung des wahren Erblasserwillens abgewehrt werden soll.

Erbunwürdigkeit nach Punkt 3 und 4 tritt nicht ein, wenn die Verfügung, zu der der Erblasser gezwungen wurde oder an der die Urkundenfälschung vorgenommen wurde, bereits vor dem Tod des Erblassers unwirksam geworden ist. Diese Bestimmung macht noch einmal das Wesen des Erbunwürdigkeitsgrundes deutlich: Erbunwürdigkeit ist keine Strafe für eine begangene Handlung – diese Straftaten werden anderweitig geahndet –, es soll lediglich sichergestellt werden, daß der wahre Wille des Erblassers zum Ausdruck kommt. Diese Gefahr ist aufgehoben, wenn ein unter Zwang errichtetes Testament, oder ein Testament, das gefälscht wurde, ohnehin unwirksam geworden ist, denn dann hat die Handlung des Betroffenen ja keinen Einfluß auf die Erbfolge gehabt.

Geltendmachung durch Anfechtung

Erbunwürdigkeit kann, wie erwähnt, nur durch Anfechtung des Erbschaftserwerbes geltend gemacht werden. Diese Anfechtung muß durch eine Anfechtungsklage erfolgen.

Die Anfechtung ist ausgeschlossen, wenn der Erblasser dem Erbunwürdigen verziehen hat.

Die Anfechtung ist erst nach dem Anfalle der Erbschaft zulässig. Einem Nacherben gegenüber kann die Anfechtung erfolgen, sobald die Erbschaft dem Vorerben angefallen ist. Derjenige, der den Nacherben für erbunwürdig hält, muß also nicht warten, bis die Nacherbschaft angefallen ist. Er kann bereits beim Eintreten des Vorerbfalles das Erbrecht des Nacherben anfechten.

Die Anfechtung kann nur binnen Jahresfrist erfolgen. Die Frist beginnt, wenn der Anfechtende zuverlässig beweisbare Kenntnis des Grundes der Erbunwürdigkeit hat.

Anfechtungsberechtigte

Anfechtungsberechtigt ist jeder, dem der Wegfall des Erbunwürdigen, sei es auch erst durch Wegfall eines weiteren Erben, zustatten kommt. Für den Anfechtenden muß also kein unmittelbarer Vorteil entstehen, ein mittelbarer Vorteil genügt. So kann der Abkömmling des gesetzlichen Erben die Unwürdigkeit des Testamentserben geltend machen, obwohl nicht dem Abkömmling, sondern zunächst dem gesetzlichen Erben ein Vorteil daraus entsteht. Was den Begriff des Vorteils anbelangt, so muß er jedoch in jedem Fall in einer Stellung als *Erbe* bestehen. Ein Vermächtnisnehmer, ein Auflagenbegünstigter oder ein Gläubiger hat kein Anfechtungsrecht.

Anfechtungsklage

Die Klage, mit der der Erbschaftserwerb angefochten wird, ist darauf zu richten, daß der Erbe für erbunwürdig erklärt wird. Es reicht also nicht aus, wenn derjenige, der einen Vorteil erlangt, die Herausgabe dieses Vorteils beansprucht. Es ist allerdings durchaus möglich, die Anfechtungsklage mit einer Leistungs- beziehungsweise Feststellungsklage zu verbinden, damit das gesamte Rechtsverhältnis in einem Rechtsstreit geklärt wird. Die Wirkung der Anfechtung tritt erst mit der Rechtskraft des Urteils ein. Davor kann niemand Rechte aus der Erbunwürdigkeit herleiten. Sind mehrere Personen zur Anfechtung des Erbschaftserwerbes berechtigt, so müssen nicht alle die Klage erheben. Die Wirkung des stattgebenden Urteils kommt allen Anfechtungsberechtigten zugute. Wird allerdings die Klage abgewiesen, so entfaltet dies lediglich Wirkung hinsichtlich der beteiligten Prozeßparteien; ein anderer Berechtigter könnte erneut Klage erheben.

Wirkung der Erbunwürdigkeitserklärung

Ist der Erbe für erbunwürdig erklärt, so gilt das Erbe als nicht an ihn gefallen. Dies hat die Konsequenz, daß zunächst der für erbunwürdig Erklärte im Verhältnis zum Erben wie ein Erbschaftsbesitzer betrachtet wird. Der Erbe hat nun ihm gegenüber alle Ansprüche, die er auch gegenüber einem Erbschaftsbesitzer hätte.
Die weitere Folge der Erbunwürdigkeitserklärung ist, daß die Erbschaft demjenigen zufällt, welcher berufen sein würde, wenn der Erbunwürdige zur Zeit des Erbfalls nicht gelebt hätte. Dabei wird der Erbanfall an den neuen Erben auf den Zeitpunkt des Erbfalls zurückverlegt.

Beispiel: *Der Erblasser hat zwei gesetzliche Erben, nämlich die Kinder Christian und Sophie. Sophie ist für erbunwürdig erklärt worden. Hat Sophie Kinder, so treten diese an ihre Stelle. War Sophie hingegen kinderlos, so fällt das gesamte Erbe ihrem Bruder Christian zu. Sie wird so behandelt, als habe sie zum Zeitpunkt des Erbfalls nicht gelebt.*

Vermächtnis- und Pflichtteilsunwürdigkeit

Die vorbeschriebenen Grundsätze gelten auch, wenn sich ein Vermächtnisnehmer oder ein Pflichtteilsberechtigter einer der genannten Verfehlungen schuldig gemacht hat. In diesen Fällen entfällt das Vermächtnis oder der Pflichtteilsanspruch. Da die Stellung als Vermächtnisnehmer oder Pflichtteilsberechtigter nicht eine Erbenstellung beinhaltet, sondern nur Forderungen gegenüber dem Erben, bedarf

es keiner Feststellungsklage; der Anfechtungsberechtigte braucht daher nur gegenüber dem Erbunwürdigen die Anfechtung des Vermächtnisses beziehungsweise des Pflichtteilsanspruches zu erklären.
Die Wirkung der Anfechtung ist bei einem Vermächtnis, daß der schuldrechtliche Vermächtnisanspruch des Unwürdigen rückwirkend entfällt. Sofern ein Ersatzvermächtnisnehmer bestimmt ist, erwirbt dieser den Anspruch.
Sind Mitvermächtnisnehmer vorhanden, fällt ihnen der Anteil des Unwürdigen zu. Ist weder ein Ersatzvermächtnisnehmer noch ein Mitvermächtnisnehmer vorhanden, erlischt das Vermächtnis. Sind an den Vermächtnisnehmer bereits Leistungen erbracht worden, so sind diese nach den Grundsätzen über die ungerechtfertigte Bereicherung zurückzuzahlen.
Wird ein Pflichtteilsanspruch wirksam angefochten, so können die entfernteren Pflichtteilsberechtigten (Eltern, entferntere Abkömmlinge) diesen Pflichtteil verlangen.

Erbschaftsanspruch

§ 2018 bis § 2031

Herausgabepflicht des Erbschaftsbesitzers

Hat jemand gutgläubig oder wider besseres Wissen eine Erbschaft in Besitz genommen, in der Annahme er sei Erbe, so kann der tatsächliche Erbe verlangen, daß ihm das Erlangte vom Erbschaftsbesitzer herausgegeben wird. Erbschaftsbesitzer in diesem Sinne kann nur eine Person sein, die sich ein Erbrecht anmaßt – etwa ein gesetzlicher Erbe, der nichts von der letztwilligen Verfügung des Erblassers wußte oder wissen wollte, oder ein Miterbe, der behauptet, Alleinerbe zu sein.
Kern der Vorschrift ist, daß eine Erbrechtsanmaßung vorliegen muß, von der bei Personen wie ausschlagendem Erbe, Testamentsvollstrecker, Nachlaßpfleger, Nachlaßverwalter, Konkursverwalter genausowenig die Rede sein kann, wie bei angeblichen Anspruchsgläubigern oder einfachen Dieben. All jenen ist gemein, daß sie sich nicht auf ein Erbrecht berufen; ihnen ist mit dem Mittel der Herausgabeforderung nicht beizukommen, sofern sie sich unrechtmäßig etwas angeeignet haben.
Allein dem Erbschaftsbesitzer gegenüber kann der wirkliche Erbe seinen Anspruch auf Herausgabe des Erlangten geltend machen. Stellvertretend für den Erben können der Nachlaßverwalter, der Konkursverwalter und der Testamentsvollstrekker die Herausgabe der Erbschaft vom Erbschaftsbesitzer verlangen.
Sind mehrere Erben vorhanden, so kann die Herausgabe grundsätzlich nur an alle Erben gemeinsam erfolgen. Ein Erbschaftskäufer muß sich den Anspruch gegenüber dem Erbschaftsbesitzer eigens abtreten lassen, er geht nicht automatisch mit dem Kauf der Erbschaft auf ihn über.
Der Herausgabeanspruch beinhaltet zwar einen umfassenden Gesamtanspruch, gleichwohl müssen bei der Verfolgung des Gesamtanspruches die Nachlaßgegenstände einzeln bezeichnet werden.
Kann der auf Herausgabe des Erbes drängende Erbe die Gegenstände nicht einzeln bezeichnen, so kann er im Wege der Stufenklage zunächst vom Erbschaftsbesitzer Auskunft darüber verlangen, welche Nachlaßgegenstände in seinem Besitz sind, und nach erteilter Auskunft die Herausgabe der bezeichneten Gegenstände durchsetzen.

Surrogation

Der Erbschaftsbesitzer ist verpflichtet, dem tatsächlichen Erben auch jene Sachen herauszugeben, die er aus Mitteln der Erbschaft durch Rechtsgeschäfte erworben hat. Der Jurist spricht vom sogenannten Surrogationsprinzip.

Beispiel: *Zum Nachlaß gehörte unter anderem ein Bankkonto mit einem Guthaben von DM 20 000,–. Der Erbschaftsbesitzer hat von diesem Geld ein Kraftfahrzeug gekauft. Dieses Fahrzeug wird unmittelbarer Bestandteil des Nachlasses.*
Der Erbschaftsbesitzer ist zu keiner Zeit Eigentümer des Fahrzeuges geworden, Eigentümer ist vielmehr der richtige Erbe. Das Eigentum an dem Geld hat sich durch Surrogation an dem Fahrzeug fortgesetzt, welches der Erbschaftsbesitzer mit Nachlaßmitteln gekauft hat.

Ist ein Rechtsgeschäft noch nicht vollständig abgeschlossen, so daß noch eine Forderung seitens des Erbschaftsbesitzers an einen Schuldner besteht, so wird der Schuldner in seinem guten Glauben geschützt. Solange er nicht weiß, daß die Forderung, die er zu erfüllen hat, zum Nachlaß gehört, kann er seine Zahlung an den Erbschaftsbesitzer als Gläubiger leisten, seine Schulden gelten dann als abgetragen. Sobald der Schuldner jedoch weiß, daß wegen der eingetretenen Surrogation die Forderung dem Erben zusteht, muß er auch an diesen bezahlen. Leistet er die Zahlung trotzdem an den Erbschaftsbesitzer, läuft er Gefahr, zweimal zahlen zu müssen.

Beispiel: *Der Erbschaftsbesitzer hat aus dem Nachlaß ein Kollier an einen Juwelier verkauft. Der Juwelier hat das Kollier nicht sofort bezahlt, so daß noch eine Forderung auf Zahlung des Kaufpreises besteht. Solange der Juwelier nicht weiß, daß die Kaufpreisforderung, die er zu erfüllen hat, zum Nachlaß gehört, kann er sie dem Erbschaftsbesitzer gegenüber begleichen. Sobald er weiß, daß die Forderung dem Erben zusteht, muß er an diesen bezahlen.*

Nutzungen und Früchte

Der Erbschaftsbesitzer hat dem Erben nicht nur die Nachlaßgegenstände herauszugeben und die Dinge, die er an Stelle veräußerter Nachlaßgegenstände erworben hat, er muß auch die gezogenen Nutzungen und Früchte an den Erben herausgeben. Früchte in diesem Sinne sind die Erzeugnisse einer Sache oder die Ausbeute, die aus der Sache gezogen wurde. Das können zum Beispiel Tier- und Bodenprodukte wie Milch, Wolle, Tierjunge, Getreide oder Obst sein, aber auch Produkte der Bodenausbeute, also etwa Kohle, Kies, Mineralöl. Aber auch mittelbare Sachfrüchte sind von der Regelung betroffen, wie Mieten eines Wohnhauses oder Zinsen aus einem Bankguthaben.

Herausgabepflicht nach Bereicherungsgrundsätzen

Grundsätzlich ist der Erbschaftsbesitzer verpflichtet, das Erlangte in natura herauszugeben. Das ist natürlich unmöglich, wenn es sich um Gebrauchsvorteile handelt oder wenn der Erbschaftsgegenstand untergegangen, verbraucht oder vermischt worden ist. In diesem Falle hat der Erbschaftsbesitzer die Bereicherung durch eine entsprechende Geldleistung auszugleichen oder zurückzuerstatten. Hat der Erbschaftsbesitzer beispielsweise ein Schmuckstück aus dem Nachlaß verkauft, und ist der erzielte Erlös noch vorhanden, muß er ihn herausgeben. Ist aber die sogenannte Bereicherung, also zum Beispiel der Erlös aus dem Verkauf des Schmuckstücks, nicht mehr vorhanden, weil der Erbschaftsbesitzer das Geld bereits ausgegeben hat, so braucht er keinen entsprechenden Ersatz zu leisten.

Ersatz von Aufwendungen

Der Erbschaftsbesitzer hat Anspruch darauf, daß ihm alle Aufwendungen ersetzt werden. Die Aufwendungen brauchen weder notwendig noch nützlich, noch werterhöhend gewesen zu sein.
Insbesondere wird es sich bei solchen Aufwendungen um die Erfüllung von Nachlaßverbindlichkeiten, um die Zahlung der Erbschaftssteuer oder um Grundbesitzabgaben handeln.
Unerheblich ist auch, ob der Erbschaftsbesitzer Aufwendungen auf die herauszugebenden Sachen oder auf andere Erbschaftsgegenstände oder auf die Erbschaft im ganzen gemacht hat. Hat er zum Beispiel ein zum Nachlaß gehörendes Auto reparieren oder ein Haus renovieren lassen, kann er verlangen, daß ihm die Aufwendungen erstattet werden.
Rein rechnerisch ist jedoch zunächst der Aufwendungsersatzanspruch des Erbschaftsbesitzers gegen den Anspruch des Erben zu verrechnen. Bleibt dann noch ein Rest zugunsten des Erbschaftsbesitzers übrig, so ist er zur Herausgabe der Erbschaft nur gegen Ersatz der restlichen Verwendungen verpflichtet.

Haftungsverschärfungen

Sobald dem Erbschaftsbesitzer eine Klage zugestellt ist, die auf Herausgabe der Erbschaft gerichtet ist, verschärft sich seine Haftung. Diese Haftungsverschärfung gilt nicht nur für den Anspruch auf Herausgabe der erlangten Nachlaßsachen, sondern auch für die Herausgabe oder Vergütung von Nutzungen und den Anspruch des Erbschaftsbesitzers auf Ersatz von Verwendungen. Sobald dem Erbschaftsbesitzer nämlich eine Klage zugestellt wurde, muß er mit der Möglichkeit rechnen, daß er den Prozeß verliert, weil er nicht der richtige Erbe und daher nicht rechtmäßiger Besitzer der Erbschaft ist. Spätestens von diesem Zeitpunkt an darf er die Erbschaft nicht mehr unbedingt wie sein eigen betrachten und nach Gutdünken verwalten. Daher haftet er von diesem Zeitpunkt an für alle Schäden, die dadurch entstehen, daß Nachlaßgegenstände schlechter werden, untergehen oder aus einem anderen Grund von ihm nicht herausgegeben werden können. Dies gilt allerdings nur dann, wenn den Erbschaftsbesitzer ein Verschulden trifft.

Beispiel: *Zum ererbten Nachlaß gehört ein Haus. Der Erbschaftsbesitzer hatte festgestellt, daß einige Wasserleitungen im Keller reparaturbedürftig sind. Gleichwohl hatte er eine Reparatur nicht durchgeführt. Aufgrund dessen ist ein Rohr gebrochen und hat einen großen Wasserschaden verursacht. Der Erbschaftsbesitzer hat nun dem Erben gegenüber den Schaden zu ersetzen, der infolge des Wasserrohrbruchs entstanden ist. Eventuelle Leistungen einer Versicherung wären natürlich anzurechnen.*
Wurden zugleich mit dem Wasserrohrbruch noch einige Fensterscheiben des Hauses durch Hagelschlag zertrümmert, so trifft den Erbschaftsbesitzer hieran kein Verschulden, er ist folglich auch nicht zur Schadensersatzleistung verpflichtet.

Sehr wohl verantwortlich, und gegebenenfalls zu Schadenersatz verpflichtet, ist der Erbschaftsbesitzer auch für schuldhaft nicht gezogene Nutzungen. Der Erbschaftsbesitzer ist vom Zeitpunkt der Rechtshängigkeit an verpflichtet, die vorhandenen Nachlaßgegenstände so ordnungsgemäß zu verwalten, daß eine wirtschaftliche Nutzung gewährleistet ist.

Beispiel: *Wenn zum Nachlaß ein landwirtschaftlicher Betrieb gehört, so hat der Erbschaftsbesitzer darauf zu achten, daß die Äcker bestellt und abgeerntet, die Vieh- und Milchwirtschaft intensiv betrieben und, soweit Obstgärten vorhanden sind, die Früchte bei Reife abgeerntet und gegebenenfalls verkauft werden.*

Was die Aufwendungen des Erbschaftsbesitzers anbelangt, so bekommt er nun nicht mehr sämtliche Aufwendungen ersetzt, sondern nur noch die wirklich notwendigen Aufwendungen, wie sie zur Erhaltung und ordnungsgemäßen Bewirtschaftung der Sache objektiv erforderlich sind. Hierzu zählen insbesondere Reparaturen, Aufbewahrungskosten, Lasten des Grundstücks und Versicherungsbeiträge.

Denkbar ist, daß der Erbschaftsbesitzer nicht erst durch eine rechtshängig gemachte Klageschrift erfährt, daß ihm sein Erbrecht streitig gemacht wird. Er kann sich bereits zum Zeitpunkt, als er die Erbschaft in Besitz nahm darüber im klaren gewesen oder kurz danach darüber klar geworden sein, daß er die Erbschaft nicht zu Recht in Besitz genommen hat.
Ist der Erbschaftsbesitzer in diesen Fällen nicht in gutem Glauben, treten die gleichen Rechtsfolgen ein wie bei der rechtshängig gemachten Klage. Dieses Nicht-im-guten-Glauben-Sein bezeichnet der Jurist als Bösgläubigkeit. Nach den Regeln des Gesetzes ist es nicht einmal erforderlich, daß der Erbschaftsbesitzer positive Kenntnis davon hatte, daß er zu Unrecht die Erbschaft in Besitz genommen hat. Grob fahrlässige Gutgläubigkeit gilt schon als Bösgläubigkeit. Beispielsweise wenn ein nicht mit dem Erblasser verwandter Hausgenosse sich für den Erben hält, obwohl kein Testament zu seinen Gunsten vorliegt.
Ist die Bösgläubigkeit jedoch erst nachträglich entstanden, muß der Erbschaftsbesitzer positiv Kenntnis von der tatsächlichen Rechtssituation erlangt haben. Dem Bösgläubigen erlegt das Gesetz sogar noch eine weitergehende Haftung wegen Verzuges auf.
Sobald der Erbschaftsbesitzer sich mit der Herausgabe der Erbschaft in Verzug befindet, was die Aufforderung zur Herausgabe durch Mahnung oder Klageerhebung voraussetzt, hat er auch für Nachlaßgegenstände zu haften, die ohne sein Verschulden nicht mehr herausgegeben werden können. Diese verschärfte Haftung ist nur dann ausgeschlossen, wenn der Schaden auch bei rechtzeitiger Leistung – also ohne Verzug – eingetreten wäre.

Beispiel: *Gehörte zum Nachlaß ein Pferd, das auf der Koppel des Erbschaftsbesitzers weidete, und wurde dieses während des Verzuges des Erbschaftsbesitzers vom Blitz erschlagen, so hat der Erbschaftsbesitzer den Wert des Pferdes als Schadensersatz zu erstatten, obwohl ihn am Tod des Pferdes direkt keine Schuld trifft.*
Hätte sich hingegen das Pferd, bevor sich der Erbschaftsbesitzer in Verzug befand, in unheilbarer Weise vergiftet, so bleibt der Erbschaftsbesitzer von Schadensersatzansprüchen frei, weil das Pferd auch dann gestorben wäre, wenn er es vor dem Verzug an den Erben herausgegeben hätte.

Noch weiter verschärft ist die Haftung des Erbschaftsbesitzers, wenn er einen Erbschaftsgegenstand durch eine Straftat oder eine zur Erbschaft gehörende Sache durch verbotene Eigenmacht erlangt. In diesen Fällen haftet der Erbschaftsbesitzer nämlich nach den Vorschriften über den Schadensersatz wegen unerlaubter Handlungen.
Dies hat zur Folge, daß der Erbschaftsbesitzer sogenannte Naturalrestitution zu leisten hat. Das heißt, er muß den Zustand wiederherstellen, der herrschen würde, wenn er die verbotene Tat nicht vorgenommen hätte. Ist die Wiederherstellung des

ursprünglichen Zustandes nicht mehr möglich, muß der Erbschaftsbesitzer Ersatz in Geld leisten.
Er haftet ferner auch für zufällige Verschlechterung, Untergang oder die anderweitige Unmöglichkeit der Herausgabe der von ihm durch die strafbare Handlung erlangten Sachen.
Ist sich der Erbschaftsbesitzer nicht darüber im klaren, daß er die Erbschaft zu Unrecht in Besitz hat, trifft ihn die verschärfte Haftung wegen von ihm vorgenommener verbotener Eigenmacht nur dann, wenn der Erbe den Besitz der Sache bereits tatsächlich ergriffen hatte.
Der gutgläubige Erbschaftsbesitzer soll also für den Fall geschützt werden, daß er dem wirklichen Erben den Besitz nicht wissentlich entzogen hat.

Keine Berufung auf Ersitzung

Die Ersitzung ist eine besondere Form des Eigentumserwerbs. Wenn jemand eine bewegliche Sache – also keine Grundstücke oder Schiffe – 10 Jahre lang in der Annahme besessen hat, Eigentümer zu sein, erwirbt er nach Ablauf der 10 Jahre das Eigentum an dieser Sache. Der Erbschaftsbesitzer kann sich jedoch nicht auf die Ersitzungsfrist von 10 Jahren berufen, denn das würde bedeuten, daß die 30jährige Verjährungsfrist des Erbschaftsanspruches unterlaufen wird. Solange der Erbschaftsanspruch nicht verjährt ist, kann sich der Erbschaftsbesitzer nicht auf die Ersitzung der Erbschaft berufen, er muß sie auf Verlangen herausgeben.

Auskunftspflicht des Erbschaftsbesitzers

Der Erbschaftsbesitzer ist verpflichtet, dem Erben über den Bestand der Erbschaft und über den Verbleib der Erbschaftsgegenstände Auskunft zu erteilen. Diese Verpflichtung betrifft den Aktivbestand, also nicht die Schulden oder Schenkungen, die der Erblasser zu Lebzeiten vorgenommen hat.
Zuweilen wird bereits über Nachlaßgegenstände verfügt worden sein. In diesen Fällen ist der Erbschaftsbesitzer zur Rechnungslegung verpflichtet, damit der Erbe nachvollziehen kann, was der Erbschaftsbesitzer an ihn noch herauszugeben hat. Bestehen Zweifel an der Richtigkeit der Auskunft, so kann dem Erbschaftsbesitzer aufgegeben werden, die Richtigkeit seiner Auskunft beziehungsweise des von ihm erstellten Verzeichnisses an Eides Statt zu versichern.
Nicht nur der Erbschaftsbesitzer, sondern auch andere, die eine Sache aus dem Nachlaß in Besitz nehmen, bevor der Erbe den Besitz tatsächlich ergriffen hat, sind zur Auskunft gegenüber dem Erben verpflichtet. Dabei spielt es überhaupt keine Rolle, aus welchem Grunde diese Personen in die Erbschaft eingegriffen haben.

Deshalb ist zur Auskunft auch derjenige verpflichtet, der nur die Möglichkeit der tatsächlichen Verfügung erlangt hat, zum Beispiel der Vermieter, der die Wohnungsschlüssel an sich genommen hat.

Auskunftspflicht des Hausgenossen

Wer mit dem Erblasser zur Zeit des Erbfalls in häuslicher Gemeinschaft gelebt hat, wird unter Umständen eher über die Situation des Nachlasses des Erblassers informiert sein als der Erbe. Außerdem ist es denkbar, daß der enge Kontakt des Hausgenossen mit dem Erblasser dazu geführt hat, daß die wirklichen Nachlaßverhältnisse für den Außenstehenden etwas verwischt sind.
Aus diesem Grunde ist derjenige, der zur Zeit des Erbfalls mit dem Erblasser in häuslicher Gemeinschaft gelebt hat, verpflichtet, dem Erben auf Verlangen Auskunft darüber zu erteilen, welche erbschaftlichen Geschäfte er geführt hat und was ihm über den Verbleib der Erbschaftsgegenstände bekannt ist. Um dem Gesetzeszweck gerecht zu werden, ist diese Vorschrift recht weit auszulegen. Sie erfaßt daher jede Form engeren räumlichen und persönlichen Kontakts vor dem Tode und gilt auch für Gegenstände, die bereits vor dem Tod des Erblassers weggeschafft wurden. So hat schon die alte Rechtsprechung Personen zur Auskunft verpflichtet, die längere Besuche beim Erblasser gemacht oder die den Erblasser als Gast aufgenommen hatten. Auch der Vermieter, bei dem der Erblasser zur Untermiete wohnte, ist zur Auskunft verpflichtet.
Besteht Grund zu der Annahme, daß die Auskunft nicht mit der erforderlichen Sorgfalt erteilt worden ist, so hat der Verpflichtete auf Verlangen des Erben zu Protokoll an Eides Statt zu versichern, daß er seine Angaben nach bestem Wissen so vollständig gemacht hat, als er dazu imstande ist. Ist die Angelegenheit zu geringfügig, braucht der zur Auskunft verpflichtete keine eidesstattliche Versicherung abzugeben. Die Kosten der Abnahme der eidesstattlichen Versicherung hat derjenige zu tragen, der die Abgabe der Versicherung verlangt.

Herausgabeanspruch des für tot Erklärten

Ist eine noch lebende Person für tot erklärt worden, kann sie die Herausgabe ihres Vermögens nach den für den Erbschaftsanspruch geltenden Vorschriften verlangen. Der Anspruch verjährt in 30 Jahren. Solange die für tot erklärte Person jedoch lebt, läuft die Verjährungsfrist erst ein Jahr nach dem Zeitpunkt ab, zu dem der Betroffene von der Todeserklärung Kenntnis erlangte. Wenn also nach den allgemeinen Bestimmungen die 30jährige Verjährungsfrist bereits abgelaufen ist, kann der für tot Erklärte gleichwohl seinen Anspruch noch geltend machen, wenn er dies

innerhalb eines Jahres macht, nachdem er davon gehört hat, daß man ihn für tot erklärt hat.
Diese Bestimmung gilt auch dann, wenn zu Unrecht angenommen wurde, daß jemand verstorben sei, aber keine Todeserklärung oder Feststellung der Todeszeit nach dem Verschollenheitsgesetz vorgenommen worden ist.

Mehrheit von Erben

§ 2032 bis § 2063

Rechtsverhältnisse der Erben untereinander

Erbengemeinschaft

Es muß nicht sein, daß der Erblasser nur einen Erben hinterläßt. In vielen Fällen werden mehrere Erben vorhanden sein. Diesen Erben steht der Nachlaß gemeinschaftlich zu; er wird gemeinschaftliches Vermögen der Erben. Aus diesem Grund spricht man auch von einer Erbengemeinschaft.
Die Erbengemeinschaft ist eine sogenannte Gesamthandsgemeinschaft. Dies bedeutet, daß der Nachlaß als Ganzes auf die Miterben übergeht. Von ihnen ist jeder am Gesamtnachlaß berechtigt und dabei durch die Rechte der übrigen Gemeinschafter eingeschränkt. Kein Erbe kann allein über Nachlaßgegenstände verfügen. Dies können die Erben nur gemeinsam. Die Verwaltung des Nachlasses steht allen gemeinschaftlich zu.

Verfügungsrecht des Miterben

Die Verfügung an Nachlaßgegenständen steht den Miterben nur gemeinschaftlich zu. Jeder Miterbe kann allerdings seinen gesamten Anteil an dem Nachlaß veräußern. Besitzt er jedoch einen Anteil an einem einzelnen Nachlaßgegenstand, so kann er diesen Anteil nicht veräußern.

Beispiel: *Ist der Erbe zu einem Drittel am Nachlaß beteiligt, so kann er diesen ⅓-Anteil am gesamten Nachlaß verkaufen oder anderweitig übertragen.*
Gehört zum Nachlaß unter anderem ein Grundstück, so kann er nicht nur seinen ⅓-Anteil am Grundstück übertragen, und den Rest der Erbschaft behalten.

Handelt es sich um minderjährige Erben oder um Erben, die unter Vormundschaft stehen, so muß die Verfügung über das Erbteil vom Vormundschaftsgericht genehmigt werden. Unter Umständen hat auch der Ehegatte des Erben der Veräußerung des Erbanteils zuzustimmen, wenn es sich dabei um das gesamte Vermögen des verfügenden Erben handelt.

Vorkaufsrecht des Miterben gegenüber dem Verkäufer

Möchte ein Miterbe seinen Anteil am Nachlaß verkaufen, so räumt das Gesetz den übrigen Miterben ein Vorkaufsrecht an dem Anteil ein. Dies bedeutet, daß die anderen Miterben das Recht haben, den Anteil zu kaufen, bevor er an einen Dritten verkauft wird. Man darf hier den Begriff »verkaufen« nicht zu eng auslegen. Im Sinne der Vorschrift gelten auch Tausch, Schenkung, Sicherungsübereignung und ähnliches als Verkauf.
Dieses Vorkaufsrecht besteht allerdings nicht beliebig lange. Die Miterben haben von diesem Recht innerhalb einer Frist von 2 Monaten Gebrauch zu machen. Die Frist beginnt, wenn die anderen Erben erfahren, daß der eine Miterbe seinen Anteil verkauft hat. Der verkaufende Miterbe ist verpflichtet, den Verkauf den übrigen Miterben bekanntzugeben.
Das Vorkaufsrecht ist vererblich, so daß ein an die Stelle eines Miterben getretener Erbeserbe die Möglichkeit hat, das Vorkaufsrecht, soweit die Frist nicht abgelaufen ist, auszuüben.

Vorkaufsrecht gegenüber dem Käufer

Wenn der verkaufte Anteil bereits auf den Käufer übertragen ist, kann der verkaufende Miterbe das nicht mehr ohne Zustimmung des Käufers rückgängig machen. Dies bedeutet, daß das Vorkaufsrecht der übrigen Miterben unterlaufen werden könnte, wenn der verkaufende Erbe seinen Anteil so schnell wie möglich auf den Käufer überträgt.
Das Gesetz bestimmt deshalb, daß die Miterben in diesem Fall ihr Vorkaufsrecht dem Erbteilskäufer gegenüber ausüben können. Das heißt, sie können verlangen, daß der Käufer ihnen das erworbene Erbteil verkauft. Die Miterben haben als Gesamtschuldner dem Käufer dann entweder den Kaufpreis zurückzuzahlen oder sie haben ihn von der Kaufpreiszahlung freizustellen.
Der Verkäufer ist verpflichtet, den Miterben unverzüglich darüber Nachricht zu geben, daß er seinen Anteil nicht nur verkauft, sondern bereits übertragen hat.

Haftung des Erbteilkäufers

Mit der Übertragung des gesamten Nachlaßanteils erwirbt der Käufer nicht nur die positiven Vermögenswerte (Aktiva), sondern auch die Verbindlichkeiten (Passiva). Hat der Käufer aus den oben erwähnten Gründen jedoch den Anteil auf die Miterben zurückübertragen müssen, wird er von der Haftung für die Nachlaßverbindlichkeiten befreit.

Hat der Erbteilskäufer bereits Verwaltungshandlungen vorgenommen, muß er für diese Handlungen den Nachlaßgläubigern gegenüber haften.

Weiterveräußerung des Erbteils

Denkbar ist, daß der Käufer den erworbenen Anteil am Nachlaß auf einen anderen weiter überträgt. Dadurch sollen die Vorkaufsrechte der Miterben ebenfalls nicht geschmälert werden, sonst könnte ein Erbe seine Miterben ja dadurch um ihr Vorkaufsrecht prellen, daß er seinen Anteil an einen Strohmann verkauft, der dann seinerseits den Anteil sofort weiterveräußert. Um das zu verhindern, bleiben die Vorschriften über das Vorkaufsrecht auch noch für den Fall der Weiterveräußerung gültig.

Gemeinschaftliche Verwaltung des Nachlasses

In der Erbengemeinschaft steht den Erben die Verwaltung des Nachlasses gemeinschaftlich zu. Die gemeinschaftliche Verwaltung erfordert sogar, daß jeder Miterbe entsprechend mitwirkt. Das Gesetz legt ihm deshalb folgerichtig die Verpflichtung auf, an der Verwaltung des Nachlasses mitzuarbeiten.
Lediglich wenn Maßnahmen ergriffen werden müssen, die zur Erhaltung des Nachlasses oder einzelner Nachlaßgegenstände dringend erforderlich sind, kann jeder Miterbe ohne Mitwirkung der anderen handeln. Zur Verwaltung des Nachlasses gehören alle Maßnahmen, die zu seiner Erhaltung oder Vermehrung dienen. Das können Abschlüsse oder Kündigungen von Miet- und Pachtverträgen sein, die Begleichung laufender Verbindlichkeiten, Anträge im Grundbuchverfahren, Baumaßnahmen, Fortführung oder Einstellung eines Erwerbsgeschäftes oder auch Grundstücksveräußerungen.
Nicht zu den Verwaltungsmaßnahmen gehören Maßnahmen der Totenfürsorge; Widerruf einer Erblasservollmacht; Ausübung des Abfindungsrechtes gegenüber nichtehelichen Kindern aber auch die Entscheidung darüber, ob die Leiche des Erblassers zur Transplantatvergabe zur Verfügung gestellt werden soll.
Dringende Verwaltungsmaßnahmen kann auch ein einzelner Miterbe veranlassen. Es muß sich allerdings um eine wirklich unaufschiebbare Maßnahme handeln, zu der die Zustimmung der anderen Miterben nicht mehr rechtzeitig eingeholt werden kann. Das können Verkehrssicherungsmaßnahmen sein, Reparaturen an einem Haus, wenn Einsturzgefahr besteht oder die Hinzuziehung eines Arztes bei Auftreten einer Seuche im Viehbestand aber auch der Verkauf von Ware, die zu verderben droht.
Soweit es sich allerdings um normale Verwaltungsgeschäfte handelt, müssen sich die

Miterben untereinander darüber einig werden, was zu geschehen hat. Durch Stimmenmehrheit kann eine ordnungsgemäße Verwaltung und Benutzung beschlossen werden. Diese darf jedoch nicht willkürlich sein, sondern muß der Beschaffenheit des gemeinschaftlichen Gegenstandes entsprechen. Der Stimmenanteil richtet sich nach dem Anteil, den der Miterbe am Nachlaß hat, nicht nach der Anzahl der abstimmenden Personen.

Beispiel: *Wenn die Mutter zusammen mit drei Kindern das Erbe des verstorbenen Vaters angetreten hat, so wird aufgrund der gesetzlichen Erbfolge die Mutter ½-Anteil an der Erbschaft haben und die Kinder jeweils ⅙. Stimmen die Kinder bei einer Abstimmung gegen die Mutter, so können sie die Mutter nicht überstimmen, obwohl sie zahlenmäßig überlegen sind. Sie vereinigen jedoch in sich nur die Hälfte der Stimmen, da sie zusammen auch nur die Hälfte am Nachlaß besitzen. Kann die Mutter nur eins der Kinder auf ihre Seite bringen, können die beiden anderen miterbenden Kinder überstimmt werden, weil dann die Stimmverhältnisse 4/6 zu 2/6 stehen.*

Haben die Miterben weder durch Vereinbarung noch durch Mehrheitsbeschluß die Verwaltung und Benutzung des Nachlasses geregelt, so kann jeder Miterbe verlangen, daß eine Verwaltung und Benutzung vorgenommen wird, die billigem Ermessen nach den Interessen jedes einzelnen Teilhabers entspricht.
Diese Vorschrift soll auch einem Minderheitsmiterben die Möglichkeit geben, eine Verwaltungs- und Benutzungsregelung durchzusetzen, wenn die Mehrheitsmiterben sich passiv verhalten und keinerlei Anstalten treffen, den Nachlaß ordnungsgemäß zu verwalten und zu benutzen.
Wesentliche Veränderung des Nachlasses oder eines Nachlaßgegenstandes kann die Erbengemeinschaft nur einstimmig beschließen. Eine Veränderung ist dann wesentlich, wenn die Zweckbestimmung oder Gestalt des gemeinschaftlichen Gegenstandes einschneidend geändert wird. Dabei sind wesentliche Veränderungen nicht nur Verschlechterungen, sondern auch unverhältnismäßig teure Anlagen.

Beispiel: *Die Miterben können durch Stimmenmehrheit nicht beschließen, daß ein altes Herrenhaus in einen Hotelbetrieb umgebaut werden soll. Ebenfalls können die Miterben nicht durch Stimmenmehrheit beschließen, daß in einem durchschnittlichen Einfamilienhaus Renovierungsarbeiten durchgeführt werden, die darin bestehen, daß alle Bäder und Flure und Treppengänge mit allerbestem Marmor ausgebaut werden. Ist sich die Erbengemeinschaft einstimmig einig, können die geplanten Maßnahmen selbstverständlich ausgeführt werden.*

Jeder Miterbe hat einen seinem Bruchteil entsprechenden Anspruch auf die Nutzung des Nachlasses. Dieses Recht darf ihm von den Miterben ohne seine Zustimmung nicht beeinträchtigt werden.

Beispiel: *Ist ein Miterbe zu einem Drittel am Nachlaß berechtigt, so kann gegen seinen Willen nicht bestimmt werden, daß er trotz seines ⅓-Anteils am Nachlaß nur zu ¼ oder gar noch weniger an den Nutzungen beteiligt ist. Ohne Einverständnis des betroffenen Miterben muß ihm auch ⅓ der Nutzung zufließen.*

Ferner darf jeder Miterbe die gemeinschaftlichen Gegenstände des Nachlasses mitgebrauchen, sofern er die übrigen Miterben in ihrem Gebrauchsrecht nicht beeinträchtigt.

Ebenso wie der Miterbe Anrecht auf die anteilmäßige Nutzung hat, hat er auch Anspruch auf die seinem Bruchteil entsprechenden Früchte des Nachlasses, doch kann der Miterbe die Teilung der Früchte des Nachlasses erst dann beanspruchen, wenn die Erben sich auseinandergesetzt haben, der Nachlaß also unter ihnen aufgeteilt ist.

Solange die Erbengemeinschaft sich nicht auseinandergesetzt hat, fließen die Früchte zunächst einmal in das gemeinschaftliche Vermögen. Nur für den Fall, daß die Auseinandersetzung auf längere Zeit als 1 Jahr ausgeschlossen ist, kann jeder Miterbe am Schluß eines jeden Jahres die Teilung des Reinertrages verlangen.

Tritt an die Stelle eines Miterben ein anderer, sei es durch weitere Erbschaft oder Verkauf des Erbschaftsanteils, so muß sich der neueingetretene Nachfolger des Miterben allen bereits getroffenen Regelungen fügen, die die Verwaltung und Benutzung des gemeinschaftlichen Gegenstandes betreffen. Er ist also an das gebunden, was sein Vorgänger mitvereinbart hat beziehungsweise wozu er überstimmt wurde.

Aber nicht nur die Früchte und Nutzungen verteilen sich nach dem Verhältnis der Anteile, sondern auch die Lasten und Kosten. Jeder Miterbe ist den anderen Miterben nach dem Verhältnis seines Anteils verpflichtet, die Lasten des Nachlasses sowie die Kosten der Erhaltung, der Verwaltung und der gemeinschaftlichen Benutzung zu tragen.

Nachlaßforderungen; Leistung nur an alle Erben

Es ist die Besonderheit der Erbengemeinschaft, daß ihr der Nachlaß zur gesamten Hand zusteht. Inhaber eines Anspruches, der zum Nachlaß gehört, ist nicht etwa der einzelne Erbe entsprechend seinem Anteil an der Erbschaft, sondern die Gemeinschaft aller Erben.

Aus diesem Grunde muß ein Nachlaßschuldner seine Leistung an alle Erben gemeinschaftlich erbringen. Es reicht nicht, wenn er einem Erben allein gegenüber die Leistung erbringt. Wer zum Beispiel einen Geldbetrag an die Erbengemeinschaft zu zahlen hat, muß sich von einem Miterben die Vollmacht vorlegen lassen, daß er zur Empfangnahme des Geldes von den übrigen Erben ermächtigt ist.

Andererseits kann auch ein Miterbe die Zahlung nicht an sich allein verlangen, er muß, wenn er einen Geldbetrag einklagt, beantragen, daß der Beklagte Zahlung leistet an die Erbengemeinschaft, bestehend aus den Erben A, B und C. Sind nicht alle Miterben bereit, die Leistung des Schuldners entgegenzunehmen, so muß der Schuldner seine Leistung hinterlegen, und zwar mit dem Bemerken, daß er die Leistung für die gesamte Erbengemeinschaft hinterlegt. Auf Verlangen eines Miterben hat der Schuldner die Sache nicht zu hinterlegen, sondern an einen gerichtlich zu bestellenden Verwahrer abzuliefern.
Alle vorgenannten Bestimmungen sollen sicherstellen, daß eine dem Nachlaß zustehende Forderung nicht an einen einzelnen Miterben erfüllt wird, zum Schaden der übrigen Erbengemeinschaft.

Verfügung über Nachlaßgegenstände; Aufrechnung

Keiner der Miterben kann über einen Nachlaßgegenstand allein verfügen. Es kann aber jeder Miterbe über seinen Gesamtanteil als solchen im Rahmen der Vorschriften frei bestimmen.
Ein Nachlaßschuldner, der zugleich aber auch Nachlaßgläubiger ist, kann seine Schuld gegen seine Forderung aufrechnen. Es ist ihm aber verwehrt, eine Nachlaßschuld gegenüber einer Forderung aufzurechnen, die nur gegen einen einzelnen Miterben besteht.

Beispiel: *Zur Erbengemeinschaft gehören die Miterben Peter, Paul und Wilhelm. Der Schuldner Gottfried ist dem Nachlaß – also der Erbengemeinschaft – zur Zahlung eines Betrages von DM 1000,– verpflichtet. Gottfried hat aber selbst einen Anspruch auf Zahlung von DM 1000,– gegenüber Paul. Diese beiden gleich hohen Forderungen kann Gottfried jedoch nicht aufrechnen, da sich seine Forderung nur gegen Paul und nicht gegen die beiden anderen Miterben richtet. Aus diesem Grunde bleibt er ohne Aufrechnungsmöglichkeit verpflichtet, den Betrag von DM 1000,– in den Nachlaß zu zahlen. Wegen seiner Forderung in Höhe von DM 1000,– muß er sich nach wie vor ausschließlich an Paul halten.*

Obwohl nicht ausdrücklich erwähnt, ist von dieser Vorschrift auch die Geltendmachung von Zurückbehaltungsrechten erfaßt. Auf unser Beispiel übertragen bedeutet dies, daß Gottfried die Zahlung von DM 1000,– an die Erbengemeinschaft nicht so lange verweigern kann, bis Paul ihm die geschuldeten DM 1000,– gezahlt hat. Gottfried ist unabhängig von seiner Forderung an Paul zu seiner Zahlung an die Erbengemeinschaft verpflichtet.

Das Recht der Miterben auf Auseinandersetzung

In der Erbengemeinschaft ist das ererbte Vermögen des jeweiligen Miterben mehr oder weniger eingebunden. Der Miterbe kann über seinen Anteil nicht unbeschränkt frei verfügen, sondern ist an die aufgestellten Regeln der Verwaltung und Benutzung gebunden.
Um aus diesem Verbund sein Vermögen herausnehmen zu können, räumt das Gesetz dem Miterben das Recht ein, jederzeit die Auseinandersetzung der Gemeinschaft verlangen zu können.
Von diesem Grundsatz gibt es Ausnahmen, die später noch erörtert werden.
Das Recht auf Auseinandersetzung meint die vollständige Aufteilung des Nachlasses unter die Mitglieder der Erbengemeinschaft. Eine Teilauseinandersetzung, also nur hinsichtlich bestimmter Nachlaßgegenstände, kann nur ausnahmsweise verlangt werden.
Eine Reihe von gesetzlichen Gründen schieben die Auseinandersetzung auf.

1. Die Auseinandersetzung ist ausgeschlossen, solange die Erbteile noch unbestimmt sind, weil unsicher ist, ob ein gewisser Miterbe eintreten wird oder nicht. Das kann der Fall sein, wenn ein Miterbe noch nicht geboren ist.
   Die Auseinandersetzung darf jedoch nur insoweit aufgeschoben werden, als die Erbteile tatsächlich nicht feststehen. Es gibt jedoch Fälle, wo zu einem Teil die Erbteile feststehen, zum anderen Teil nicht. In diesen Fällen sind die bereits feststehenden Erbteile auseinanderzusetzen.

   Beispiel: *Der Erblasser hatte drei Söhne, einer dieser Söhne ist bereits verstorben. Es leben aber zwei Kinder des verstorbenen Sohnes, und seine Witwe ist schwanger. Die Erbschaft kann also, der Zahl der Söhne des Erblassers entsprechend, in drei Teile zerlegt werden, es ist nur vorzubehalten, den dritten Teil demnächst unter die Enkel zu verteilen, sobald feststeht, wie viele es endgültig sind.*

   Das Beispiel zeigt, daß die zwei Teile für die noch lebenden Söhne durchaus bereits ausgekehrt werden können, nur hinsichtlich der Enkel ist noch offen, inwieweit sie den auf ihren Stamm entfallenden ⅓-Anteil unter sich aufzuteilen haben.

2. Jeder Miterbe kann verlangen, daß die Auseinandersetzung bis zur Beendigung des Aufgebotsverfahrens über die Nachlaßverbindlichkeiten aufgeschoben wird. Ein solches Begehren des Miterben ist durchaus verständlich, denn Klarheit über die Nachlaßverbindlichkeiten gehört zu den wesentlichsten Voraussetzungen einer vernünftigen Nachlaßteilung.
   Neben den gesetzlichen Gründen, die eine Auseinandersetzung des Nachlasses

verhindern, können auch die Miterben selbst vereinbaren, daß das Recht, die Auseinandersetzung zu verlangen, ausgeschlossen sein oder von einer vorangehenden Kündigung abhängen soll. Dabei können die Miterben vereinbaren, daß die Auseinandersetzung auf Dauer oder nur für eine bestimmte Zeit ausgeschlossen sein soll. Je nach Umständen und Vereinbarung kann jedoch die Auseinandersetzung dann verlangt werden, wenn ein wichtiger Grund vorliegt, zum Beispiel, wenn ein Miterbe verstorben ist. Die getroffenen Vereinbarungen gelten auch für die jeweiligen Rechtsnachfolger der ausgeschiedenen Miterben.

3. Auch der Erblasser selbst kann durch letztwillige Verfügung die Auseinandersetzung ausschließen oder von der Einhaltung einer Kündigungsfrist abhängig machen. Er kann dies in Hinblick auf den ganzen Nachlaß verfügen oder auch nur in Hinblick auf einzelne Nachlaßgegenstände. Der Erblasser hat somit verschiedene Möglichkeiten, den Nachlaß zusammenzuhalten und ihn weiterhin der gesamten Familie zugute kommen zu lassen.
   Doch kann der Erblasser diese Anordnungen längstens für einen Zeitraum von 30 Jahren seit seinem Tode verfügen. In bestimmten Fällen kann jedoch diese Frist länger sein, etwa wenn der Erblasser den Wegfall seiner Verfügung davon abhängig macht, daß in der Person eines oder mehrerer Miterben ein bestimmtes Ereignis eintritt.

   Beispiele: *Der Erblasser bestimmt, daß die Auseinandersetzung der Erbschaft bis zum Tode seiner Witwe, bis zur Verheiratung seiner Tochter, bis zum Examen seines Sohnes oder gar bis zur Geburt seines Enkels ausgeschlossen sein soll.*

   Gibt es jedoch wichtige Gründe, die für eine Auseinandersetzung sprechen, so kann die letztwillige Verfügung des Erblassers, soweit sie sich auf Anordnung zur Auseinandersetzung erstreckt, übergangen werden.

Die tatsächliche Auseinandersetzung der materiellen Substanz

Der Nachlaß ist nach ganz bestimmten Regeln zu teilen. Zunächst müssen die Nachlaßverbindlichkeiten aus dem Nachlaß berichtigt werden. Soweit eine Nachlaßverbindlichkeit noch nicht fällig oder gar streitig ist, muß zunächst das zurückbehalten werden, was zur Erfüllung dieser Nachlaßverbindlichkeit erforderlich ist. Nachlaßverbindlichkeiten, die nur einige Miterben betreffen, sind nicht aus dem Gesamtnachlaß zu berichtigen, sondern aus dem Anteil, der dem Miterben zur Verfügung steht, der auch die Nachlaßverbindlichkeit zu tragen hat.

Nachlaßverbindlichkeiten, von denen nur einige Miterben betroffen sind, können zum Beispiel nicht gemeinschaftliche Vermächtnisse oder Auflagen sein.
Sollte jedoch der Anteil des betroffenen Miterben nicht ausreichen, das ihm auferlegte Vermächtnis oder die Auflage zu erfüllen, so sind Teile des Gesamtnachlasses – gegebenenfalls sogar der gesamte Nachlaß – in Geld umzusetzen, damit aus diesem Erlös die Forderung erfüllt werden kann.

Verteilung des Überschusses

Der nach der Berichtigung der Nachlaßverbindlichkeiten verbleibende Überschuß gebührt den Erben nach dem Verhältnis ihrer Erbteile. Diese Verteilung ist natürlich am einfachsten, wenn lediglich noch Geld vorhanden ist.
Schwieriger ist es, wenn zum restlichen Nachlaß noch andere Nachlaßgegenstände gehören. Die Nachlaßgegenstände können, wenn die Miterben sich einig sind, einfach verteilt werden. Findet aber keine Einigung statt, so müssen die Erben die Nachlaßgegenstände verkaufen und dann den Erlös unter sich aufteilen. Schriftstücke, die sich auf persönliche Verhältnisse des Erblassers, auf dessen Familie oder auf den ganzen Nachlaß beziehen, bleiben gemeinschaftliches Eigentum.

Teilungsanordnung des Erblassers

Um den Schwierigkeiten einer späteren Erbauseinandersetzung zu entgehen, kann der Erblasser durch letztwillige Verfügung Anordnungen für die Auseinandersetzung treffen. Sie haben allerdings keine dingliche Wirkung, das heißt, der zugewiesene Gegenstand wird nicht automatisch Eigentum des angesprochenen Miterben. Grundsätzlich bleibt der Nachlaßgegenstand gemeinschaftliches Eigentum der Miterben. Allerdings haben die Miterben untereinander einen Anspruch darauf, daß die Teilungsanordnung eingehalten wird. Die Erben können dennoch einverständlich eine andere Aufteilung vereinbaren.
Neben der differenzierten Bestimmung, welcher Miterbe was zu erhalten hat, kann der Erblasser auch anordnen, daß die Auseinandersetzung nach dem billigen Ermessen einer Person erfolgen soll, die als eine Art Schiedsrichter fungiert. Diese Person darf selbst kein Miterbe sein. Die Anordnungen dieser Person sind dann verbindlich. Nur für den Fall, daß der zur Verteilung Berufene Anordnungen trifft, die offenbar unbillig sind, hat die Verteilung durch Gerichtsurteil zu erfolgen. Für den Fall, daß eine Teilung durch Urteil geschehen soll, muß der Miterbe, der die Teilung begehrt, einen Teilungsplan erstellen und ein gerichtliches Urteil erstreiten.

Die Ausgleichungspflicht

Unter den Kindern des Erblassers soll bei gesetzlicher Erbfolge Gleichheit herrschen. Dieser Grundsatz kann jedoch nur dann erfüllt werden, wenn nicht nur der vorhandene Nachlaß berücksichtigt wird, sondern auch das, was der Erblasser schon zu Lebzeiten einzelnen Kindern – etwa als Aussteuer – zugewendet hat. Um eine Gleichbehandlung der Kinder sicherzustellen, muß sich ein Kind, das bereits Zuwendungen erhalten hat, sich diese Zuwendungen unter Umständen auf seinen Erbteil anrechnen lassen.
Dieser Gedanke der Ausgleichung ist schon sehr alt und zieht sich vom prätorischen Recht über das römische Recht bis zu dem frühen deutschen Recht und hat schließlich Eingang gefunden in unser geltendes Bürgerliches Gesetzbuch. Im römischen Recht mußten die Kinder das, was sie als Ausstattung vom Vater erhalten hatten – so die Töchter beispielsweise ihre Mitgift –, wieder in den Nachlaß einbringen. Und nicht nur das, sie mußten auch, was sie erworben hatten, nachdem sie aus der väterlichen Gewalt entlassen waren, wieder in den Nachlaß zurückgeben. Dieses gesamte Vermögen wurde dann unter den Erben aufgeteilt.
Die heute geltende moderne Ausgleichung beruht auf dem spätkaiserlichen, insbesondere dem justinianischen Recht, wonach nicht mehr eine gegenständliche Verpflichtung zur Rückführung in den Nachlaß besteht, sondern der Ausgleich rein rechnerisch durchgeführt wird.
Da die Ausgleichungspflicht von dem Grundsatz der Gleichbehandlung der Kinder getragen wird, besteht sie auch nur unter den Abkömmlingen des Erblassers. Andere Erben betrifft sie nicht.
Die Ausgleichungspflicht unter den Abkömmlingen besteht daher, wenn sie als gesetzliche Erben eintreten oder wenn bei Erbfolge aufgrund letztwilliger Verfügung, der Erblasser die Abkömmlinge auf dasjenige als Erben eingesetzt hat, was sie als gesetzliche Erben erhalten hätten, oder wenn die Erbteile der Abkömmlinge so bestimmt sind, daß sie zueinander in demselben Verhältnis stehen wie die gesetzlichen Erbteile.
Bei der testamentarischen Einsetzung der Abkömmlinge wird lediglich vermutet, daß die Abkömmlinge zur Ausgleichung verpflichtet sein sollen. Ergibt sich aus dem Testament oder sonstigen Umständen, daß der Erblasser diese Ausgleichung nicht wünschte, so kann sie entfallen.

Beispiele:

a) Der Erblasser setzt seine drei Söhne zu je ⅓ ein. In diesem Fall erhalten die Erben jeweils den ihnen bei gesetzlicher Erbfolge zustehenden Erbteil.

b) Der Erblasser wendet ⅔ der Erbschaft fremden Erben zu, seinen beiden Söhnen je ²⁄₉. Hier erhalten die Söhne zwar nicht den vollen gesetzlichen Erbteil, allerdings erhalten sie beide gleich viel. Die 2/9 stehen im gleichen Verhältnis zueinander wie die 2/3. Keiner der beiden Söhne hat im einen oder anderen Fall mehr als sein Bruder erhalten.

c) *Der Erblasser wendet einem Sohn 2/3, dem anderen Sohn 1/3 durch letztwillige Verfügung zu. Durch diese Verteilung 1/3 zu 2/3 bringt der Erblasser zum Ausdruck, daß er die Abkömmlinge gerade nicht gleich behandeln wollte.*

Ausgleichungspflicht bei Wegfall eines Abkömmlings

Fällt ein Abkömmling, der als Erbe zur Ausgleichung verpflichtet gewesen wäre, vor oder nach dem Erbfalle weg, so ist der an seine Stelle tretende Abkömmling verpflichtet, die Zuwendung auszugleichen.

Beispiel: *Wäre der Sohn des Erblassers zu einer Ausgleichszahlung verpflichtet gewesen, verstarb jedoch, ehe er diese Zahlung leistete, so ist sein Sohn – der Enkel des Erblassers – verpflichtet, die Ausgleichszahlung zu leisten. Der Enkel muß sich also auf seinen Erbteil das anrechnen lassen, was der Vater vom Erblasser erhalten hat.*

Hat der Erblasser für den weggefallenen Abkömmling einen Ersatzerben eingesetzt, so wird vermutet, daß der Ersatzerbe ebenfalls der Ausgleichungspflicht unterliegt. Es ist nämlich im Zweifel anzunehmen, daß der Ersatzerbe nicht mehr erhalten soll, als der Abkömmling unter Berücksichtigung der Ausgleichungspflicht erhalten würde. Der zum Ausgleich Verpflichtete muß natürlich nur mit dem Anteil für die Ausgleichszahlung einstehen, der ihm als Erbeserbe zukam, nicht mit dem Teil, der ihm als direkter Erbe zufloß. In unserem Beispiel muß der Enkel also nur mit dem vom Großvater auf ihn gekommenen Erbteil für die Verpflichtung des verstorbenen Vaters einstehen. Was direkt durch den Vater als Erbteil auf ihn kam, bleibt von der Forderung unberührt.

Gegenstände der Ausgleichung

Von der Ausgleichspflicht wird die Ausstattung erfaßt, die ein Abkömmling zu Lebzeiten des Erblassers von diesem erhalten hat. Unter Ausstattung wird hier ganz allgemein das verstanden, was die Eltern ihren Kindern zukommen lassen, um ihnen zu einer selbständigen Lebensführung zu verhelfen. In diesem Sinne gehört auch die Aussteuer zur Ausstattung, doch nur, wenn sie zusätzlich zu einer angemessenen Berufsausbildung gewährt wird. Erhält der Sohn eine Berufsausbildung, die Tochter eine Aussteuer, so gelten die Aufwendungen als ausgeglichen; keiner von beiden ist später zur Ausgleichszahlung verpflichtet.

In gewissem Umfang müssen solche Zahlungen später ausgeglichen werden, die einem Abkömmling über einen längeren Zeitraum regelmäßig zukamen. Das können Studien-, Promotions- oder Fachschulkosten sein, und natürlich auch der monatliche Wechsel für das studierende Kind. Aufwendungen für eine allgemeine Schulbildung, wie sie jedes Kind erhält, müssen später nicht ausgeglichen werden. Aber auch die Sonderaufwendungen für eine lange, teure Ausbildung unterliegen nur bedingt der Ausgleichspflicht, sie müssen nämlich nur insoweit ausgeglichen werden, als sie das Maß überstiegen haben, das den Vermögensverhältnissen des Erblassers entsprach. Ausschlaggebend sind also die Vermögensverhältnisse zur Zeit der Zuwendung, nicht zur Zeit des Erbfalles.

Beispiel: *Wenn ein Großindustrieller seinem studierenden Sohn einen monatlichen Scheck über DM 2000,– zukommen läßt, so kann das durchaus eine den Vermögensverhältnissen des Vaters entsprechende Zuwendung sein. Würde eine Aufwendung in dieser Höhe jedoch von einem durchschnittlich verdienenden Arbeiter oder Angestellten erbracht, überstiege diese Leistung den Lebenszuschnitt des Vaters, so daß bei einem späteren Erbfall der Sohn sich diesen Teil anrechnen lassen müßte.*
In unserem Beispiel ist dann denkbar, daß ein Betrag von DM 600,– als den Vermögensverhältnissen entsprechend anzusehen ist, aber der darüber hinausgehende Teil von DM 1400,– der Ausgleichspflicht unterliegt. Bedenkt man, daß ein Studium durchaus 4 oder 5 Jahre dauert, kann schon eine recht große Summe zusammenkommen, die dann auszugleichen ist.

Andere Zuwendungen müssen nur dann ausgeglichen werden, wenn der Erblasser bei der Zuwendung diese Ausgleichung besonders angeordnet hat. Das können Schenkungen oder sogenannte gemischte Schenkungen sein. Letzteres sind solche Leistungen, für die der Abkömmling eine geringere Gegenleistung erbringt, als sie aufgrund der Zahlung angemessen wäre.

Beispiel: *Der Erblasser stellt seinen Sohn in seinem Geschäft als Angestellten ein. Für die Position, die er bekleidet, wäre normalerweise ein Gehalt von DM 2000,– angemessen. Der Erblasser zahlt seinem Sohn jedoch ein monatliches Gehalt von DM 5000,–. Der Teil, der das gewöhnliche Entgelt überschreitet (DM 3000,–) stellt den geschenkten Anteil der Zuwendung dar. Das gesamte Rechtsgeschäft nennt man gemischte Schenkung.*

Insbesondere wenn Kinder in ein Erwerbsgeschäft der Eltern oder eines Elternteils eintreten, kann sich eine Ausgleichspflicht ergeben. Ganz besonders geregelt sind die Ausgleichspflichten eines Hoferben.

Zuwendung an entferntere Abkömmlinge

Im allgemeinen sind von der Ausgleichspflicht nur die unmittelbaren Abkömmlinge, also die Kinder des Erblassers, betroffen, denn Sinn der Ausgleichszahlung ist es ja, Geschwister im Erbfall gleich zu stellen. Das Gesetz bedient sich aber in allen Formulierungen des Ausdrucks »Abkömmlinge«, um deutlich zu machen, daß unter Umständen auch Enkel und Urenkel von der Ausgleichspflicht betroffen sein können. Allerdings trifft diese entfernteren Abkömmlinge nur dann eine Ausgleichspflicht, wenn der Erblasser sie bei der Zuwendung angeordnet hat.
Dies gilt allerdings auch nur dann, wenn der entferntere Abkömmling zum Zeitpunkt der Zuwendung noch nicht als Erbe feststeht, weil ein näherer Abkömmling noch lebt, der ihn vom Erbrecht ausschließt.

Beispiel: *Der Enkel ist Erbe seines Großvaters geworden, weil sein Vater vorverstorben ist. Der Erblasser hat zu Lebzeiten seinem Enkel einen Geldbetrag von DM 30 000,– zur Verfügung gestellt, damit er seine Ausbildung zum Piloten finanzieren kann. Zum Zeitpunkt dieser Zuwendung lebte der Vater des Enkels – also der Sohn des Erblassers. In diesem Fall besteht die Ausgleichspflicht nur dann, wenn der Erblasser (Großvater) dies ausdrücklich angeordnet hat. Zum Zeitpunkt der Zuwendung konnte der Erblasser nämlich nicht davon ausgehen, daß der Enkel sein Erbe wird, weil dessen Vater noch lebte, der als näherer Abkömmling den Enkel von der Erbfolge ausschließt. Die Pflicht zur Ausgleichung besteht gegenüber den Geschwistern des bereits verstorbenen Vaters.*

Zuwendung aus dem Gesamtgut

Lebte der Erblasser mit seinem Ehegatten im Güterstand der Gütergemeinschaft, so gilt eine Besonderheit der Ausgleichungspflicht, wenn die Zuwendung aus dem Gesamtgut gemacht wurde. Die Zuwendung wird dann nämlich so betrachtet, als habe jeder Ehegatte zur Hälfte die Zuwendung erbracht. Daraus ergibt sich als Konsequenz, daß gemeinsame Abkömmlinge der Ehegatten, die in Gütergemeinschaft leben, zweimal, nämlich beim Tod jedes der beiden Ehegatten, ausgleichspflichtig sind.

Beispiel: *Erhielt ein Abkömmling zu Lebzeiten der in Gütergemeinschaft lebenden Eltern eine ausgleichspflichtige Zuwendung aus dem Gesamtgut in Höhe von DM 10 000,–, so muß er zunächst DM 5000,– beim Tod des ersten Elternteils und weitere DM 5000,– beim Tod des anderen Elternteils ausgleichen.*

Ist der Erbe nur Nachkomme von *einem* Ehegatten, so gilt die Zuwendung nur als von dem Ehegatten erbracht, von dem der Erbe abstammt.

Beispiel: *Hat der Erbe eine ausgleichspflichtige Zuwendung aus dem Gesamtgut der Ehegatten in Höhe von DM 10 000,– erhalten, so muß er diese Zuwendung auf einmal ausgleichen, wenn sein leiblicher Elternteil stirbt. Beim Tod des eingeheirateten Ehepartners des leiblichen Elternteils entfällt diese Ausgleichspflicht.*

Durchführung der Ausgleichung

Um bei der Erbauseinandersetzung zu einer gerechten Verteilung zu kommen, wird jedem Miterben der Wert der Zuwendung, die er auszugleichen hat, auf sein Erbteil angerechnet.

Beispiel: *Der Erblasser lebte mit seinem Ehegatten im Güterstand der Zugewinngemeinschaft. Er hatte zwei Söhne, Christian und Sebastian, und hinterläßt eine Teilungsmasse (einen Nachlaßwert) von DM 30 000,–. Christian hatte bereits eine ausgleichspflichtige Zuwendung im Wert von DM 5000,– erhalten.*
Nach der gesetzlichen Erbfolge steht dem Ehegatten zunächst die Hälfte des Nachlasses, also DM 15 000,–, zu, die beiden Söhne erhalten gemeinschaftlich die restlichen DM 15 000,–, doch muß sich Christian den Vorempfang in Höhe von DM 5000,– anrechnen lassen. Das geht folgendermaßen vor sich: Die DM 5000,– werden der Teilungsmasse zunächst zugeschlagen, es ergeben sich DM 20 000,–, von denen auf jeden der beiden Erben die Hälfte, DM 10 000,– entfällt, doch muß sich Christian seinen Vorempfang von seinem Teil abziehen lassen. Er erhält also DM 5000,–, sein Bruder Sebastian die restlichen DM 10 000,–.

Für die Berechnung der Ausgleichszahlung ist der Wert zum Zeitpunkt der Zuwendung entscheidend. Es wird aber der Kaufkraftschwund, der zwischen Zuwendung und Erbfall entstanden ist, berücksichtigt.

Beispiel: *Hatte zum Zeitpunkt der Zuwendung diese einen Wert von DM 5000,– und ist bis zum Erbfall ein Kaufkraftschwund von 20 % eingetreten, so ist die Ausgleichung mit DM 5000,– plus 20 % Kaufkraftschwund = DM 6000,– in Anrechnung zu bringen.*

Keine Herausgabe des Mehrempfanges

Durch dieses rein rechnerische Vorgehen kann es passieren, daß der Miterbe durch die Zuwendung bereits mehr erhalten hat, als ihm bei der Auseinandersetzung zukommen würde. Diesen Mehrempfang kann der Miterbe behalten, er ist nicht zur Herauszahlung des Mehrbetrages verpflichtet. In einem solchen Fall wird der Nachlaß unter den übrigen Erben in der Weise geteilt, daß der Wert der Zuwendung und der Erbteil des Miterben nicht mehr berücksichtigt werden.

Beispiel: *Es ist eine Teilungsmasse von DM 8000,– vorhanden. Gemeinsame Erben sind Alfred zu ½, Sebastian zu ¼ und Christian zu ¼. Christian hat einen Vorausempfang von DM 4000,– erhalten. Die erhöhte Teilungsmasse beträgt DM 12 000,– (DM 8000,– plus DM 4000,–). Bezogen auf seinen Viertelanteil würde Christian DM 3000,– erhalten. Sein Vorausempfang betrug aber schon DM 4000,–, so daß er bei der Verteilung der Erbmasse ausscheidet. Die Teilungsmasse wird nun nur noch zwischen Alfred und Sebastian im Verhältnis ihrer Erbteile in unserem Beispiel 2 zu 1 aufgeteilt, so daß Alfred ⅔ von DM 8000,– erhält = DM 5333,33 und Sebastian ⅓ = DM 2666,67.*

Auskunftspflicht der Miterben

Um überhaupt eine Ausgleichung durchführen zu können, ist jeder Miterbe verpflichtet, den übrigen Erben auf Verlangen Auskunft über die Zuwendungen zu erteilen, die er auszugleichen verpflichtet ist.
Der Miterbe muß zu diesem Zweck ein Bestandsverzeichnis vorlegen, dessen Richtigkeit er bei bestehenden Zweifeln an Eides Statt zu versichern hat.

Ausgleichungspflicht bei besonderer Mitarbeit oder Pflegetätigkeit eines Abkömmlings

Es kann aber auch umgekehrt eine Ausgleichspflicht zugunsten eines Abkömmlings bestehen, wenn der Abkömmling Leistungen an den Erblasser erbracht hat, die dazu beigetragen haben, das Vermögen des Erblassers zu erhalten oder zu vermehren; beispielsweise wenn eines der Kinder jahrelang im Geschäft der Eltern mitgearbeitet hat, ohne dafür ein Gehalt zu beziehen. Auch wenn eines der Kinder die Pflege des Erblassers über längere Zeit übernommen und deswegen auf sein berufliches Einkommen verzichtet hat, besteht Anspruch auf eine Ausgleichszahlung.
Die Ausgleichspflicht besteht unter Abkömmlingen im weitesten Sinne. Gemeint

sind also nicht nur Söhne und Töchter, sondern auch solche Abkömmlinge, die an deren Stelle treten. Abkömmling ist natürlich auch das nichteheliche Kind im Verhältnis zu seinem Vater.
Damit eines der Kinder diesen Ausgleich von seinen Geschwistern verlangen kann, darf ihm für seine Leistung zu Lebzeiten des Erblassers, dem die Leistung zugute kam, kein oder nur ein sehr geringes Entgelt gezahlt worden sein. Hat das Kind seine Leistung bezahlt bekommen, besteht kein Anspruch auf eine Ausgleichszahlung. Es muß aber nicht unbedingt eine Arbeitsleistung erbracht worden sein. Denkbar ist auch, daß ein volljähriges Kind, das noch zu Hause bei den Eltern wohnte, von seinem selbst verdienten Geld einen überdurchschnittlich hohen Anteil zur Haushaltsführung beisteuerte. Auch von daher kann es später eine Ausgleichsforderung ableiten.
Die Höhe der Ausgleichung wird nach Billigkeit bestimmt. Maßstab der Bemessung des Ausgleichs sind Dauer und Umfang der Leistung einerseits und der Wert des Nachlasses andererseits.
Die rechnerische Durchführung dieser Ausgleichungspflicht erfolgt praktisch in umgekehrter Weise wie bei den ausgleichspflichtigen Zuwendungen. Hier wird nämlich der ausgleichspflichtige Betrag nicht dem Wert hinzugerechnet, sondern von ihm abgezogen. Bei der Berechnung scheidet auch hier wieder der Miterbe aus, der nicht von der Ausgleichspflicht betroffen ist.

Beispiel: *Es ist eine Teilungsmasse von DM 15 000,– vorhanden. Alfred, Sebastian und Christian erben jeweils zu ⅓. Für die Mitarbeit im Erwerbsgeschäft des Erblassers wird Alfred ein Ausgleichsbetrag von DM 3000,– zugebilligt. Die erniedrigte Teilungsmasse (DM 15 000,– minus DM 3000,–) beträgt somit DM 12 000,–. Unter Berücksichtigung des ⅓-Anteils von Sebastian und Christian ergibt sich rechnerisch aus der erniedrigten Teilungsmasse ein Anteil von DM 4000,–. Alfred erhält insgesamt DM 7000,–, nämlich aus der erniedrigten Teilungsmasse DM 4000,– und DM 3000,– als Ausgleichsbetrag.*

Rechtsverhältnisse zwischen den Erben und den Nachlaßgläubigern

Ist nur ein einziger Erbe vorhanden, gestaltet sich das Rechtsverhältnis zwischen ihm und den Nachlaßgläubigern recht einfach. Das Gesetz bestimmt, daß ihn die Nachlaßschulden in vollem Umfang treffen. Für ihn ist lediglich von Bedeutung, ob er noch mit seinem Eigenvermögen dafür einzustehen hat, oder ob er die Nachlaßgläubiger lediglich auf das ererbte Vermögen verweisen kann.

Die Möglichkeit dieser Haftungsbeschränkung besteht natürlich bei der Erbenmehrheit ebenfalls. Sind mehrere Erben vorhanden, besteht das Problem darin, ob die Miterben den Nachlaßgläubigern als Gesamtschuldner haften oder nur für Teilbeträge entsprechend ihren Erbteilen (Teilhaftung).
Gesamtschuldnerische Haftung bedeutet, daß ein Nachlaßgläubiger sich wegen seiner gesamten Forderung an einen der Erben halten kann, und daß dieser Erbe dann zusehen muß, daß er das, was er gezahlt hat, unter seinen Miterben wieder ausgleicht. Einzelhaftung hingegen bedeutet, daß der angesprochene Miterbe nur den Teil der Forderung zu begleichen hat, der seinem Erbteil entspricht.

Beispiel: *Sind drei Erben, Alfred, Sebastian und Christian mit gleicher Erbberechtigung vorhanden, und ist unter den Nachlaßverbindlichkeiten eine Forderung von DM 6000,–, so könnte der Nachlaßgläubiger die vollen DM 6000,– von Alfred verlangen. Alfred muß dann mit Sebastian und Christian zu einem Ausgleich kommen. Bei einer Teilhaftung könnte der Nachlaßgläubiger von Alfred, Sebastian und Christian jeweils nur DM 2000,– verlangen.*

Solange die Erbengemeinschaft noch nicht auseinandergesetzt ist, besteht eine einheitliche Vermögensmasse, aus der die Nachlaßverbindlichkeiten beglichen werden können. Wenn der Nachlaß erst einmal geteilt ist, ist die Basis für die Gläubiger erheblich schlechter, weil die einzelnen Nachlaßgegenstände bereits auf verschiedene Personen verteilt sind. Aus diesem Grunde regelt das Gesetz die Haftung für die Nachlaßverbindlichkeiten vor der Auseinandersetzung anders als nach der Auseinandersetzung.

Grundsatz der gesamtschuldnerischen Haftung

Um den Gläubiger durch den eingetretenen Erbfall hinsichtlich der Durchsetzung seiner Forderung nicht schlechterzustellen, haften die Erben für die gemeinschaftlichen Nachlaßverbindlichkeiten zunächst als Gesamtschuldner.
Solange der Nachlaß unter den Erben noch nicht geteilt ist und die Erbengemeinschaft den Nachlaß verwaltet, ist die Haftung des einzelnen Erben grundsätzlich beschränkt. Bis zur Teilung des Nachlasses kann jeder Miterbe die Berichtigung der Nachlaßverbindlichkeiten aus seinem Privatvermögen verweigern. Er haftet also nur mit seinem Anteil am Nachlaß.

Beispiel: *Verlangt ein Gläubiger von einem Miterben, der einen Erbanteil in Höhe von DM 10 000,– hat, die Begleichung einer Nachlaßverbindlichkeit in Höhe von DM 15 000,–, so kann der Miterbe bis zur Auseinandersetzung der Erbengemeinschaft die Begleichung der Verbindlichkeit in Höhe von DM 5000,– verweigern, weil* *sein Erbteil um diesen Betrag überschritten wird, und er mit seinem nicht ererbten eigenen Vermögen einspringen müßte.*

Von diesem Beschränkungsrecht seiner Haftung kann der Miterbe nicht mehr Gebrauch machen, wenn er für eine Nachlaßverbindlichkeit bereits unbeschränkt haftet.
Kann ein Gläubiger von einem Miterben nicht die volle Erfüllung seines Anspruches erhalten, so steht ihm das Recht zu, die Befriedigung aus dem ungeteilten Nachlaß von sämtlichen Miterben zu verlangen. Er muß dann gegen die Erbengemeinschaft als sogenannte Gesamthand vorgehen.

Haftung nach der Teilung

Nach der Teilung des Nachlasses haftet jeder Miterbe nur noch für den Teil der Nachlaßverbindlichkeiten, der seinem Erbteil entspricht. Um aber diese Teilhaftung überhaupt herbeiführen zu können, müssen die Miterben dafür Sorge getragen haben, daß die Schulden, soweit irgend möglich, berichtigt wurden. Ist dies nicht geschehen, so verbleibt auch nach der Teilung die gesamtschuldnerische Haftung der Miterben. Sie können dann eventuell später an sie herantretende Gläubiger nicht mehr auf ihre beschränkte Haftung nach ihrem Anteil verweisen, sondern müssen die Forderung voll begleichen – unter Umständen auch aus ihrem Privatvermögen – und versuchen, von den anderen Miterben einen Ausgleich zu erlangen. Diese gesamtschuldnerische Haftung kann nach der Teilung nur noch dadurch beschränkt werden, daß ein Nachlaßkonkurs durchgeführt wird.

Beispiel: *Alfred, Sebastian und Christian sind zu je ⅓-Anteil Miterben geworden. Haben sie den Nachlaß ordnungsgemäß abgewickelt und macht hiernach noch ein Nachlaßgläubiger eine Verbindlichkeit in Höhe von DM 12 000,– geltend, so kann jeder Miterbe die Haftung insoweit ablehnen, als ihr ⅓-Anteil überschritten wird. Jeder von ihnen braucht daher gegenüber einem Nachlaßgläubiger nur noch in Höhe von DM 4000,– einzustehen.*

Beschränkung der Haftung auf den Nachlaß

Was die Beschränkung der Haftung auf den Nachlaß anlangt, so gelten für die Erbenmehrheit grundsätzlich dieselben allgemeinen Regeln wie für den Alleinerben, doch gibt es für die Erbenmehrheit einige Abweichungen zu beachten:

1. Die Anordnung einer Nachlaßverwaltung kann von den Erben nur gemeinschaftlich beantragt werden. Ein einzelner Miterbe kann sie nicht verlangen. Auch ist

die Durchführung der Nachlaßverwaltung ausgeschlossen, wenn der Nachlaß bereits geteilt ist.

2. Der Nachlaßkonkurs hingegen ist sowohl vor als auch nach der Teilung zulässig. Soweit eine Überschuldung des Nachlasses vorliegt, besteht eine gesetzliche Pflicht, den Konkursantrag zu stellen. Daher ist eine gemeinschaftliche Mitwirkung der Miterben nicht erforderlich, sondern jeder einzelne Miterbe ist berechtigt, den Antrag zu stellen.
3. Errichtet einer der Miterben ein Inventar, so kommt das auch den übrigen Miterben zustatten. Die durch die Errichtung des Inventars eingetretene beschränkte Haftung gilt allerdings für den Erben nicht, der bereits für die Nachlaßverbindlichkeiten unbeschränkt haftet.
4. Untereinander haften die Miterben einander niemals unbeschränkt. Selbst wenn ein Miterbe gegenüber den anderen Nachlaßgläubigern das Recht der Haftungsbeschränkung verloren hat, kann er sich gegenüber den übrigen Erben auf die Beschränkung seiner Haftung berufen.

Es gibt noch eine Vielzahl von Regelungen und Vorschriften, die bei der Abwicklung eines Nachlasses zu beachten sind, vor allem wenn es sich um einen verschuldeten Nachlaß handelt.

Dieser grobe Überblick konnte die vielen, zum Teil recht verzwickten Probleme zwischen Miterben und Nachlaßgläubigern nicht erschöpfend behandeln. Wer im konkreten Fall mit diesen Fragen und Problemen konfrontiert ist, wird auf die Hilfe eines Rechtskundigen nicht verzichten können.

Erbschein

§ 2353 bis § 2370

Zweck

Der Erbe oder die Erben benötigen häufig zum Nachweis ihrer Legitimation einen Erbschein. Er ist ein Zeugnis über die erbrechtlichen Verhältnisse. Er bekundet, wer Erbe ist und welche Anordnungen des Erblassers, sei es nun Nacherbfolge oder Testamentsvollstreckung, ihn beschränken.

Arten von Erbscheinen

Es gibt je nach Umständen unterschiedliche Arten von Erbscheinen:
1. Erbschein des Alleinerben;
2. Teilerbschein über den Anteil eines Miterben;
3. Gemeinschaftlicher Erbschein über die Erbfolge in den ganzen Nachlaß bei Erbenmehrheit;
4. Gemeinschaftlicher Teilerbschein für einzelne Erbstämme;
5. Vereinigter Erbschein oder Sammelerbschein; dies ist die äußere Zusammenfassung mehrerer Erbscheine bei mehrfachem Erbgang;
6. Hoffolgezeugnis und Erbschein über hoffreies Vermögen;
7. Gegenständlich beschränkter Erbschein.

Nachfolgend wird auf die wesentlichen Bestimmungen der am häufigsten vorkommenden Erbscheine eingegangen.

Erteilung des Erbscheins

Das Nachlaßgericht hat dem Erben auf Antrag ein Zeugnis über sein Erbrecht zu erteilen und wenn er nur zu einem Teil der Erbschaft berufen ist, über die Größe des Erbteils. Das Gesetz nennt dieses Zeugnis »Erbschein«. Für die Erteilung des Erbscheins ist das Amtsgericht zuständig. Lediglich in Baden-Württemberg wird diese Angelegenheit von den Notariaten erledigt. Berechtigt, einen solchen Antrag zu stellen, sind unter anderen der Erbe beziehungsweise der Miterbe, der Vorerbe bis zum Eintritt des Nacherbfalls, der Nacherbe nach Eintritt des Nacherbfalls, der Erbeserbe nach dem zweiten Erbfall auf Namen des Erben, der Testamentsvollstrecker, der Nachlaßverwalter und der Erbschaftskäufer.

Vom Antragsrecht ausgeschlossen sind Vermächtnisnehmer, Pflichtteilsberechtigte und Nachlaßpfleger.
Zu den notwendigen Angaben gehören neben Fragen der Vor- und Nacherbschaft sowie der Testamentsvollstreckung Name und Todestag des Erblassers, Name des Erben respektive des Miterben und die Erbquote. Nicht in einen solchen Erbschein gehören Berufungsgrund, Vermächtnisse, Auflagen, Ersatzansprüche, Pflichtteilsrechte, Teilungsanordnungen und weitere Beschränkungen mit Ausnahme der vorgenannten Nach- und Vorerbschaft und der Testamentsvollstreckung.
Der Antrag auf Erteilung eines Erbscheins ist formfrei, wird aber meistens in der Erbschaftsverhandlung zu Protokoll des Nachlaßgerichtes oder zur Niederschrift eines Notars gestellt. In dem Antrag muß das beanspruchte Erbrecht genau bezeichnet werden. Man muß also grundsätzlich angeben, ob das Erbrecht aufgrund Gesetz oder Verfügung von Todes wegen beansprucht wird, obwohl die diesbezüglichen Angaben nicht in den Erbschein mit aufgenommen werden.

Angaben des gesetzlichen Erben

Wer die Erteilung des Erbscheins als gesetzlicher Erbe beantragt, hat anzugeben:
1. die Zeit des Todes des Erblassers;
2. das Verhältnis, auf dem sein Erbrecht beruht; bei Ehegatten auch die Angabe über den Güterstand;
3. ob und welche Personen vorhanden sind oder vorhanden waren, durch die er von der Erbfolge ausgeschlossen oder sein Erbteil gemindert würde;
4. ob und welche Verfügungen des Erblassers von Todes wegen vorhanden sind;
5. ob ein Rechtsstreit über sein Erbrecht anhängig ist.

Bei der Angabe, welche Personen weggefallen sind, hat man nicht nur solche zu benennen, die bereits verstorben sind, sondern auch jene, deren Erbrecht aus anderen Gründen weggefallen ist, also etwa durch Scheidung, vorzeitigen Erbausgleich, Enterbung, Ausschlagung, Erbunwürdigkeitserklärung oder Erbverzicht.
Ist eine Person weggefallen, durch die der Antragsteller von der Erbfolge ausgeschlossen oder sein Erbteil gemindert werden würde, so hat der Antragsteller anzugeben, in welcher Weise die Person weggefallen ist.
Bei den anzugebenden letztwilligen Verfügungen sind auch solche zu erwähnen, die nach Meinung des Antragstellers unwirksam sind. Die Wirksamkeit hat nämlich das Nachlaßgericht selbst zu prüfen.

Angaben des eingesetzten Erben

Wenn ein Erbschein von einem testamentarisch eingesetzten Erben beantragt wird, so muß er folgendes vorlegen und angeben:

1. die Verfügung von Todes wegen, auf der das Erbrecht beruht;
2. ob und welche sonstigen Verfügungen des Erblassers von Todes wegen vorhanden sind;
3. die Zeit des Todes des Erblassers;
4. ob ein Rechtsstreit über sein Erbrecht anhängig ist;
5. der Wegfall einer Person, durch die der Antragsteller von der Erbfolge ausgeschlossen oder sein Erbteil gemindert würde, wobei auch anzugeben ist, in welcher Weise die Person weggefallen ist.

Nachweis der Richtigkeit der Angaben

Der Antragsteller hat die Richtigkeit seiner Angaben in bestimmtem Umfang durch öffentliche Urkunden nachzuweisen. Er ist verpflichtet, eine Sterbeurkunde vorzulegen, die den Namen des Verstorbenen und Zeit und Ort seines Todes ausweist. Er muß nachweisen, worauf sich sein Erbrecht gründet, im Fall des testamentarischen Erben muß er das Testament vorlegen, ist er gesetzlicher Erbe, muß er anhand von Stamm- oder Familienbüchern seine verwandtschaftliche Beziehung zum Erben nachweisen. Genauso muß er über den Wegfall von Personen Auskunft erteilen, die ihn von der Erbschaft ausschließen oder sein Erbteil mindern würden.

Sind die Urkunden nicht oder nur mit unverhältnismäßigen Schwierigkeiten zu beschaffen, so genügt die Angabe anderer Beweismittel. Andere Beweismittel können sein: Zeugen, eidesstattliche Versicherung dritter Personen, wenn eine Zeugenvernehmung undurchführbar ist, oder Vorlage von Abschriften und ähnlichen Unterlagen.

Darüber hinaus hat der Antragsteller an Eides Statt zu versichern, daß ihm nichts bekannt ist, was der Richtigkeit seiner Angaben entgegensteht.

Die eidesstattliche Versicherung ist entweder vor einem Gericht oder vor einem Notar abzugeben. Das Nachlaßgericht kann die eidesstattliche Versicherung erlassen, wenn es sie für nicht erforderlich erachtet.

Soweit die Tatsachen bei dem Nachlaßgericht offenkundig sind, also dem Nachlaßgericht die Richtigkeit bereits bekannt ist, finden die vorerwähnten Vorschriften keine Anwendung. Der Nachweis ist bereits durch die Kenntnis des Nachlaßgerichtes überflüssig geworden.

Gemeinschaftlicher Erbschein

Sind mehrere Erben vorhanden, so ist auf Antrag ein gemeinschaftlicher Erbschein zu erteilen. Der Antrag kann von jedem Erben gestellt werden. In einem solchen Antrag sind sämtliche Erben und ihre Erbteile anzugeben.
Wenn der Antrag nicht von allen Erben gestellt wird, könnte fraglich sein, ob die übrigen Miterben überhaupt die Erbschaft angenommen haben. Aus diesem Grunde muß der Antragsteller in dem Antrag angeben, ob die übrigen Erben die Erbschaft angenommen haben. Ansonsten kann ein gemeinschaftlicher Erbschein nicht erteilt werden.
Der Antragsteller muß auch die Richtigkeit derjenigen Angaben nachweisen, die sich auf die übrigen Erben beziehen.
Bestehen Zweifel an der Erbquote, kann das Gericht einen vorläufigen Erbschein ohne Erbquote erteilen, wenn alle Miterben feststehen. Besteht Ungewißheit über die gültige Miterbenzahl, etwa weil ein Miterbe noch nicht geboren ist, so kann auch ein Erbschein mit Mindestquoten erteilt werden.
Sofern das Nachlaßgericht die Versicherung eines oder einiger der Miterben nicht für ausreichend erachtet, ist die eidesstattliche Versicherung von allen Erben abzugeben.

Ermittlungen des Nachlaßgerichts

Das Nachlaßgericht hat unter Benutzung der von dem Antragsteller angegebenen Beweismittel von Amts wegen die zur Feststellung der Tatsachen erforderlichen Ermittlungen vorzunehmen und die geeignet erscheinenden Beweise aufzunehmen.
Dem Nachlaßgericht ist von Gesetzes wegen die Aufgabe übertragen, den tatsächlichen Erblasser und die zutreffenden Verhältnisse zu ermitteln. Hierzu gehören Zuständigkeit, Staatsangehörigkeit des Erblassers, Vorliegen und Echtheit einer letztwilligen Verfügung, Testierfähigkeit des Erblassers, Auslegung und Sinn des Testamentes, Güterstand bei Ehegatten, Ausschlagung, erbrechtliche Bindung durch Erbvertrag und gemeinschaftliches Testament, Aufhebung letztwilliger Verfügungen. Sogar die Wirksamkeit einer Testamentsanfechtung ist im Erbscheinverfahren zu beurteilen, nicht etwa im normalen Prozeßweg.
Für die Ermittlung der Sachverhalte gilt, daß das Gericht sie von Amts wegen zu erforschen hat. Das Gericht muß allerdings nicht allen denkbaren Möglichkeiten einer Aufklärung nachgehen, sondern nur solchen Dingen, die aufgrund des Vorbringens der Beteiligten oder des vorliegenden Sachverhalts zu einer weiteren Erforschung Anlaß geben.
Das Nachlaßgericht kann eine öffentliche Aufforderung erlassen, wonach andere Personen, denen ein Erbrecht zusteht, ihre Ansprüche anmelden können. Wie dies

zu geschehen hat, bestimmt sich im einzelnen nach den für das Aufgebotsverfahren geltenden Vorschriften.

Feststellung des Erbrechts

Der Erbschein ist nur dann zu erteilen, wenn das Nachlaßgericht alle Tatsachen, die den Antrag begründen, für festgestellt erachtet. Hat das Gericht noch ernsthafte Zweifel an der Richtigkeit standesamtlicher Urkunden oder sonstiger Unterlagen, so hat es diese im Erbscheinverfahren aufzuklären. In aller Regel muß der Antragsteller die Zulässigkeit und Begründetheit seines Antrags beweisen und der Antragsgegner, in diesem Fall das Gericht, muß für die von ihm erhobenen Einwendungen Beweise vortragen. Hiernach entscheidet sich die Frage, zu wessen Lasten die Nichterweislichkeit einer erheblichen Tatsache geht.

Anhörung des Gegners

Soweit ein Rechtsstreit über das Erbrecht anhängig ist, muß vor der Erteilung des Erbscheins der Gegner des Antragstellers gehört werden. Es muß allen formell Beteiligten Gelegenheit zur Information, Äußerung und Antragstellung gegeben werden. Das Nachlaßgericht ist zwar nicht gehindert, einen Erbschein zu erteilen, wenn ein Rechtsstreit über das Erbrecht anhängig ist, es soll allerdings in einem solchen Fall zu besonders sorgfältiger Prüfung veranlaßt werden, was eben dadurch zum Ausdruck kommt, daß alle formell Beteiligten gehört werden müssen.
Eine weitere Pflicht zur Anhörung des Gegners ergibt sich für das Nachlaßgericht dann, wenn eine letztwillige Verfügung dem Nachlaßgericht nicht in öffentlicher Urkunde vorliegt. In einem solchen Fall ist vor der Erteilung des Erbscheins derjenige zu hören, der im Falle der Unwirksamkeit der Verfügung Erbe sein würde. Die Anhörung erstreckt sich in diesem Fall auf die Fragen der Gültigkeit der Verfügung.
Derjenige, der also bei Ungültigkeit der letztwilligen Verfügung Erbe würde, erhält dadurch Gelegenheit zur Stellungnahme, um sein Erbrecht geltend zu machen. Dies gilt nicht nur für einen gesetzlichen Erben, sondern auch für einen testamentarischen Erben, der bei Wegfall der zur Diskussion stehenden letztwilligen Verfügung zum Zuge käme.
Die Anhörung ist nicht erforderlich, wenn sie keinem sinnvollen Zweck dienen würde.

Einziehung oder Kraftloserklärung des unrichtigen Erbscheins

Stellt sich heraus, daß der erteilte Erbschein unrichtig ist, so muß das Nachlaßgericht ihn einziehen. Mit der Einziehung wird der Erbschein kraftlos.
Unerheblich ist dabei, ob die Unrichtigkeit schon immer vorlag oder erst nachträglich eingetreten ist. Die Unrichtigkeit kann auf einer falschen rechtlichen Würdigung, auf tatsächlichen Irrtümern oder auf neuen Tatsachen beruhen. Solche Unrichtigkeiten können sich ergeben, wenn ein Testament falsch ausgelegt oder gänzlich übersehen wurde, oder wenn ein Erbe die Erbschaft ausgeschlagen oder jemand anders das Testament angefochten hat.
Denkbar ist, daß die angeordnete Einziehung des Erbscheins nicht tatsächlich vorgenommen wird, und daß daher der Erbschein noch in der Hand des vermeintlich Berechtigten ist. Kann der Erbschein in einem solchen Fall nicht sofort erlangt werden, so hat ihn das Nachlaßgericht durch Beschluß für kraftlos zu erklären.
Dieser Beschluß muß dann öffentlich bekannt gemacht werden, das heißt, er wird in den entsprechenden Mitteilungsblättern des Gerichtes veröffentlicht. Einen Monat nach der letzten Publizierung wird die Erklärung, daß der Erbschein kraftlos ist, wirksam.
Erfährt das Nachlaßgericht Umstände, die Anlaß dazu geben, Zweifel an der Richtigkeit des Erbscheins zu hegen, so kann es von Amts wegen über die Richtigkeit eines erteilten Erbscheins Ermittlungen anstellen.

Herausgabeanspruch des wirklichen Erben

Der Erbschein ist ein Papier, das in gewissem Umfang öffentlichen Glauben hat, das heißt, derjenige, der den Erbschein vorlegt, gilt gegenüber den Geschäftspartnern als legitimiert. Aus diesem Grunde hat der wirkliche Erbe ein Interesse daran, daß ein unrichtiger Erbschein so schnell wie möglich aus dem Verkehr gezogen wird. Er kann daher verlangen, daß der Besitzer eines unrichtigen Erbscheins diesen Schein an das Nachlaßgericht herausgibt, sofern dies nicht freiwillig geschieht, kann er auf Herausgabe klagen.
Darüber hinaus hat der richtige Erbe gegenüber dem Scheinerben einen Auskunftsanspruch. Dieser Auskunftsanspruch erstreckt sich auf den Bestand der Erbschaft und auf den Verbleib der Erbschaftsgegenstände.

Erbschein für den Vorerben

Ein in der Praxis häufig vorkommender Erbschein ist derjenige für einen Vorbeziehungsweise Nacherben. In dem Erbschein, der einem Vorerben erteilt wird, ist anzugeben, daß eine Nacherbfolge angeordnet ist, unter welchen Voraussetzungen sie eintritt und wer als Nacherbe bestimmt ist. Diese Angabe ist insofern von Bedeutung, als bei der Vorerbschaft gewisse Beschränkungen bestehen können, die einem Dritten gegenüber bekanntgemacht werden müssen, um das Erbrecht des Nacherben vor unberechtigten Verfügungen zu schützen.
Hat der Erblasser den Nacherben auf dasjenige eingesetzt, was von der Erbschaft bei dem Eintritt der Nacherbfolge übrig sein wird, hat er also den Vorerben zur freien Verfügung über die Erbschaft berechtigt, so soll auch dieser Umstand in den Erbschein aufgenommen werden.
Mit Eintritt des Nacherbfalls ist der vom Nachlaßgericht erteilte Erbschein unrichtig geworden, weil nun der Nacherbe an die Stelle des Vorerben getreten ist. Der Nacherbe hat nun einen Anspruch darauf, daß der Vorerbe den unrichtigen Erbschein an das Nachlaßgericht herausgibt.
Ungeachtet dieses Anspruchs des Nacherben ist das Nachlaßgericht von Amts wegen verpflichtet, den unrichtigen Erbschein einzuziehen.

Angabe des Testamentsvollstreckers

Hat der Erblasser einen Testamentsvollstrecker ernannt, so ist diese Tatsache im Erbschein zu vermerken. Unterbleibt die Benennung des Testamentsvollstreckers, so ist der Erbschein unrichtig und muß vom Nachlaßgericht eingezogen werden.
Auch ein Testamentsvollstrecker hat das Recht, vom Besitzer des unrichtigen Erbscheins die Herausgabe an das Nachlaßgericht zu verlangen.

Vermutung der Richtigkeit des Erbscheins

Im Rechtsverkehr ist der Erbschein ein wesentliches Dokument, um die eingetretene Erbfolge nachzuweisen. Die Vermutung der Richtigkeit des Erbscheins erstreckt sich jedoch nur auf einen gewissen Kreis erbrechtlich relevanter Verhältnisse; derjenige, dem ein Erbschein vorgelegt wird, darf zu Recht annehmen, daß

1. der im Erbschein Genannte tatsächlich der Erbe ist;
2. dem Genannten die angegebene Erbquote zusteht;
3. der Erbe durch keine anderen als die angegebenen Anordnungen beschränkt ist.

Es wird daher vermutet, daß zum Beispiel eine nicht genannte Nacherbfolge oder eine nicht genannte Testamentsvollstreckung auch nicht besteht.

Öffentlicher Glaube des Erbscheins

Eine wichtige Funktion des Erbscheins besteht darin, daß sie denjenigen schützt, der mit jemandem Rechtsgeschäfte tätigt, der sich durch einen Erbschein als Berechtigter ausweist. Wer von demjenigen, welcher in einem Erbschein bezeichnet ist, durch Rechtsgeschäft einen Erbschaftsgegenstand, ein Recht an einem solchen Gegenstand oder die Befreiung von einem zur Erbschaft gehörenden Recht erwirbt, wird zu seinen Gunsten so behandelt, als sei der Inhalt des Erbscheins richtig.
Das bezieht sich freilich nur auf die im Erbschein gemachten Angaben, was außerhalb dieser Angaben vermutet oder angenommen wird, schützt denjenigen, der Rechtsgeschäfte mit dem Erbscheinbesitzer tätigt, nicht. Vor allen Dingen aber kann er sich dann nicht auf den Schutz des Erbscheins berufen, wenn er bereits weiß, daß der Erbschein unrichtig ist.
Für die Art der Rechtsgeschäfte gilt, daß es sich um dingliche Verfügungsgeschäfte handeln muß. Dies sind solche Rechtsgeschäfte, durch welche unmittelbar Rechte übergehen, also zum Beispiel Übereignung von beweglichen Sachen oder Immobilien sowie Abtretung von Rechten. Auf Zwangsvollstreckungsakte und schuldrechtliche Geschäfte erstreckt sich der öffentliche Glaube des Erbscheins nicht.
Der Schutz des Vertragspartners geht im übrigen darauf hinaus, daß angenommen wird, daß er mit dem richtigen – also dem wahren Erben – das Rechtsgeschäft vorgenommen hat. Er wird jedoch nicht darin geschützt, daß das, was er dem Erben beispielsweise abgekauft hat, auch tatsächlich zum Nachlaß gehörte.
Umgekehrt soll aber auch derjenige geschützt sein, der eine Leistung an denjenigen erbringt, der im Erbschein als Erbe bezeichnet ist. Es muß sich dabei freilich um eine Leistung handeln, die an den Nachlaß (Erben) zu leisten ist.

Beispiel: *Zum Nachlaß gehört eine Kaufpreisforderung in Höhe von DM 10 000,–. Der Schuldner zahlt diese Forderung an denjenigen, der sich durch Erbschein als Erbe ausweist. Ist dieser aber gar nicht wirklicher Erbe gewesen, braucht der Schuldner nicht nochmals an denjenigen zu zahlen, der wirklich Erbe ist.*

Die gleiche Funktion hat der Erbschein, wenn es um Rechtsgeschäfte geht, die einen Verfügungscharakter haben, also solche, die unmittelbar eine Rechtsänderung bewirken. Hierzu gehören Aufrechnung, Kündigung und Vormerkung.

Testamentsvollstreckerzeugnis

Auch wer als Testamentsvollstrecker eingesetzt ist, muß sich als solcher legitimieren. Aus diesem Grunde hat ihm das Nachlaßgericht auf Antrag ein Zeugnis über die Ernennung zu erteilen. Dieses Zeugnis nennt man Testamentsvollstreckerzeug-

nis. Ist der Testamentsvollstrecker in der Verwaltung des Nachlasses beschränkt oder hat der Erblasser angeordnet, daß der Testamentsvollstrecker in der Eingehung von Verbindlichkeiten für den Nachlaß nicht beschränkt sein soll, so ist dies in dem Zeugnis anzugeben.
Ist die Ernennung des Testamentsvollstreckers nicht in einer dem Nachlaßgericht vorliegenden öffentlichen Urkunde enthalten, so muß vor der Erteilung des Zeugnisses der Erbe für die Gültigkeit der Ernennung gehört werden. Das Testamentsvollstreckerzeugnis genießt wie der Erbschein öffentlichen Glauben.

Gegenständlich beschränkter Erbschein

Liegt ein Erbfall mit Auslandsbeziehungen vor, kann es sein, daß ein deutsches Nachlaßgericht zur Erteilung des Erbscheins nicht zuständig ist. Gehören in einem solchen Fall zu einer Erbschaft Gegenstände, die sich im Inland befinden, so kann die Erteilung eines Erbscheins für diese Gegenstände verlangt werden. Ein solcher Erbschein wird im Inland erforderlich sein, um die Rechte des Erben hinsichtlich dieser sich im Inland befindenden Gegenstände geltend machen zu können. In diesen Erbschein ist aufzunehmen, welches ausländische Recht der Erbfolge zugrunde liegt.
Gleiches gilt für den Fall eines beschränkten Testamentsvollstreckerzeugnisses. Ein solches wird erforderlich werden, wenn im Ausland Testamentsvollstreckung angeordnet ist und der Testamentsvollstrecker im Inland über Gegenstände, die zum Nachlaß gehören, verfügen muß. Das Gericht hat in einem solchen Fall die Ernennung und die Entlassung des Testamentsvollstreckers nach ausländischem Recht zu beurteilen.
Ein gegenständlich beschränkter Erbschein kann durch ein deutsches Nachlaßgericht auch dann erteilt werden, wenn sich zwar der Nachlaßgegenstand im Ausland befindet, allerdings im Inland von einer deutschen Behörde ein zur Eintragung des Berechtigten bestimmtes Buch oder Register geführt wird. Befindet sich zum Beispiel ein Flugzeug oder ein Schiff im Ausland, welches im deutschen Register eingetragen ist, hat das deutsche Gericht den gegenständlich beschränkten Erbschein zu erteilen.
Letztlich ist ein solch gegenständlich beschränkter Erbschein nötig, wenn zum Nachlaß ein Anspruch gehört, der vor einem deutschen Gericht einzuklagen wäre.

Beispiel: *Der Erblasser, ein Franzose, wohnt außerhalb der Bundesrepublik Deutschland. Für seine Erbfolge gilt französisches Erbrecht. Einige Wochen vor seinem Tod befand sich der Erblasser auf der Durchreise in der Bundesrepublik und war in einen Verkehrsunfall verwickelt. Die Schadensersatzansprüche des Erblassers sind in den Nachlaß gefallen. Der Anspruch gegen den Schädiger wäre vor einem* *deutschen Gericht durchzusetzen. Der Erbe kann dann einen Erbschein beantragen, der sich auf das Geltendmachen des Schadensersatzanspruches aus diesem Unfall beschränkt. Mit einem solchen Erbschein kann er vor dem Prozeßgericht die ererbten Ansprüche geltend machen.*

Öffentlicher Glaube bei Todeserklärung

Ist eine Person für tot erklärt, oder ist ihre Todeszeit nach den Vorschriften des Verschollenheitsgesetzes festgestellt worden, so haben diese Erklärungen die gleiche Funktion wie ein Erbschein.
Wer also in dem guten Glauben an die Richtigkeit der Todeserklärung oder der Feststellung der Todeszeit eines Verstorbenen mit dessen Erben Rechtsgeschäfte tätigt, wird in gleicher Weise geschützt, wie es bei Vorlage eines Erbscheins geschehen würde.
Derjenige, der zu Unrecht für tot erklärt oder dessen Todeszeit nach den Vorschriften des Verschollenheitsgesetzes festgestellt wurde, kann, wenn er noch lebt, die Herausgabe eines eventuell vorliegenden, unrichtigen Erbscheins verlangen. Ebenso hat er das Recht, von dem Scheinerben Auskunft über den Bestand der Erbschaft und über den Verbleib der Erbschaftsgegenstände zu fordern.

Nachlaßsicherung

§ 1960 bis § 1966

Zuweilen kann es erforderlich sein, daß der Nachlaß gesichert wird. Solange die Erbschaft noch nicht angenommen ist oder überhaupt noch unbekannt ist, wer Erbe sein wird, kann ein Bedürfnis bestehen, den ansonsten unverwalteten und unbehüteten Nachlaß zu schützen. In einem solchen Fall hat das Nachlaßgericht für die Sicherung des Nachlasses zu sorgen, bis der endgültige Erbe feststeht. Existiert ein vertrauenswürdiger vorläufiger Erbe oder Testamentsvollstrecker, liegt ein solches Sicherungsbedürfnis in der Regel nicht vor.

Art der Sicherungsmaßnahme

Das Nachlaßgericht kann verschiedene Sicherungsmaßnahmen treffen, es kann insbesondere die Anlegung von Siegeln, die Hinterlegung von Geld, Wertpapieren und Kostbarkeiten sowie die Aufnahme eines Nachlaßverzeichnisses anordnen und für denjenigen, welcher Erbe wird, einen Nachlaßpfleger bestellen. Damit sind jedoch die Möglichkeiten zur Sicherung durch das Nachlaßgericht noch nicht erschöpft. Es handelt sich im Gesetz nur um eine beispielhafte Erwähnung.
Welche Fürsorgemaßnahmen anzuordnen sind, entscheidet ein Richter. So kann das Gericht anordnen, daß ein Hauswächter angestellt wird, daß leicht verderbliche Sachen verkauft und daß Konten gesperrt werden. Auch kann das Gericht, wenn ein Anlaß dazu besteht, Nachforschungen nach eventuellen anderen letzwilligen Verfügungen anordnen.

Nachlaßpflegschaft

Das wichtigste und wirksamste Sicherungsmittel, das dem Nachlaßgericht zur Verfügung steht, ist die Anordnung der Nachlaßpflegschaft. Aufgabe des Nachlaßpflegers ist es, den Nachlaß zu verwalten, bis der endgültige Erbe die Erbschaft angenommen hat.
Im allgemeinen liegt die Anordnung dieses Sicherungsmittels im Ermessen des Gerichtes, doch kann auch ein Nachlaßgläubiger die Bestellung eines Nachlaßpflegers beantragen, wenn er seinen Anspruch gegen den Nachlaß gerichtlich geltend

machen will. Diesem Antrag ist zu entsprechen, wenn die obige Voraussetzung vorliegt. Ansonsten müßte der Nachlaßgläubiger mit seinem Rechtsstreit warten, bis die Erbschaft angenommen ist.

Rechte und Pflichten des Nachlaßpflegers

Da für die Nachlaßpflegschaft grundsätzlich die Regeln des Vormundschaftsrechtes maßgebend sind, kann der Pfleger nicht schalten und walten, wie es ihm gefällt. Er hat seine Aufgabe nach bestimmten Regeln und zum Teil im Zusammenwirken mit dem Nachlaßgericht zu erfüllen; seine Stellung entspricht etwa der des vorläufigen Erben.

Im Rahmen seiner Tätigkeit hat er Geld auf Sperrkonten anzulegen; Papiere und Aktien müssen sicher hinterlegt werden, mit der Bemerkung, daß sie nur mit Genehmigung des Nachlaßgerichtes herausgegeben werden dürfen; andere Wertpapiere und Kostbarkeiten wie Schmuck, Münzen, unverarbeitete Edelsteine usw. muß er ebenfalls sicher hinterlegen, falls das Nachlaßgericht dies angeordnet hat.

Für eine beachtliche Reihe von Geschäften muß der Nachlaßpfleger zunächst die Genehmigung des Nachlaßgerichtes einholen. Hiervon sind insbesondere Grundstücksgeschäfte betroffen.

Der Nachlaßpfleger handelt als Vertreter des endgültigen Erben und ist ihm gegenüber deshalb verpflichtet.

Umgekehrt haftet der Erbe für den Nachlaßpfleger wie für einen gesetzlichen Vertreter. Aus den Verwaltungshandlungen des Pflegers können dem späteren Erben Verbindlichkeiten erwachsen. Allerdings handelt es sich dabei dann nicht um persönliche Verbindlichkeiten des Erben, sondern lediglich um sogenannte Nachlaßverbindlichkeiten, die deshalb auch nur aus dem Nachlaß beglichen werden müssen. Dies ist insofern von Bedeutung, als der Erbe die Haftung auf das übernommene Erbe beschränken kann.

Beispiel: *Wenn der Erbe einen Nachlaß ererbt hat mit Vermögensgegenständen im Werte von DM 20 000,– und der Nachlaßpfleger in Ausübung seines Amtes eine Handlung unternommen hat, die den Erben zum Schadensersatz in Höhe von DM 30 000,– verpflichtet hat, so kann der Erbe seine Haftung dahingehend beschränken, daß er lediglich das Aktivvermögen im Wert von DM 20 000,– zur Verfügung stellt und nicht aus eigener Tasche noch DM 10 000,– dazulegen muß.*

Beendigung der Nachlaßpflegschaft

Sowohl Beginn als auch Ende der Nachlaßpflegschaft müssen vom Nachlaßgericht angeordnet werden.
Allein die Tatsache, daß der endgültige Erbe die Erbschaft angenommen hat, läßt die Nachlaßpflegschaft nicht automatisch enden. Das Nachlaßgericht muß allerdings die Nachlaßpflegschaft aufheben, sobald ihm gegenüber der Erbe bekanntgegeben wurde und festgestellt ist, daß er die Erbschaft angenommen hat.

Fürsorge für den ungeborenen Erben

Bereits das römische Recht kannte Fürsorgemaßnahmen für den noch ungeborenen Erben. Es wurde ein Curator für ihn bestellt, der den Nachlaß verwaltete und der Mutter bis zur Geburt des Erben den Unterhalt sicherte.
Diese Regelung wurde dem Grundgedanken nach in das Bürgerliche Gesetzbuch aufgenommen, allerdings mit der Einschränkung, daß die Pflegschaft für den Ungeborenen nur auf Antrag angeordnet wird. Der Pfleger ist dazu da, die Rechte des Ungeborenen zu wahren.

Unterhalt der werdenden Mutter eines Erben

Ist zur Zeit des Erbfalls die Geburt eines gesetzlichen oder testamentarisch eingesetzten Erben zu erwarten, so kann die Mutter, wenn sie selbst nicht in der Lage ist, für ihren Unterhalt zu sorgen, bis zur Entbindung angemessenen Unterhalt verlangen. Dieser Unterhalt ist aus dem Nachlaß zu gewähren. Sind noch weitere Personen zu Erben berufen, beschränkt sich dieser Anspruch auf den Erbteil des Kindes. Bei der Bemessung des Erbteils wird immer davon ausgegangen, daß nur ein Kind geboren wird. Das römische Recht meinte es mit der werdenden Mutter und dem ungeborenen Erben besser. Es ging grundsätzlich von Drillingen aus.
Für diese Regelung gilt allerdings eine nicht unerhebliche Beschränkung. Handelt es sich nämlich um ein nichteheliches Kind, dem lediglich ein Erbersatzanspruch zustünde – das ist der Fall, wenn das nichteheliche Kind gesetzlicher, nicht testamentarischer Erbe ist –, so hat die Mutter bis zur Geburt des Kindes keinen Anspruch auf Unterhalt.
Wenn kein lebendes Kind geboren wird, so muß die Mutter den Unterhalt, der ihr zugeflossen ist, nicht zurückerstatten. Man geht davon aus, daß es sich um eine Anstandspflicht handelt, die ein Rückfordern der an sich nicht geschuldeten

Leistung ausschließt. Wurde jedoch irrtümlich angenommen, daß eine Schwangerschaft besteht oder hat man zu Unrecht ein Erbrecht des ungeborenen Kindes angenommen, so kann der gewährte Unterhalt zurückgefordert werden.

Erbvermutung für den Staat (Fiskus)

Wird der wirkliche Erbe nicht innerhalb einer den Umständen entsprechenden Frist ermittelt, so hat das Nachlaßgericht festzustellen, daß ein anderer Erbe als der Fiskus nicht vorhanden ist. Der Fiskus gilt dann als gesetzlicher Erbe.

Öffentliche Aufforderung zur Anmeldung des Erbrechtes

Da dem Nachlaßgericht die Aufgabe zufällt, den tatsächlichen Erben zu ermitteln, kann es nicht nur abwarten, ob sich ein Erbe meldet oder nicht, sondern muß von sich aus etwas unternehmen, um die Erben ausfindig zu machen.
Zu diesem Zweck ergeht eine öffentliche Aufforderung zur Anmeldung der Erbrechte. Diese Rechte sollen innerhalb von 6 Wochen angemeldet werden. Die Bekanntmachung erfolgt durch Aushang an der Gerichtstafel und durch Zeitungen. Die Aufforderung darf jedoch unterbleiben, wenn die Kosten im Verhältnis zum Bestand des Nachlasses unverhältnismäßig hoch wären. Meldet sich innerhalb dieser Frist niemand, so stellt das Gericht mit einfachem Beschluß fest, daß ein anderer Erbe als der Fiskus nicht vorhanden ist.

Anmeldung und Nachweis des Erbrechtes

Beansprucht jemand innerhalb einer Frist von 3 Monaten das Erbrecht, so hat er dem Nachlaßgericht nachzuweisen, daß sein Erbrecht besteht. Das Erbrecht des Fiskus bleibt bestehen, wenn der Nachweis innerhalb der 3 Monate nicht gelingt. Wenn eine öffentliche Aufforderung nicht ergangen ist, zum Beispiel weil wie oben erwähnt die Kosten dem Bestand des Nachlasses gegenüber unverhältnismäßig hoch gewesen wären, so beginnt die dreimonatige Frist mit der gerichtlichen Aufforderung, das Erbrecht unter Erhebung der Klage nachzuweisen. Die Dreimonatsfrist wird in diesem Fall also vom Nachlaßgericht festgesetzt und ist nicht abhängig von einer Anmeldungsfrist. Stellt sich später heraus, daß der Fiskus nicht der alleinige Erbe war, so kann der frühere Gerichtsbeschluß jederzeit wegen Unrichtigkeit aufgehoben werden.

Rechtsstellung des Staates (Fiskus) vor Feststellung

Bevor das Nachlaßgericht nicht festgestellt hat, daß kein anderer Erbe als der Fiskus vorhanden ist, kann der Fiskus keine Rechte als gesetzlicher Erbe geltend machen. Umgekehrt kann auch niemand von dem Fiskus Erfüllung von Ansprüchen beanspruchen, solange er nicht als gesetzlicher Erbe festgestellt ist. Sollte der Fiskus aufgrund letztwilliger Verfügung Erbe geworden sein, kann er seine Rechte bereits früher geltend machen, und hat auch seinen Pflichten bereits nachzukommen.

Haftung des Erben für die Nachlaßverbindlichkeiten

§ 1967 bis § 2017

Überblick

Nach dem Grundsatz der Gesamtrechtsnachfolge haftet der Erbe für die Nachlaßschulden. Der Erbe kann nicht nur die positiven Vermögenswerte, die sogenannten Aktiva für sich in Anspruch nehmen, er muß auch für die Schulden, die sogenannten Passiva, einstehen.
Zu den Nachlaßverbindlichkeiten gehören außer den vom Erblasser herrührenden Schulden auch Verbindlichkeiten, die aus Pflichtteilsrechten, Vermächtnissen und Auflagen entstehen.
Die Nachlaßverbindlichkeiten lassen sich demzufolge in drei Gruppen einteilen:

1. Erblasserschulden: Dies sind die noch nicht beglichenen Schulden des Verstorbenen.
2. Erbfallschulden: Dies sind Verbindlichkeiten, die erst mit dem Erbfall selbst entstehen. Dazu gehören vor allem die Verpflichtungen aus Erbersatzansprüchen, Pflichtteilsrechten, Vermächtnissen und Auflagen.
3. Erbschaftsverwaltungsschulden: Dies sind Verbindlichkeiten, die nach dem Erbfall im Zusammenhang mit diesem oder der Verwaltung und Abwicklung des Nachlasses entstehen. Hierzu gehören besonders Rechtsgeschäfte des Erben oder anderer Personen, die berechtigt sind, für den Nachlaß Verbindlichkeiten einzugehen.

Dieser grobe Überblick wird nachstehend im einzelnen erläutert.

Erblasserschulden

Alle Verbindlichkeiten des Erblassers aus Rechtsgeschäften sind Erblasserschulden; also zum Beispiel unbezahlte Rechnungen, rückständige Miete; Schadensersatzansprüche aus unerlaubten Handlungen; Steuerschulden; aufgelaufene rückständige Unterhaltsansprüche; Zins- und Tilgungsforderungen einer Bank; Geschäftsschulden aus der Führung eines Einzelhandelsgeschäftes, einer offenen Handelsgesellschaft oder einer Kommanditgesellschaft, usw.

Es gibt aber auch Verbindlichkeiten des Erblassers, die mit dem Tode erlöschen, also nicht auf den Erben übergehen. Hierzu gehören insbesondere persönlichkeitsbezogene Verbindlichkeiten, die in der Regel unvererblich sind. Daher wird der Erbe nicht zur Leistung persönlicher Dienste aus einem Dienstvertrag verpflichtet; er braucht auch keine wiederkehrenden Leistungen zu erbringen, die einem anderen als Geschenk zukamen; er tritt auch nicht in die gesetzliche Unterhaltspflicht gegenüber Verwandten ein, es sei denn, es sind noch rückständige Zahlungen fällig. Als Faustregel gilt, daß vermögensbezogene Pflichten vererblich, ausschließlich persönlichkeitsbezogene Pflichten dagegen unvererblich sind.

Erbfallschulden

Hierzu gehören insbesondere:
Verbindlichkeiten aus Pflichtteilen und Erbersatzansprüchen; Vermächtnisse und Auflagen; der Voraus des Ehegatten; der Dreißigste; Unterhalt an die Schwangere des noch ungeborenen Erben; die standesmäßigen Beerdigungskosten oder Kosten der Feuerbestattung; Kosten einer Todeserklärung.
Nachstehend sollen zwei der obengenannten Erbfallschulden näher erläutert werden, der Dreißigste und die Beerdigungskosten.
Der Dreißigste ist ein Rechtsinstitut, das auf einen sehr fernen Ursprung im germanischen Recht zurückblicken kann. 30 Tage dauerten bei den Germanen die Totenfeiern, während dieser Zeit mußte die Hausruhe gewahrt werden. Basierend auf dieser 30tägigen Hausruhe kennt das BGB eine Art Vermächtnis zugunsten derjenigen Familienangehörigen des Erblassers, die zur Zeit des Erbfalls zu dessen Hausstand gehörten und von ihm Unterhalt bezogen haben.
Während der ersten 30 Tage nach dem Erbfall hat der Erbe ihnen in gleicher Weise Unterhalt zu gewähren und ihnen die Benutzung der Wohnung und des Hausrates des Erblassers zu gestatten. Der Erblasser hat allerdings die Möglichkeit, durch letztwillige Verfügung eine abweichende Anordnung hiervon zu treffen, insbesondere das Recht auf den Dreißigsten auszuschließen.

Der Erbe hat auch die Kosten für die Bestattung des Erblassers zu tragen, doch hat er lediglich die Kosten zu übernehmen, die nach Lebensstellung des Erblassers Brauch und Sitte sind. Er muß keineswegs die Reisekosten der Angehörigen begleichen, oder die Kosten für ein Doppelgrab aufwenden.
Das Gesetz bürdet dem Erben die Kosten für die Beerdigung auf, räumt ihm aber das Recht ein, zu bestimmen, wie die Bestattung zu erfolgen hat. Zum einen kann der Erblasser selbst verbindlich festgelegt haben, wie die Bestattung zu erfolgen hat. Zum anderen erwächst aus dem Recht der Totenfürsorge den engsten Angehörigen der Anspruch zu bestimmen, in welcher Weise die Beerdigung zu erfolgen hat. Man

stelle sich nur vor, daß der Erblasser sein gesamtes Vermögen nicht seiner Familie, sondern einem gemeinnützigen Verein oder Hilfswerk vermacht hat. Es wäre dann mit Brauch und Sitte wohl kaum zu vereinbaren, wenn dieser Verein als Erbe auch bestimmen könnte, in welcher Weise die Bestattung erfolgen soll. Dieses Bestimmungsrecht muß den engsten Angehörigen verbleiben; selbst dann, wenn sie nicht Erben geworden sind.

Erbschaftsverwaltungsschulden

Zu dieser Art von Nachlaßverbindlichkeiten gehören, wie bereits aus dem Begriff abzuleiten ist, alle diejenigen Verbindlichkeiten, die nach dem Erbfall anläßlich der Abwicklung des Nachlasses entstehen. Es sind also Kosten, die sich aus Handlungen eines Nachlaßpflegers, Nachlaßverwalters oder Testamentsvollstreckers ergeben. Eingeschlossen sind hierbei auch die Ansprüche der obengenannten Personen auf Vergütung oder Erstattung von Leistungen, die sie angesichts der Verwaltung des Nachlasses erbracht haben.
Ferner fallen unter die Kosten der Erbschaftsverwaltung alle die Verbindlichkeiten, die der Erbe selbst eingegangen ist, um eine ordnungsgemäße Verwaltung des Nachlasses vorzunehmen. Dabei spielt es keine Rolle, ob der Erbe deutlich zum Ausdruck bringt, daß er nur für den Nachlaß tätig sein will oder sich auch persönlich verpflichtet hat. In beiden Fällen handelt es sich um Erbschaftsverwaltungsschulden. Allerdings haftet der Erbe im letzteren Fall nicht nur mit dem Nachlaß, sondern auch mit seinem eigenen Vermögen.
Weil im letzten Fall sowohl der Nachlaß als auch der handelnde Erbe persönlich verpflichtet wird, nennt man diese Art von Nachlaßverbindlichkeit »Nachlaßerbenschulden«. Der Erbe haftet persönlich mit seinem eigenen Vermögen für die Verbindlichkeit, die er zum Zwecke der Verwaltung des Nachlasses eingegangen ist. Neben dem Nachlaßpfleger, dem Nachlaßverwalter, dem Nachlaßkonkursverwalter und dem Testamentsvollstrecker sowie dem endgültigen Erben gelten auch der vorläufige Erbe und der Vorerbe als Verwalter des Nachlasses. Begründen diese Personen Verbindlichkeiten im Rahmen einer ordnungsmäßigen Verwaltung, so sind diese Kosten in aller Regel nur aus dem Nachlaß zu begleichen.
Letztlich gehören zu den Nachlaßverwaltungsschulden die mit der Abwicklung des Nachlasses unter Umständen verbundenen Kosten. Hierunter fallen zum Beispiel die Kosten für die Testamentseröffnung, für die gerichtliche Nachlaßfürsorge, für das Aufgebot der Nachlaßgläubiger sowie die Erbschaftssteuer.

Aufgebot der Nachlaßgläubiger

Die Nachlaßgläubiger können aufgefordert werden, durch ein sogenanntes Aufgebotsverfahren ihre Forderungen anzumelden. Sinn und Zweck des Aufgebotsverfahrens ist es, dem Erben, dem Nachlaßpfleger, dem Nachlaßverwalter oder dem Testamentsvollstrecker einen Überblick über die Höhe der Verbindlichkeiten zu geben. Außerdem kann hierdurch festgestellt werden, ob der Nachlaß ausreicht, die Schulden zu begleichen, oder ob eine Haftungsbeschränkung auf den Nachlaß erfolgen muß, um den Erben in seinem Eigenvermögen (das ist das nicht geerbte anderweitige Vermögen des Erben) gegenüber den Gläubigern zu schützen.
Eine Reihe von Gläubigern sind allerdings von dem Aufgebotsverfahren nicht erfaßt. Selbst wenn sie sich nicht melden, werden sie nicht ausgeschlossen. Zu ihnen gehören beispielsweise Gläubiger von Pflichtteilen, Erbersatzansprüchen, Vermächtnissen und Auflagen. Diese kennt der Erbe im allgemeinen auch ohne Aufgebot. Schließlich braucht sich auch der beim Aufgebotsverfahren nicht zu melden, der Anspruch auf einen nicht dem Erblasser gehörenden Gegenstand aus der Erbmasse hat. Dies kann ein Gegenstand sein, den er dem Erblasser nur geliehen hatte.

Ausschließung von Nachlaßgläubigern

Hat sich ein betroffener Gläubiger im Aufgebotsverfahren nicht gemeldet, kann der Erbe die Befriedigung dieses Nachlaßgläubigers verweigern, wenn der Nachlaß durch die Befriedigung der anderen Gläubiger bereits erschöpft ist. Reicht also die Nachlaßmasse gerade dazu aus, die Gläubiger zu befriedigen, die sich ordnungsgemäß im Aufgebotsverfahren gemeldet haben, so hat der ausgeschlossene Nachlaßgläubiger das Nachsehen.
Wenn noch Nachlaßmasse vorhanden ist, so darf der Erbe nicht erst die Verbindlichkeiten aus Pflichtteilsrechten, Vermächtnissen und Auflagen erfüllen, vielmehr muß er zunächst den ausgeschlossenen Gläubiger befriedigen. Hat der Erbe hingegen die Pflichtteilsrechte, Vermächtnisse und Auflagen bereits erfüllt und meldet sich danach erst der ausgeschlossene Gläubiger, verbleibt es dabei, daß dieser Gläubiger nichts erhält, wenn der Nachlaß erschöpft ist.
Bleibt jedoch nach Befriedigung der vorrangigen Anspruchsteller ein Überschuß aus dem Nachlaß, so hat der Erbe dem noch nicht ausgezahlten Gläubiger den restlichen Nachlaß herauszugeben. Handelt es sich dabei um Sachwerte, so kann der Gläubiger die Zwangsversteigerung dieser Dinge veranlassen, er kann auf Pfändung von Geldforderungen drängen oder die Zwangsverwaltung eines Grundstücks verlangen, um aus den Erträgen seine Forderungen zu decken.

Der Erbe ist allerdings nur dann verpflichtet, den Überschuß herauszugeben, wenn er um den Betrag, den der ausgeschlossene Gläubiger geltend macht, ungerechtfertigt bereichert wäre. Diese Haftungsbeschränkung nach dem Grundsatz der ungerechtfertigten Bereicherung bietet für den Erben den Vorteil, daß er zunächst alles vom Überschuß abziehen kann, was er für die Abwicklung des Nachlasses aufgewendet hat – selbst das, was er angeblichen Gläubigern als Leistung erbracht hat, die in Wahrheit gar nichts zu fordern hatten.
Der Erbe ist selbstverständlich nicht verpflichtet, die noch vorhandenen Nachlaßgegenstände herauszugeben. Er kann die Forderung des Gläubigers dadurch begleichen, daß er ihm den Geldwert der Nachlaßgegenstände zukommen läßt. Dies wird der Erbe vermutlich dann tun, wenn es sich um Nachlaßgegenstände handelt, die er unbedingt behalten will, weil es sich um Erinnerungsstücke oder ähnliches handelt.

Verschweigung von Forderungen

Macht der Nachlaßgläubiger erst mehr als 5 Jahre nach dem Erbfall dem Erben gegenüber seine Forderungen geltend, wird er wie ein ausgeschlossener Gläubiger behandelt. Voraussetzung ist dabei, daß dem Erben weder zuvor die Forderung bekannt wurde noch eine Anmeldung im Aufgebotsverfahren stattgefunden hat. Wird der Erblasser für tot erklärt oder wird seine Todeszeit nach den Vorschriften des Verschollenheitsgesetzes festgestellt, so beginnt die 5-Jahresfrist nicht vor dem Eintritt der Rechtskraft des Beschlusses über die Todeserklärung oder die Feststellung der Todeszeit.

Beispiel: *Wird nach dem Verschollenheitsgesetz festgestellt, daß der Erblasser am 9. 11. 1982 verstorben ist, und wird der Gerichtsbeschluß über die Feststellung der Todeszeit am 4. April 1983 rechtskräftig, so beginnt die 5-Jahresfrist nicht bereits mit dem Todeszeitpunkt (9. 11. 1982), sondern mit der Rechtskraft des Beschlusses (4. 4. 1983).*

Beschränkung der Haftung des Erben

Ist der Erbe nicht sicher, daß der Nachlaß ausreicht, die Verbindlichkeiten zu erfüllen, wird er versuchen, seine Haftung auf das Ererbte zu beschränken, so daß er nicht noch aus eigener Tasche zulegen muß.
Die Haftung des Erben für die Nachlaßverbindlichkeit beschränkt sich beispielsweise dann nur auf den Nachlaß, wenn eine Nachlaßverwaltung angeordnet oder der

Nachlaßkonkurs eröffnet ist. Die Wirkung der vom Nachlaßgericht angeordneten Nachlaßverwaltung oder des eröffneten Nachlaßkonkurses ist zunächst, daß die an sich vereinigten Vermögensmassen – Nachlaß einerseits und Eigenvermögen des Erben andererseits – wieder als strikt getrennte Vermögensmassen zu betrachten sind. Forderungen einerseits und Verbindlichkeiten andererseits zwischen dem Erben und dem Erblasser gelten als nicht erloschen; eine eventuell erklärte Aufrechnung wird unwirksam.

Beispiel: *Der Erbe hat dem Erblasser ein Bild zum Preise von DM 10 000,– verkauft. Das Eigentum hat der Erbe bereits dem Erblasser übertragen, doch hat er die Kaufpreisforderung von DM 10 000,– noch nicht erhalten. Dadurch, daß der Erbe in die Rechtsstellung des Erblassers eingetreten ist, haben sich in seiner Person Gläubiger und Schuldner vereinigt.*
Laut Gesetz ist mit dem Erbfall die Forderung des Erben erloschen. Durch Anordnung der Nachlaßverwaltung oder durch Eröffnung des Nachlaßkonkurses werden diese Vereinigungen in der Person des Erben rückwirkend wieder aufgelöst.

Dies hat die Konsequenz, daß der Erbe eventuell ihm zustehende Ansprüche, die er bereits früher gegen den Erblasser hatte, vorab aus der Erbmasse erfüllen kann und sogar Gläubiger, die vor Gericht ihr Recht erstritten haben und ein rechtskräftiges Urteil zu ihren Gunsten besitzen, erst nach sich befriedigen muß.

Beispiel: *Der einzige Nachlaßgegenstand ist ein Bankkonto mit einem Guthaben von DM 800,–. Der Erbe hat einen Anspruch auf Zahlung gegenüber dem Erblasser aus einem Kaufvertrag in Höhe von DM 1000,–. Es gibt neben anderen Gläubigern auch noch einen Gläubiger, der bereits ein vollstreckbares Urteil über DM 500,– besitzt. Der Erbe kann aus dem Nachlaß zunächst seine eigene Forderung begleichen mit der Folge, daß die anderen Gläubiger ausfallen. Ansonsten gehen allerdings Gläubiger mit einem Titel, das heißt mit einem vollstreckbaren Urteil, einem Vergleich, einem Vollstreckungsbescheid oder einer Notarurkunde den Gläubigern vor, die einen solchen Vollstreckungstitel nicht haben.*

Auch wenn bereits eine Aufrechnung zwischen einem Nachlaßgläubiger und dem Erben stattgefunden hat, ist diese Aufrechnung mit der Anordnung der Nachlaßverwaltung oder der Eröffnung des Nachlaßkonkurses unwirksam.

Beispiel: *Der Erblasser war seinem Vermieter 3 Monate Miete schuldig. Andererseits hatte der Vermieter dem Erblasser Schadensersatz in gleicher Höhe zu leisten, weil die Wohnung aus Verschulden des Vermieters für längere Zeit nicht benutzbar war. Erbe oder Nachlaßgläubiger (in dem Fall der Vermieter) können die Aufrechnung der beiden Forderungen erklären.*

Im Falle der Nachlaßverwaltung oder des Nachlaßkonkurses gelten jedoch beide Forderungen als nicht aufgerechnet. Es besteht dann wieder auf der einen Seite der Anspruch auf rückständige Miete und auf der anderen Seite der Anspruch des Erben auf Schadensersatz.

Haftung des Erben für bisherige Verwaltung

Hat der Erbe die Erbschaft angenommen, haftet er gegenüber dem Nachlaßgläubiger für die durchgeführten bisherigen Verwaltungsgeschäfte. Demzufolge hat der Erbe alles das herzugeben, was er aufgrund der geführten Geschäfte über Nachlaßgegenstände erworben hat. Eine Besonderheit gibt es im Falle des Nachlaßkonkurses. Der geschäftsführende Erbe, dem an sich Ersatzansprüche für seine Aufwendungen zustehen, darf im Falle des Nachlaßkonkurses kein Zurückbehaltungsrecht geltend machen. Er muß zunächst alles herausgeben, was er infolge der Geschäfte erworben hat. Bleibt im Konkurs für ihn nichts mehr übrig, erhält er seine Aufwendungen nicht ersetzt.

Berichtigung von Nachlaßverbindlichkeiten durch den Erben

Wenn der Erbe unter Abwägung aller Umstände annehmen durfte, daß der vorhandene Nachlaß ausreichen würde, die Forderungen aller Nachlaßgläubiger zu begleichen, dann aber doch nicht reichte, so müssen sich die Nachlaßgläubiger mit dem zufrieden geben, was aus dem Nachlaß zu begleichen ist. Der Erbe ist nur dann verpflichtet, aus seinem eigenen Vermögen Ersatz zu leisten, wenn er den Wert des Nachlasses und die Höhe der Verbindlichkeiten fahrlässig falsch eingeschätzt hat.

Antrag auf Konkurseröffnung

Hat der Erbe festgestellt, daß die Schulden höher sind als der vorhandene Nachlaß, so hat er unverzüglich die Eröffnung des Konkursverfahrens oder, soweit möglich, die Eröffnung des gerichtlichen Vergleichsverfahrens über den Nachlaß zu beantragen. Verletzt der Erbe diese Pflicht, so ist er den Gläubigern für den daraus entstehenden Schaden persönlich verantwortlich.
Diese Verpflichtung trifft den Erben freilich erst dann, wenn er die Erbschaft angenommen hat. Vor Annahme der Erbschaft ist der Erbe nicht verpflichtet, das Konkursverfahren zu eröffnen; gleichwohl hat er bereits zu dieser Zeit die Möglichkeit, das Konkursverfahren zu beantragen.

Ferner besteht die Pflicht zur Konkurseröffnung dann nicht mehr, wenn bereits die unbeschränkte Haftung des Erben eingetreten ist. Ergibt sich eine Überschuldung des Nachlasses erst dann, wenn man die Forderungen jener Gläubiger hinzuzählt, die sich im Aufgebotsverfahren hätten melden müssen, diese Pflicht aber versäumt haben, so ist der Erbe ebenfalls nicht verpflichtet, den Konkurs zu eröffnen.
Ist bereits eine Nachlaßverwaltung angeordnet, so muß der Nachlaßverwalter den Konkursantrag stellen. Der Erbe ist dann von der Pflicht zur Antragstellung frei, wenn er den Nachlaßverwalter ordnungsgemäß informiert hat.
Bei der Prüfung, ob der Nachlaß ausreicht, die Verbindlichkeiten zu erfüllen, sind solche Verpflichtungen unbeachtet zu lassen, die sich aus Vermächtnissen und Auflagen ergeben.

Beispiele:

Aktiva	*Passiva*	
DM 15000,–	*DM 12000,–*	*im Aufgebotsverfahren angemeldete Forderungen*
	DM 5000,–	*im Aufgebotsverfahren nicht angemeldete Forderungen*
DM 15000,–	*DM 17000,–*	

Die Überschuldung um DM 2000,– ist erst durch die im Aufgebotsverfahren ausgeschlossenen Gläubiger eingetreten. Ein Konkursverfahren muß nicht eröffnet werden.

Aktiva	*Passiva*	
DM 10000,–	*DM 8000,–*	*Verbindlichkeiten*
	DM 3000,–	*Vermächtnisse*
DM 10000,–	*DM 11000,–*	

Der Nachlaß ist ausreichend. Überschuldung liegt nicht vor, weil DM 3000,– (Vermächtnisse) unbeachtet bleiben.

Der Erbe sollte die Prüfung, ob der Nachlaß überschuldet ist, recht genau vornehmen, denn er haftet den Gläubigern für den entstandenen Schaden, wenn er aus Fahrlässigkeit nicht gemerkt hat, daß eine Überschuldung vorliegt. Das Gesetz nimmt eine solche Fahrlässigkeit insbesondere dann an, wenn der Erbe das Aufgebot der Nachlaßgläubiger nicht beantragt, obwohl er den Umständen nach damit rechnen mußte, daß noch unbekannte Nachlaßverbindlichkeiten vorhanden sind. Wenn allerdings die Kosten des Verfahrens zum Wert des Nachlasses in keinem

Verhältnis stehen, ist der Erbe von der Durchführung des Aufgebotsverfahrens befreit.

Anordnung der Nachlaßverwaltung

Es ist denkbar, daß ein Erbe nicht überschauen kann, ob ein Nachlaß nun tatäschlich überschuldet ist oder nicht. Da ein Konkursverfahren aber nur dann eröffnet werden kann, wenn eine Überschuldung einwandfrei festgestellt worden ist, kann der Erbe beim Nachlaßgericht einen Antrag auf Nachlaßverwaltung stellen. Sind mehrere Erben vorhanden, so müssen sie den Antrag auf Anordnung der Nachlaßverwaltung gemeinschaftlich stellen. Dies geht aber nur, solange der Nachlaß noch nicht unter den Erben geteilt ist.

Unter bestimmten Voraussetzungen kann auch ein Nachlaßgläubiger die Nachlaßverwaltung beantragen. Das Gericht wird allerdings nur dann die Nachlaßverwaltung anordnen, wenn der Nachlaßgläubiger darlegt, daß Grund zu der Annahme besteht, daß die Befriedigung der Nachlaßgläubiger aus dem Nachlaß durch das Verhalten oder die Vermögenslage des Erben gefährdet wird. Bei mehreren Erben kann diese Gefährdung bereits angenommen werden, wenn die Vermögenssituation nur eines einzelnen Miterben schlecht ist. Sind bereits mehr als zwei Jahre seit Annahme der Erbschaft verstrichen, kann ein Nachlaßgläubiger den Antrag auf Nachlaßverwaltung nicht mehr stellen.

Das Nachlaßgericht bestimmt für den Fall der Anordnung der Nachlaßverwaltung einen geeigneten Nachlaßverwalter. Der Berufene kann die Übernahme des Amtes ohne Angabe eines Grundes ablehnen.

Ablehnung der Nachlaßverwaltung mangels Masse

Ist der Nachlaß so dürftig, daß die Kosten der Verwaltung daraus nicht bestritten werden können, kann die Anordnung der Nachlaßverwaltung abgelehnt werden. Es muß schon so viel Masse vorhanden sein, daß mindestens die Kosten für die öffentliche Bekanntmachung und die Vergütung des Nachlaßverwalters bezahlt werden können.

Öffentliche Bekanntmachung

Das Nachlaßgericht muß öffentlich bekanntgeben, daß die Nachlaßverwaltung angeordnet wurde. Diese Bekanntmachung wird in den Zeitschriften und Bekanntmachungsblättern der jeweiligen Gerichte veröffentlicht.

Wirkung der Anordnung

Ist die Nachlaßverwaltung angeordnet, verliert der Erbe die Befugnis, den Nachlaß zu verwalten und über ihn zu verfügen. An die Stelle des Erben tritt der Nachlaßverwalter als amtliches Organ. Er verwaltet jetzt die Vermögensmasse. Rechtshandlungen, die der Erbe nach der Eröffnung des Verfahrens vornimmt, sind den Nachlaßgläubigern gegenüber unwirksam. Ja, selbst Rechtshandlungen, die der Erbe am Tage der Eröffnung des Verfahrens vornimmt, gelten als nach der Eröffnung des Verfahrens vorgenommen, es sei denn, der Erbe kann nachweisen, daß er sie eindeutig vor der wirksamen Anordnung der Nachlaßverwaltung vorgenommen hat.
Nachdem die Nachlaßverwaltung angeordnet wurde, können Ansprüche, die sich gegen den Nachlaß richten, nur gegen den Nachlaßverwalter, nicht mehr gegen den Erben, geltend gemacht werden.

Beispiel: *Der Erblasser hatte zum Zeitpunkt des Todes Bankschulden in Höhe von DM 5000,–. Die Bank kann den Anspruch auf Rückzahlung dieser Schulden nicht beim Erben einklagen, sondern muß den Nachlaßverwalter verklagen. Der Nachlaßverwalter ist an die Stelle des Erben getreten.*

Wie bereits erwähnt, tritt mit Anordnung der Nachlaßverwaltung beziehungsweise des Nachlaßkonkurses wieder die Trennung der ursprünglichen Vermögensmassen in Nachlaß einerseits und Eigenvermögen des Erben andererseits ein. Dies hat zur Folge, daß Nachlaßgläubiger die Zwangsvollstreckung ausschließlich in den Nachlaß betreiben können. Sie können keine Befriedigung aus dem Privatvermögen des Erben verlangen. Andererseits können Gläubiger des Erben Befriedigung nur im Eigenvermögen des Erben suchen. Der Nachlaß steht für sie nicht zur Verfügung.

Pflichten des Nachlaßverwalters

Die vorrangige Aufgabe des Verwalters ist die Befriedigung der Nachlaßgläubiger. Zu diesem Zweck muß er den Nachlaß in Besitz nehmen. Falls ihm der Erbe den Besitz nicht freiwillig überläßt, kann er ihn auf Herausgabe verklagen. Zur

Abwicklung des Nachlasses kann er ein Gläubigeraufgebot beantragen. Er kann aber auch, wenn er dies für nötig hält, die Gegenstände des Nachlasses verkaufen oder versteigern lassen, um aus dem Erlös die Ansprüche der Gläubiger zu befriedigen. Es ist nicht die Aufgabe des Nachlaßverwalters, die Auseinandersetzung von Miterben am Nachlaß zu betreiben.
Die Nachlaßverwaltung ist eine Nachlaßpflegschaft zu dem ausschließlichen Zweck, die Nachlaßgläubiger zu befriedigen. Der Nachlaßverwalter ist verpflichtet, ein Verzeichnis des Nachlaßvermögens zu errichten, Rechnung zu legen und bei bestimmten Rechtsgeschäften die Genehmigung des Nachlaßgerichtes einzuholen. Der Nachlaßverwalter unterliegt der Aufsicht des Nachlaßgerichtes.

Haftung des Nachlaßverwalters

Der Nachlaßverwalter ist für die Verwaltung des Nachlasses nicht nur den Erben, sondern auch den Nachlaßgläubigern verantwortlich. Er muß dafür einstehen, daß er den Nachlaß bezüglich der Verbindlichkeiten einerseits und den Nachlaßmitteln andererseits richtig einschätzt und er muß, soweit eine Überschuldung des Nachlasses vorliegt, unverzüglich die Eröffnung des Konkursverfahrens beantragen.

Abschluß der Nachlaßverwaltung

Erst wenn der Nachlaßverwalter alle ihm bekannten Nachlaßverbindlichkeiten beglichen hat, darf er dem Erben den restlichen Nachlaß herausgeben. Gleichzeitig damit wird die Nachlaßverwaltung aufgehoben, denn der Grund für ihre Anordnung ist durch die Befriedigung der Gläubiger ja entfallen.
Sollte sich herausstellen, daß eine den Kosten des Nachlaßverfahrens entsprechende Masse nicht vorhanden ist, kann die Nachlaßverwaltung ebenfalls aufgehoben werden. Damit kommt der Erbe wieder in den Besitz des Nachlasses. Zwar kann der Nachlaßverwalter in einem solchen Fall dem Erben den restlichen Nachlaß sofort wieder aushändigen, doch hat der Erbe erst dann Anspruch auf Herausgabe, wenn das Gericht die Nachlaßverwaltung aufgehoben hat.
Die Nachlaßverwaltung endet auch dann, wenn sich ein Nachlaßkonkurs anschließt. Der Nachlaßkonkurs wird im Anschluß an die Nachlaßverwaltung eröffnet, wenn der Nachlaßverwalter festgestellt hat, daß eine Überschuldung des Nachlasses vorliegt.
Mit dem Ende der Nachlaßverwaltung, beziehungsweise mit der endgültigen Abwicklung des Nachlaßkonkurses fällt die Trennung der Vermögensmassen weg. Jetzt kann auch ein Eigengläubiger des Erben die Zwangsvollstreckung in den Rest des Nachlasses betreiben.

Unerledigte Nachlaßverbindlichkeiten

Es ist durchaus möglich, daß eine Nachlaßverbindlichkeit zur Zeit nicht beglichen werden kann, oder daß Zweifel daran bestehen, ob ein Gläubiger seine Forderung zu Recht stellt. Bekanntlich können Prozesse sehr lange dauern. Aus diesem Grunde kann dem Erben bereits zu früherer Zeit – also bevor alle bekannten oder mutmaßlichen Nachlaßverbindlichkeiten berichtigt sind – der restliche Nachlaß herausgegeben werden.
Voraussetzung ist jedoch, daß dem Gläubiger, dessen Verbindlichkeit noch offen ist, Sicherheit geleistet wird. Dies kann zum Beispiel durch Hinterlegung eines entsprechenden Betrages bei Gericht, durch Überlassung eines Pfandes oder durch Bankbürgschaft geschehen.

Vergütung des Nachlaßverwalters

Der Nachlaßverwalter kann für die Führung seines Amtes eine angemessene Vergütung verlangen. Die Höhe setzt das Nachlaßgericht fest, wobei es berücksichtigt, wie groß die Nachlaßmasse war, wie lange die Verwaltung dauerte und welche Schwierigkeiten die Abwicklung mit sich brachte.

Einreden

Erschöpfungseinrede des Erben

Grundsätzlich tritt bei Anordnung der Nachlaßverwaltung oder bei Eröffnung des Nachlaßkonkurses die Haftungsbeschränkung des Erben ein. Das heißt, daß der Erbe nur mit dem geerbten Nachlaß, nicht aber mit seinem Eigenvermögen, zu haften hat. Diese Haftungsbeschränkung wird als sogenannte Erschöpfungseinrede noch dahingehend präzisiert, daß nach Beendigung des Nachlaßkonkurses der Erbe nur noch den nicht befriedigten Gläubigern einzustehen hat, die sich im Aufgebotsverfahren pflichtgemäß gemeldet hatten.

Beispiel: *Ein Gläubiger hat seine Forderung gegenüber dem Konkursverwalter nicht angemeldet. Die Masse war so groß, daß alle übrigen Gläubiger befriedigt werden konnten und ein Barbetrag von DM 10 000,– übrigblieb. Wenn jetzt der Gläubiger, der seine Forderung in Höhe von DM 20 000,– nicht angemeldet hatte, Ansprüche gegenüber dem Erben auf Begleichung der Forderung stellt, so ist der Erbe nur* *verpflichtet, die restlichen DM 10 000,– an den Gläubiger auszuzahlen. Aus eigener Tasche braucht der Erbe nichts mehr zuzulegen. Er kann dem Gläubiger entgegenhalten, daß bis auf die DM 10 000,– der Nachlaß erschöpft sei.*

Die Erschöpfungseinrede steht außer dem Erben auch dem Testamentsvollstrecker und dem Nachlaßpfleger zu. Bei in Gütergemeinschaft lebenden Ehegatten kann derjenige die Einrede erheben, der das Gesamtgut der Eheleute verwaltet.

Einrede der Dürftigkeit des Nachlasses

Der Erbe kann die Nachlaßgläubiger auch dann ausschließlich auf den Nachlaß verweisen, wenn der Nachlaß sehr gering ist, und einer der nachstehenden Gründe vorliegt:

a) Die Anordnung der Nachlaßverwaltung beziehungsweise die Eröffnung des Nachlaßkonkurses ist mangels Masse nicht tunlich;
b) die Nachlaßverwaltung wird mangels Masse aufgehoben;
c) das Konkursverfahren wird mangels Masse eingestellt.
   In diesen Fällen ist der Erbe verpflichtet, den Gläubigern den Nachlaß herauszugeben, damit diese im Wege der Zwangsvollstreckung ihre Forderungen ausgleichen können. Der Erbe überläßt praktisch den Gläubigern die Nachlaßmasse. Allerdings ist erforderlich, daß der Erbe einen Ablehnungs-, Aufhebungs- oder Einstellungsbeschluß des Nachlaßgerichtes vorlegt, um zu beweisen, daß einer der Punkte a–c Gültigkeit hat.

Überschuldung durch Vermächtnisse und Auflagen

Ist der Nachlaß an sich nicht überschuldet, tritt aber eine Überschuldung ein, wenn der Erbe alle Vermächtnisse und Auflagen des Erblassers erfüllt, kann er ohne Konkursanmeldung oder Einrede der Dürftigkeit seine Haftung beschränken. Ist es streitig, ob der Erbe seine Haftung beschränken kann, das heißt, ob der Nachlaß überschuldet wäre, würde dem Begünstigten das Vermächtnis herausgegeben, so kann das Prozeßgericht über die Streitigkeit derart entscheiden, daß der Vermächtnisnehmer den vermachten Gegenstand gegen eine Ausgleichszahlung erhält.

Beispiel: *Hat der Erblasser dem Vermächtnisnehmer ein Schmuckstück vermacht und würde die Erfüllung dieses Vermächtnisses zu einer Überschuldung des Nachlasses in Höhe von DM 1000,– führen, so kann der Vermächtnisnehmer beanspruchen, daß ihm der vermachte Gegenstand herausgegeben wird, wenn er die dadurch entstehende Überschuldung in Höhe von DM 1000,– durch Zahlung in den Nachlaß ausgleicht.*

Inventarerrichtung

Sowohl der Erbe als auch ein Nachlaßgläubiger können verlangen, daß ein Verzeichnis des Nachlasses errichtet und beim Nachlaßgericht eingereicht wird. Dieses Verzeichnis heißt Inventar, die Einreichung beim Nachlaßgericht nennt man Inventarerrichtung. Haftungsbeschränkende Wirkung hat die Inventarerrichtung nach dem Bürgerlichen Gesetzbuch nicht.
Zweck des Inventars ist es, festzustellen, was alles zum Nachlaß gehört. Diese Feststellung erstreckt sich sowohl auf das vorhandene Vermögen (Aktiva) als auch auf die Verbindlichkeiten (Passiva). Ein Interesse an der Feststellung haben sowohl der Erbe als auch die Nachlaßgläubiger.
Der Erbe kann durch die Inventarerrichtung sicherstellen, daß keine Gegenstände seines persönlichen Vermögens für die Befriedigung der Nachlaßgläubiger herangezogen werden können. Der Nachlaßgläubiger kann andererseits klarstellen lassen, welche Vermögensmasse für seine Forderung herhalten muß, wobei im übrigen auch noch für ihn von Interesse ist, daß diese Vermögensmasse nicht durch irgendwelche Manipulationen vermindert wird.

Bestimmung der Inventarfrist

Wenn ein Nachlaßgläubiger die Errichtung des Inventars beantragt, muß das Nachlaßgericht dem Erben eine Frist setzen, innerhalb derer er das Inventar zu errichten hat. Versäumt der Erbe die ihm gesetzte Frist, muß er nicht nur mit dem ererbten Nachlaß für die Nachlaßverbindlichkeiten einstehen, vielmehr haftet er unbeschränkt auch mit seinem eigenen Vermögen. Ist es dem Erben unmöglich, innerhalb der gesetzten Frist das Inventar zu errichten, muß er beim Nachlaßgericht Fristverlängerung beantragen.
Der antragstellende Gläubiger hat seine Forderung glaubhaft zu machen. Das kann durch Zeugenaussagen, Vorlage von Urkunden, Parteivernehmung, Inaugenscheinnahme oder Sachverständigengutachten erfolgen, doch kann der Gläubiger die Richtigkeit seiner Behauptung auch an Eides Statt versichern.
Stellt sich hinterher heraus, daß von seiten dieses Gläubigers gar keine Forderung bestanden hat, so hat dies auf die Wirksamkeit der Fristbestimmung für das Inventar keinerlei Einfluß. Der Grund hierfür ist darin zu sehen, daß die Inventarfrist nicht nur im Interesse des beantragenden Gläubigers, sondern im Interesse aller Gläubiger gesetzt wird. Es ist daher von untergeordneter Bedeutung, ob derjenige, der zur Fristsetzung Anstoß gegeben hat, wirklich zu den Gläubigern gehört.

Dauer der Inventarfrist

Die Inventarfrist soll mindestens 1 Monat, höchstens 3 Monate betragen. Die Frist beginnt mit der Zustellung des Beschlusses des Nachlaßgerichtes, mit welchem die Inventarfrist bestimmt wird.
Ist die Erbschaft noch nicht angenommen, so beginnt die gesetzte Inventarfrist erst in dem Zeitpunkt, in welchem die Erbschaft angenommen wird. Diese Vorschrift ist wohl von geringerer Bedeutung, da vor Annahme der Erbschaft oft gar nicht feststeht, wer Erbe geworden ist. Da die Inventarerrichtung nur dem endgültigen Erben aufgegeben werden kann, wird es in einem solchen Stadium kaum zur Fristbestimmung gegenüber dem vorläufigen Erben kommen.
Soweit ein Nachlaßpfleger bestellt ist, darf diesem gegenüber ohnehin keine Frist zur Inventarerrichtung gesetzt werden.
Ist der Erbe durch höhere Gewalt verhindert worden, das Inventar rechtzeitig zu errichten, so hat ihm das Nachlaßgericht auf seinen Antrag eine neue Inventarfrist zu bestimmen.
Eine solche Verlängerung hat das Nachlaßgericht auch dann auf Antrag zu gewähren, wenn der Erbe versäumt hat, rechtzeitig eine Verlängerung zu beantragen, den Umständen nach diese Verlängerung aber gerechtfertigt gewesen wäre.
Höhere Gewalt im Sinne dieser Vorschrift ist ein außergewöhnliches Ereignis, das unter den gegebenen Umständen auch durch äußerste Sorgfalt nicht hätte verhindert werden können. Sofern dem Erben auch nur das geringste eigene Verschulden vorgeworfen werden kann, ist die Annahme höherer Gewalt ausgeschlossen. Solche außergewöhnlichen Ereignisse können sein, eine plötzlich auftretende Krankheit, so daß entsprechende Vorsorge nicht mehr möglich ist, oder Auswirkungen von Naturkatastrophen.
Hat sich der Erbe über diese rechtlichen Fragen von einem Anwalt beraten lassen, und hat der Anwalt ihm eine falsche Auskunft erteilt, so schützt dies den Erben nicht vor nachteiligen Folgen. Höhere Gewalt ist in diesem Fall ausgeschlossen. Der falsch informierte Erbe kann höchstens dem Anwalt gegenüber Regreßansprüche stellen.
Letztlich hat das Nachlaßgericht auch dann eine neue Inventarfrist zu bestimmen, wenn der Erbe von dem Beschluß, durch den die Inventarfrist bestimmt worden ist, ohne sein Verschulden nichts erfahren hat, etwa weil ihm die Nachricht durch Verschulden der Post nicht zugestellt wurde.
Der Antrag auf Bestimmung einer neuen Inventarfrist muß 2 Wochen nachdem die Hindernisse beseitigt sind, die der Inventarerrichtung entgegenstanden, dem Gericht zugegangen sein.

Beispiel: *Einige Tage bevor die Inventarfrist ablief, ist der Erbe in einen Verkehrsunfall verwickelt worden. Er lag mehrere Wochen auf der Intensivstation eines Kranken-*

hauses. Sobald der Erbe wieder in der Lage war, selbst die Inventarfristverlängerung zu beantragen oder durch einen Beauftragten – zum Beispiel einen Rechtsanwalt – beantragen zu lassen, muß er diesen Antrag innerhalb von 2 Wochen stellen. Er darf also nicht warten, bis er vollständig gesundet ist, sondern muß innerhalb der Zweiwochenfrist, nachdem er wieder soweit genesen ist, daß er zur Beantragung der Verlängerung in der Lage ist, diesen Antrag auch stellen.

Spätestens muß allerdings der Antrag gestellt werden vor dem Ablauf eines Jahres nach dem Ende der zuerst bestimmten Frist.

Beispiel: *Endete die Frist zur Errichtung des Inventars am 31. Januar 1983, so muß spätestens am 31. Januar 1984 der Antrag auf Verlängerung der Inventarfrist gestellt sein.*

Hemmungen des Fristablaufes

Sowohl der Lauf der Inventarfrist als auch die Antragsfrist zur Bestimmung einer neuen Frist können gehemmt werden. Diese Hemmung des Fristablaufes bedeutet, daß, solange das hemmende Ereignis vorliegt, die Frist nicht weiterläuft. Sie wird wie eine Uhr angehalten und läuft erst dann weiter, wenn das hemmende Ereignis entfällt. Ein solches Hemmnis kann eintreten, wenn höhere Gewalt vorliegt oder wenn der Erbe noch nicht voll geschäftsfähig ist.

Tod des Erben vor Fristablauf

Denkbar ist, daß der Erbe innerhalb der Inventarfrist verstirbt. Dann stellt sich natürlich die Frage, wer sein Erbe ist, und wer damit auch die Verpflichtung der Inventarerrichtung ererbt hat. In gleicher Weise kann der Tod des zur Inventarerrichtung verpflichteten Erben in die Frist hineinfallen, innerhalb deren er beantragen muß, daß ihm eine neue Inventarfrist gesetzt wird. In diesen Fällen enden die Fristen nicht vor dem Ablauf der für die Erbeserbschaft vorgeschriebenen Ausschlagungsfrist. Solange also die Erbschaft nicht angenommen ist, kann die Frist zur Inventarerrichtung nicht ablaufen.

Mitteilung an das Vormundschaftsgericht

Es kann durchaus möglich sein, daß der Erbe nicht voll geschäftsfähig ist. Dies ist zum Beispiel der Fall, wenn er minderjährig ist und unter elterlicher Sorge steht. Er kann aber auch als Volljähriger unter Vormundschaft stehen. Ist der Erbe nicht voll geschäftsfähig, soll das Nachlaßgericht dem Vormundschaftsgericht von der Bestimmung der Inventarfrist eine Mitteilung machen. Der Sinn dieser Vorschrift ist, daß bei vertretungsbedürftigen Erben das Vormundschaftsgericht die Einhaltung der Frist veranlassen und auch gegebenenfalls überwachen soll.

Unwirksamkeit der Fristbestimmung

Hat das Gericht eine Frist zur Errichtung des Inventars bestimmt, so wird diese Anordnung unwirksam, wenn eine Nachlaßverwaltung angeordnet oder der Nachlaßkonkurs eröffnet wird.

Einer Inventarerrichtung bedarf es in diesen Fällen nicht, weil sowohl die Nachlaßverwaltung als auch der Nachlaßkonkurs zwangsläufig zu einer ordnungsgemäßen Bestandsaufnahme führen. Ist allerdings die Frist bereits abgelaufen, bevor die Nachlaßverwaltung angeordnet oder der Nachlaßkonkurs eröffnet ist, so bleiben die mit der Fristversäumung verbundenen Sanktionen aufrechterhalten.

Auch während der Dauer der Nachlaßverwaltung oder des Nachlaßkonkurses kann keine Inventarfrist bestimmt werden. Ist der Nachlaßkonkurs durch Verteilung der Masse oder durch Zwangsvergleich beendet worden, kann auch später keine Frist zur Inventarerrichtung mehr gestellt werden.

Wenn die Nachlaßverwaltung durchgeführt ist, kann vom Gericht gleichwohl noch eine Inventarfrist bestimmt werden, wobei sich allerdings der Erbe auf das Verzeichnis des Nachlaßverwalters berufen kann.

Ist der Erbe unbeschränkt haftbar geworden, weil er zum Beispiel wissentlich falsche Angaben gemacht hat, entfällt diese unbeschränkbare Haftung später nicht dadurch, daß Nachlaßkonkurs, Nachlaßverwaltung oder ein Vergleichsverfahren durchgeführt werden, die ja üblicherweise eine Haftungsbeschränkung mit sich bringen.

Inventar einer Erbschaft, die zum Gesamtgut gehört

Bei Ehegatten, die in Gütergemeinschaft leben, muß die Bestimmung der Inventarfrist in jedem Fall gegenüber dem Ehegatten erfolgen, der das Gesamtgut entweder allein oder mit seinem Ehegatten gemeinschaftlich verwaltet. Wird dem Ehegatten gegenüber, der zwar Erbe, doch nicht alleiniger Verwalter des Gesamtgutes ist, die Inventarfrist bestimmt, so ist sie unwirksam.

Solange dem allein- oder mitverwaltenden Ehegatten gegenüber die Frist zur Inventarerrichtung nicht verstrichen ist, endet sie auch nicht dem Ehegatten gegenüber, der Erbe ist. Vereinfacht kann man sagen, daß bei der Gütergemein-

schaft dem verwaltenden oder mitverwaltenden Ehegatten gegenüber die Inventarfrist zu bestimmen ist, gleich ob er nun Erbe ist oder nicht. Hat der Ehegatte, der nicht Erbe ist, das Inventar errichtet, so kommt dies dem anderen Ehegatten zugute. Auch wenn die Gütergemeinschaft inzwischen beendet ist – etwa durch Scheidung –, die Erbschaft aber angefallen ist, als die Gütergemeinschaft noch bestand, muß nach den oben erwähnten Grundsätzen verfahren werden.
Von großer Bedeutung ist diese Vorschrift nicht, da die wenigsten Eheleute im Güterstand der Gütergemeinschaft leben. Dieser Güterstand muß ausdrücklich vereinbart werden. Der gesetzliche Güterstand ist nicht, wie vielfach angenommen wird, die Gütergemeinschaft, sondern die Zugewinngemeinschaft, in der jeder Ehegatte sein eigenes Gut verwalten kann.

Inhalt des Inventars

In das Inventar sollen alle bei Eintritt des Erbfalls vorhandenen Nachlaßgegenstände aber auch die Nachlaßverbindlichkeiten vollständig aufgenommen werden. Soweit Wertangaben bestimmter Nachlaßgegenstände erforderlich sind, soll das Inventar außerdem eine Beschreibung der Nachlaßgegenstände enthalten und deren Wert angeben. Bei dieser Vorschrift handelt es sich allerdings nicht um zwingendes Recht.

Aufnahme des Inventars durch den Erben

Obgleich der Erbe zur Aufnahme des Inventars verpflichtet ist, kann er dies nicht allein tun, er muß zur Aufnahme des Inventars grundsätzlich eine Amtsperson hinzuziehen. Es kann dies die zuständige Behörde, ein zuständiger Beamter oder ein Notar sein.
Wer im einzelnen bei der Errichtung des Inventars mitwirken kann, ergibt sich aus dem jeweiligen Recht des einzelnen Bundeslandes. Lediglich die Hinzuziehung eines Notars ist durch Bundesrecht geregelt und daher in allen Bundesländern gleichermaßen zulässig.
Soweit der Erbe das Inventar errichtet, haben die genannten amtlichen Personen lediglich Beistand zu leisten und zu belehren. Eine Mitwirkungspflicht haben diese Personen nicht, insbesondere ist es nicht deren Aufgabe, die Angaben des Erben auf sachliche Richtigkeit zu prüfen.

Amtliche Aufnahme des Inventars

Will der Erbe, daß das Inventar amtlich aufgenommen wird, so kann er einen entsprechenden Antrag an das Nachlaßgericht richten. Das Inventar wird dann entweder vom Nachlaßgericht selbst aufgenommen oder es überträgt die Aufnahme einer amtlichen Person, denn in manchen Bundesländern ist das Nachlaßgericht nicht für die Aufnahme des Inventars zuständig. Dort muß die durch das Landesrecht bestimmte Behörde, der zuständige Beamte oder ein Notar das Inventar errichten.

Wesentlich ist, daß die zuvor gesetzte Inventarfrist gewahrt bleibt, wenn der Antrag auf amtliche Errichtung eines Inventars im Rahmen der Frist beim Nachlaßgericht eingeht.

Der Erbe hat bei der amtlichen Aufnahme des Inventars insoweit mitzuwirken, als er verpflichtet ist, die zur Aufnahme des Inventars erforderlichen Auskünfte zu erteilen.

Hat das Nachlaßgericht die amtliche Aufnahme des Inventars nicht selbst vorgenommen, so ist das Inventar von der Behörde, dem Beamten oder dem Notar, die das Inventar errichtet haben, beim Nachlaßgericht einzureichen.

Bezugnahme auf vorhandenes Inventarverzeichnis

Liegt dem Nachlaßgericht bereits ein den Vorschriften entsprechendes Inventar vor, so genügt es, wenn der Erbe vor dem Ablauf der Inventarfrist dem Nachlaßgericht gegenüber erklärt, daß er auf das vorliegende Inventar Bezug nimmt. Dies kann ein Inventar sein, das der Testamentsvollstrecker oder der Nachlaßverwalter errichtet hat. Eine Bezugnahme auf ein vorliegendes Inventarverzeichnis ist dann nicht möglich, wenn es von einem Vertreter des gesetzlichen oder testamentarisch bestimmten Erben eingereicht wurde. Dies ist beispielsweise der Fall, wenn das Verzeichnis vom Nachlaßpfleger aufgenommen wurde, noch ehe feststand, wer letztlich Erbe werden wird.

Unrichtigkeit des Inventars

Macht der Erbe im Zusammenhang mit der Errichtung des Inventars falsche Angaben, so kann dies dazu führen, daß er für die gesamten Nachlaßverbindlichkeiten unbeschränkt haftet, also auch mit seinem Eigenvermögen einzustehen hat. Freilich führt nicht jede Unrichtigkeit oder Unvollständigkeit zwangsläufig zu dieser Rechtsfolge. Der Erbe muß schon wissentlich gehandelt haben. Hat er also absichtlich Nachlaßgegenstände nicht ins Inventar aufgenommen oder andererseits

Nachlaßverbindlichkeiten erfunden, die gar nicht bestehen, in der Absicht, die Nachlaßgläubiger zu schädigen, dann setzt für ihn unbeschränkte Haftung ein. Verhält sich der Erbe in der hier beschriebenen Weise, spricht man von Inventaruntreue. Es muß also ein schuldhaftes Verhalten des Erben vorliegen. Hat er lediglich einen Gegenstand des Nachlasses falsch beschrieben oder eine unzutreffende Wertangabe gemacht, liegt damit noch keine Inventaruntreue vor. Lediglich wissentlich unzutreffende oder unvollständige Angaben bezüglich der Nachlaßgegenstände können zur unbeschränkten Haftung des Erben führen.
Ist das Inventar beim Nachlaßgericht eingereicht, so kann nachträglich die absichtlich falsche oder unvollständige Angabe nicht mehr berichtigt werden, doch hat der Erbe die Möglichkeit, das Inventar zu vervollständigen, bevor er auf Verlangen eines Nachlaßgläubigers die Richtigkeit an Eides Statt versichert.
Ist die Angabe der Nachlaßgegenstände unvollständig, ohne daß dem Erben Inventaruntreue vorzuwerfen ist, so kann ihm zur Ergänzung des Verzeichnisses eine neue Inventarfrist gesetzt werden.

Eidesstattliche Versicherung des Erben

Ein Nachlaßgläubiger hat das Recht, zu verlangen, daß der Erbe das erstellte Inventarverzeichnis hinsichtlich der Richtigkeit bekräftigt. Dies kann dadurch geschehen, daß der Erbe zu Protokoll des Nachlaßgerichtes eidesstattlich versichert, daß er nach bestem Wissen die Nachlaßgegenstände so vollständig angegeben habe, als er dazu imstande sei.
Die Abgabe einer falschen eidesstattlichen Versicherung ist nach § 156 Strafgesetzbuch strafbar. Der Erbe kann mit einer Freiheitsstrafe bis zu 3 Jahren oder mit einer Geldstrafe belegt werden. Aus diesem Grunde räumt das Gesetz dem Erben die Möglichkeit ein, vor Abgabe der eidesstattlichen Versicherung das Inventar zu vervollständigen.
Verweigert der Erbe die Abgabe der eidesstattlichen Versicherung, so tritt die sogenannte relativ unbeschränkbare Haftung ein. Dies bedeutet, daß der Erbe dem Nachlaßgläubiger gegenüber unbeschränkt haftet, der den Antrag auf Abgabe der eidesstattlichen Versicherung gestellt hat. Anderen Gläubigern gegenüber, die einen solchen Antrag nicht gestellt haben, haftet der Erbe weiterhin nur beschränkt, wenn nicht aus anderen Gründen bereits die unbeschränkte Haftung eingetreten ist.
Die gleiche Rechtsfolge tritt ein, wenn der Erbe im anberaumten Termin zur Abgabe der eidesstattlichen Versicherung erst gar nicht erscheint und auch den zweiten Termin versäumt, der auf Antrag eines Gläubigers bestimmt werden kann. Trägt der Erbe eine genügende Entschuldigung vor, warum er nicht erschienen ist, tritt trotzdem nicht die unbeschränkte Haftung ein. Der Erbe muß dann zu einem neuen Termin erscheinen und die verlangte eidesstattliche Versicherung abgeben.

Grundsätzlich braucht der Erbe die eidesstattliche Versicherung nur einmal abzugeben. Wenn später ein anderer Gläubiger ebenfalls die Abgabe der eidesstattlichen Versicherung beantragt, so ist der Gläubiger auf die bereits erfolgte eidesstattliche Versicherung zu verweisen. Nur wenn Grund zu der Annahme besteht, daß dem Erben nach der Abgabe der eidesstattlichen Versicherung weitere Nachlaßgegenstände bekanntgeworden sind, muß der Erbe erneut eine eidesstattliche Versicherung abgeben.
Die Kosten für dieses Verfahren trägt der Antragsteller. Der Erbe ist nicht verpflichtet, die Kosten zu übernehmen.

Haftung bei mehreren Erbteilen

An anderer Stelle ist bereits erläutert worden, daß jemand zu mehreren Erbteilen berufen sein kann oder einen weiteren Erbteil hinzuerwirbt.
In aller Regel werden die Voraussetzungen der Haftungsbeschränkung bei jedem Erbteil gleich sein. Es ist jedoch durchaus möglich, daß hinsichtlich der verschiedenen Erbteile unterschiedliche Inventarfristen gesetzt wurden oder die Erbteile getrennt – also zu verschiedenen Zeitpunkten – angenommen wurden.
Die sich hieraus ergebende Konsequenz ist, daß ein Erbe, der zu mehreren Erbteilen berufen ist, hinsichtlich seiner Haftung für die Nachlaßverbindlichkeiten so behandelt wird, als gehöre jeder Erbteil einem anderen Erben. Es kann also unterschiedliche Haftung für die einzelnen Erbteile eintreten. Der Miterbe haftet vor der Teilung bei unbeschränkter Haftung nur für den seinem Erbteil entsprechenden Teil der Schuld.
Übertragen auf die Verhältnisse eines Erben mit mehreren Erbteilen bedeutet dies folgendes: Der Erbe mit mehreren Erbteilen, der nur hinsichtlich *eines* Erbteils unbeschränkt haftet, haftet auch nur für den Teil der Nachlaßschuld unbeschränkt, der der Größe des betreffenden Teils entspricht. Diese komplizierte Regelung soll an nachstehendem Beispiel erläutert werden.

Beispiel: *Der Erblasser war zum Zeitpunkt des Todes noch verheiratet und hatte nur einen Sohn. Dem Sohn hat er seinen gesetzlichen Erbteil in Höhe von ½ des Erbes belassen. Darüber hinaus hat er ihm durch letztwillige Verfügung auch die zweite Hälfte seines Erbes anstelle seiner Ehefrau zugewiesen. Der Erbe ist dann zu ½ kraft gesetzlicher Erbfolge und zu ½ aufgrund letztwilliger Verfügung zu mehreren Erbteilen berufen. Der Erbe hat sofort nach dem Erbfall den ihm aufgrund gesetzlicher Erbfolge zugefallenen Erbteil angenommen. Hinsichtlich des anderen Erbteils hat er sich erst später zur Annahme bereit erklärt.*
Ein Nachlaßgläubiger hatte bereits hinsichtlich des ersten Erbteils einen Antrag auf Errichtung eines Inventars gestellt. Der Erbe hat die Inventarfrist versäumt und haftet

nunmehr hinsichtlich des Halbanteils unbeschränkt. Da der Erbe erst später den anderen Halbteil angenommen hat und insoweit der Antrag auf Inventarerrichtung sich nicht auf diesen Erbteil bezog, bleibt dem Erben insoweit die beschränkte Haftung. Weil der Erbe nunmehr nur hinsichtlich der Hälfte des Erbes unbeschränkt haftet, muß er auch nur hinsichtlich der halben Nachlaßschulden mit seinem Eigenvermögen einstehen. Wenn beispielsweise Nachlaßverbindlichkeiten in Höhe von DM 20 000,– vorhanden waren, so muß er hinsichtlich der unbeschränkten Haftung lediglich bis DM 10 000,– aufwenden, hinsichtlich der restlichen DM 10 000,– bleibt es bei der beschränkten Haftung, so daß der Erbe nur mit dem halben Nachlaß hierfür einzustehen hat:

	Aktiva		Passiva
	DM 15 000,–		DM 20 000,–
½	DM 7 500,–		DM 10 000,–
	a) beschränkt		b) unbeschränkt:
	DM 10 000,– ½ Passiva		DM 10 000,– ½ Passiva
./.	DM 7 500,– ½ Aktiva	./.	DM 7 500,– ½ Aktiva
		./.	DM 2 500,– aus Eigenvermögen
	DM 2 500,– Deckungslücke		DM 0,– volle Deckung

Wirkung der Inventarerrichtung

Die Inventarerrichtung als solche bewirkt noch keine Haftungsbeschränkung. Es wird lediglich angenommen, daß das Inventar richtig errichtet wurde, daß also zur Zeit des Erbfalls weitere Nachlaßgegenstände als die angegebenen nicht vorhanden waren. Hinsichtlich der Nachlaßverbindlichkeiten begründet die Inventarerrichtung keine Vermutung auf Vollständigkeit. Mit der Inventarerrichtung wird nur zum Ausdruck gebracht, daß weitere Nachlaßgegenstände nicht vorhanden waren.

Die praktische Bedeutung der Inventarerrichtung liegt darin, daß dementsprechend das Inventar die Grundlage der Verantwortlichkeit des Erben bildet. Ferner wird der Umfang der Pflicht zur Herausgabe des Nachlasses gegenüber dem Gläubiger auf die im Inventar beschriebenen Nachlaßgegenstände begrenzt.

Wer aus dem Nachlaß Gegenstände herausverlangen oder in Gegenstände die Zwangsvollstreckung betreiben will, die nicht im Inventar bezeichnet sind, muß den Nachweis führen, daß es sich bei den strittigen Gegenständen tatsächlich um Nachlaßgegenstände handelt. Der Erbe wird also durch die Umkehr der Beweislast entlastet.

Einsicht des Inventars

Das Nachlaßgericht hat jedem Einsicht in das Inventar zu gestatten, der ein rechtliches Interesse glaubhaft macht. Ein solches rechtliches Interesse wird in aller Regel bei Nachlaßgläubigern, Miterben, Nachlaßverwaltern und Testamentsvollstreckern gegeben sein. Auch die Steuerbehörde ist stets berechtigt, das Inventar einzusehen.

Der Staat (Fiskus) als Erbe

Ist der Fiskus gesetzlicher Erbe, so ist er nicht verpflichtet, ein Inventar zu errichten. Ihm kann daher auch keine Inventarfrist bestimmt werden. Ist der Fiskus aufgrund letztwilliger Verfügung Erbe geworden, gelten für ihn die gleichen Bestimmungen wie für alle anderen Erben.
Der Fiskus ist den Nachlaßgläubigern gegenüber verpflichtet, über den Bestand des Nachlasses Auskunft zu erteilen.

Keine Inventarpflicht für Nachlaßpfleger und Nachlaßverwalter

Weder dem Nachlaßpfleger noch dem Nachlaßverwalter kann eine Inventarfrist bestimmt werden. Diese Bestimmung dient in erster Linie zum Schutz der Erben. Durch die Anordnung der Nachlaßverwaltung beziehungsweise der Nachlaßpflegschaft verliert der Erbe die Herrschaft über den Nachlaß. Es darf ihm daraus aber kein Nachteil entstehen, wie es ja passieren könnte, wenn der Nachlaßpfleger oder der Nachlaßverwalter möglicherweise durch Versäumnis- oder Verzichtserklärung sein Beschränkungsrecht verlöre. Die Gläubiger sind ohnehin dadurch genügend geschützt, daß der Pfleger oder der Verwalter für ein ordnungsgemäßes Verzeichnis der Masse zu sorgen haben.
Sowohl der Nachlaßpfleger als auch der Nachlaßverwalter sind den Nachlaßgläubigern gegenüber verpflichtet, über den Bestand des Nachlasses Auskunft zu erteilen.
Weder der Nachlaßpfleger noch der Nachlaßverwalter sind berechtigt, auf die Haftungsbeschränkung des Erben zu verzichten.

Folgen der unbeschränkten Haftung des Erben

Es ist zu unterscheiden zwischen der allgemein unbeschränkten Haftung und der relativ unbeschränkten Haftung des Erben.

Aus den vorhergehenden Erörterungen ergibt sich, daß die allgemein unbeschränkte Haftung eintritt, wenn die Inventarfrist versäumt wird, Inventaruntreue begangen wird oder der Erbe vertraglich auf sein Beschränkungsrecht gegenüber allen Nachlaßgläubigern verzichtet hat. Dann haftet der Erbe sowohl mit dem Nachlaß als auch mit seinem Eigenvermögen.
Bei der relativ unbeschränkten Haftung gilt im Prinzip das gleiche, allerdings nur hinsichtlich desjenigen Nachlaßgläubigers, dem gegenüber die unbeschränkte Haftung eingetreten ist. Hinsichtlich aller anderen Nachlaßgläubiger kann der Erbe sich voll auf die beschränkte Haftung berufen. Er kann also insoweit noch die Anordnung beziehungsweise Eröffnung der Nachlaßverwaltung oder des Nachlaßkonkurses beantragen.

Aufschiebende Einreden

Dreimonatseinrede

Der Erbe ist berechtigt, die Berichtigung einer Nachlaßverbindlichkeit bis zum Ablauf der ersten drei Monate, nachdem er die Erbschaft angenommen hat, zu verweigern. Man nennt dieses Recht Dreimonatseinrede. Diese Einrede kann der Erbe allerdings aufgrund verschiedener Sachverhalte verlieren, zum Beispiel wenn er sein Beschränkungsrecht verloren hat, weil er die Inventarfrist versäumte oder ihm Inventaruntreue vorgeworfen werden muß.
Natürlich kann die Dreimonatseinrede nicht angewendet werden, wo Ansprüche sofort erfüllt werden müssen, zum Beispiel beim Unterhaltsanspruch der werdenden Mutter.

Einrede des Aufgebotsverfahrens

Hat der Erbe das Aufgebotsverfahren der Nachlaßgläubiger beantragt, und hat das Gericht den Antrag zugelassen, so ist der Erbe berechtigt, die Berichtigung einer Nachlaßverbindlichkeit bis zur Beendigung des Aufgebotsverfahrens zu verweigern. Man spricht hier von der Einrede des Aufgebotsverfahrens.
Diese Vorschrift soll dem Erben die Möglichkeit geben, alle Gläubiger gleichmäßig zu befriedigen. Das Aufgebotsverfahren soll allerdings nicht dazu dienen, die Befriedigung der Nachlaßgläubiger unnötig hinauszuzögern. Deshalb sieht das Gesetz vor, daß bestimmte Verhaltensweisen des Erben das Aufgebotsverfahren beenden.

Erscheint der Erbe im Aufgebotstermin nicht und beantragt er nicht innerhalb von 2 Wochen die Festlegung eines neuen Termins, oder erscheint er auch in dem neuen Termin nicht, so ist das Aufgebotsverfahren beendet.
Kümmert sich der Erbe also selbst nicht um die ordnungsgemäße Durchführung des Aufgebotsverfahrens, kann er nicht länger die Befriedigung der Nachlaßverbindlichkeiten verweigern.
Die Dreimonatseinrede und auch die Einrede des Aufgebotsverfahrens dienen dazu, die beschränkte Haftung des Erben vorzubereiten. Ist die Beschränkungsmöglichkeit bereits entfallen, weil der Erbe unbeschränkt haftet, können beide Einreden nicht mehr geltend gemacht werden.

Fristbeginn bei Nachlaßpflegschaft

Es wurde schon erwähnt, daß aus bestimmten Gründen vor der Annahme der Erbschaft ein Nachlaßpfleger bestellt werden kann, der den Nachlaß verwaltet. Es kann dann noch sehr lange dauern, bis feststeht, wer Erbe ist und vor allen Dingen, ob die Erbschaft angenommen wird. Dies könnte für die Nachlaßgläubiger bei aufschiebenden Einreden eine sehr lange Wartezeit bedeuten. Aus diesem Grunde ist der Beginn der Schutzfristen für den Fall der Nachlaßpflegschaft vorverlegt. So beginnt die Frist für die Dreimonatseinrede nicht erst mit dem Tag der Annahme der Erbschaft, sondern mit der Bestellung des Nachlaßpflegers.
Gleiches gilt für die Einrede des Aufgebotsverfahrens. Da der Nachlaßpfleger ohnehin für die ordnungsgemäße Verwaltung des Nachlasses verantwortlich ist, kann von ihm verlangt werden, daß er sich in der gleichen Zeit, die einem Erben zur Verfügung steht, über die Situation des Nachlasses informiert und die Maßnahmen ergreift, die zur Beschränkung der Haftung führen.

Erbschaftskauf

§ 2371 bis § 2385

Ein Erbe hat die Möglichkeit, die ihm angefallene Erbschaft im ganzen zu verkaufen. Das heißt, ein Alleinerbe kann sein gesamtes Erbe verkaufen, ein Miterbe seinen Erbschaftsanteil, ein Nacherbe seine Anwartschaft auf das Erbe. Macht ein einzelner Gegenstand die ganze oder nahezu die ganze Erbschaft aus, so liegt ein Erbschaftskauf allerdings nur dann vor, wenn er ausdrücklich vereinbart ist. Ein Erbschaftskauf bedarf in jedem Fall der notariellen Beurkundung. Wird also nur ein einzelner Gegenstand, der aber das ganze Erbe ausmacht, verkauft, und dieser Verkauf nicht notariell beurkundet, liegt kein Erbschaftskauf im Sinne des Gesetzes vor. Gerade beim Erbschaftskauf ist die notarielle Beurkundung zwingend notwendig. Bei anderen Kaufverträgen bewirkt der Vollzug des Geschäftes die Rechtskräftigkeit des Vertrages. Nicht so beim Erbschaftskauf. Hier müssen in einem notariell beurkundeten Vertrag alle Vertragsbestimmungen erfaßt sein. Diese Formpflicht muß man sehr ernst nehmen, denn formlose Nebenabreden können unter Umständen den ganzen Vertrag nichtig machen.

Umfang des Kaufgegenstandes

Der Erbschaftskauf ist ein schuldrechtlicher Vertrag. Die gesetzlichen Vorschriften über den Kauf finden Anwendung, werden jedoch durch die speziellen erbrechtlichen Bestimmungen näher konkretisiert beziehungsweise modifiziert. Dem Käufer fallen alle Vorteile zu, die sich aus dem Wegfall eines Vermächtnisses oder einer Auflage oder aus der Ausgleichspflicht eines Miterben ergeben. Dem Verkäufer hingegen verbleiben etwaige, erst nach dem Abschluß des Kaufes anfallende Erbteile – etwa durch Nacherbfolge oder weil ein Miterbe wegfällt – sowie ihm bereits zugewendete Vorausvermächtnisse. Das gleiche gilt von Familienpapieren und Familienbildern.

Beispiel 1: *Verkauft ein Erbe die ihm angefallene Erbschaft, die mit dem Vermächtnis belegt ist, eine wertvolle chinesische Porzellanvase einem Dritten zuzuwenden, und ist dieses Vermächtnis aus irgendeinem Grund weggefallen, so kann der Käufer die Herausgabe der Vase verlangen beziehungsweise die Vase behalten, sofern sie sich bereits in seinem Besitz befindet.*

Beispiel 2: *Hat der Erblasser seinen Sohn zur Hälfte als Erben eingesetzt und zur anderen Hälfte seine Ehefrau als Vorerbin und seinen Sohn wiederum als Nacherben, so gilt für den Erbschaftskauf folgendes: Verkauft der Sohn seine ihm nach dem Vater angefallene Erbschaft, wird von dem Verkauf das Recht der Nacherbschaft, welches er erst über seine Mutter erwirbt, als nicht mitverkauft angesehen. Es sei denn, der Vertrag sähe auch den Verkauf der Nacherbschaft ausdrücklich vor.*

Muster eines Erbteilskaufvertrages:

Urkundenrolle Nummer 782 für 1982

Verhandelt zu Mönchengladbach-Rheydt am 2. 12. 1982

Vor mir, dem Notar
Dr. Paul Bremmer

mit dem Amtssitz in Mönchengladbach-Rheydt, erschienen:
Herr Peter Meier, Wickrather Str. 2,
4050 Mönchengladbach 2,
Herr Karl Müller, Beckrather Str. 55,
4050 Mönchengladbach 3.

Die Erschienenen wiesen sich dem Notar gegenüber zur Gewißheit ihrer Person aus durch Vorlage mit Lichtbild versehener amtlicher Ausweispapiere. Der Notar überzeugte sich durch den Gang der Verhandlung von der Geschäftsfähigkeit der Erschienenen.
Die Erschienenen erklärten:

I. Herr Peter Meier ist zu ½ Miterbe nach seinem Vater Paul Meier (AG Aachen VI 143/76). Er verkauft diesen Erbteil dem dies annehmenden Herrn Karl Müller.

II. Zum Nachlaß gehört nur noch der Grundbesitz des landwirtschaftlichen Betriebes im Grundbuch von Alsdorf, Blatt 1777. Der Grundbuchinhalt wurde vom Notar am ... festgestellt. Danach handelt es sich um die Grundstücke

Gemarkung Alsdorf,
Flur 10 Nr. 18, Hof- und Gebäudefläche, Eschweiler Straße 17,
groß 14, 18 a, und
Flur 18 Nr. 22, Acker, am Untergrund, groß 5, 14,23 ha.

In Abt. II und III des Grundbuchs sind keine Rechte eingetragen. Als Eigentümer ist noch der Erblasser Paul Meier vermerkt.
Der Notar hat darüber belehrt, daß dieser Kaufvertrag der Genehmigung nach dem Grundstückverkehrsgesetz bedarf. Er wird beauftragt, diese Genehmigung einzuholen. Sie wird wirksam mit dem Eingang beim Notar.

Herr Peter Meier erklärt,
1. daß keine Nachlaßverbindlichkeiten mehr bestehen,
2. daß er die Erbschaftssteuer bereits bezahlt hat,
3. daß er den Erbteil noch nicht anderweitig veräußert und nicht verpfändet hat,
4. daß der Erbteil weder gepfändet noch mit Vermächtnissen, Auflagen, Pflichtteilslasten, Ausgleichspflichten, Teilungsanordnungen, einer Testamentsvollstreckung, einem Nacherbrecht oder sonstigen Rechten Dritter belastet ist.

Der Notar hat darüber belehrt, daß über diese Umstände aus dem Grundbuch kein sicherer Aufschluß zu gewinnen ist und daß daher das Risiko des Bestehens Rechter Dritter nicht gänzlich ausgeschlossen werden kann. Herr Karl Müller erklärt, das persönliche Vertrauen in Herrn Peter Meier zu setzen, das erforderlich ist, um dennoch diesen Vertrag abzuschließen.

III. Weiterer Miterbe ist Frau Anna Schmitz, geborene Meier, in Köln, Friesenstraße 17. Der Notar hat darüber belehrt, daß diese ein gesetzliches Vorkaufsrecht hat. Er wird beauftragt, nach dem Eingang der Genehmigung der Landwirtschaftskammer eine Ausfertigung dieses Vertrages der Vorkaufsberechtigten zur Erklärung über ihr Vorkaufsrecht zuzustellen.

IV. Für den Zustand der Nachlaßgegenstände übernimmt der Verkäufer keine Gewähr. Er ist dem Käufer bekannt. In der Vergangenheit gezogene Nutzungen werden nicht an den Käufer abgeführt, Aufwendungen werden dem Verkäufer nicht erstattet.

V. Der Kaufpreis beträgt 100000,– DM – i.W.: einhunderttausend Deutsche Mark –. Er ist zinslos zahlbar und fällig innerhalb einer Woche, nachdem der Notar mitteilt, daß die Genehmigung nach dem GrdstVG und eine Verzichtserklärung zum Vorkaufsrecht der Miterbin Anna Schmitz eingegangen sind bzw. die Frist von zwei Monaten für die Ausübung des Vorkaufsrechts verstrichen ist. Bei Zahlungsverzug hat

der Verkäufer das Recht, wahlweise 6% p. a. Zinsen zu verlangen oder von diesem Vertrag zurückzutreten.
Der Käufer unterwirft sich wegen aller Zahlungsverpflichtungen aus diesem Vertrag dem Verkäufer gegenüber der sofortigen Zwangsvollstreckung aus dieser Urkunde in sein gesamtes Vermögen.

VI. Die dingliche Einigung über den Übergang des Erbteils auf den Käufer soll erst beurkundet werden, wenn die Zahlung des Kaufpreises dem Notar nachgewiesen oder bestätigt ist. Dabei soll auch die Berichtigung des Grundbuchs beantragt werden. Zu diesen Erklärungen und zu Ihnen geboten erscheinenden weiteren Erklärungen bevollmächtigen wir die Bürovorsteherin Eva Emunds aus Aachen unter Befreiung von den Beschränkungen des § 181 BGB.

VII. Die Kosten dieses Vertrages und seiner Durchführung einschließlich der Kosten für die Berichtigung des Grundbuchs und die Grunderwerbsteuer trägt der Käufer.

Herausgabepflicht

Der Verkäufer ist verpflichtet, dem Käufer die zur Zeit des Verkaufs vorhandenen Erbschaftsgegenstände herauszugeben. Dazu gehört auch, was er vor dem Verkauf aufgrund eines zur Erbschaft gehörenden Rechtes oder als Ersatz für die Zerstörung oder Beschädigung oder Entziehung eines Erbschaftsgegenstandes oder durch Rechtsgeschäft erlangt hat. Dieser Grundsatz stellt klar, daß es sich bei einem Erbschaftskauf um den Erwerb der gesamten vermögensrechtlichen Position des Erben handelt. Kaufgegenstand ist der Nachlaß, der dem Erben im Zeitpunkt des Erbfalls zustand, und vor allen Dingen, was er nachträglich noch erworben hat, sofern es sich auf die Erbschaft bezieht. Dies können zum Beispiel Versicherungsleistungen für beschädigte, abhanden gekommene oder gänzlich untergegangene Nachlaßgegenstände sein.

Ersatzpflicht

Die Pflicht, Ersatz zu leisten, betrifft Veränderungen, die vor dem Verkauf eingetreten sind. Hat der Verkäufer vor dem Verkauf einen Erbschaftsgegenstand verbraucht, unentgeltlich veräußert oder unentgeltlich belastet, so ist er verpflichtet, dem Käufer den Wert des verbrauchten oder veräußerten Gegenstandes zu ersetzen. Hat er einen Nachlaßgegenstand belastet, so muß er einen Ausgleich dafür zahlen, daß infolge der Belastung eine Wertminderung des Nachlaßgegenstandes eingetreten ist.

Beispiel: *Wenn der Erbe vor dem Verkauf ein zu ihr gehörendes Grundstück mit einem Wegerecht belastet hat, so muß er dem Käufer Ersatz leisten, wenn durch die Eintragung dieses Wegerechtes eine Wertminderung des Grundstücks eingetreten ist.*

Die Ersatzpflicht tritt nicht ein, wenn der Käufer den Verbrauch oder die unentgeltliche Verfügung beim Abschluß des Kaufes kennt. Diese Regelung ist verständlich, denn verbrauchte, abhanden gekommene und belastete Erbschaftsgegenstände sind in aller Regel Faktoren, die bereits bei der Bestimmung des Preises in Rechnung gestellt werden. Der Käufer soll nun geschützt werden, da er zwar den Nachlaß, allerdings nicht die Verfügungen des Verkäufers kennt, die eine Wertminderung des Nachlasses darstellen und insofern einen Einfluß auf die Kaufpreisgestaltung hätten.

Beschränkte Haftung des Verkäufers

Mitunter weiß der Erbe nicht genau, in welchem Zustand sich dieser oder jener Nachlaßgegenstand befindet. Aus diesem Grunde hat er für Fehler einer zur Erbschaft gehörenden Sache dem Verkäufer gegenüber nicht einzutreten, sofern er nicht bestimmte Eigenschaften der Nachlaßgegenstände zugesichert hat.
Die Sachmängelhaftung des Verkäufers ist also auf die Fälle beschränkt, in denen er eine Eigenschaft einer Sache zusichert oder arglistig ihm bekannte Sachmängel verschweigt.
Neben der Haftung für Sachmängel kennt man im Gewährleistungsrecht auch die Haftung für Rechtsmängel. Ein Rechtsmangel kann zum Beispiel sein, daß der Verkäufer überhaupt nicht Eigentümer ist und daher das Eigentum nicht verschaffen kann oder daß der Kaufgegenstand mit einem Pfandrecht, Nießbrauch, einer Hypothek oder sonstigen Veräußerungsverboten belastet ist. Die Gewährleistung des Verkäufers wegen eines solchen Rechtsmangels wird beschränkt. Er haftet nur dafür,

1. daß ihm das Erbrecht zusteht;
2. daß es nicht durch das Recht eines Nacherben oder durch die Ernennung eines Testamentsvollstreckers beschränkt ist;
3. daß nicht Vermächtnisse, Auflagen, Pflichtteilslast, Ausgleichspflicht oder Teilungsanordnung bestehen;
4. daß nicht unbeschränkte Haftung gegenüber den Nachlaßgläubigern oder einzelnen von ihnen eingetreten ist;

5. daß kein den Nachlaß belastender Zugewinnausgleichsanspruch besteht;
6. daß keine Erbersatzansprüche bestehen.

Für den Fall, daß nur ein Erbteil verkauft ist, haftet der Verkäufer auch dafür, daß keine Erbersatzansprüche, Ausgleichspflichten oder Teilungsanordnungen bestehen.

Wiederaufleben erloschener Rechtsverhältnisse

An anderer Stelle wurde bereits dargelegt, daß infolge des Erbfalls sich Recht und Verbindlichkeit beziehungsweise Recht und Belastung in der Person des Erben vereinigen können, etwa wenn der Erblasser Schuldner des Erben war, und daß durch den Erbfall die Rechtsverhältnisse als erloschen zu betrachten sind. Die so erloschenen Rechtsverhältnisse gelten im Verhältnis zwischen dem Käufer und dem Verkäufer als nicht erloschen. Soweit dies nicht zum Wiederaufleben der alten Rechtsverhältnisse führen kann, ist erforderlichenfalls ein solches Rechtsverhältnis wiederherzustellen.

Nachlaßverbindlichkeiten

Zwischen dem Käufer und dem Verkäufer muß auch Klarheit darüber herrschen, wer die Nachlaßverbindlichkeiten zu erfüllen hat. Soweit der Verkäufer nicht dafür einzustehen hat, daß keine Nachlaßverbindlichkeiten bestehen, ist der Käufer dem Verkäufer gegenüber verpflichtet, die Nachlaßverbindlichkeiten zu erfüllen.

Diese Verpflichtung, die Nachlaßverbindlichkeiten zu erfüllen, besteht nur im Innenverhältnis zwischen Käufer und Verkäufer. Die Nachlaßgläubiger werden von dieser Regelung nicht erfaßt. Wie noch weiter unten darzustellen ist, haften im Verhältnis zu den Nachlaßgläubigern Käufer und Verkäufer gesamtschuldnerisch. Hat der Verkäufer vor dem Verkauf eine Nachlaßverbindlichkeit erfüllt, so kann er von dem Käufer Ersatz verlangen. Dies gilt natürlich nur insofern, als der Käufer und nicht der Verkäufer zum Tragen der Nachlaßverbindlichkeiten verpflichtet ist. Kannte der Käufer eine Nachlaßverbindlichkeit, die an sich der Verkäufer zu tragen hat, und berücksichtigt er dies beim Kauf nicht, so ist er dem Verkäufer gegenüber auch zur Befriedigung dieser Ansprüche verpflichtet. Der Verkäufer hat einen Rechtsmangel nicht zu vertreten, wenn dem Käufer dieser Rechtsmangel beim Abschluß des Kaufes bekannt ist.

Nutzungen und Lasten

Dem Verkäufer verbleiben diejenigen Nutzungen, die auf die Zeit vor dem Verkauf fallen. Er trägt für diese Zeit aber auch die Lasten, mit Einschluß der Zinsen der Nachlaßverbindlichkeiten. Diese Regelung stellt klar, daß der Erbe, solange er den Nachlaß noch nicht verkauft hat, die Nutzungen ziehen darf, allerdings auch die Lasten tragen muß. Etwas anderes gilt jedoch für die zu entrichtenden Abgaben sowie die außerordentlichen Lasten, die den Stammwert der Erbschaftsgegenstände betreffen. Da der Käufer die gesamte Erbschaft übernommen hat, muß er auch diese Abgaben und außerordentlichen Lasten tragen, die den Stamm, also die Substanz der Erbschaftsgegenstände betreffen. Dies gilt insbesondere für die Erbschaftssteuer, die somit nicht der Verkäufer, sondern der Käufer zu tragen hat.

Gefahrübergang

Der Käufer trägt bereits vom Abschluß des Kaufes an die Gefahr des zufälligen Untergangs und einer zufälligen Verschlechterung der Erbschaftsgegenstände. Von diesem Zeitpunkt an gebührt ihm der Nutzen und trägt er die Lasten der Erbschaft. Zufälliger Untergang beziehungsweise zufällige Verschlechterung bedeutet dabei, daß weder dem Verkäufer noch dem Käufer ein Verschulden für die Veränderungen anzulasten ist.

***Beispiel:** Zum Nachlaß gehört eine Segeljacht, die der Erbe ordnungsgemäß an der Pier vertäut hat. Infolge einer plötzlich auftretenden Springflut ist das Schiff gekentert. Weder den Käufer noch den Verkäufer trifft hieran ein Verschulden, so daß der Käufer das Risiko des Unterganges dieses Schiffes tragen muß und vom Verkäufer insofern keinen Ersatz beanspruchen kann.*

Ersatz von Aufwendungen

Der Käufer hat dem Verkäufer die notwendigen Aufwendungen zu ersetzen, die der Verkäufer vor dem Verkauf auf die Erbschaft gemacht hat.
Notwendige Aufwendungen sind diejenigen Kosten, die zur Erhaltung oder ordnungsgemäßen Bewirtschaftung der Sache objektiv erforderlich sind und die nicht nur den Sonderzwecken des Besitzers dienen. Zu diesen notwendigen Aufwendungen gehören beispielsweise Hebungskosten eines Wracks, Wiederaufbau eines zerstörten Gebäudes, Betriebsumstellung, um den Betrieb wettbewerbsfähig zu halten, sowie Mietzins für die notwendige Aufbewahrung von Gegenständen.
Für andere vor dem Verkauf gemachte Aufwendungen hat der Käufer nur dann

Ersatz zu leisten, wenn durch sie der Wert der Erbschaft zur Zeit des Verkaufs erhöht wurde.

Beispiel: *Hat der Verkäufer, wenn zu dem verkauften Erbe ein Mietshaus gehört, normale Fenster durch Thermopaneverglasung ersetzt, so muß dies nicht unbedingt eine notwendige Aufwendung sein, wenn die Altfenster durchaus noch ausgereicht hätten. Der Verkäufer kann jedoch gleichwohl Ersatz vom Käufer verlangen, wenn durch die Thermopaneverglasung eine Wertsteigerung der Erbschaft eingetreten ist. Hat zum Beispiel die Thermopaneverglasung insgesamt einen Aufwand von DM 50 000,– erfordert, ist allerdings der Wert des Objektes nur um DM 25 000,– hierdurch gestiegen, so kann der Verkäufer vom Käufer nicht etwa die aufgewendeten DM 50 000,– verlangen, sondern lediglich die DM 25 000,– Wertsteigerung.*

Haftung gegenüber Nachlaßgläubigern

Der Käufer haftet vom Abschluß des Kaufes an den Nachlaßgläubigern unabhängig von der Fortdauer der Haftung des Verkäufers. Dies bedeutet, daß Verkäufer und Käufer als Gesamtschuldner den Nachlaßgläubigern haften. Dies gilt auch für die Verbindlichkeiten, zu deren Erfüllung der Käufer dem Verkäufer gegenüber nicht verpflichtet ist.

Beispiel: *Der Verkäufer hat dem Käufer erklärt, daß alle Vermächtnisse erfüllt sind. Tritt nun ein Vermächtnisnehmer an den Käufer heran, so ist dieser verpflichtet, das Vermächtnis zu erfüllen. Der Verkäufer ist wiederum verpflichtet, dem Käufer für die dem Vermächtnisnehmer gegenüber erbrachte Leistung, Ersatz zu bringen.*

Die Haftung des Käufers den Gläubigern gegenüber kann nicht durch Vereinbarung zwischen dem Käufer und dem Verkäufer ausgeschlossen oder beschränkt werden. Durch diese Vorschrift soll klargestellt werden, daß kein Vertrag zu Lasten eines Dritten geschlossen werden kann. Die gesamtschuldnerische Haftung des Käufers und des Verkäufers den Gläubigern gegenüber bleibt unbeschränkt.

Beschränkte Haftung des Käufers

Der Erbschaftskäufer tritt wirtschaftlich in die Stellung des Erben. Seine Haftung bestimmt sich daher nach den Vorschriften über die Beschränkung der Haftung des Erben. Was also seine Haftung anbelangt, wird er wie ein Erbe betrachtet. Haftete der Verkäufer zur Zeit des Verkaufes bereits unbeschränkt, so haftet der Käufer ebenfalls unbeschränkt.

Hat der Käufer seine Haftung auf die Erbschaft beschränkt, so gelten seine Ansprüche, die ihm noch aus dem Kaufvertrag zustehen, als zur Erbschaft gehörend. Diese Vorschrift kann insoweit Bedeutung erlangen, als möglicherweise Nachlaßgegenstände noch im Besitz des Verkäufers sind. Der Anspruch auf Herausgabe vom Verkäufer steht dem Käufer persönlich zu. Würde das Gesetz nicht bestimmen, daß diese Herausgabeansprüche mit zur gekauften Erbschaft gehören, könnten die Nachlaßgläubiger an diese Gegenstände nicht ohne weiteres heran. Im Falle eines Nachlaßkonkurses ist der Käufer insoweit Gemeinschuldner, so daß zur Nachlaß- beziehungsweise Konkursmasse nicht nur die Nachlaßgegenstände gehören, die bereits in sein Vermögen übertragen sind, sondern auch seine Ansprüche aus dem Kaufvertrag gegen den Verkäufer. Diese Ansprüche kann der Nachlaßkonkursverwalter geltend machen, weil sie als zur Erbschaft (Nachlaß) gehörig betrachtet werden. Ansonsten könnte der Konkursverwalter über persönliche Ansprüche des Erbschaftskäufers nicht verfügen. Die noch im Vermögen des Verkäufers stehenden Nachlaßgegenstände kann der Käufer beziehungsweise der Konkursverwalter dann aussondern.
Sowohl Käufer als auch Verkäufer sind berechtigt, ein Inventar zu errichten. Wird dies von einem der beiden unternommen, so kommt die Errichtung des Inventars auch dem anderen zustatten. Nur für den Fall, daß der andere bereits unbeschränkt haftet, kann ihm die Errichtung des Inventars durch den einen nicht mehr zugute kommen.

Anzeigepflicht des Verkäufers

Der Verkäufer ist den Nachlaßgläubigern gegenüber verpflichtet, den Verkauf der Erbschaft und den Namen des Käufers unverzüglich dem Nachlaßgericht anzugeben. Die Anzeige des Verkäufers entbindet den Käufer von der Anzeigepflicht. Unterbleibt eine solche Anzeige an das Nachlaßgericht, so macht der Verkäufer sich schadensersatzpflichtig.
Wer ein rechtliches Interesse glaubhaft macht, kann Einsicht in die Anzeige, daß Erbschaftskauf vorliegt, verlangen. Das Nachlaßgericht hat dann die Einsicht zu gestatten.

Anwendungen auf ähnliche Verträge

Auf eine Reihe von ähnlichen Verträgen finden dieselben Vorschriften Anwendung wie auf den Erbschaftskauf. Gedacht ist hierbei insbesondere an Weiterverkäufe durch den Käufer sowie Rückkäufe einer Erbschaft, eines Erbteils, eines Nacherben- oder Mitnacherbenrechts durch den Verkäufer. Ebenfalls gelten die Vorschriften über den Erbschaftskauf auch bei anderen auf Veräußerung gerichteten Verträgen, so beim Tausch, bei Vergleichen, bei Verträgen auf Hingabe einer Leistung an Zahlungs Statt, auf Bestellung eines Nießbrauchs, auf Anerkennung nichtiger Testamente, bei Schenkung und bei vertraglicher Aufhebung von Erbschaftskäufen.

Schenkweise Zuwendung einer Erbschaft

Für den Fall, daß es sich bei dem Erwerb der Erbschaft um eine Schenkung handelt, ist der Schenker nicht verpflichtet, für die vor der Schenkung verbrauchten oder unentgeltlich veräußerten Erbschaftsgegenstände oder für eine vor der Schenkung unentgeltlich vorgenommene Belastung dieser Gegenstände Ersatz zu leisten. Der Beschenkte muß sich mit dem zufriedengeben, was ihm vom Schenker per Saldo zugewendet wird.

Der Schenker braucht auch nicht für Rechtsmängel einzustehen. Nur für den Fall, daß der Schenker den Mangel arglistig verschwiegen hat, ist er verpflichtet, dem Beschenkten den daraus entstehenden Schaden zu ersetzen.

Erbschaftsteuer- und Schenkungsteuergesetz

Nicht nur dann, wenn der Staat als Erbe – als Fiskus – den Nachlaß erhält, kann er an den Hinterlassenschaften des Verstorbenen partizipieren. Auch dann, wenn jemand anders etwas von Todes wegen erlangt hat, hält der Staat die Hand auf. Wieviel dem Staat an Steuern zusteht, ist dabei nicht nur abhängig von der Höhe des steuerpflichtigen Erwerbs des einzelnen, sondern auch in welchem Verhältnis er zum Erblasser gestanden hat.
Nun könnte man die Erbschaftsteuer dadurch unterlaufen, daß man bereits zu Lebzeiten sein Vermögen auf die potentiellen Erben überträgt. Dem hat der Staat jedoch einen Riegel vorgeschoben, indem auch Schenkungen zu Lebzeiten steuerpflichtig sein können.
In einem einheitlichen Gesetz, nämlich dem *Erbschaftsteuer- und Schenkungsteuergesetz* wird geregelt, was die Finanzkasse vom Erben oder Beschenkten beanspruchen kann.
Im folgenden sollen die Grundzüge, die wesentlichen und markanten Punkte des Erbschaftsteuer- und Schenkungsteuergesetzes dargestellt werden. Einzelheiten ergeben sich aus dem Gesetzestext. In schwierigen Fällen wird man ohne die Hilfe eines Steuerberaters nicht auskommen können. Vor allen Dingen bei der Bewertung des Nachlasses nach den Bestimmungen des Bewertungsgesetzes treten in der Praxis oft Schwierigkeiten auf, die mitunter nur durch ein Sachverständigengutachten ausgeräumt werden können. Dieser Überblick über das Erbschaftsteuer- und Schenkungsteuergesetz soll lediglich eine Vorstellung davon vermitteln, was steuerlich bei einer Erbschaft von Bedeutung sein kann.

Steuerpflicht

In § 1 des Erbschaftsteuer- und Schenkungsteuergesetzes (ErbStG) wird bestimmt, welche Vorgänge der Steuerpflicht unterliegen. Dies sind im einzelnen:

1. Erwerb von Todes wegen;
2. Schenkung unter Lebenden;
3. Zweckzuwendungen;

4. Vermögen einer Stiftung, sofern sie wesentlich im Interesse einer Familie oder bestimmter Familien errichtet ist, und eines Vereins, dessen Zweck wesentlich im Interesse einer Familie oder bestimmter Familien auf die Bindung zum Vermögen gerichtet ist. Und zwar in Zeitabständen von je 30 Jahren seit dem Zeitpunkt des ersten Übergangs von Vermögen auf die Stiftung oder den Verein.

Der Steuergesetzgeber betrachtet Zuwendungen von Todes wegen und Schenkungen unter Lebenden als wirtschaftlich vergleichbare Zustände, so daß, vorbehaltlich anderer Bestimmungen,

a) die Vorschriften des ErbStG über die Erwerbe von Todes wegen auch für Schenkungen und Zweckzuwendungen,
b) die Vorschriften über Schenkungen auch für Zweckzuwendungen unter Lebenden

gelten.

In den nachfolgenden Paragraphen beschreibt das Gesetz, wann die Steuerpflicht eintritt, und vor allen Dingen, was man unter den einzelnen Begriffen, wie Erwerb von Todes wegen, fortgesetzter Gütergemeinschaft usw. zu verstehen hat.

Persönliche Steuerpflicht

Die deutsche Erbschaftsteuer ist keine Erbnachlaßsteuer, sondern eine Erb*anfall*steuer. Dies bedeutet, daß nicht die Nachlaßmasse als solche besteuert wird, sondern der Erbanfall beim einzelnen Erben. Sind also mehrere Erben vorhanden, wird nicht eine einheitliche Erbschaftsteuer bezogen auf den Nachlaß festgesetzt, sondern jeweils individuell im Hinblick auf jeden einzelnen beteiligten Erben.

Voraussetzung dafür, daß die Steuer erhoben werden kann, ist unter anderem, daß der Erblasser zur Zeit seines Todes beziehungsweise der Schenker zur Zeit der Ausführung der Schenkung oder der Erwerber zur Zeit der Entstehung der Steuer ein Inländer ist.

Erfaßt wird von der Steuerpflicht der gesamte Vermögensanfall.

Als Inländer gelten

a) natürliche Personen, die im Inland einen Wohnsitz oder ihren gewöhnlichen Aufenthalt haben; also durchaus auch Angehörige einer anderen als der deutschen Staatsangehörigkeit;
b) deutsche Staatsangehörige, die sich nicht länger als fünf Jahre dauernd im Ausland aufgehalten haben, ohne im Inland einen Wohnsitz zu haben;
c) unabhängig von der Fünfjahresfrist nach Buchstaben b) deutsche Staatsangehörige, die im Inland weder einen Wohnsitz noch ihren gewöhnlichen Aufenthalt haben, jedoch zu einer inländischen juristischen Person des öffentlichen Rechts in einem Dienstverhältnis stehen und dafür Arbeitslohn aus einer inländischen

öffentlichen Kasse beziehen, sowie zu ihrem Haushalt gehörende Angehörige, die die deutsche Staatsangehörigkeit besitzen.
Hierzu gibt es noch einige Sonderregelungen. Zu erwähnen sei, zum Beispiel, daß bei Wohnsitzverlegung in ein sogenanntes Steueroasenland auch nach Ablauf der Fünfjahresfrist für weitere fünf Jahre eine erweiterte beschränkte Steuerpflicht besteht.

d) Körperschaften, Personenvereinigungen und Vermögensmassen, die ihre Geschäftsleitung oder ihren Sitz im Inland haben.

Die Steuerpflicht entsteht aber auch dann, wenn es sich bei dem Vermögensanfall um Inlandvermögen oder ein Nutzungsrecht an solchen Vermögensgegenständen handelt. Wenn also weder der Erblasser beziehungsweise Schenker noch der Erwerber Inländer im obigen Sinne sind, besteht gleichwohl Steuerpflicht, wenn es sich um inländisches Vermögen handelt.

Erwerb von Todes wegen

In § 3 ErbStG wird im einzelnen bestimmt, was als Erwerb von Todes wegen zu betrachten ist:

1. Der Erwerb
   a) durch Erbanfall;
   b) aufgrund Erbersatzanspruch;
   c) durch Vermächtnis;
   d) aufgrund eines geltend gemachten Pflichtteilsanspruchs.
2. Der Erwerb durch Schenkung auf den Todesfall. In gewissem Umfange kann auch der Übergang von Gesellschaftsanteilen, die nach dem Gesellschaftsvertrag beim Tod eines Gesellschafters übergehen, als Schenkung auf den Todesfall betrachtet werden.

Daneben gibt es noch eine Reihe von Erwerben, die von § 3 des ErbStG erfaßt sind.

Zugewinngemeinschaft

§ 5 ErbStG befaßt sich mit den steuerrechtlichen Bestimmungen für die Zugewinngemeinschaft. Der Güterstand der Zugewinngemeinschaft, der auch gesetzlicher Güterstand genannt wird, ist wohl der am häufigsten anzutreffende Güterstand der Ehegatten. Wie bereits ausgeführt, kann der Zugewinnausgleich beim Tod eines Ehegatten auf mehrfache Weise durchgeführt werden. Wird der Zugewinnausgleich beim Tode eines Ehegatten dadurch verwirklicht, daß sich der Erbteil erhöht, so gilt beim überlebenden Ehegatten der Betrag, den er als Zugewinnausgleich fordern könnte, nicht als Erwerb im Sinne des ErbStG.

Beispiel:	Wert der angefallenen Erbschaft des Ehegatten	500000,– DM
	Zugewinnausgleichsforderung	./. 200000,– DM
	Der Steuerpflicht unterliegen	300000,– DM

Wird der Güterstand der Zugewinngemeinschaft in anderer Weise als durch den Tod eines Ehegatten beendet oder wird der Zugewinn nach den entsprechenden Vorschriften des Gesetzes ausgeglichen, so gehört die Ausgleichsforderung nicht zum Erwerb im Sinne der §§ 3 und 7 ErbStG. Der Ausgleichsanspruch des Ehegatten aus der Zugewinngemeinschaft wird also in keinem Fall von der Erbschaftsteuer erfaßt.

Vor- und Nacherbschaft

Da das Gesetz den Vorerben als Erben betrachtet (§ 6 Abs. 1 ErbStG), tritt bereits bei ihm, nicht erst beim Nacherben, die Steuerpflicht ein. Auch der Nacherbe unterliegt, bezogen auf seinen Erwerb, der Steuerpflicht, er hat allerdings die Möglichkeit, auf Antrag der Versteuerung das Verhältnis des Nacherben zum Erblasser zugrunde zu legen. Das hat den Vorteil, daß durch die Änderung der Bezugsperson (Vorerbe oder Erblasser) die Steuertarifklasse den günstigsten Verhältnissen angepaßt werden kann. War der Erblasser der Vater des Nacherben, sein Vorerbe jedoch sein Onkel, so hat diese Regelung den Vorteil, daß der Nacherbe die für ihn günstigere Steuerklasse I statt der Steuerklasse III in Anspruch nehmen kann.

Denkbar ist, daß in diesem Fall nicht nur Vermögen aus der Vorerbschaft, sondern auch eigenes Vermögen des Vorerben auf den Nacherben übergeht. Dies ist zum Beispiel der Fall, wenn der Erblasser seinen Ehegatten als Vorerben und die Abkömmlinge als Nacherben eingesetzt hat. Stirbt der überlebende Ehegatte, so geht zum einen das Vermögen aus der Vorerbschaft hinsichtlich des vorverstorbenen Ehegatten und auch eigenes Vermögen des Vorerben auf die Abkömmlinge über. In diesem Fall sind beide Vermögensanfälle hinsichtlich der Steuerklassen getrennt zu behandeln.

Schenkungen unter Lebenden

Was unter Schenkungen unter Lebenden zu verstehen, und was in steuerrechtlicher Hinsicht dabei zu beachten ist, regelt § 7 ErbStG.
Soweit Gegenleistungen in bezug auf die Schenkung unter Lebenden bestehen, werden sie bei der Feststellung, ob eine Bereicherung vorliegt, berücksichtigt; allerdings auch nur dann, wenn sie in Geld veranschlagt werden können, wenn es sich also um geldwerte Gegenleistungen handelt. Für Schenkungen unter Lebenden gibt es wieder steuerrechtlich besondere Vorschriften, soweit es sich um Beteiligungen an Personengesellschaften und ähnliches handelt.

Zweckzuwendungen

Hierunter versteht man Zuwendungen von Todes wegen oder freigebige Zuwendungen unter Lebenden, die mit der Auflage verbunden sind, zugunsten eines bestimmten Zwecks verwendet zu werden. Der mit der Zweckzuwendung Beschwerte muß aber nach § 8 ErbStG nicht nur das versteuern, was ihm nach Ausführung der Zweckzuwendung verbleibt, sondern auch den Teil der Zuwendung, den er für die Zweckbindung ausgegeben hat.

Beispiel: *Jemand überträgt dem Musikverein Concordia e. V. sein Vermögen mit der Auflage, eine neue Orgel für den Verein erstellen zu lassen. Der Verein muß dann nicht nur das versteuern, was nach Anschaffung der Orgel übrigbleibt, sondern auch den Betrag, den der Verein für die Anschaffung der Orgel ausgegeben hat.*

Entstehung der Steuer

Für die Besteuerung ist nicht nur von Interesse, unter welchen Voraussetzungen eine Steuer entstehen kann, sondern auch der Zeitpunkt, wann diese Steuer entsteht.
Beim Erwerb von Todes wegen ist dies in aller Regel der Tod des Erblassers. Hiervon gibt es jedoch wieder eine Reihe von Ausnahmen. Diese Ausnahmen sind im einzelnen in § 9 Abs. 1 Ziffer 1 ErbStG angeführt.
Bei Schenkungen unter Lebenden entsteht die Steuer mit dem Zeitpunkt der Ausführung der Zuwendung; bei Zweckzuwendungen mit dem Zeitpunkt des Eintritts der Verpflichtung des Beschwerten.

Wertermittlung und Steuerbemessung

Grundlage für die Steuerbemessung der Erbschaftsteuer ist der Wert der Bereicherung des Erwerbers. Steuerfreie Beträge werden natürlich vorher abgezogen (§ 10 Abs. 1 Satz 1 ErbStG).
Handelt es sich um einen Erwerb von Todes wegen, so sind von dem Wert des angefallenen Vermögens zunächst die Nachlaßverbindlichkeiten abzuziehen (§ 10 Abs. 1 ErbStG). Hierzu gehören, wie bereits weiter oben erwähnt, die Schulden des Erblassers einschließlich seiner Steuerschulden, Verbindlichkeiten, die sich aus der letztwilligen Verfügung des Erblassers ergeben, die Vermächtnisse, Auflagen, Pflichtteilsansprüche, Erbersatzansprüche und Bestattungskosten.
Nicht abzugsfähig sind Schulden und Lasten, soweit sie im wirtschaftlichen Zusammenhang mit solchen Vermögensgegenständen stehen, die nicht der Besteuerung nach dem Erbschaftsteuergesetz unterliegen. Es soll hierdurch vermieden werden, daß solche Schulden und Lasten die Erbschaftsteuer mindern, die im Hinblick auf die Erbschaftsteuer erst gar nicht erfaßt sind. Ferner kann der Erwerber die von ihm zu entrichtende Erbschaftsteuer selbst nicht abziehen (§ 10 Abs. 8 ErbStG). Auflagen, die dem Beschwerten selbst zugute kommen, sind ebenfalls nicht abzugsfähig (§ 10 Abs. 9 ErbStG).

Bewertungsstichtag

Für die Ermittlung des Wertes ist der Zeitpunkt der Entstehung der Steuer maßgebend. Das Gesetz kann allerdings hiervon Abweichendes bestimmen (§ 11 ErbStG).

Bewertung

Grundsätzlich ist die Bewertung nach den Vorschriften des ersten Teiles des Bewertungsgesetzes vorzunehmen. Der erste Teil des Bewertungsgesetzes beinhaltet die allgemeinen Bewertungsvorschriften. Spezielle Regeln, die von dem Bewertungsgesetz abweichen, sind in § 12 Abs. 2–6 ErbStG angeführt.

Steuerbefreiungen

§ 13 des ErbStG führt einen umfangreichen Katalog von Sachverhalten an, die eine Steuerbefreiung begründen. Jede dieser Befreiungsvorschriften ist für sich anzuwenden, so daß mehrere Befreiungsvorschriften nebeneinander zum Tragen kommen können (§ 13 Abs. 3 ErbStG).
Hervorzuheben ist noch, daß Zuwendungen, wie sie in Absatz 1, 5. u. 12. angeführt sind, nur insoweit zur Steuerbefreiung führen können, als diese Zuwendungen den Vermögensverhältnissen und der Lebensstellung des Bedachten entsprechen. Eine dieses Maß übersteigende Zuwendung ist nicht nur hinsichtlich des übersteigenden Teiles, sondern im vollen Umfang steuerpflichtig (§ 13 Abs. 2 ErbStG).

Berechnung der Steuer

Berücksichtigung früherer Erwerbe

Bestimmte Beträge bleiben nach § 16 ErbStG steuerfrei. Dies könnte theoretisch dazu führen, daß man eine an sich als einheitliche Schenkung gedachte Zuwendung in mehrere Teile teilt, so daß jede für sich innerhalb der steuerfreien Grenze bleibt, um so die Besteuerung zu unterlaufen. Um dies zu verhindern, ordnet § 14 Abs. 1 ErbStG an, daß mehrere innerhalb von 10 Jahren von derselben Person angefallene Vermögensvorteile zusammengerechnet werden müssen. Dies erfolgt in der Weise, daß dem letzten Erwerb die früheren Erwerbe nach ihrem früheren Wert zugerechnet werden. Von der Steuer für den Gesamtbetrag wird die Steuer abgezogen, welche für die früheren Erwerbe zur Zeit des letzten zu erheben gewesen wäre. Das Gesetz stellt sich somit auf den Standpunkt, daß mehrere Teilschenkungen innerhalb von zehn Jahren als einheitliche Schenkung beziehungsweise Zuwendung zu betrachten sind und einheitlich besteuert werden müssen.
Beschränkt ist die Besteuerung insofern, als die durch jeden weiteren Erwerb veranlaßte Steuer nicht mehr betragen darf als 70% des Erwerbes. Würde also durch einen späteren Erwerb eine Steuerpflicht entstehen, die den folgenden Erwerb völlig aufzehrt, so müssen von dem jeweils weiteren Erwerb dem Erwerber mindestens 30% des Erwerbs verbleiben (§ 14 Abs. 2 ErbStG).

Steuerklassen

Die Höhe der Steuer hängt ab vom Verwandtschaftsgrad und vom Umfang des Erwerbs. Es gibt vier Steuerklassen; in die einzelnen Klassen fallen insbesondere:
Steuerklasse I
Ehegatte, Kinder, Stiefkinder, Kinder verstorbener Kinder und Stiefkinder
Steuerklasse II
Enkel und Urenkel, Eltern und Voreltern bei Erwerben von Todes wegen
Steuerklasse III
Eltern und Voreltern soweit sie nicht zur Steuerklasse II gehören, Geschwister, Abkömmlinge ersten Grades von Geschwistern, Stiefeltern, Schwiegerkinder, Schwiegereltern, geschiedene Ehegatten
Steuerklasse IV
Alle übrigen Erwerber
Das sind insbesondere alle juristischen Personen, wie Stiftungen, Vereine usw. Außerdem sind Zweckzuwendungen, gleich, wem sie zufallen, nach Steuerklasse IV zu versteuern.
Weitere Einzelheiten finden sich im § 15 ErbStG.

Freibeträge

Handelt es sich um einen Erwerb von Todes wegen, Schenkungen unter Lebenden oder um Zweckzuwendungen, gelten bestimmte Steuerfreigrenzen. Diese sogenannten Freibeträge betragen für:
1. den Ehegatten 250000,– DM;
2. die übrigen Personen der Steuerklasse I 90000,– DM;
3. Personen der Steuerklasse II 50000,– DM;
4. Personen der Steuerklasse III 10000,– DM;
5. Personen der Steuerklasse IV 3000,– DM.

Besonderer Versorgungsfreibetrag

Neben dem Freibetrag wird dem überlebenden Ehegatten zusätzlich ein besonderer Versorgungsfreibetrag von 250000,– DM gewährt. Dieser Freibetrag wird bei Ehegatten, denen aus Anlaß des Todes des Erblassers Versorgungsbezüge zustehen, die nicht erbschaftsteuerpflichtig sind, um den Kapitalwert dieser Versorgungsbezüge gekürzt. Wenn also ein Ehegatte Versorgungsbezüge erwirbt, die nicht der Erbschaftsteuer unterliegen, muß dieser Versorgungsbezug kapitalisiert, und der sich hieraus ergebende Kapitalwert von dem Versorgungsfreibetrag in Höhe von

250 000,– DM abgezogen werden. Dies ist insoweit verständlich, als ein Freibetrag nicht erforderlich ist, um die Versorgung des Ehegatten sicherzustellen, wenn anläßlich des Todes ohnehin eine Versorgung, die nicht der Erbschaftsteuer unterliegt, zum Tragen kommt.
Einen besonderen Versorgungsfreibetrag haben auch die Kinder des Erblassers. Er wird in folgender Höhe gewährt:
1. bei einem Alter bis zu 5 Jahren in Höhe von 50000,– DM;
2. bei einem Alter von mehr als 5 bis zu 10 Jahren in Höhe von 40000,– DM
3. bei einem Alter von mehr als 10 bis zu 15 Jahren in Höhe von 30000,– DM
4. bei einem Alter von mehr als 15 bis zu 20 Jahren in Höhe von 20000,– DM
5. bei einem Alter von mehr als 20 Jahren bis zur Vollendung des 27. Lebensjahres in Höhe von 10000,– DM.

Soweit allerdings der steuerpflichtige Erwerb unter Berücksichtigung früherer Erwerbe (siehe § 14 ErbStG) 150000,– DM übersteigt, so vermindert sich der besondere Versorgungsfreibetrag für Kinder um den Betrag, der 150000,– DM übersteigt.

Beispiel: *Wenn ein dreijähriges Kind 170000,– DM steuerpflichtigen Erwerb hat, so wird der Betrag, der 150000,– DM übersteigt, nämlich 20000,– DM, von dem besonderen Versorgungsfreibetrag in Höhe von 50000,— DM abgezogen, so daß lediglich noch 30000,– DM besonderer Versorgungsfreibetrag übrigbleiben. Gehen dem Kind aus Anlaß des Todes des Erblassers Versorgungsbezüge zu, die nicht der Erbschaftsteuer unterliegen, so wird dieser Freibetrag nochmals um den Kapitalwert der Versorgungsbezüge gekürzt.*

Steuersätze

Die Besteuerung richtet sich zum einen nach der Steuerklasse und zum anderen nach dem steuerpflichtigen Wert abzüglich des Steuerfreibetrages. Die Erbschaftsteuer wird nach bestimmten Prozentsätzen erhoben (§ 19 ErbStG).
Soweit inländisches und ausländisches Vermögen vorhanden ist, muß unter Umständen ein Abkommen zur Vermeidung der Doppelbesteuerung berücksichtigt werden. Hiernach richtet sich dann, inwieweit die deutsche Steuer voll oder nur zum Teil in Ansatz gebracht werden kann (§ 19 Abs. 2 ErbStG).
Wie man der Steuertabelle entnehmen kann, ist die Besteuerung nicht fließend, sondern erfolgt in Stufen. Das kann dazu führen, daß durch eine geringfügige Überschreitung der Stufe ein anderer Prozentsatz in Anwendung gebracht werden muß, was rein theoretisch dazu führen kann, daß durch den Stufensprung von der Erbschaft nur wenig übrigbleibt. In gewissem Umfang kann diese Härte, die bei Stufensprüngen auftritt, ausgeglichen werden (§ 19 Abs. 3 ErbStG).

Steuerschuldner

Je nachdem, um welche Art von Erwerb es sich handelt, können verschiedene Personen Steuerschuldner sein. § 20 ErbStG regelt im einzelnen, wer für die Steuer als Schuldner zu betrachten ist:

1. wer etwas von Todes wegen erwirbt;
2. wer eine Schenkung erwirbt oder etwas verschenkt (der Schenker und der Beschenkte sind Gesamtschuldner);
3. bei einer Zweckzuwendung der mit der Ausführung der Zuwendung Beschwerte;
4. Stiftungen oder Vereine.

Handelt es sich um eine fortgesetzte Erbengemeinschaft (§ 4 ErbStG), sind die Abkömmlinge im Verhältnis der auf sie entfallenden Anteile Steuerschuldner. Der überlebende Ehegatte ist Steuerschuldner für den gesamten Steuerbetrag (§ 20 Abs. 2 ErbStG).

In den Absätzen 3–7 werden Spezialfälle der Haftung für die Steuerschuld geregelt. So wird unter anderem bestimmt, daß der Nachlaß bis zur Auseinandersetzung für die Steuer sämtlicher am Erbfall Beteiligten haftet (§ 20 Abs. 3 ErbStG). Ferner ist bestimmt, daß der Vorerbe die durch die Vorerbschaft veranlaßte Steuer aus den Mitteln der Vorerbschaft zu entrichten hat (§ 20 Abs. 4 ErbStG).

Hat der Steuerschuldner den Erwerb oder Teile desselben noch bevor er die Erbschaftsteuer entrichtet hat, einem anderen unentgeltlich zugewendet, so haftet der andere in Höhe des Wertes der Zuwendung persönlich für die Steuer (§20 Abs. 5 ErbStG).

Hinsichtlich der übrigen Spezialfälle der Haftung für die Steuerschuld sei auf die Absätze 6 und 7 des § 20 ErbStG hingewiesen.

Kleinbetragsgrenze

Die Erbschaftsteuer wird jedoch nicht in minimaler Höhe erhoben. Von der Festsetzung der Erbschaftsteuer wird abgesehen, wenn die Steuer, die für den einzelnen Steuerfall festzusetzen ist, den Betrag von DM 50,– nicht übersteigt (§ 22 ErbStG).

Mehrfacher Erwerb desselben Vermögens

Bei rascher Erbfolge innerhalb von 10 Jahren will das Gesetz nicht hinsichtlich des gleichen Vermögens in voller Höhe mehrfach Erbschaftsteuer erheben. Für einen bestimmten Personenkreis (Personen der Steuerklasse I oder II) soll eine Steuererleichterung eintreten. Voraussetzung dieser Steuererleichterung ist, daß dieses von

Todes wegen erworbene Vermögen in den letzten 10 Jahren vor dem Erwerb bereits von Personen dieser Steuerklassen (I oder II) erworben worden ist und nach diesem Gesetz eine Steuer zu erheben war. In diesen Fällen ermäßigt sich der auf dieses Vermögen entfallende Steuerbetrag (§ 27 ErbStG).

Beispiel: *Der Ehegatte verstirbt. Die Ehegattin wird alleinige Erbin. Bereits nach 1½ Jahren verstirbt sie und wird von ihrem gemeinschaftlichen Kind beerbt. Hinsichtlich des Vermögens, das das Kind vom Vater über die Mutter geerbt hat, für das also bei der Ehegattin bereits Erbschaftsteuer angefallen ist, tritt eine Steuerermäßigung ein.*

Stundung bei besonderem Vermögen

Gehört zum Erwerb Betriebsvermögen oder land- und forstwirtschaftliches Vermögen, so ist dem Erwerber die darauf entfallende Erbschaftsteuer auf Antrag bis zu sieben Jahre lang zu stunden, falls dies zur Erhaltung des Betriebes notwendig ist (§28 Abs. 1 ErbStG). Gegebenenfalls können für diese Stundung Stundungszinsen erhoben werden. Ungeachtet dieser speziellen Stundungsmöglichkeit besteht auch die allgemeine Stundungsmöglichkeit für Steuerschulden.

Erlöschen der Steuer in besonderen Fällen

Die Steuer erlischt mit Wirkung für die Vergangenheit,

1. wenn ein Geschenk wegen eines Rückforderungsrechtes herausgegeben werden mußte;
2. wenn die Herausgabe durch Ersatzleistung abgewendet worden ist. Dies ist dann der Fall, wenn der Schenker wegen Verarmung das Geschenk zurückfordern kann, der Beschenkte allerdings die Herausgabe durch Zahlung des für den Unterhalt erforderlichen Betrags abwendet;
3. wenn in den Fällen des § 5 Abs. 2 ErbStG unentgeltliche Zuwendungen auf die Zugewinnausgleichsforderung angerechnet worden sind.

Der Erwerber, der diese erlangten Vermögensvorteile für einen bestimmten Zeitraum nutzen konnte, ist für den Zeitraum, für den ihm die Nutzungen des zugewendeten Vermögens zugestanden haben, wie ein Nießbraucher zu behandeln. Dies bedeutet, daß er wie ein Nießbraucher besteuert wird (§ 29 Abs. 2 ErbStG).

Anzeige des Erwerbes

Damit die Erbschaftsteuer erhoben werden kann, bürdet das Gesetz einer Reihe von Personen und Institutionen auf, jeden der Erbschaftsteuer unterliegenden Erwerb anzuzeigen, und zwar muß dies innerhalb von 3 Monaten nach dem Zeitpunkt des Erwerbs geschehen. Erfolgt der steuerpflichtige Erwerb durch ein Rechtsgeschäft unter Lebenden, so ist auch derjenige zur Anzeige verpflichtet, aus dessen Vermögen der Erwerb stammt (§ 30 Abs. 2 ErbStG).
Einer Anzeige bedarf es nicht, wenn der Erwerb auf einer von einem deutschen Gericht, einem deutschen Notar oder einem deutschen Konsul eröffneten Verfügung von Todes wegen beruht und sich aus der Verfügung das Verhältnis des Erwerbers zum Erblasser unzweifelhaft ergibt. Das gleiche gilt, wenn eine Schenkung unter Lebenden oder eine Zweckzuwendung gerichtlich oder notariell beurkundet ist. Die Anzeige soll folgende Angaben enthalten:

1. Vorname und Familienname, Beruf, Wohnung des Erblassers oder Schenkers und des Erwerbers;
2. Todestag und Sterbeort des Erblassers oder Zeitpunkt der Ausführung der Schenkung;
3. Gegenstand und Wert des Erwerbs;
4. Rechtsgrund des Erwerbs, wie gesetzliche Erbfolge, Vermächtnis, Ausstattung;
5. persönliches Verhältnis des Erwerbers zum Erblasser oder zum Schenker wie Verwandtschaft, Schwägerschaft, Dienstverhältnis;
6. frühere Zuwendungen des Erblassers oder Schenkers an den Erwerber nach Art, Wert und Zeitpunkt der einzelnen Zuwendungen (§ 30 Abs. 4 ErbStG).

Steuererklärung

Jeder Beteiligte an einem Erbfall, an einer Schenkung oder an einer Zweckzuwendung muß damit rechnen, daß das Finanzamt von ihm verlangt, eine Steuererklärung abzugeben. Unerheblich ist dabei, ob der Betreffende selbst steuerpflichtig ist. Das Finanzamt kann verlangen, daß innerhalb einer von ihm bestimmten Frist, die mindestens einen Monat betragen muß, die Erklärung abgegeben wird (§ 31 Abs. 1 ErbStG). Die Erklärung hat ein Verzeichnis der zum Nachlaß gehörenden Gegenstände und die sonstigen für die Feststellung des Gegenstandes und des Wertes des Erwerbes erforderlichen Angaben zu enthalten (§ 31 Abs. 2 ErbStG).
Miterben sind berechtigt, die Steuererklärung gemeinsam abzugeben. Sie müssen sie dann alle unterschreiben. Auch weitere Personen, die außer den Erben an dem Erbfall beteiligt sind, können im Einverständnis mit den Erben in die gemeinsame Steuererklärung einbezogen werden (§ 31 Abs. 4 ErbStG). Soweit ein Testamentsvollstrecker oder Nachlaßverwalter vorhanden ist, ist die Steuererklärung von

diesem abzugeben. Manchmal wissen die Erben jedoch mehr über die Erbschaft als der Testamentsvollstrecker oder der Nachlaßverwalter. In Zweifelsfällen kann das Finanzamt daher verlangen, daß die Steuererklärung nicht nur von dem Testamentsvollstrecker oder Nachlaßverwalter abgegeben wird, sondern auch von einem oder mehreren Erben mit unterschrieben wird (§ 31 Abs. 5 ErbStG). Für den Fall der Nachlaßpflegschaft ist der bestellte Nachlaßpfleger für die Abgabe der Steuererklärung verantwortlich (§ 31 Abs. 6 ErbStG).
Bei der Abgabe der Steuererklärung hat sich der Steuerpflichtige auf Verlangen des Finanzamtes des amtlichen Formulars zu bedienen. In diesem Formular hat der Steuerschuldner die Steuer selbst zu berechnen und die errechnete Steuer innerhalb eines Monats nach Abgabe der Steuererklärung zu entrichten (§ 31 Abs. 7 ErbStG).
Abweichend vom Normalfall ist der Steuerbescheid für den Fall, daß ein Testamentsvollstrecker, Nachlaßpfleger oder Nachlaßverwalter vorhanden ist, diesem und nicht dem Erben bekanntzugeben (§ 32 Abs. 1 Satz 1 ErbStG).
Testamentsvollstrecker, Nachlaßpfleger und Nachlaßverwalter haben dann für die Bezahlung der Erbschaftsteuer zu sorgen. Das Finanzamt kann verlangen, daß aus dem Nachlaß Sicherheit für die Zahlung der Steuerschuld geleistet wird (§ 32 Abs. 1 Satz 2 u. 3 ErbStG).

Das Erbrecht in den fünf neuen Ländern

Mit dem Inkrafttreten des Einigungsvertrages am 3. Oktober 1990 zwischen der Bundesrepublik Deutschland und der früheren Deutschen Demokratischen Republik (DDR) gilt das Erbrecht der Bundesrepublik auch für das Gebiet der fünf neuen Länder. Nach dem Einigungsvertrag bestehen allerdings zwei Ausnahmen:

1. Wenn der Erblasser vor dem Wirksamwerden des Beitritts verstorben ist, gilt das alte Erbrecht der DDR.
2. Wenn ein nichteheliches Kind aus dem Gebiet der fünf neuen Länder vor dem 3. Oktober 1990 geboren ist, dann gelten für dieses Kind die gleichen erbrechtlichen Vorschriften wie für eheliche Kinder. Die Sondervorschriften über den Erbersatzanspruch und den vorzeitigen Erbausgleich bei nichtehelichen Kindern gelten in diesem Falle nicht.

Im übrigen wird die Errichtung oder Aufhebung einer Verfügung von Todes wegen vor dem Wirksamwerden des Beitritts (3. Oktober 1990) nach dem bisherigen Recht beurteilt, auch wenn der Erblasser nach dem Wirksamwerden des Beitritts stirbt. Dies gilt auch für die Bindung des Erblassers bei einem gemeinschaftlichen Testament, sofern das Testament vor dem Wirksamwerden des Beitritts errichtet worden ist.

Die Sondervorschriften zum ErbStG aus Anlaß der Herstellung der Einheit Deutschlands sind in § 37 a EStG zusammengefaßt.

Erbschaftsteuergesetz

Erbschaftsteuer- und Schenkungsteuergesetz vom 19. Februar 1991 (BGBl I S. 469) mit späteren Änderungen*)

Nichtamtliche Fassung

I. Steuerpflicht

§ 1 Steuerpflichtige Vorgänge

(1) Der Erbschaftsteuer (Schenkungsteuer) unterliegen

1. der Erwerb von Todes wegen,
2. die Schenkungen unter Lebenden,
3. die Zweckzuwendungen,
4. das Vermögen einer Stiftung, sofern sie wesentlich im Interesse einer Familie oder bestimmter Familien errichtet ist, und eines Vereins, dessen Zweck wesentlich im Interesse einer Familie oder bestimmter Familien auf die Bindung von Vermögen gerichtet ist, in Zeitabständen von je 30 Jahren seit dem in § 9 Abs. 1 Nr. 4 bestimmten Zeitpunkt.

(2) Soweit nichts anderes bestimmt ist, gelten die Vorschriften dieses Gesetzes über die Erwerbe von Todes wegen auch für Schenkungen und Zweckzuwendungen, die Vorschriften über Schenkungen auch für Zweckzuwendungen unter Lebenden.

§ 2 Persönliche Steuerpflicht

(1) Die Steuerpflicht tritt ein

1. in den Fällen des § 1 Abs. 1 Nr. 1 bis 3, wenn der Erblasser zur Zeit seines Todes, der Schenker zur Zeit der Ausführung der Schenkung oder der Erwerber zur Zeit der Entstehung der Steuer (§ 9) ein Inländer ist, für den gesamten Vermögensanfall. [2]Als Inländer gelten
   a) natürliche Personen, die im Inland einen Wohnsitz oder ihren gewöhnlichen Aufenthalt haben;
   b) deutsche Staatsangehörige, die sich nicht länger als fünf Jahre dauernd im Ausland aufgehalten haben, ohne im Inland einen Wohnsitz zu haben;
   c) unabhängig von der Fünfjahresfrist nach Buchstabe b) deutsche Staatsangehörige, die
      aa) im Inland weder einen Wohnsitz noch ihren gewöhnlichen Aufenthalt haben und
      bb) zu einer inländischen juristischen Person des öffentlichen Rechts in einem Dienstverhältnis stehen und dafür Arbeitslohn aus einer inländischen öffentlichen Kasse beziehen,

   sowie zu ihrem Haushalt gehörende Angehörige, die die deutsche Staatsangehörigkeit besitzen. [2]Dies gilt nur für Personen, deren Nachlaß oder

*) Anm. d. Schriftl.: Die amtliche Neufassung des ErbStG v. 19. 2. 91 (BGBl I, 469) wurde inzwischen geändert durch Art. 16 StÄndG 1992 v. 25. 2. 92 (BGBl I, 297).

Erwerb in dem Staat, in dem sie ihren Wohnsitz oder ihren gewöhnlichen Aufenthalt haben, lediglich in einem der Steuerpflicht nach Nummer 3 ähnlichen Umfang zu einer Nachlaß- oder Erbanfallsteuer herangezogen wird;

d) Körperschaften, Personenvereinigungen und Vermögensmassen, die ihre Geschäftsleitung oder ihren Sitz im Inland haben;

2. in den Fällen des § 1 Abs. 1 Nr. 4, wenn die Stiftung oder der Verein die Geschäftsleitung oder den Sitz im Inland hat;
3. in allen anderen Fällen für den Vermögensanfall, der in Inlandsvermögen im Sinne des § 121 Abs. 2 des Bewertungsgesetzes besteht. [2]Bei Inlandsvermögen im Sinne des § 121 Abs. 2 Nr. 4 des Bewertungsgesetzes ist es ausreichend, wenn der Erblasser zur Zeit seines Todes oder der Schenker zur Zeit der Ausführung der Schenkung entsprechend der Vorschrift am Grund- oder Stammkapital der inländischen Kapitalgesellschaft beteiligt ist. [3]Wird nur ein Teil einer solchen Beteiligung durch Schenkung zugewendet, so gelten die weiteren Erwerbe aus der Beteiligung, soweit die Voraussetzungen des § 14 erfüllt sind, auch dann als Erwerb von Inlandsvermögen, wenn im Zeitpunkt ihres Erwerbs die Beteiligung des Erblassers oder Schenkers weniger als ein Zehntel des Grund- oder Stammkapitals der Gesellschaft beträgt.

(2) Zum Inland im Sinne dieses Gesetzes gehört auch der der Bundesrepublik Deutschland zustehende Anteil am Festlandsockel, soweit dort Naturschätze des Meeresgrundes und des Meeresuntergrundes erforscht oder ausgebeutet werden.

§ 3 Erwerb von Todes wegen

(1) Als Erwerb von Todes wegen gilt

1. der Erwerb durch Erbanfall (§ 1922 des Bürgerlichen Gesetzbuchs), auf Grund Erbersatzanspruchs (§§ 1934a ff. des Bürgerlichen Gesetzbuchs), durch Vermächtnis (§§ 2147 ff. des Bürgerlichen Gesetzbuchs) oder auf Grund eines geltend gemachten Pflichtteilsanspruchs (§§ 2303 ff. des Bürgerlichen Gesetzbuchs);
2. der Erwerb durch Schenkung auf den Todesfall (§ 2301 des Bürgerlichen Gesetzbuchs). [2]Als Schenkung auf den Todesfall gilt auch der auf einem Gesellschaftsvertrag beruhende Übergang des Anteils oder des Teils eines Anteils eines Gesellschafters bei dessen Tod auf die anderen Gesellschafter oder die Gesellschaft, soweit der Wert, der sich für seinen Anteil zur Zeit seines Todes nach § 12 ergibt, Abfindungsansprüche Dritter übersteigt;
3. die sonstigen Erwerbe, auf die die für Vermächtnisse geltenden Vorschriften des bürgerlichen Rechts Anwendung finden;
4. jeder Vermögensvorteil, der auf Grund eines vom Erblasser geschlossenen Vertrages bei dessen Tode von einem Dritten unmittelbar erworben wird.

(2) Als vom Erblasser zugewendet gilt auch

1. der Übergang von Vermögen auf eine vom Erblasser angeordnete Stiftung;
2. was jemand infolge Vollziehung einer vom Erblasser angeordneten Auflage oder infolge Erfüllung einer vom Erblasser gesetzten Bedingung erwirbt, es sei denn, daß eine einheitliche Zweckzuwendung vorliegt;

3. was jemand dadurch erlangt, daß bei Genehmigung einer Zuwendung des Erblassers Leistungen an andere Personen angeordnet oder zur Erlangung der Genehmigung freiwillig übernommen werden;
4. was als Abfindung für einen Verzicht auf den entstandenen Pflichtteilsanspruch oder für die Ausschlagung einer Erbschaft, eines Erbersatzanspruchs oder eines Vermächtnisses gewährt wird;
5. was als Abfindung für ein aufschiebend bedingtes, betagtes oder befristetes Vermächtnis, für das die Ausschlagungsfrist abgelaufen ist, vor dem Zeitpunkt des Eintritts der Bedingung oder des Ereignisses gewährt wird;
6. was als Entgelt für die Übertragung der Anwartschaft eines Nacherben gewährt wird;
7. was ein Vertragserbe auf Grund beeinträchtigender Schenkungen des Erblassers (§ 2287 des Bürgerlichen Gesetzbuchs) von dem Beschenkten nach den Vorschriften über die ungerechtfertigte Bereicherung erlangt.

§ 4 Fortgesetzte Gütergemeinschaft

(1) Wird die eheliche Gütergemeinschaft beim Tode eines Ehegatten fortgesetzt (§§ 1483 ff. des Bürgerlichen Gesetzbuchs, Artikel 200 des Einführungsgesetzes zum Bürgerlichen Gesetzbuch), so wird dessen Anteil am Gesamtgut so behandelt, wie wenn er ausschließlich den anteilsberechtigten Abkömmlingen angefallen wäre.

(2) [1]Beim Tode eines anteilsberechtigten Abkömmlings gehört dessen Anteil am Gesamtgut zu seinem Nachlaß. [2]Als Erwerber des Anteils gelten diejenigen, denen der Anteil nach §§ 1490 Satz 2 und 3 des Bürgerlichen Gesetzbuchs zufällt.

§ 5 Zugewinngemeinschaft

(1) [1]Wird der Güterstand der Zugewinngemeinschaft (§ 1363 des Bürgerlichen Gesetzbuchs) durch den Tod eines Ehegatten beendet und der Zugewinn nicht nach § 1371 Abs. 2 des Bürgerlichen Gesetzbuchs ausgeglichen, so gilt beim überlebenden Ehegatten der Betrag, den er im Falle des § 1371 Abs. 2 des Bürgerlichen Gesetzbuchs als Ausgleichsforderung geltend machen könnte, nicht als Erwerb im Sinne des § 3. [2]Soweit der Nachlaß des Erblassers bei der Ermittlung des als Ausgleichsforderung steuerfreien Betrages mit einem höheren Wert als dem nach den steuerlichen Bewertungsgrundsätzen maßgebenden Wert angesetzt worden ist, gilt höchstens der dem Steuerwert des Nachlasses entsprechende Betrag nicht als Erwerb im Sinne des § 3.

(2) Wird der Güterstand der Zugewinngemeinschaft in anderer Weise als durch den Tod eines Ehegatten beendet oder wird der Zugewinn nach § 1371 Abs. 2 des Bürgerlichen Gesetzbuchs ausgeglichen, so gehört die Ausgleichsforderung (§ 1378 des Bürgerlichen Gesetzbuchs) nicht zum Erwerb im Sinne der §§ 3 und 7.

§ 6 Vor- und Nacherbschaft

(1) Der Vorerbe gilt als Erbe.

(2) [1]Bei Eintritt der Nacherbfolge haben diejenigen, auf die das Vermögen übergeht, den Erwerb als vom Vorerben stammend zu versteuern. [2]Auf Antrag ist der Versteuerung das Verhältnis des Nacherben zum Erblasser zugrunde zu legen. [3]Geht in diesem Fall auch eigenes Vermögen des Vorerben auf den Nacherben über, so sind beide Vermögensanfälle hinsichtlich der Steuerklasse getrennt zu behandeln. [4]Für das eigene Vermögen des Vorerben kann ein Freibetrag jedoch nur gewährt werden, soweit der Freibetrag für das der Nacherbfolge unterliegende Vermögen nicht verbraucht ist. [5]Die Steuer ist für jeden Erwerb jeweils nach dem Steuersatz zu erheben, der für den gesamten Erwerb gelten würde.

(3) [1]Tritt die Nacherbfolge nicht durch den Tod des Vorerben ein, so gilt die Vorerbfolge als auflösend bedingter, die Nacherbfolge als aufschiebend bedingter Anfall. [2]In diesem Fall ist dem Nacherben die vom Vorerben entrichtete Steuer abzüglich desjenigen Steuerbetrags anzurechnen, welcher der tatsächlichen Bereicherung des Vorerben entspricht.

(4) Nachvermächtnisse und beim Tode des Beschwerten fällige Vermächtnisse stehen den Nacherbschaften gleich.

§ 7 Schenkungen unter Lebenden

(1) Als Schenkungen unter Lebenden gelten

1. jede freigebige Zuwendung unter Lebenden, soweit der Bedachte durch sie auf Kosten des Zuwendenden bereichert wird;
2. was infolge Vollziehung einer von dem Schenker angeordneten Auflage oder infolge Erfüllung einer einem Rechtsgeschäft unter Lebenden beigefügten Bedingung ohne entsprechende Gegenleistung erlangt wird, es sei denn, daß eine einheitliche Zweckzuwendung vorliegt;
3. was jemand dadurch erlangt, daß bei Genehmigung einer Schenkung Leistungen an andere Personen angeordnet oder zur Erlangung der Genehmigung freiwillig übernommen werden;
4. die Bereicherung, die ein Ehegatte bei Vereinbarung der Gütergemeinschaft (§ 1415 des Bürgerlichen Gesetzbuchs) erfährt;
5. was als Abfindung für einen Erbverzicht (§§ 2346 und 2352 des Bürgerlichen Gesetzbuchs) gewährt wird;
6. was durch vorzeitigen Erbausgleich (§ 1934d des Bürgerlichen Gesetzbuchs) erworben wird;
7. was ein Vorerbe dem Nacherben mit Rücksicht auf die angeordnete Nacherbschaft vor ihrem Eintritt herausgibt;
8. der Übergang von Vermögen auf Grund eines Stiftungsgeschäfts unter Lebenden;
9. was bei Aufhebung einer Stiftung oder bei Auflösung eines Vereins, dessen Zweck auf die Bindung von Vermögen gerichtet ist, erworben wird;
10. was als Abfindung für aufschiebend bedingt, betagt oder befristet erworbene Ansprüche, soweit es sich nicht um einen Fall des § 3 Abs. 2 Nr. 5 handelt,

vor dem Zeitpunkt des Eintritts der Bedingung oder des Ereignisses gewährt wird.

(2) [1]Im Fall des Absatzes 1 Nr. 7 ist der Versteuerung auf Antrag das Verhältnis des Nacherben zum Erblasser zugrunde zu legen. [2]§ 6 Abs. 2 Satz 3 bis 5 gilt entsprechend.

(3) Gegenleistungen, die nicht in Geld veranschlagt werden können, werden bei der Feststellung, ob eine Bereicherung vorliegt, nicht berücksichtigt.

(4) Die Steuerpflicht einer Schenkung wird nicht dadurch ausgeschlossen, daß sie zur Belohnung oder unter einer Auflage gemacht oder in die Form eines lästigen Vertrags gekleidet wird.

(5) [1]Ist Gegenstand der Schenkung eine Beteiligung an einer Personengesellschaft, in deren Gesellschaftsvertrag bestimmt ist, daß der neue Gesellschafter bei Auflösung der Gesellschaft oder im Fall eines vorherigen Ausscheidens nur den Buchwert seines Kapitalanteils erhält, so werden diese Bestimmungen bei der Feststellung der Bereicherung nicht berücksichtigt. [2]Soweit die Bereicherung den Buchwert des Kapitalanteils übersteigt, gilt sie als auflösend bedingt erworben.

(6) Wird eine Beteiligung an einer Personengesellschaft mit einer Gewinnbeteiligung ausgestattet, die insbesondere der Kapitaleinlage, der Arbeits- oder der sonstigen Leistung des Gesellschafters für die Gesellschaft nicht entspricht oder die einem fremden Dritten üblicherweise nicht eingeräumt würde, so gilt das Übermaß an Gewinnbeteiligung als selbständige Schenkung, die mit dem Kapitalwert anzusetzen ist.

(7) Als Schenkung gilt auch der auf einem Gesellschaftsvertrag beruhende Übergang des Anteils oder des Teils eines Anteils eines Gesellschafters bei dessen Ausscheiden auf die anderen Gesellschafter oder die Gesellschaft, soweit der Wert, der sich für seinen Anteil zur Zeit seines Ausscheidens nach § 12 ergibt, den Abfindungsanspruch übersteigt.

§ 8 Zweckzuwendungen

Zweckzuwendungen sind Zuwendungen von Todes wegen oder freigebige Zuwendungen unter Lebenden, die mit der Auflage verbunden sind, zugunsten eines bestimmten Zwecks verwendet zu werden, oder die von der Verwendung zugunsten eines bestimmten Zwecks abhängig sind, soweit hierdurch die Bereicherung des Erwerbers gemindert wird.

§ 9 Entstehung der Steuer

(1) Die Steuer entsteht

1. bei Erwerben von Todes wegen mit dem Tode des Erblassers, jedoch
   a) für den Erwerb des unter einer aufschiebenden Bedingung, unter einer Betagung oder Befristung Bedachten sowie für zu einem Erwerb gehörende aufschiebend bedingte, betagte oder befristete Ansprüche mit dem Zeitpunkt des Eintritts der Bedingung oder des Ereignisses,
   b) für den Erwerb eines geltend gemachten Pflichtteilsanspruchs oder Erbersatzanspruchs mit dem Zeitpunkt der Geltendmachung,

c) im Fall des § 3 Abs. 2 Nr. 1 mit dem Zeitpunkt der Genehmigung der Stiftung,
d) in den Fällen des § 3 Abs. 2 Nr. 2 mit dem Zeitpunkt der Vollziehung der Auflage oder der Erfüllung der Bedingung,
e) in den Fällen des § 3 Abs. 2 Nr. 3 mit dem Zeitpunkt der Genehmigung,
f) in den Fällen des § 3 Abs. 2 Nr. 4 mit dem Zeitpunkt des Verzichts oder der Ausschlagung,
g) im Fall des § 3 Abs. 2 Nr. 5 mit dem Zeitpunkt der Vereinbarung über die Abfindung,
h) für den Erwerb des Nacherben mit dem Zeitpunkt des Eintritts der Nacherbfolge,
i) im Fall des § 3 Abs. 2 Nr. 6 mit dem Zeitpunkt der Übertragung der Anwartschaft,
j) im Fall des § 3 Abs. 2 Nr. 7 mit dem Zeitpunkt der Geltendmachung des Anspruchs;

2. bei Schenkungen unter Lebenden mit dem Zeitpunkt der Ausführung der Zuwendung;
3. bei Zweckzuwendungen mit dem Zeitpunkt des Eintritts der Verpflichtung des Beschwerten;
4. in den Fällen des § 1 Abs. 1 Nr. 4 in Zeitabständen von je 30 Jahren seit dem Zeitpunkt des ersten Übergangs von Vermögen auf die Stiftung oder auf den Verein. [2]Fällt bei Stiftungen oder Vereinen der Zeitpunkt des ersten Übergangs von Vermögen auf den 1. Januar 1954 oder auf einen früheren Zeitpunkt, so entsteht die Steuer erstmals am 1. Januar 1984. [3]Bei Stiftungen und Vereinen, bei denen die Steuer erstmals am 1. Januar 1984 entsteht, richtet sich der Zeitraum von 30 Jahren nach diesem Zeitpunkt.

(2) In den Fällen der Aussetzung der Versteuerung nach § 25 Abs. 1 Buchstabe a gilt die Steuer für den Erwerb des belasteten Vermögens als mit dem Zeitpunkt des Erlöschens der Belastung entstanden.

II. Wertermittlung

§ 10 Steuerpflichtiger Erwerb

(1) [1]Als steuerpflichtiger Erwerb gilt die Bereicherung des Erwerbers, soweit sie nicht steuerfrei ist (§§ 5, 13, 16, 17 und 18). [2]In den Fällen des § 3 gilt als Bereicherung der Betrag, der sich ergibt, wenn von dem nach § 12 zu ermittelnden Wert des gesamten Vermögensanfalls, soweit er der Besteuerung nach diesem Gesetz unterliegt, die nach den Absätzen 3 bis 9 abzugsfähigen Nachlaßverbindlichkeiten mit ihrem nach § 12 zu ermittelnden Wert abgezogen werden. [3]Bei der Zweckzuwendung tritt an die Stelle des Vermögensanfalls die Verpflichtung des Beschwerten. [4]Der steuerpflichtige Erwerb wird auf volle 100 Deutsche Mark nach unten abgerundet. [5]In den Fällen des § 1 Abs. 1 Nr. 4 tritt an die Stelle des Vermögensanfalls das Vermögen der Stiftung oder des Vereins.

(2) Hat der Erblasser die Entrichtung der von dem Erwerber geschuldeten Steuer einem anderen auferlegt oder hat der Schenker die Entrichtung der vom

Beschenkten geschuldeten Steuer selbst übernommen oder einem anderen auferlegt, so gilt als Erwerb der Betrag, der sich bei einer Zusammenrechnung des Erwerbs nach Absatz 1 mit der aus ihm errechneten Steuer ergibt.

(3) Die infolge des Anfalls durch Vereinigung von Recht und Verbindlichkeit oder von Recht und Belastung erloschenen Rechtsverhältnisse gelten als nicht erloschen.

(4) Die Anwartschaft eines Nacherben gehört nicht zu seinem Nachlaß.

(5) Von dem Erwerb sind, soweit sich nicht aus den Absätzen 6 bis 9 etwas anderes ergibt, als Nachlaßverbindlichkeiten abzugsfähig

1. die vom Erblasser herrührenden Schulden, soweit sie nicht mit einem zum Erwerb gehörenden gewerblichen Betrieb (Anteil an einem Betrieb) in wirtschaftlichem Zusammenhang stehen und bereits nach § 12 Abs. 5 und 6 berücksichtigt worden sind;
2. Verbindlichkeiten aus Vermächtnissen, Auflagen und geltend gemachten Pflichtteilen und Erbersatzansprüchen;
3. die Kosten der Bestattung des Erblassers, die Kosten für ein angemessenes Grabdenkmal, die Kosten für die übliche Grabpflege mit ihrem Kapitalwert für eine unbestimmte Dauer sowie die Kosten, die dem Erwerber unmittelbar im Zusammenhang mit der Abwicklung, Regelung oder Verteilung des Nachlasses oder mit der Erlangung des Erwerbs entstehen. [2]Für diese Kosten wird insgesamt ein Betrag von 10 000 Deutsche Mark ohne Nachweis abgezogen. [3]Kosten für die Verwaltung des Nachlasses sind nicht abzugsfähig.

(6) [1]Nicht abzugsfähig sind Schulden und Lasten, soweit sie in wirtschaftlichem Zusammenhang mit Vermögensgegenständen stehen, die nicht der Besteuerung nach diesem Gesetz unterliegen. [2]Beschränkt sich die Besteuerung auf einzelne Vermögensgegenstände (§ 2 Abs. 1 Nr. 3, § 19 Abs. 2), so sind nur die damit in wirtschaftlichem Zusammenhang stehenden Schulden und Lasten abzugsfähig. [3]Schulden und Lasten, die mit teilweise befreiten Vermögensgegenständen in wirtschaftlichem Zusammenhang stehen, sind nur mit dem Betrag abzugsfähig, der dem steuerpflichtigen Teil entspricht.

(7) In den Fällen des § 1 Abs. 1 Nr. 4 sind Leistungen an die nach der Stiftungsurkunde oder nach der Vereinssatzung Berechtigten nicht abzugsfähig.

(8) Die von dem Erwerber zu entrichtende eigene Erbschaftsteuer ist nicht abzugsfähig.

(9) Auflagen, die dem Beschwerten selbst zugute kommen, sind nicht abzugsfähig.

§ 11 Bewertungsstichtag

Für die Wertermittlung ist, soweit in diesem Gesetz nichts anderes bestimmt ist, der Zeitpunkt der Entstehung der Steuer maßgebend.

§ 12 Bewertung

(1) Die Bewertung richtet sich, soweit nicht in den Absätzen 1a bis 6 etwas anderes bestimmt ist, nach den Vorschriften des Ersten Teils des Bewertungsgesetzes (Allgemeine Bewertungsvorschriften).

(1a) [1]Ist der gemeine Wert von Anteilen an einer Kapitalgesellschaft zu schätzen (§ 11 Abs. 2 Satz 2 des Bewertungsgesetzes), wird das Vermögen abweichend von § 11 Abs. 2 Satz 3 des Bewertungsgesetzes mit dem Einheitswert des Gewerbebetriebs angesetzt, der für den Feststellungszeitpunkt maßgebend ist, der der Entstehung der Steuer vorangegangen ist oder mit ihr zusammenfällt. [2]Kann für den Gewerbebetrieb ein Einheitswert nicht festgestellt werden, ist der Wert im Zeitpunkt der Entstehung der Steuer maßgebend; Absatz 5 gilt entsprechend.

(2) Grundbesitz (§ 19 des Bewertungsgesetzes) und Mineralgewinnungsrechte (§ 100 des Bewertungsgesetzes) sind mit dem Einheitswert anzusetzen, der nach dem Zweiten Teil des Bewertungsgesetzes (Besondere Bewertungsvorschriften) auf den Zeitpunkt festgestellt ist, der der Entstehung der Steuer vorangegangen ist oder mit ihr zusammenfällt.

(3) [1]Gehört zum Erwerb nur ein Teil einer der in Absatz 2 bezeichneten wirtschaftlichen Einheiten, so ist der darauf entfallende Teilbetrag des Einheitswerts maßgebend. [2]Der Teilbetrag ist nach den Grundsätzen des Zweiten Teils des Bewertungsgesetzes und der dazu ergangenen Vorschriften zu ermitteln und erforderlichenfalls gesondert festzustellen (§§ 179 bis 183 der Abgabenordnung).

(4) [1]Wenn für eine wirtschaftliche Einheit der in Absatz 2 bezeichneten Art oder einen Teil davon ein Einheitswert nicht festgestellt ist oder bis zur Entstehung der Steuer die Voraussetzungen für eine Wertfortschreibung erfüllt sind, ist der Wert im Zeitpunkt der Entstehung der Steuer maßgebend. [2]Dieser ist für Zwecke der Erbschaftsteuer nach den Grundsätzen des Zweiten Teils des Bewertungsgesetzes und der dazu ergangenen Vorschriften zu ermitteln und gesondert festzustellen (§§ 179 bis 183 der Abgabenordnung). [3]Das gilt auch für Grundstücke im Zustand der Bebauung; § 91 Abs. 2 des Bewertungsgesetzes gilt entsprechend.

(5) [1]Für den Bestand und die Bewertung von Betriebsvermögen mit Ausnahme der Bewertung der Betriebsgrundstücke und der Mineralgewinnungsrechte (Absatz 2) sind die Verhältnisse zur Zeit der Entstehung der Steuer maßgebend. [2]Die Vorschriften der §§ 95 bis 100, 103 und 104 sowie 109 Abs. 1, 2 und 4 Satz 2 und § 137 des Bewertungsgesetzes sind entsprechend anzuwenden. [3]Zum Betriebsvermögen gehörende Wertpapiere, Anteile und Genußscheine von Kapitalgesellschaften sind vorbehaltlich des Absatzes 1a mit dem nach § 11 oder § 12 des Bewertungsgesetzes ermittelten Wert anzusetzen.

(6) Ausländischer Grundbesitz und ausländisches Betriebsvermögen werden nach § 31 des Bewertungsgesetzes bewertet.

§ 13 Steuerbefreiungen

(1) Steuerfrei bleiben

1. a) Hausrat einschließlich Wäsche und Kleidungsstücke sowie Kunstgegenstände und Sammlungen beim Erwerb durch Personen
   der Steuerklasse I oder II,
   soweit der Wert insgesamt 40 000 Deutsche Mark nicht übersteigt,
   der übrigen Steuerklassen,
   soweit der Wert insgesamt 10 000 Deutsche Mark nicht übersteigt,

b) andere bewegliche körperliche Gegenstände, die nicht nach Nummer 2 befreit sind, beim Erwerb durch Personen
der Steuerklasse I oder II,
soweit der Wert insgesamt 5 000 Deutsche Mark nicht übersteigt,
der übrigen Steuerklassen,
soweit der Wert insgesamt 2 000 Deutsche Mark nicht übersteigt.

[2]Die Befreiung gilt nicht für Gegenstände, die zum land- und forstwirtschaftlichen Vermögen, zum Grundvermögen oder zum Betriebsvermögen gehören, für Zahlungsmittel, Wertpapiere, Münzen, Edelmetalle, Edelsteine und Perlen;

2. Grundbesitz oder Teile von Grundbesitz, Kunstgegenstände, Kunstsammlungen, wissenschaftliche Sammlungen, Bibliotheken und Archive
   a) mit sechzig vom Hundert ihres Wertes, wenn die Erhaltung dieser Gegenstände wegen ihrer Bedeutung für Kunst, Geschichte oder Wissenschaft im öffentlichen Interesse liegt, die jährlichen Kosten in der Regel die erzielten Einnahmen übersteigen und die Gegenstände in einem den Verhältnissen entsprechenden Umfang den Zwecken der Forschung oder der Volksbildung nutzbar gemacht sind oder werden,
   b) in vollem Umfang, wenn die Voraussetzungen des Buchstaben a erfüllt sind und ferner
      aa) der Steuerpflichtige bereit ist, die Gegenstände den geltenden Bestimmungen der Denkmalspflege zu unterstellen,
      bb) die Gegenstände sich seit mindestens zwanzig Jahren im Besitz der Familie befinden oder in dem Verzeichnis national wertvollen Kulturgutes oder national wertvoller Archive nach dem Gesetz zum Schutz deutschen Kulturgutes gegen Abwanderung in der im Bundesgesetzblatt Teil III, Gliederungsnummer 224-2, veröffentlichten bereinigten Fassung, zuletzt geändert durch Anlage I Kapitel II Sachgebiet B Abschnitt II Nr. 4 des Einigungsvertrages vom 31. August 1990 in Verbindung mit Artikel 1 des Gesetzes vom 23. September 1990 (BGBl 1990 II S. 885, 914), eingetragen sind.

   [2]Die Steuerbefreiung fällt mit Wirkung für die Vergangenheit weg, wenn die Gegenstände innerhalb von zehn Jahren nach dem Erwerb veräußert werden oder die Voraussetzungen für die Steuerbefreiung innerhalb dieses Zeitraumes entfallen;
3. Grundbesitz oder Teile von Grundbesitz, der für Zwecke der Volkswohlfahrt der Allgemeinheit ohne gesetzliche Verpflichtung zur Benutzung zugänglich gemacht ist und dessen Erhaltung im öffentlichen Interesse liegt, wenn die jährlichen Kosten in der Regel die erzielten Einnahmen übersteigen. [2]Die Steuerbefreiung fällt mit Wirkung für die Vergangenheit weg, wenn der Grundbesitz oder Teile des Grundbesitzes innerhalb von zehn Jahren nach dem Erwerb veräußert werden oder die Voraussetzungen für die Steuerbefreiung innerhalb dieses Zeitraumes entfallen;
4. ein Erwerb nach § 1969 des Bürgerlichen Gesetzbuchs;

5. die Befreiung von einer Schuld gegenüber dem Erblasser, sofern die Schuld durch Gewährung von Mitteln zum Zweck des angemessenen Unterhalts oder zur Ausbildung des Bedachten begründet worden ist oder der Erblasser die Befreiung mit Rücksicht auf die Notlage des Schuldners angeordnet hat und diese auch durch die Zuwendung nicht beseitigt wird. [2]Die Steuerbefreiung entfällt, soweit die Steuer aus der Hälfte einer neben der erlassenen Schuld dem Bedachten anfallenden Zuwendung gedeckt werden kann;
6. ein Erwerb, der Eltern, Adoptiveltern, Stiefeltern oder Großeltern des Erblassers anfällt, sofern der Erwerb zusammen mit dem übrigen Vermögen des Erwerbers 40 000 Deutsche Mark nicht übersteigt und der Erwerber infolge körperlicher oder geistiger Gebrechen und unter Berücksichtigung seiner bisherigen Lebensstellung als erwerbsunfähig anzusehen ist oder durch die Führung eines gemeinsamen Hausstands mit erwerbsunfähigen oder in der Ausbildung befindlichen Abkömmlingen an der Ausübung einer Erwerbstätigkeit gehindert ist. [2]Übersteigt der Wert des Erwerbs zusammen mit dem übrigen Vermögen des Erwerbers den Betrag von 40 000 Deutsche Mark, so wird die Steuer nur insoweit erhoben, als sie aus der Hälfte des die Wertgrenze übersteigenden Betrags gedeckt werden kann;
7. Ansprüche nach folgenden Gesetzen in der jeweils geltenden Fassung:
   a) Lastenausgleichsgesetz in der Fassung der Bekanntmachung vom 1. Oktober 1969 (BGBl I S. 1909), zuletzt geändert durch Anlage I Kapitel II Sachgebiet D Abschnitt II Nr. 4 des Einigungsvertrages vom 31. August 1990 in Verbindung mit Artikel 1 des Gesetzes vom 23. September 1990 (BGBl 1990 II S. 885, 919),
   Währungsausgleichsgesetz in der Fassung der Bekanntmachung vom 1. Dezember 1965 (BGBl I S. 2059), zuletzt geändert durch Artikel 16 des Gesetzes vom 18. März 1975 (BGBl I S. 705),
   Altsparergesetz in der im Bundesgesetzblatt Teil III, Gliederungsnummer 621-4, veröffentlichten bereinigten Fassung, zuletzt geändert durch Anlage I Kapitel IV Sachgebiet A Abschnitt II Nr. 1 des Einigungsvertrages vom 31. August 1990 in Verbindung mit Artikel 1 des Gesetzes vom 23. September 1990 (BGBl 1990 II S. 885, 965),
   Flüchtlingshilfegesetz in der Fassung der Bekanntmachung vom 15. Mai 1971 (BGBl I S. 681), zuletzt geändert durch Artikel 2 des Gesetzes vom 26. Juni 1990 (BGBl I S. 1142),
   Reparationsschädengesetz vom 12. Februar 1969 (BGBl I S. 105), zuletzt geändert durch Anlage I Kapitel IV Sachgebiet A Abschnitt II Nr. 3 des Einigungsvertrages vom 31. August 1990 in Verbindung mit Artikel 1 des Gesetzes vom 23. September 1990 (BGBl 1990 II S. 885, 965),
   b) Allgemeines Kriegsfolgengesetz in der im Bundesgesetzblatt Teil III, Gliederungsnummer 653-1, veröffentlichten bereinigten Fassung, zuletzt geändert durch Anlage I Kapitel IV Sachgebiet A Abschnitt II Nr. 2 des Einigungsvertrages vom 31. August 1990 in Verbindung mit Artikel 1 des Gesetzes vom 23. September 1990 (BGBl 1990 II S. 885, 965),

Gesetz zur Regelung der Verbindlichkeiten nationalsozialistischer Einrichtungen und der Rechtsverhältnisse an deren Vermögen vom 17. März 1965 (BGBl I S. 79), zuletzt geändert durch Artikel 67 des Gesetzes vom 25. Juni 1969 (BGBl I S. 645),

c) Kriegsgefangenenentschädigungsgesetz in der Fassung der Bekanntmachung vom 4. Februar 1987 (BGBl I S. 506), zuletzt geändert durch Anlage I Kapitel II Sachgebiet D Abschnitt II Nr. 5 des Einigungsvertrages vom 31. August 1990 in Verbindung mit Artikel 1 des Gesetzes vom 23. September 1990 (BGBl 1990 II S. 885, 919),
Häftlingshilfegesetz in der Fassung der Bekanntmachung vom 4. Februar 1987 (BGBl I S. 512), zuletzt geändert durch Anlage I Kapitel II Sachgebiet D Abschnitt II Nr. 2 des Einigungsvertrages vom 31. August 1990 in Verbindung mit Artikel 1 des Gesetzes vom 23. September 1990 (BGBl 1990 II S. 885, 919),

d) § 7 des Rehabilitierungsgesetzes vom 6. September 1990 (BGBl I Nr. 60 S. 1459), das nach Artikel 3 Nr. 6 der Vereinbarung vom 18. September 1990 zwischen der Bundesrepublik Deutschland und der Deutschen Demokratischen Republik zur Durchführung und Auslegung des Einigungsvertrages vom 31. August 1990 in Verbindung mit Artikel 1 des Gesetzes vom 23. September 1990 (BGBl 1990 II S. 885, 1240) mit Maßgaben fortgilt, in der jeweils geltenden Fassung;

8. Ansprüche auf Entschädigungsleistungen nach dem Bundesgesetz zur Entschädigung für Opfer der nationalsozialistischen Verfolgung in der Fassung vom 29. Juni 1956 (BGBl I S. 559) in der jeweils geltenden Fassung;
9. ein steuerpflichtiger Erwerb bis zu 2 000 Deutsche Mark, der Personen anfällt, die dem Erblasser unentgeltlich oder gegen unzureichendes Entgelt Pflege oder Unterhalt gewährt haben, soweit das Zugewendete als angemessenes Entgelt anzusehen ist;
10. Vermögensgegenstände, die Eltern oder Voreltern ihren Abkömmlingen durch Schenkung oder Übergabevertrag zugewandt hatten und die an diese Personen von Todes wegen zurückfallen;
11. der Verzicht auf die Geltendmachung des Pflichtteilsanspruchs oder des Erbersatzanspruchs;
12. Zuwendungen unter Lebenden zum Zwecke des angemessenen Unterhalts oder zur Ausbildung des Bedachten;
13. Zuwendungen an Pensions- und Unterstützungskassen, die nach § 3 des Vermögensteuergesetzes steuerfrei sind. [2]Die Befreiung fällt mit Wirkung für die Vergangenheit weg, wenn die Voraussetzungen des § 3 des Vermögensteuergesetzes innerhalb von zehn Jahren nach der Zuwendung entfallen;
14. die üblichen Gelegenheitsgeschenke;
15. Anfälle an den Bund, ein Land oder eine inländische Gemeinde (Gemeindeverband) sowie solche Anfälle, die ausschließlich Zwecken des Bundes, eines Landes oder einer inländischen Gemeinde (Gemeindeverband) dienen;

16. Zuwendungen
    a) an inländische Religionsgesellschaften des öffentlichen Rechts oder an inländische jüdische Kultusgemeinden,
    b) an inländische Körperschaften, Personenvereinigungen und Vermögensmassen, die nach der Satzung, dem Stiftungsgeschäft oder der sonstigen Verfassung und nach ihrer tatsächlichen Geschäftsführung ausschließlich und unmittelbar kirchlichen, gemeinnützigen oder mildtätigen Zwecken dienen. [2]Die Befreiung fällt mit Wirkung für die Vergangenheit weg, wenn die Voraussetzungen für die Anerkennung der Körperschaft, Personenvereinigung oder Vermögensmasse als kirchliche, gemeinnützige oder mildtätige Institution innerhalb von zehn Jahren nach der Zuwendung entfallen und das Vermögen nicht begünstigten Zwecken zugeführt wird,
    c) an ausländische Religionsgesellschaften, Körperschaften, Personenvereinigungen und Vermögensmassen der in den Buchstaben a und b bezeichneten Art, sofern der ausländische Staat Gegenseitigkeit gewährt. [2]Der Bundesminister der Finanzen stellt fest, ob diese Voraussetzung vorliegt;
17. Zuwendungen, die ausschließlich kirchlichen, gemeinnützigen oder mildtätigen Zwecken gewidmet sind, sofern die Verwendung zu dem bestimmten Zweck gesichert ist;
18. Zuwendungen an politische Parteien im Sinne des § 2 des Parteiengesetzes.

(2) [1]Angemessen im Sinne des Absatzes 1 Nr. 5 und 12 ist eine Zuwendung, die den Vermögensverhältnissen und der Lebensstellung des Bedachten entspricht. [2]Eine dieses Maß übersteigende Zuwendung ist in vollem Umfang steuerpflichtig.

(3) [1]Jede Befreiungsvorschrift ist für sich anzuwenden. [2]In den Fällen des Absatzes 1 Nr. 2 und 3 kann der Erwerber der Finanzbehörde bis zur Unanfechtbarkeit der Steuerfestsetzung erklären, daß er auf die Steuerbefreiung verzichtet.

III. Berechnung der Steuer

§ 14 Berücksichtigung früherer Erwerbe

(1) [1]Mehrere innerhalb von zehn Jahren von derselben Person anfallende Vermögensvorteile werden in der Weise zusammengerechnet, daß dem letzten Erwerb die früheren Erwerbe nach ihrem früheren Wert zugerechnet werden und von der Steuer für den Gesamtbetrag die Steuer abgezogen wird, welche für die früheren Erwerbe zur Zeit des letzten zu erheben gewesen wäre. [2]Erwerbe, für die sich nach den steuerlichen Bewertungsgrundsätzen kein positiver Wert ergeben hat, bleiben unberücksichtigt.

(2) Die durch jeden weiteren Erwerb veranlaßte Steuer darf nicht mehr betragen als 70 vom Hundert dieses Erwerbs.

§ 15 Steuerklassen

(1) Nach dem persönlichen Verhältnis des Erwerbers zum Erblasser oder Schenker werden die folgenden vier Steuerklassen unterschieden:

Steuerklasse I

1. der Ehegatte,
2. die Kinder und Stiefkinder,
3. die Kinder verstorbener Kinder und Stiefkinder.

Steuerklasse II

1. die Abkömmlinge der in Steuerklasse I Nr. 2 genannten Kinder, soweit sie nicht zur Steuerklasse I Nr. 3 gehören,
2. die Eltern und Voreltern bei Erwerben von Todes wegen.

Steuerklasse III

1. die Eltern und Voreltern, soweit sie nicht zur Steuerklasse II gehören,
2. die Geschwister,
3. die Abkömmlinge ersten Grades von Geschwistern,
4. die Stiefeltern,
5. die Schwiegerkinder,
6. die Schwiegereltern,
7. der geschiedene Ehegatte.

Steuerklasse IV

alle übrigen Erwerber und die Zweckzuwendungen.

(1a) Die Steuerklassen I, II und III Nr. 1 bis 3 gelten auch dann, wenn die Verwandtschaft durch Annahme als Kind bürgerlich-rechtlich erloschen ist.

(2) [1]In den Fällen des § 3 Abs. 2 Nr. 1 und des § 7 Abs. 1 Nr. 8 ist der Besteuerung das Verwandtschaftsverhältnis des nach der Stiftungsurkunde entferntest Berechtigten zu dem Erblasser oder Schenker zugrunde zu legen, sofern die Stiftung wesentlich im Interesse einer Familie oder bestimmter Familien im Inland errichtet ist. [2]In den Fällen des § 7 Abs. 1 Nr. 9 gilt als Schenker der Stifter oder derjenige, der das Vermögen auf den Verein übertragen hat; der Besteuerung ist mindestens der Vomhundertsatz der Steuerklasse II zugrunde zu legen. [3]In den Fällen des § 1 Abs. 1 Nr. 4 wird der doppelte Freibetrag nach § 16 Abs. 1 Nr. 2 gewährt; die Steuer ist nach dem Vomhundertsatz der Steuerklasse I zu berechnen, der für die Hälfte des steuerpflichtigen Vermögens gelten würde.

(3) [2]Im Fall des § 2269 des Bürgerlichen Gesetzbuchs und soweit der überlebende Ehegatte an die Verfügung gebunden ist, sind die mit dem verstorbenen Ehegatten näher verwandten Erben und Vermächtnisnehmer als seine Erben anzusehen, soweit sein Vermögen beim Tode des überlebenden Ehegatten noch vorhanden ist. [2]§ 6 Abs. 2 Satz 3 bis 5 gilt entsprechend.

§ 16 Freibeträge

(1) Steuerfrei bleibt in den Fällen des § 2 Abs. 1 Nr. 1 der Erwerb
1. des Ehegatten in Höhe von 250 000 Deutsche Mark;
2. der übrigen Personen der Steuerklasse I in Höhe von 90 000 Deutsche Mark;

3. der Personen der Steuerklasse II in Höhe von 50 000 Deutsche Mark;
4. der Personen der Steuerklasse III in Höhe von 10 000 Deutsche Mark;
5. der Personen der Steuerklasse IV in Höhe von 3 000 Deutsche Mark.

(2) An die Stelle des Freibetrags nach Absatz 1 tritt in den Fällen des § 2 Abs. 1 Nr. 3 ein Freibetrag von 2 000 Deutsche Mark.

§ 17 Besonderer Versorgungsfreibetrag

(1) [1]Neben dem Freibetrag nach § 16 Abs. 1 Nr. 1 wird dem überlebenden Ehegatten ein besonderer Versorgungsfreibetrag von 250 000 Deutsche Mark gewährt. [2]Der Freibetrag wird bei Ehegatten, denen aus Anlaß des Todes des Erblassers nicht der Erbschaftsteuer unterliegende Versorgungsbezüge zustehen, um den nach § 14 des Bewertungsgesetzes zu ermittelnden Kapitalwert dieser Versorgungsbezüge gekürzt.

(2) [1]Neben dem Freibetrag nach § 16 Abs. 1 Nr. 2 wird Kindern im Sinne der Steuerklasse I Nr. 2 (§ 15 Abs. 1) für Erwerbe von Todes wegen ein besonderer Versorgungsfreibetrag in folgender Höhe gewährt:

1. bei einem Alter bis zu 5 Jahren
   in Höhe von 50 000 Deutsche Mark;
2. bei einem Alter von mehr als 5 bis zu 10 Jahren
   in Höhe von 40 000 Deutsche Mark;
3. bei einem Alter von mehr als 10 bis zu 15 Jahren
   in Höhe von 30 000 Deutsche Mark;
4. bei einem Alter von mehr als 15 bis zu 20 Jahren
   in Höhe von 20 000 Deutsche Mark;
5. bei einem Alter von mehr als 20 Jahren bis zur Vollendung des 27. Lebensjahres
   in Höhe von 10 000 Deutsche Mark.

[2]Übersteigt der steuerpflichtige Erwerb (§ 10) unter Berücksichtigung früherer Erwerbe (§ 14) 150 000 Deutsche Mark, so vermindert sich der Freibetrag nach den Nummern 1 bis 5 um den 150 000 Deutsche Mark übersteigenden Betrag. [3]Stehen dem Kind aus Anlaß des Todes des Erblassers nicht der Erbschaftsteuer unterliegende Versorgungsbezüge zu, so wird der Freibetrag um den nach § 13 Abs. 1 des Bewertungsgesetzes zu ermittelnden Kapitalwert dieser Versorgungsbezüge gekürzt. [4]Bei der Berechnung des Kapitalwerts ist von der nach den Verhältnissen am Stichtag (§ 11) voraussichtlichen Dauer der Bezüge auszugehen.

§ 18 Mitgliederbeiträge

[1]Beiträge an Personenvereinigungen, die nicht lediglich die Förderung ihrer Mitglieder zum Zweck haben, sind steuerfrei, soweit die von einem Mitglied im Kalenderjahr der Vereinigung geleisteten Beiträge 500 Deutsche Mark nicht übersteigen. [2]§ 13 Abs. 1 Nr. 16 und 18 bleibt unberührt.

§ 19 Steuersätze

(1) Die Erbschaftsteuer wird nach folgenden Vomhundertsätzen erhoben:

Wert des steuerpflichtigen Erwerbs (§ 10) bis einschließlich Deutsche Mark	Vomhundertsatz in der Steuerklasse			
	I	II	III	IV
50 000	3	6	11	20
75 000	3,5	7	12,5	22
100 000	4	8	14	24
125 000	4,5	9	15,5	26
150 000	5	10	17	28
200 000	5,5	11	18,5	30
250 000	6	12	20	32
300 000	6,5	13	21,5	34
400 000	7	14	23	36
500 000	7,5	15	24,5	38
600 000	8	16	26	40
700 000	8,5	17	27,5	42
800 000	9	18	29	44
900 000	9,5	19	30,5	46
1 000 000	10	20	32	48
2 000 000	11	22	34	50
3 000 000	12	24	36	52
4 000 000	13	26	38	54
6 000 000	14	28	40	56
8 000 000	16	30	43	58
10 000 000	18	33	46	60
25 000 000	21	36	50	62
50 000 000	25	40	55	64
100 000 000	30	45	60	67
über 100 000 000	35	50	65	70

(2) Ist im Fall des § 2 Abs. 1 Nr. 1 ein Teil des Vermögens der inländischen Besteuerung auf Grund eines Abkommens zur Vermeidung der Doppelbesteuerung entzogen, so ist die Steuer nach dem Steuersatz zu erheben, der für den ganzen Erwerb gelten würde.

(3) Der Unterschied zwischen der Steuer, die sich bei Anwendung des Absatzes 1 ergibt, und der Steuer, die sich berechnen würde, wenn der Erwerb die letztvorhergehende Wertgrenze nicht überstiegen hätte, wird nur insoweit erhoben, als er
a) bei einem Steuersatz bis zu 30 vom Hundert aus der Hälfte,
b) bei einem Steuersatz über 30 bis zu 50 vom Hundert aus drei Vierteln,
c) bei einem Steuersatz über 50 vom Hundert aus neun Zehnteln
des die Wertgrenze übersteigenden Betrages gedeckt werden kann.

IV. Steuerfestsetzung und Erhebung

§ 20 Steuerschuldner

(1) Steuerschuldner ist der Erwerber, bei einer Schenkung auch der Schenker, bei einer Zweckzuwendung der mit der Ausführung der Zuwendung Beschwerte und in den Fällen des § 1 Abs. 1 Nr. 4 die Stiftung oder der Verein.

(2) Im Fall des § 4 sind die Abkömmlinge im Verhältnis der auf sie entfallenden Anteile, der überlebende Ehegatte für den gesamten Steuerbetrag Steuerschuldner.

(3) Der Nachlaß haftet bis zur Auseinandersetzung (§ 2042 des Bürgerlichen Gesetzbuchs) für die Steuer der am Erbfall Beteiligten.

(4) Der Vorerbe hat die durch die Vorerbschaft veranlaßte Steuer aus den Mitteln der Vorerbschaft zu entrichten.

(5) Hat der Steuerschuldner den Erwerb oder Teile desselben vor Entrichtung der Erbschaftsteuer einem anderen unentgeltlich zugewendet, so haftet der andere in Höhe des Wertes der Zuwendung persönlich für die Steuer.

(6) [1]Versicherungsunternehmen, die vor Entrichtung oder Sicherstellung der Steuer die von ihnen zu zahlende Versicherungssumme oder Leibrente in ein Gebiet außerhalb des Geltungsbereichs dieses Gesetzes zahlen oder außerhalb des Geltungsbereichs dieses Gesetzes wohnhaften Berechtigten zur Verfügung stellen, haften in Höhe des ausgezahlten Betrages für die Steuer. [2]Das gleiche gilt für Personen, in deren Gewahrsam sich Vermögen des Erblassers befindet, soweit sie das Vermögen vorsätzlich oder fahrlässig vor Entrichtung oder Sicherstellung der Steuer in ein Gebiet außerhalb des Geltungsbereichs dieses Gesetzes bringen oder außerhalb des Geltungsbereichs dieses Gesetzes wohnhaften Berechtigten zur Verfügung stellen.

(7) Die Haftung nach Absatz 6 ist nicht geltend zu machen, wenn der in einem Steuerfall in ein Gebiet außerhalb des Geltungsbereichs dieses Gesetzes gezahlte oder außerhalb des Geltungsbereichs dieses Gesetzes wohnhaften Berechtigten zur Verfügung gestellte Betrag 1000 Deutsche Mark nicht übersteigt.

§ 21 Anrechnung ausländischer Erbschaftsteuer

(1) [1]Bei Erwerbern, die in einem ausländischen Staat mit ihrem Auslandsvermögen zu einer der deutschen Erbschaftsteuer entsprechenden Steuer – ausländische Steuer – herangezogen werden, ist in den Fällen des § 2 Abs. 1 Nr. 1, sofern nicht die Vorschriften eines Abkommens zur Vermeidung der Doppelbesteuerung anzuwenden sind, auf Antrag die festgesetzte, auf den Erwerber entfallende, gezahlte und keinem Ermäßigungsanspruch unterliegende ausländische Steuer insoweit auf die deutsche Erbschaftsteuer anzurechnen, als das Auslandsvermögen auch der deutschen Erbschaftsteuer unterliegt. [2]Besteht der Erwerb nur zum Teil aus Auslandsvermögen, so ist der darauf entfallende Teilbetrag der deutschen Erbschaftsteuer in der Weise zu ermitteln, daß die für das steuerpflichtige Gesamtvermögen einschließlich des steuerpflichtigen Auslandsvermögens sich ergebende Erbschaftsteuer im Verhältnis des steuerpflichtigen Auslandsvermögens zum steuerpflichtigen Gesamtvermögen aufgeteilt wird. [3]Ist das Auslandsvermögen in verschiedenen

ausländischen Staaten belegen, so ist dieser Teil für jeden einzelnen ausländischen Staat gesondert zu berechnen. [4]Die ausländische Steuer ist nur anrechenbar, wenn die deutsche Erbschaftsteuer für das Auslandsvermögen innerhalb von fünf Jahren seit dem Zeitpunkt der Entstehung der ausländischen Erbschaftsteuer entstanden ist.

(2) Als Auslandsvermögen im Sinne des Absatzes 1 gelten,

1. wenn der Erblasser zur Zeit seines Todes Inländer war: alle Vermögensgegenstände der in § 121 des Bewertungsgesetzes genannten Art, die auf einen ausländischen Staat entfallen, sowie alle Nutzungsrechte an diesen Vermögensgegenständen,
2. wenn der Erblasser zur Zeit seines Todes kein Inländer war: alle Vermögensgegenstände mit Ausnahme des Inlandsvermögens im Sinne des § 121 des Bewertungsgesetzes sowie alle Nutzungsrechte an diesen Vermögensgegenständen.

(3) [1]Der Erwerber hat den Nachweis über die Höhe des Auslandsvermögens und über die Festsetzung und Zahlung der ausländischen Steuer durch Vorlage entsprechender Urkunden zu führen. [2]Sind diese Urkunden in einer fremden Sprache abgefaßt, so kann eine beglaubigte Übersetzung in die deutsche Sprache verlangt werden.

(4) Ist nach einem Abkommen zur Vermeidung der Doppelbesteuerung die in einem ausländischen Staat erhobene Steuer auf die Erbschaftsteuer anzurechnen, so sind die Absätze 1 bis 3 entsprechend anzuwenden.

§ 22 Kleinbetragsgrenze

Von der Festsetzung der Erbschaftsteuer ist abzusehen, wenn die Steuer, die für den einzelnen Steuerfall festzusetzen ist, den Betrag von 50 Deutsche Mark nicht übersteigt.

§ 23 Besteuerung von Renten, Nutzungen und Leistungen

(1) [1]Steuern, die von dem Kapitalwert von Renten oder anderen wiederkehrenden Nutzungen oder Leistungen zu entrichten sind, können nach Wahl des Erwerbers statt vom Kapitalwert jährlich im voraus von dem Jahreswert entrichtet werden. [2]Die Steuer wird in diesem Fall nach dem Steuersatz erhoben, der sich nach § 19 für den gesamten Erwerb einschließlich des Kapitalwerts der Renten oder anderen wiederkehrenden Nutzungen oder Leistungen ergibt.

(2) [1]Der Erwerber hat das Recht, die Jahressteuer zum jeweils nächsten Fälligkeitstermin mit ihrem Kapitalwert abzulösen. [2]Für die Ermittlung des Kapitalwerts im Ablösungszeitpunkt sind die Vorschriften der §§ 13 und 14 des Bewertungsgesetzes anzuwenden. [3]Der Antrag auf Ablösung der Jahressteuer ist spätestens bis zum Beginn des Monats zu stellen, der dem Monat vorausgeht, in dem die nächste Jahressteuer fällig wird.

§ 24 Verrentung der Steuerschuld in den Fällen des § 1 Abs. 1 Nr. 4

[1]In den Fällen des § 1 Abs. 1 Nr. 4 kann der Steuerpflichtige verlangen, daß die Steuer in 30 gleichen jährlichen Teilbeträgen (Jahresbeträgen) zu entrichten ist. [2]Die Summe der Jahresbeträge umfaßt die Tilgung und die Verzinsung der Steuer, dabei ist von einem Zinssatz von 5,5 vom Hundert auszugehen.

§ 25 Besteuerung bei Nutzungs- und Rentenlast

(1) [1]Der Erwerb von Vermögen, dessen Nutzungen dem Schenker oder dem Ehegatten des Erblassers (Schenkers) zustehen oder das mit einer Rentenverpflichtung oder mit der Verpflichtung zu sonstigen wiederkehrenden Leistungen zugunsten dieser Personen belastet ist, wird ohne Berücksichtigung dieser Belastungen besteuert. [2]Die Steuer, die auf den Kapitalwert dieser Belastungen entfällt, ist jedoch bis zu deren Erlöschen zinslos zu stunden. [3]Die gestundete Steuer kann auf Antrag des Erwerbers jederzeit mit ihrem Barwert nach § 12 Abs. 3 des Bewertungsgesetzes abgelöst werden.

(2) Veräußert der Erwerber das belastete Vermögen vor dem Erlöschen der Belastung ganz oder teilweise, so endet insoweit die Stundung mit dem Zeitpunkt der Veräußerung.

§ 26 Ermäßigung der Steuer bei Aufhebung einer Familienstiftung oder Auflösung eines Vereins

In den Fällen des § 7 Abs. 1 Nr. 9 ist auf die nach § 15 Abs. 2 Satz 2 zu ermittelnde Steuer die nach § 15 Abs. 2 Satz 3 festgesetzte Steuer anteilsmäßig anzurechnen

a) mit 50 vom Hundert, wenn seit der Entstehung der anrechenbaren Steuer nicht mehr als zwei Jahre,
b) mit 25 vom Hundert, wenn seit der Entstehung der anrechenbaren Steuer mehr als zwei Jahre, aber nicht mehr als vier Jahre vergangen sind.

§ 27 Mehrfacher Erwerb desselben Vermögens

(1) Fällt Personen der Steuerklasse I oder II von Todes wegen Vermögen an, das in den letzten zehn Jahren vor dem Erwerb bereits von Personen dieser Steuerklassen erworben worden ist und für das nach diesem Gesetz eine Steuer zu erheben war, so ermäßigt sich der auf dieses Vermögen entfallende Steuerbetrag vorbehaltlich des Absatzes 3 wie folgt:

um vom Hundert	wenn zwischen den beiden Zeitpunkten der Entstehung der Steuer liegen
50	nicht mehr als 1 Jahr
45	mehr als 1 Jahr, aber nicht mehr als 2 Jahre
40	mehr als 2 Jahre, aber nicht mehr als 3 Jahre
35	mehr als 3 Jahre, aber nicht mehr als 4 Jahre
30	mehr als 4 Jahre, aber nicht mehr als 5 Jahre
25	mehr als 5 Jahre, aber nicht mehr als 6 Jahre
20	mehr als 6 Jahre, aber nicht mehr als 8 Jahre
10	mehr als 8 Jahre, aber nicht mehr als 10 Jahre

(2) [1]Zur Ermittlung des Steuerbetrags, der auf das begünstigte Vermögen entfällt, ist die Steuer für den Gesamterwerb in dem Verhältnis aufzuteilen, in dem der Wert des begünstigten Vermögens zu dem Wert des steuerpflichtigen Gesamt-

erwerbs ohne Abzug des dem Erwerber zustehenden Freibetrags steht. [2]Dabei ist der Wert des begünstigten Vermögens um den früher gewährten Freibetrag oder, wenn dem Erwerber ein höherer Freibetrag zusteht, um diesen höheren Freibetrag zu kürzen. [3]Ist im letzteren Fall der Gesamterwerb höher als der Wert des begünstigten Vermögens, so ist das begünstigte Vermögen um den Teil des höheren Freibetrags zu kürzen, der dem Verhältnis des begünstigten Vermögens zum Gesamterwerb entspricht.

(3) Die Ermäßigung nach Absatz 1 darf den Betrag nicht überschreiten, der sich bei Anwendung der in Absatz 1 genannten Hundertsätze auf die Steuer ergibt, die der Vorerwerber für den Erwerb desselben Vermögens entrichtet hat.

§ 28 Stundung

(1) [1]Gehört zum Erwerb Betriebsvermögen oder land- und forstwirtschaftliches Vermögen, ist dem Erwerber die darauf entfallende Erbschaftsteuer auf Antrag bis zu sieben Jahren zu stunden, soweit dies zur Erhaltung des Betriebs notwendig ist. [2]Die §§ 234, 238 der Abgabenordnung sind anzuwenden; bei Erwerben von Todes wegen erfolgt diese Stundung zinslos. [3]§ 222 der Abgabenordnung bleibt unberührt.

(2) Absatz 1 findet in den Fällen des § 1 Abs. 1 Nr. 4 entsprechende Anwendung.

§ 29 Erlöschen der Steuer in besonderen Fällen

(1) Die Steuer erlischt mit Wirkung für die Vergangenheit,

1. soweit ein Geschenk wegen eines Rückforderungsrechts herausgegeben werden mußte;
2. soweit die Herausgabe gemäß § 528 Abs. 1 Satz 2 des Bürgerlichen Gesetzbuchs abgewendet worden ist;
3. soweit in den Fällen des § 5 Abs. 2 unentgeltliche Zuwendungen auf die Ausgleichsforderung angerechnet worden sind (§ 1380 Abs. 1 des Bürgerlichen Gesetzbuchs);
4. soweit Vermögensgegenstände, die von Todes wegen (§ 3) oder durch Schenkung unter Lebenden (§ 7) erworben worden sind, innerhalb von 24 Monaten nach dem Zeitpunkt der Entstehung der Steuer (§ 9) dem Bund, einem Land, einer inländischen Gemeinde (Gemeindeverband) oder einer inländischen Stiftung zugewendet werden, die nach der Satzung, dem Stiftungsgeschäft oder der sonstigen Verfassung und nach ihrer tatsächlichen Geschäftsführung ausschließlich und unmittelbar als gemeinnützig anzuerkennenden wissenschaftlichen oder kulturellen Zwecken dient. [2]Dies gilt nicht, wenn die Stiftung Leistungen im Sinne des § 58 Nr. 5 der Abgabenordnung an den Erwerber oder seine nächsten Angehörigen zu erbringen hat oder soweit für die Zuwendung die Vergünstigung nach § 10b des Einkommensteuergesetzes, § 9 Nr. 3 des Körperschaftsteuergesetzes oder § 9 Nr. 5 des Gewerbesteuergesetzes in der Fassung der Bekanntmachung vom 21. März 1991 (BGBl I S. 814), zuletzt geändert durch Artikel 10 des Gesetzes vom 25. Februar 1992 (BGBl I S. 297),

in Anspruch genommen wird. [3]Für das Jahr der Zuwendung ist bei der Einkommensteuer oder Körperschaftsteuer und bei der Gewerbesteuer unwiderruflich zu erklären, in welcher Höhe die Zuwendung als Spende zu berücksichtigen ist. [4]Die Erklärung ist für die Festsetzung der Erbschaftsteuer oder Schenkungsteuer bindend.

(2) Der Erwerber ist für den Zeitraum, für den ihm die Nutzungen des zugewendeten Vermögens zugestanden haben, wie ein Nießbraucher zu behandeln.

§ 30 Anzeige des Erwerbs

(1) Jeder der Erbschaftsteuer unterliegende Erwerb (§ 1) ist vom Erwerber, bei einer Zweckzuwendung vom Beschwerten binnen einer Frist von drei Monaten nach erlangter Kenntnis von dem Anfall oder von dem Eintritt der Verpflichtung dem für die Verwaltung der Erbschaftsteuer zuständigen Finanzamt anzuzeigen.

(2) Erfolgt der steuerpflichtige Erwerb durch ein Rechtsgeschäft unter Lebenden, so ist zur Anzeige auch derjenige verpflichtet, aus dessen Vermögen der Erwerb stammt.

(3) [1]Einer Anzeige bedarf es nicht, wenn der Erwerb auf einer von einem deutschen Gericht, einem deutschen Notar oder einem deutschen Konsul eröffneten Verfügung von Todes wegen beruht und sich aus der Verfügung das Verhältnis des Erwerbers zum Erblasser unzweifelhaft ergibt. [2]Das gleiche gilt, wenn eine Schenkung unter Lebenden oder eine Zweckzuwendung gerichtlich oder notariell beurkundet ist.

(4) Die Anzeige soll folgende Angaben enthalten:

1. Vorname und Familienname, Beruf, Wohnung des Erblassers oder Schenkers und des Erwerbers,
2. Todestag und Sterbeort des Erblassers oder Zeitpunkt der Ausführung der Schenkung,
3. Gegenstand und Wert des Erwerbs,
4. Rechtsgrund des Erwerbs wie gesetzliche Erbfolge, Vermächtnis, Ausstattung,
5. persönliches Verhältnis des Erwerbers zum Erblasser oder zum Schenker wie Verwandtschaft, Schwägerschaft, Dienstverhältnis,
6. frühere Zuwendungen des Erblassers oder Schenkers an den Erwerber nach Art, Wert und Zeitpunkt der einzelnen Zuwendung.

§ 31 Steuererklärung

(1) [1]Das Finanzamt kann von jedem an einem Erbfall, an einer Schenkung oder an einer Zweckzuwendung Beteiligten ohne Rücksicht darauf, ob er selbst steuerpflichtig ist, die Abgabe einer Erklärung innerhalb einer von ihm zu bestimmenden Frist verlangen. [2]Die Frist muß mindestens einen Monat betragen.

(2) Die Erklärung hat ein Verzeichnis der zum Nachlaß gehörenden Gegenstände und die sonstigen für die Feststellung des Gegenstandes und des Wertes des Erwerbs erforderlichen Angaben zu enthalten.

(3) In den Fällen der fortgesetzten Gütergemeinschaft kann das Finanzamt die Steuererklärung allein von dem überlebenden Ehegatten verlangen.

(4) [1]Sind mehrere Erben vorhanden, so sind sie berechtigt, die Steuererklärung gemeinsam abzugeben. [2]In diesem Fall ist die Steuererklärung von allen Beteiligten zu unterschreiben. [3]Sind an dem Erbfall außer den Erben noch weitere Personen beteiligt, so können diese im Einverständnis mit den Erben in die gemeinsame Steuererklärung einbezogen werden.

(5) [1]Ist ein Testamentsvollstrecker oder Nachlaßverwalter vorhanden, so ist die Steuererklärung von diesem abzugeben. [2]Das Finanzamt kann verlangen, daß die Steuererklärung auch von einem oder mehreren Erben mitunterschrieben wird.

(6) Ist ein Nachlaßpfleger bestellt, so ist dieser zur Abgabe der Steuererklärung verpflichtet.

(7) [1]Das Finanzamt kann verlangen, daß eine Steuererklärung auf einem Vordruck nach amtlich bestimmtem Muster abzugeben ist, in der der Steuerschuldner die Steuer selbst zu berechnen hat. [2]Der Steuerschuldner hat die selbstberechnete Steuer innerhalb eines Monats nach Abgabe der Steuererklärung zu entrichten.

§ 32 Bekanntgabe des Steuerbescheides an Vertreter

(1) [1]In den Fällen des § 31 Abs. 5 ist der Steuerbescheid abweichend von § 122 Abs. 1 Satz 1 der Abgabenordnung dem Testamentsvollstrecker oder Nachlaßverwalter bekanntzugeben. [2]Diese Personen haben für die Bezahlung der Erbschaftsteuer zu sorgen. [3]Auf Verlangen des Finanzamts ist aus dem Nachlaß Sicherheit zu leisten.

(2) [1]In den Fällen des § 31 Abs. 6 ist der Steuerbescheid dem Nachlaßpfleger bekanntzugeben. [2]Absatz 1 Satz 2 und 3 ist entsprechend anzuwenden.

§ 33 Anzeigepflicht der Vermögensverwahrer, Vermögensverwalter und Versicherungsunternehmen

(1) [1]Wer sich geschäftsmäßig mit der Verwahrung oder Verwaltung fremden Vermögens befaßt, hat diejenigen in seinem Gewahrsam befindlichen Vermögensgegenstände und diejenigen gegen ihn gerichteten Forderungen, die beim Tod eines Erblassers zu dessen Vermögen gehörten oder über die dem Erblasser zur Zeit seines Todes die Verfügungsmacht zustand, dem für die Verwaltung der Erbschaftsteuer zuständigen Finanzamt anzuzeigen. [2]Die Anzeige ist zu erstatten:

1. in der Regel:
   innerhalb eines Monats, seitdem der Todesfall dem Verwahrer oder Verwalter bekanntgeworden ist;
2. wenn der Erblasser zur Zeit seines Todes Angehöriger eines ausländischen Staats war und nach einer Vereinbarung mit diesem Staat der Nachlaß einem konsularischen Vertreter auszuhändigen ist:
   spätestens bei der Aushändigung des Nachlasses.

(2) Wer auf den Namen lautende Aktien oder Schuldverschreibungen ausgegeben hat, hat dem Finanzamt von dem Antrag, solche Wertpapiere eines Verstorbe-

nen auf den Namen anderer umzuschreiben, vor der Umschreibung Anzeige zu erstatten.

(3) Versicherungsunternehmen haben, bevor sie Versicherungssummen oder Leibrenten einem anderen als dem Versicherungsnehmer auszahlen oder zur Verfügung stellen, hiervon dem Finanzamt Anzeige zu erstatten.

(4) Zuwiderhandlungen gegen diese Pflichten werden als Steuerordnungswidrigkeit mit Geldbuße geahndet.

§ 34 Anzeigepflicht der Gerichte, Behörden, Beamten und Notare

(1) Die Gerichte, Behörden, Beamten und Notare haben dem für die Verwaltung der Erbschaftsteuer zuständigen Finanzamt Anzeige zu erstatten über diejenigen Beurkundungen, Zeugnisse und Anordnungen, die für die Festsetzung einer Erbschaftsteuer von Bedeutung sein können.

(2) Insbesondere haben anzuzeigen:

1. die Standesämter:
   die Sterbefälle;
2. die Gerichte und die Notare:
   die Erteilung von Erbscheinen, Testamentsvollstreckerzeugnissen und Zeugnissen über die Fortsetzung der Gütergemeinschaft, die Beschlüsse über Todeserklärungen sowie die Anordnung von Nachlaßpflegschaften und Nachlaßverwaltungen;
3. die Gerichte, die Notare und die deutschen Konsuln:
   die eröffneten Verfügungen von Todes wegen, die abgewickelten Erbauseinandersetzungen, die beurkundeten Vereinbarungen der Gütergemeinschaft und die beurkundeten Schenkungen und Zweckzuwendungen.

§ 35 Örtliche Zuständigkeit

(1) [1]Örtlich zuständig für die Steuerfestsetzung ist in den Fällen, in denen der Erblasser zur Zeit seines Todes oder der Schenker zur Zeit der Ausführung der Zuwendung ein Inländer war, das Finanzamt, das sich bei sinngemäßer Anwendung des § 19 Abs. 1 und des § 20 der Abgabenordnung ergibt. [2]Im Fall der Steuerpflicht nach § 2 Abs. 1 Nr. 1 Buchstabe b richtet sich die Zuständigkeit nach dem letzten inländischen Wohnsitz oder gewöhnlichen Aufenthalt des Erblassers oder Schenkers.

(2) Die örtliche Zuständigkeit bestimmt sich nach den Verhältnissen des Erwerbers, bei Zweckzuwendungen nach den Verhältnissen des Beschwerten, zur Zeit des Erwerbs, wenn

1. bei einer Schenkung unter Lebenden der Erwerber, bei einer Zweckzuwendung unter Lebenden der Beschwerte, eine Körperschaft, Personenvereinigung oder Vermögensmasse ist, oder
2. der Erblasser zur Zeit seines Todes oder der Schenker zur Zeit der Ausführung der Zuwendung kein Inländer war. [2]Sind an einem Erbfall mehrere inländische Erwerber mit Wohnsitz oder gewöhnlichem Aufenthalt in verschiedenen

Finanzamtsbezirken beteiligt, so ist das Finanzamt örtlich zuständig, das zuerst mit der Sache befaßt wird.

(3) Bei Schenkungen und Zweckzuwendungen unter Lebenden von einer Erbengemeinschaft ist das Finanzamt zuständig, das für die Bearbeitung des Erbfalls zuständig ist oder sein würde.

(4) In den Fällen des § 2 Abs. 1 Nr. 3 ist das Finanzamt örtlich zuständig, das sich bei sinngemäßer Anwendung des § 19 Abs. 2 der Abgabenordnung ergibt.

V. Ermächtigungs- und Schlußvorschriften

§ 36 Ermächtigungen

(1) Die Bundesregierung wird ermächtigt, mit Zustimmung des Bundesrates

1. zur Durchführung dieses Gesetzes Rechtsverordnungen zu erlassen, soweit dies zur Wahrung der Gleichmäßigkeit bei der Besteuerung, zur Beseitigung von Unbilligkeiten in Härtefällen oder zur Vereinfachung des Besteuerungsverfahrens erforderlich ist, und zwar über
   a) die Abgrenzung der Steuerpflicht,
   b) die Feststellung und die Bewertung des Erwerbs von Todes wegen, der Schenkungen unter Lebenden und der Zweckzuwendungen, auch soweit es sich um den Inhalt von Schließfächern handelt,
   c) die Steuerfestsetzung, die Anwendung der Tarifvorschriften und die Steuerentrichtung,
   d) die Anzeige- und Erklärungspflicht der Steuerpflichtigen,
   e) die Anzeige-, Mitteilungs- und Übersendungspflichten der Gerichte, Behörden, Beamten und Notare, der Versicherungsunternehmen, der Vereine und Berufsverbände, die mit einem Versicherungsunternehmen die Zahlung einer Versicherungssumme für den Fall des Todes ihrer Mitglieder vereinbart haben, der geschäftsmäßigen Verwahrer und Verwalter fremden Vermögens, auch soweit es sich um in ihrem Gewahrsam befindliche Vermögensgegenstände des Erblassers handelt, sowie derjenigen, die auf den Namen lautende Aktien oder Schuldverschreibungen ausgegeben haben;
2. Vorschriften durch Rechtsverordnung zu erlassen über die sich aus der Aufhebung oder Änderung von Vorschriften dieses Gesetzes ergebenden Rechtsfolgen, soweit dies zur Wahrung der Gleichmäßigkeit der Besteuerung oder zur Beseitigung von Unbilligkeiten in Härtefällen erforderlich ist.

(2) Der Bundesminister der Finanzen wird ermächtigt, den Wortlaut dieses Gesetzes und der zu diesem Gesetz erlassenen Durchführungsverordnung in der jeweils geltenden Fassung mit neuem Datum, unter neuer Überschrift und in neuer Paragraphenfolge bekanntzumachen und dabei Unstimmigkeiten des Wortlauts zu beseitigen.

§ 37 Anwendung des Gesetzes

(1) [1]Dieses Gesetz findet mit Ausnahme des § 25 auf Erwerbe Anwendung, für welche die Steuer nach dem 31. Dezember 1979 entstanden ist oder ent-

steht. [2]§25 findet auf Erwerbe Anwendung, für welche die Steuer nach dem 30. August 1980 entstanden ist oder entsteht. [3]In Erbfällen, die vor diesem Zeitpunkt eingetreten sind, und für Schenkungen, die vor diesem Zeitpunkt ausgeführt worden sind, ist weiterhin §25 in der bisher geltenden Fassung anzuwenden, auch wenn die Steuer infolge Aussetzung der Versteuerung nach §25 Abs. 1 Buchstabe a erst nach dem 30. August 1980 entstanden ist oder entsteht.

(2) §2 Abs. 1 Nr. 3 findet auf Erwerbe Anwendung, für welche die Steuer nach dem 31. Dezember 1983 entstanden ist oder entsteht.

(3) §13 Abs. 3 Satz 2 findet erstmals auf Erwerbe Anwendung, für welche die Steuer nach dem 31. Dezember 1985 entstanden ist oder entsteht.

(4) §2 Abs. 3 in der Fassung des Gesetzes zur Reform des Erbschaftsteuer- und Schenkungsteuerrechts vom 17. April 1974 (BGBl I S. 933) findet letztmals auf Erwerbe Anwendung, für welche die Steuer vor dem 1. Juli 1990 entstanden ist oder entsteht.

(5) [1]§29 Abs. 1 Nr. 4 findet auf Erwerbe Anwendung, für die die Steuer nach dem 22. Dezember 1990 entstanden ist oder entsteht. [2]Auf Erwerbe, für die die Steuer vor diesem Zeitpunkt entstanden ist, findet die Vorschrift Anwendung, wenn die Zuwendung an eine Stiftung noch innerhalb von 24 Monaten nach dem Zeitpunkt der Entstehung der Steuer erfolgt.

(6) §13 Abs. 1 Nr. 7 Buchstabe d findet auf Erwerbe Anwendung, für die die Steuer nach dem 31. Dezember 1990 entstanden ist oder entsteht.

(7) §3 Abs. 2 Nr. 7 findet erstmals auf Erwerbe Anwendung, für die die Steuer nach §9 Abs. 1 Nr. 1 Buchstabe j nach dem 28. Februar 1992 entstanden ist oder entsteht.

(8) [1]§28 Abs. 1 in der Fassung des Artikels 16 Nr. 5 des Gesetzes vom 25. Februar 1992 (BGBl I S. 297) findet erstmals auf Erwerbe Anwendung, für die die Steuer nach dem 28. Februar 1992 entstanden ist oder entsteht. [2]Wird bei Erwerben von Todes wegen, für die die Steuer bis zu diesem Zeitpunkt entstanden ist, die Steuer nach §28 Abs. 1 in der bisher geltenden Fassung gestundet, erfolgt diese Stundung ebenfalls zinslos, soweit Stundungszinsen für den Zeitraum nach diesem Zeitpunkt zu erheben wären; bestandskräftige Zinsfestsetzungen sind zu ändern oder aufzuheben.

(9) §12 Abs. 1, 1a und 5 Sätze 2 und 3 in der Fassung des Artikels 16 Nr. 3 des Gesetzes vom 25. Februar 1992 (BGBl I S. 297) findet erstmals auf Erwerbe Anwendung, für die die Steuer nach dem 31. Dezember 1992 entstanden ist oder entsteht.

§37a Sondervorschriften aus Anlaß der Herstellung der Einheit Deutschlands

(1) Dieses Gesetz ist in dem in Artikel 3 des Einigungsvertrages genannten Gebiet erstmals auf Erwerbe anzuwenden, für die die Steuer nach dem 31. Dezember 1990 entstanden ist oder entsteht.

(2) [1]Für den Zeitpunkt der Entstehung der Steuerschuld ist §9 Abs. 1 Nr. 1 auch dann maßgebend, wenn der Erblasser in dem in Artikel 3 des Einigungsvertrages genannten Gebiet vor dem 1. Januar 1991 verstorben ist, es sei denn, daß die Steuer

nach dem Erbschaftsteuergesetz der Deutschen Demokratischen Republik vor dem 1. Januar 1991 entstanden ist. [2]§ 9 Abs. 2 gilt entsprechend, wenn die Versteuerung nach § 34 des Erbschaftsteuergesetzes (ErbStG) der Deutschen Demokratischen Republik in der Fassung vom 18. September 1970 (Sonderdruck Nr. 678 des Gesetzblattes) ausgesetzt wurde.

(3) Grundbesitz in dem in Artikel 3 des Einigungsvertrages genannten Gebiet ist bei der Bewertung nach § 12 mit dem Wert anzusetzen, der nach dem Vierten Teil des Bewertungsgesetzes (Vorschriften für die Bewertung von Vermögen in dem in Artikel 3 des Einigungsvertrages genannten Gebiet) auf den Zeitpunkt festgestellt oder zu ermitteln ist, der der Entstehung der Steuer vorangegangen ist oder mit ihr zusammenfällt.

(4) Als frühere Erwerbe im Sinne des § 14 gelten auch solche, die vor dem 1. Januar 1991 dem Erbschaftsteuerrecht der Deutschen Demokratischen Republik unterlegen haben.

(5) Als frühere Erwerbe desselben Vermögens im Sinne des § 27 gelten auch solche, für die eine Steuer nach dem Erbschaftsteuerrecht der Deutschen Demokratischen Republik erhoben wurde, wenn der Erwerb durch Personen im Sinne des § 15 Abs. 1 Steuerklasse I oder II erfolgte.

(6) § 28 ist auch anzuwenden, wenn eine Steuer nach dem Erbschaftsteuerrecht der Deutschen Demokratischen Republik erhoben wird.

(7) [1]Ist in dem in Artikel 3 des Einigungsvertrages genannten Gebiet eine Steuerfestsetzung nach § 33 des Erbschaftsteuergesetzes der Deutschen Demokratischen Republik in der Weise erfolgt, daß die Steuer jährlich im voraus von dem Jahreswert von Renten, Nutzungen oder Leistungen zu entrichten ist, kann nach Wahl des Erwerbers die Jahressteuer zum jeweils nächsten Fälligkeitstermin mit ihrem Kapitalwert abgelöst werden. [2]§ 23 Abs. 2 ist entsprechend anzuwenden.

(8) Wurde in Erbfällen, die vor dem 1. Januar 1991 eingetreten sind, oder für Schenkungen, die vor diesem Zeitpunkt ausgeführt worden sind, die Versteuerung nach § 34 des Erbschaftsteuergesetzes der Deutschen Demokratischen Republik ausgesetzt, ist diese Vorschrift weiterhin anzuwenden, auch wenn die Steuer infolge der Aussetzung der Versteuerung erst nach dem 31. Dezember 1990 entsteht.

§ 38 (weggefallen)

§ 39 (Inkrafttreten)

Glossar

Abkömmlinge	Kinder und Kindeskinder
Aktiva	die Gesamtheit der Vermögenswerte auf der Habenseite
Auflage	einem Erben oder → Vermächtnisnehmer testamentarisch aufgegebene Verpflichtung, eine bestimmte Leistung zu erbringen
Auseinandersetzung (Erbauseinandersetzung/ Erbteilung)	Teilung des Nachlasses unter den → Miterben entsprechend den ihnen jeweils zustehenden → Erbteilen
Ausgleichungspflicht	kommen zwei oder mehr Kinder eines → Erblassers zur → gesetzlichen Erbfolge, so müssen sie ihnen zu Lebzeiten des Erblassers zugewendete Vorausempfänge untereinander ausgleichen
Ausschlagung	vor dem → Nachlaßgericht abzugebende Erklärung, daß man ein Erbe nicht annehmen möchte
Beschwerter	Erbe oder → Vermächtnisnehmer, der testamentarisch verpflichtet ist, ein → Vermächtnis oder eine → Auflage zu erfüllen
Erbersatzanspruch	einem nichtehelichen Kind beim Tod des Vaters zustehende Forderung gegen den Erben, wenn neben dem nichtehelichen Kind auch eheliche Kinder des Vaters Erben sind. Der Erbersatzanspruch ist ein Anspruch auf Geld im Wert des entsprechenden Erbteils
Erbeserbe	Erbe einer Person, die selbst gerade geerbt hatte
Erbfolge	Reihenfolge, in der → gesetzliche Erben zum Zuge kommen
Erblasser	diejenige Person, die ein Erbe hinterlassen hat oder hinterlassen wird
Erbschaftsbesitzer	eine Person, die – ohne wirklich Erbe zu sein – in gutem Glauben oder wider besseres Wissen eine Erbschaft in Besitz genommen hat

Erbschein	vom → Nachlaßgericht ausgestellte Bescheinigung für den oder die Erben zum Nachweis ihrer Legitimation
Erbteil	das einem Erben im Verhältnis zu anderen Erben zustehende Teil eines Erbes. Bei → gesetzlichen Erben sind die Größen der Erbteile gesetzlich geregelt, bei testamentarisch eingesetzten Erben kann der → Erblasser die Größe der Erbteile bestimmen
Erbvertrag	Verfügung von Todes wegen, die als Vertrag vor einem Notar errichtet werden muß und bindende Wirkung hat
Erbverzicht	durch Vertrag zwischen → Erblasser und → gesetzlichem Erben erklärter Verzicht auf das gesetzliche Erbrecht. Erbverzicht können also nur der Ehegatte und die Verwandten des Erblasser leisten
Ersatzerbe	eine vom → Erblasser testamentarisch bestimmte Person, die als Erbe zum Zuge kommen soll, wenn der ursprünglich eingesetzte Erbe wegfällt, weil er bereits verstorben ist, oder weil er die Erbschaft ausschlägt
Geschäftsfähigkeit	eine volljährige, geistig gesunde Person besitzt die Fähigkeit, rechtsgültige Geschäfte abzuschließen, ist also geschäftsfähig. Geistig gesunde Minderjährige werden als beschränkt geschäftsfähig bezeichnet, geistig behinderte und entmündigte Personen gelten als geschäftsunfähig
gesetzlicher Erbe	Ehegatte oder direkte Verwandte eines Verstorbenen, die zum Zuge kommen, wenn keine letztwillige Verfügung vorliegt. Angeheiratete Verwandte kommen als gesetzliche Erben nicht in Frage
Gütergemeinschaft	Güterstand zwischen Ehegatten, der durch einen Ehevertrag vereinbart sein muß. Das Vermögen der Eheleute wird dann als ihr Gemeingut betrachtet
Inventar	Verzeichnis aller beim Erbfall vorhandenen Nachlaßgegenstände und aller → Nachlaßverbindlichkeiten
juristische Person	Gesellschaften mit beschränkter Haftung (GmbH), Aktiengesellschaften (AG), eingetragene Vereine (e.V.) etc.
Miterbe	einer von mehreren Erben einer Erbengemeinschaft
Nacherbe	Erbe, der laut testamentarischer Bestimmung erst nach einem anderen Erben, dem → Vorerben, zur Erbfolge kommen soll

Nachlaßgericht	eine Abteilung des Amtsgerichtes
Nachlaßgläubiger	Gläubiger, der gegenüber einem Verstorbenen noch nicht beglichene Forderungen geltend machen kann, die nun aus dem Nachlaß des Verstorbenen beglichen werden müssen
Nachlaßpfleger	eine vom Nachlaßgericht beauftragte Person, die einen Nachlaß solange zu verwalten hat, bis der endgültige Erbe feststeht und die Erbschaft angenommen hat
Nachlaßpflegschaft	eine vom → Nachlaßgericht angeordnete Maßnahme, um einen noch nicht von einem Erben in Besitz genommenen Nachlaß zu sichern und zu verwalten
Nachlaßschuldner	Schuldner, der gegenüber dem Verstorbenen noch eine Forderung zu begleichen gehabt hätte, die er jetzt dem oder den Erben gegenüber begleichen muß
Nachlaßverbindlichkeiten	Schulden des Erblassers und offene Forderungen, die sich aus Vermächtnissen, Auflagen, Pflichtteilsansprüchen, Erbersatzansprüchen und durch die Bestattungskosten ergeben
Nachlaßverwalter	eine vom → Nachlaßgericht eingesetzte Person, die dafür zu sorgen hat, daß alle → Nachlaßverbindlichkeiten ordnungsgemäß beglichen werden
Nachlaßverwaltung	eine vom → Nachlaßgericht angeordnete Maßnahme zu dem Zweck, die Forderungen der → Nachlaßgläubiger aus dem Nachlaß zu begleichen
Passiva	Gesamtheit der Vermögenswerte auf der Sollseite, sämtliche Schulden
Pflichtteil	Erbteil, der dem Ehegatten, den Kindern oder Eltern eines Erblassers zusteht, wenn sie durch testamentarische Verfügung von der Erbfolge ausgeschlossen worden sind. Der Pflichtteil beläuft sich auf die Hälfte des gesetzlichen Erbteils
Pflichtteilsergänzungsanspruch	hat sich der Wert des Nachlasses dadurch vermindert, daß der Erblasser zu seinen Lebzeiten einer Person eine Schenkung zugewendet hat, so kann der Pflichtteilsberechtigte den Wert dieser Schenkung dem Nachlaßwert hinzurechnen. Die Differenz, die sich aus dem reinen Nachlaßwert und dem Nachlaßwert unter Hinzurechnung der Schenkung ergibt, ist der zu ergänzende Teil

Pflichtteilsrestanspruch	ist das durch Testament dem Pflichtteilsberechtigten Zugewendete im Wert geringer als der → Pflichtteil, so besteht Anspruch auf die Differenz zum vollen Pflichtteil
Testamentsvollstrecker	eine vom → Erblasser in seinem Testament bestimmte Person, die den Nachlaß verwalten und vor allem die → Auseinandersetzung der Erben regeln soll. Er übt ein privates Amt aus und kann die Berufung zu diesem Amt auch ablehnen
Verbindlichkeiten	noch nicht erfüllte Forderungen, Schulden
Vermächtnis	eine testamentarische oder erbvertragliche Verfügung von Todes wegen, nach der einem Bedachten ein Sach- oder Geldwert aus einem Nachlaß zukommen soll, ohne daß der Bedachte Erbe wird
Vermächtnisnehmer	Person, der testamentarisch ein → Vermächtnis zugewendet wird, ohne daß die Person zwangsläufig Erbe wird. Sie kann allerdings auch Erbe sein
Voraus	der Hausrat – Möbel, Geschirr, Bett- und Tischwäsche etc. – sowie die Hochzeitsgeschenke. Diese zum ehelichen Haushalt gehörenden Gegenstände stehen meist dem überlebenden Ehegatten zu
Vorausvermächtnis	das einem Erben zugewendete → Vermächtnis
Vorerbe	ein Erbe, dem der Nachlaß oder ein Teil des Nachlasses unter der testamentarisch bestimmten Bedingung zufällt, ihn später an den ebenfalls testamentarisch bestimmten → Nacherben weitergeben zu müssen. Ist kein Nacherbe bestimmt, kommen die → gesetzlichen Erben als Nacherben zum Zuge
Zugewinngemeinschaft	gesetzlicher Güterstand zwischen Ehegatten, der besteht, wenn vertraglich kein anderer Güterstand vereinbart ist

Register